U0689994

◎ 国家社会科学基金项目（11CGL067）

◎ 国家博士后基金项目（2012M510083）

◎ 杭州师范大学优秀学术专著出版基金项目

政府和市场的博弈
——英国技能短缺问题研究

王雁琳 著

ZHEJIANG UNIVERSITY PRESS
浙江大学出版社

摘　要

　　在迅速一体化的全球经济中,各国需要越来越多的技能劳动力。人们逐渐认识到劳动力的技能和素质是经济和社会发展的关键。技能培训可以提高生产率和收入水平,促进人们对经济和社会生活的参与。然而在许多发达国家和发展中国家,技能短缺问题日益尖锐,成为经济增长的瓶颈。本书选择英国技能短缺进行了个案研究。

　　首先,本文对技能短缺问题进行了理论研究。技能短缺是技能供求的失衡状态。在传统经济理论看来,技能短缺是一种暂时的现象,在长期范围内,在市场调节下,技能供求之间的失衡状态将恢复均衡水平。事实上,劳动力市场是一种不完全竞争市场。在自由市场,市场失灵将造成技能投资不足,这些市场失灵为政府对技能市场的干预提供了依据,然而完全依靠政府,也会造成政府失灵。总之,技能短缺是市场失灵和政府失灵相互作用的结果。

　　根据历年来的技能调查数据,本书分析了英国技能短缺的变化趋势和现状,并从技能供给和需求两个方面对造成英国技能短缺的原因进行了研究。在英国,人们普遍认为技能劳动力始终供给不足,并将技能供给不足看作是造成英国经济衰退的主要原因。英国的普通教育落后于其他发达国家,英国对职业培训投资也处于落后状态。教育和培训的自由放任主义传统被看作是技能劳动力供给不足的基本原因。实际上,技能短缺不仅仅是"供给不足"的问题,增加技能供给可能是解决技能短缺问题的必要条件,但并非充分条件。在市场经济中,供给是由需求决定的,没有需求也就不存在供给。因此,在研究技能短缺的过程中,技能供给和需求两方面都是不可忽视的。正如肯·马修(Ken Mathew)所说的,"英国的技能问题既是一个技能供给不足的问题,同时还是一个技能需求不足的问题。"这两方面相互作用,形成恶性循环,使英国陷入"低技能均衡"状态。

　　"二战"以后,英国政府对技能短缺问题给予更多的关注,各个政党和主要企业组织、工会之间达成了共识,认为放任主义模式已经不合时宜。因此英国政府颁布了1964年产业培训法,放弃了放任主义模式,建立了新的合作模式的决策机构。不过,这些措施没有缓解英国技能短缺问题,大多数离校青年的就业前景并不乐观。1979 年以后,撒切尔政府改变了对教育和培训的态度,明确拒绝过去工党政府的共识模式,以自由市场机制取代过去的干预主义战略。市场化成为撒切尔政府教育和培训改革的指导原则。不过,这些教育和劳动力市场政策仍然没有改善劳动力的技能状况。1997 年,新工党上台执政,延续了保守党政府的具有自由放任倾向的市场驱动的职业教育培训政策,没有重新采纳法团主义管理机制,而是通过促进社会融合的合作机制和技能发展的措施。尽管这些措施仍然存在许多问题,不过技能短缺的程度开始有所缓解。

综观英国的技能政策变化,仅仅依靠自由市场或政府干预都无法使英国摆脱技能短缺的困境。市场和政府之间不是对立的,而是互补的关系。本书提出了以下建议:建立需求驱动的教育和培训制度以促进技能供给和需求的匹配;平衡利益相关者的利益,完善社会合作机制;促使政府、企业和个人根据各自的收益分担技能投资的责任。

正如帕斯卡·林迪塞所说的,"在所有国家,职业教育和培训与经济、劳动力市场和就业之间都存在着复杂的关系。"技能短缺问题充分体现了这一点。如果将技能短缺问题仅仅看作是一个教育问题,我们就无法对技能短缺形成客观和全面的认识。因此,本书采用跨学科的研究方法,从教育学、社会学和经济学等不同角度对技能短缺进行了分析,并获得了一些具有建设性的结论。

关键词:技能短缺　市场失灵　政府失灵　低技能均衡　利益相关者　能力本位模式

Abstract

All the countries need more skilled labours in the rapidly integrating world economy. It has been increasingly recognised that people's endowment of skills and capabilities is the key to economic and social development. Skills and capablities can increase productivity and incomes, and facilitate everybody's participation in economic and social life. However, skill shortages is being acuter in many developed and developing countries and becomes the bottlenecks to economic growth. The writer chooses the skill shortages in UK as a case study.

First of all, the writer carries out a theoretical study on skill shortage. Skills shortage is a market disequilibrium between skill supply and demand. According to traditioanl economy, market is complete compettive, the skill shortages is viewed as a temporary phenomenon。 With the market regulation, the disequilibrium between supply and demand will move to equilbrium level in the long term. In fact, labour market is non-competitive market. market failures will result in insufficient investment in skills, these market failures provide the justification for government intervention in skill market, however, is itself subject to a number of government failures. In short, skill shortages is outcome of market failures and government failures togather.

According to a series of skill survey data, the writer summarizes current situation of skill shortages in UK and carries out the causes of skill shortages in two dimensions of skill supply and demand. In UK, there has been a widespread argument for some time that skilled labour is, and has been, in short supply and this shortage goes a long way to explaining economic recession in UK. Not only does Britain lag behind competing industrial countries in general education, but also expenditure in Britain on vocational training lags behind its competitors. The tradition of laissez-faire on education and training is regarded as key reason for short supply of skilled labour. However, enlarging skill supply is the essential condition, but not sufficient. In market economy, supply is determined by demand. No demand, no supply. In studying skill shortages, the analysis to skill demand is as important as to skill demand. As Ken Mayhew pointed out, skill shortages in UK is not only short of skill supply, but short of skill demand. The two dimension act on each other, form a vicious circle, and make Britain fall into "low skills equlibruim".

1

After world war Ⅱ, Britain government gave more attention to skill shortages. There was a strong consus across the political parties and between the main employers organisations and the trade union that voluntarism system was not working well. Then, Britain government issued 1964 Indutrial Training Act, and brought an end to voluntarism and introduced new partnership decision-making bodies. but the new measures failed to allieviate Britain's skill shortage, the prospects for the majority of school leavers remained as bleak as ever through to the 1970s. After 1979, thatcher government changed its position on education and training, explicitly rejected interventionist strategy of her postwar predecessors. Marketisation became thatcher government's guiding ideology in reforming education and training. However, its education and labour market policies still didn't improve labour's skills. In 1997, new labour came to power. The government inherited a voluntarist and market-driven VET system which it decided to reform, not by a return to corporatist regulations, but by initiatives and partnerships aims at promoting social inclusion and skills development. Despite there still are many problems in its measures, the degree of skill shortages began to mitigate.

From longtitudinal view, free market forces and government intervention by oneself can't take Britain away from the predicament of skill shortages. The relation between market and government isn't opposite but supplementary each other. The writer put forward following suggestions: to set up demand-driven education and training system, promote the matching between skill supply and demand; to keep the equilibrium between all the stakeholders's benefits and develop social patnership; to make government, employer and individual share responsibility in skill investmeng according to their return repectively.

As Pascaline Descy and Manfred Tessaring said, "In every country, VET has complex links with the economy, the labour market and employment. " it is reflected fully in skill shortages. If one only regards skill shortages as one of education problems, he couldn't get objective and overall understanding to the problem. therefore, the writer applys interdisciplinary research methods, analyses the skill shortages in angle of education, sociology and economics, and draw some constructive conclusions.

Key Words: skills shortage; market failure; government failure; low skills equilibrium; stakeholder; competence-based model

目　录

第一章 技能短缺问题概述

亚当·斯密曾经断言,劳动力的技能是促进经济发展的主要力量。他的预言在今天变成了现实。技能在经济增长和国际竞争中的重要性越来越受到关注。联合国开发计划署(UNDP)在《人力开发报告》(Human Development Reports)和世界银行《世界发展报告》中都强调了技能和其他人力资源对国际竞争的重要性。新增长理论也指出了人力资源在生产发展中起着关键地位。而实证研究也证明了技能指标和包括国际竞争和发展在内的不同经济目标的密切联系。① 卢卡斯指出,"在国际贸易中,随着技术的日益复杂,仅仅靠生产活动中劳动力的数量和密度确定一个国家的竞争优势已经变得越来越困难了。与其他潜在的投入相比,劳动力自身的技能在提高成本竞争力中被认为日益关键。"②而这一点恰恰是英国经济所面临的最严峻的挑战。人们一般认为,英国经济衰退在一定程度上是由于劳动力技能不足,尤其是缺乏具备中级技术资格的劳动力。③ 技能短缺问题成为英国政府迫切需要解决的问题。

第一节 技能短缺的内涵

一、技能短缺的概念

从 20 世纪 90 年代初开始,技能短缺问题逐渐成为理论和政策研究的热点话题。对技能短缺的界定是首先要解决的问题。实际上,对于技能短缺问题的界定人们并没有普遍一致的观点,主要有以下两方面的原因:①技能短缺本质

---

① Martin Godfrey. Skill development for International Competitiveness [M]. Institute of Development Studies. Brighton,1997,p. 3.

② Martin Godfrey. Skill development for International Competitiveness [M]. Institute of Development Studies,Brighton,1997,p. 203.

③ Robert Mcnabb & Keith Whitefield. The Market for Training: Inernational perspectives on theory, methodology and policy[M]. Avebury,1994, p. 19.

上具有不确定性。威廉·米切尔和维克多·奎克认为,"技能短缺是一个相对的概念,意味着与理想状态存在差距"①。这种不确定性与"技能"和"短缺"这些术语本身的模糊性有着密切的关系。人们对技能缺乏普遍一致的界定。以往,技能往往是指与特定的岗位相关的专门的职业能力。不过,现在人们对"技能"的理解发生了很大变化,已经超出了传统的狭义的"技能"概念,包含了越来越多的内涵,除了专门技能以外,还包括合作能力、沟通能力等一般技能,一些人甚至将"动机"这些对职业活动至关重要的个性特征也看作是技能的一部分。②因此技能内涵和外延的变化使人们对技能的理解不可避免地存在很大差异。"短缺"的含义也是值得注意的。短缺是指相对于人的需求来说的一种匮乏,而人们的需求性质和水平是不同的,因此对"技能短缺"的判断也就带有了明显的主观性。由于技能劳动力的主要消费者是企业,无论英国还是其他国家对技能短缺状况的调查都是针对企业进行的,有关技能短缺的资料都来源于企业。调查报告和文件中的统计数字仅仅反映了企业对技能短缺的认识,是企业根据它们对员工技能水平和其预期技能水平的判断作出的。而企业往往是根据自身的市场战略和技能需求对技能短缺程度作出判断的,因此其判断的客观性就会受到影响。例如企业的判断结果受不同利益驱动的影响。在某些情况下,企业倾向于认为存在技能短缺,这样可以吸引更多的求职者。而有时候,企业可能发现否认技能短缺的存在更符合自身的利益,这样会提高自己在与劳动力谈判的过程中的影响力。③此外,不同的竞争策略使企业判断的影响也是非常明显的,在低成本竞争战略下,企业对员工技能水平的要求也比较低,对劳动力的技能缺乏足够的重视,从而可能低估技能短缺问题的程度。②针对技能短缺问题的调查缺乏统一的客观的方法和明确的标准,这可能使不同的技能调查结果存在不一致甚至矛盾的情况。这意味着技能调查的数据未必完全客观地反映技能短缺的实际状况。因此安迪·格林等人强调在研究过程中需要慎重对待完全根据企业对技能短缺的理解获得的统计数据。④特伦斯·霍格斯和罗伯·威

① William Mitchell and Victor Quirk. Skills shortages in Australia: concepts and reality[DB/OL]. Working Paper No. 05-16, November 2005,[2005-2-9], http://e1. newcastle. edu. au/coffee/pubs/wp/2005/05-16. pdf.

② LSC. Skills in England 2004 Volume 1:Key Messages, 1.10,[DB/OL].[2005-10-6], http://readingroom. lsc. gov. uk/lsc/2005/.../skills-in-england-2004-vol-1. pdf.

③ Burt S. Barnow, John Trutko & Robert Lerman. Skill Mismatches and Worker Shortages:The Problem and Appropriate Responses (Final Report), February 25, 1998,[DB/OL].[2006-8-10], http://www. econ. jhu. edu/people/Barnow/short91. pdf.

④ Duncan Watson, Robert Webb and Steven Johnson. Influence costs and the reporting of skill deficiencies[J/OL]. Human Relations, Volume 59(1): 37-59,[2007-8-10], http: www. swan. ac. uk/sbe/research/papers/Econ0408. pdf.

尔逊提出了"隐性技能短缺"(latent skill gaps)的概念。在现有的技能劳动力供给条件下,企业为自身确定了较低的发展目标,使企业目标与现有技能水平相一致。企业由于没有意识到拥有所需技能劳动力可能使企业的发展达到一个更好的状态,因此没有察觉到自身存在潜在的技能短缺问题。① 这意味着隐性技能缺陷是难以测量和量化的,无法在企业技能调查中得到体现,从而使调查结果可能低于实际的技能短缺程度。负责开展企业技能调查的学习与技能委员会(LSC)也承认隐性技能短缺的情况是存在的。② 不过,人们还是认为企业关于劳动力技能状况以及技能短缺问题的判断还是比较接近实际情况的,因此大多数对技能短缺的研究还是以企业技能调查结果作为分析的基础。

技能短缺实际上就是技能劳动力的短缺。如何对技能劳动力进行界定呢?这实际上是对技能劳动力和非技能劳动力加以区分的问题。理论上,技能劳动力和非技能劳动力的区分应该以劳动力的技能水平和构成这些对于企业至关重要的心理特征为依据。这显然是非常困难的,一方面是因为不同的企业所需要的技能是有差异的,另一方面劳动力的技能是抽象的、无法直观感知的。这就需要通过一种共性的、外显的标准进行区分。常用的方法有两种。第一种是资格本位法。通过用认可的统一标准对性质和水平相同的资格进行区分和界定,就使各种资格具有了可比性,并能够向他人传递有关资格持有人技能水平的信息。国际教育标准分类法(ISCED)则是以个体的教育程度作为衡量个体技能水平的标准。用资格或教育程度作为衡量技能的标准,主要优点是在技能认可标准稳定的情况下,可以简单、直接地对不同个体的技能水平或个体不同时间的技能变化情况进行比较,不过这种方式也存在缺点。资格本身无法体现个人在工作中实际运用的技能,个人的资格和岗位的需求可能会出现错位,尤其是"过度教育"(overeducation)。用资格表示个人的技能水平也不完善。相同资格或教育程度的个体可能有完全不同的技能类型和水平,这些技能可能在劳动力市场中有不同的价值。另一种方法是职业本位法。根据相关的技能等级对工作岗位进行归类,从而对从事相应岗位的劳动力技能水平作出判断。职业本位标准的优点是技能需求的变化可以通过就业结构的变化体现出来,而且可以通过预测职业变化来培养未来需要的技能。③ 不过这种方法也不尽如人

① Terence Hogarth & Rob Wilson. Skills Matter: A Synthesis of Research on the Extent, Causes, and Implications of Skill Deficiencies,[J/OL]. October 2001,[2008-10-3],http: www. dcsf. gov. uk/rsgateway/DB/RRP/u013372/index. shtml.

② LSC. Key Messages from Skills in England 2002 [DB/OL]. p. 27,[2007-2-15] http://readingroom. lsc. gov. uk/... /skills-in-england-2002-key-messages. pdf.

③ LSC. Skills in England 2004 Volume 1:Key Messages, p. 7 [DB/OL]. [2005-10-6], http://readingroom. lsc. gov. uk/lsc/2005/... /skills-in-england-2004-vol-1. pdf.

意。比如,实际上很多受过较高程度教育的劳动力在从事低技能工作,这说明工作岗位并不能充分体现劳动力的技能水平。斯蒂芬·麦金托施和安娜·维格诺斯估算 1986—1997 年英国过度教育的情况占劳动力的大约 30%,同时指出对于过度教育的劳动力来说,其工资水平比其他相同教育程度的劳动力要低,之所以出现这种情况是因为过度教育劳动力的生产率相对较低。① 菲利普·布朗和胡格·劳德更支持通过受教育程度或资格衡量个人的技能水平。② 不过马利兰·弗朗格认为,尽管资格是比较简易和客观的衡量个体技能水平的方式,但是其缺点是忽视了非正式的技能获取方式,如在职培训和干中学。③ 一般来说,个体的受教育程度和技能有相关性,但是影响个人技能水平的因素是多方面的,这使受教育程度所传递的信号可能是不准确的,比如"高分低能"的现象。而且受教育程度作为衡量人力资本价值的标准本身也不准确,很多优秀的技能人才受教育程度并不高。尽管如此,在研究和调查过程中,人们还是更多地将资格或教育程度作为衡量技能的主要标准。④

对于技能短缺的内涵,学者们基本上都是从技能的供求关系来解释。博斯沃斯等人认为,"短缺"是市场供需之间暂时的非均衡状态。所谓的非均衡状态也就是在当前工资水平下,劳动力供给数量少于企业需求的数量。当在市场价格下劳动力供给数量与企业需求数量一致的时候,市场就处于均衡状态。如果劳动力供求不协调的时候,市场就被认为处于非均衡状态。如果劳动力供给超过需求,就表现为劳动力过剩,相反就是劳动力短缺。坎德拉和格雷德认为,技能短缺是"特定岗位对劳动力的需求高于在当前市场条件下合格的、潜在的愿意就业的劳动力的供给数量。"⑤我国学者也开始关注对技能短缺的研究。王荣武和曹丹认为,"技能短缺"表现为在现有市场条件(包括特定的工资水平和区域分布)下,有一定从业资格的、愿意并能够从事某项工作的工人的供给不能满

---

① Pablo Burriel-Llombart & Jonathan Thomas. Skill imbalances in the UK labour market: 1979-99[DB/OL]. Working Paper no. 145, [2007-3-15], http://www.bankofengland.co.uk/publications/workingpapers/wp145.pdf.

② Malcolm Tight. Key Concept in Adult Education and Training[M]. RoutledgeFalmer, 2002, p. 78.

③ Leading learning and skills, Skills in England 2004 Volume 2: Research Report[DB/OL]. July 2005, p. 21, [2006-9-22], http://readingroom.lsc.gov.uk/lsc/2005/.../skills-in-england-2004-vol-2.pdf.

④ LSC. Skills in England 2004 Volume 1: Key Messages, p. 6[DB/OL]. [2005-10-6], http://readingroom.lsc.gov.uk/lsc/2005/.../skills-in-england-2004-vol-1.pdf.

⑤ Bureau of Transport and Regional Economics. Skill Shortages in Australia's Regions[J/OL]. Working Paper 68, [2007-3-3], http://www.bitre.gov.au/publications/19/Files/wp68.pdf.

足市场对这类工人的需求。① 技能短缺表现在宏观和微观两个方面。从宏观角度看,短缺通常表现为宏观上的总需求超过总供给。根据市场机制,决定技能供求最主要的因素是技能劳动力的价格(工资)。因此,德雷克·博斯沃斯等人指出,可以通过调整劳动力的工资水平解决技能短缺问题,使技能供求恢复均衡状态。相对工资的提高可以使技能劳动力获得较非技能劳动力更高的收益,从而刺激他们提高自身技能水平。企业也发现培训投入可以为自身带来收益。但是如果工资没有调整,个人没有意识到工资差异,企业也不愿意投资于一般技能培训,技能短缺将持续存在。② 因此,在他们看来,暂时的短缺是正常的市场现象。产生短缺的原因,既可能是相对于既定供给的需求过度,此时称之为"需求过度型短缺",也可能是相对于正常需求的供给不足,则称之为"供给不足型短缺"③。实际上,这并不是"技能短缺"的全部内涵。技能短缺除了表现为宏观上的供需总量上的失衡以外,还表现为微观上的供需的不平衡,也就是供需结构的错位。我们可以根据劳动力市场分割理论对此加以说明。技能包括可以用于许多不同工作岗位的迁移性或一般性技能和用于某个专门职业的职业技能、用于某个职业或职业领域的技术技能。因此,劳动力市场不是均质的市场,各个产业部门、职业或工作岗位对技能水平和种类需求的差异使劳动力市场是由对不同水平和类型技能供给和需求确定的次级市场组成的。④ 在现实经济活动中,不同市场主体对技能的需求水平、性质和结构存在很大差异,这种差异必然在不同水平和类型技能的次级市场的供求关系中得到体现。劳动力市场的分割还体现在地区之间。由于各种因素的制约作用,劳动力难以在不同地区之间自由流动,从而使劳动力的供求关系带有地域性,某些地区技能供大于求和其他地区的供小于求同时存在。因此,即使在供过于需的情况下,也同样可能存在技能短缺问题。宏观上的供过于求与技能短缺也并不是矛盾的。"技能短缺"实际上就体现了"短缺"问题的这种复杂性。"技能短缺"既可以指技能供给总量的不足,同时还可以表示技能供给构成与工作岗位需求不匹配。⑤ 这种情况在各国的技能问题上是非常普遍的。

① 王荣武,曹丹.技能短缺问题的经济学分析[J].山东行政学院山东省经济管理干部学院学报,2006(2):50-52.

② Derek Bosworth, Pat Dutton, Jackie Lewis. Skill Shortages: Causes and Consequences[M]. Avebury,1992,p.2.

③ 吴华.我国教育经费结构性短缺的现状、趋势与对策[J]. 教育研究,1995(1):24-31.

④ LSC. Skills in England 2004 Volume 2: Research Report[DB/OL]. July 2005,p.18,[2007-1-12] http://readingroom.lsc.gov.uk/lsc/2005/.../skills-in-england-2004-vol-2.pdf.

⑤ Burt S. Barnow,John Trutko & Robert Lerman. Skill Mismatches and Worker Shortages: The Problem and Appropriate Responses. Final Report[R/OL]. p.5,[2006-6-5], http://www.econ.jhu.edu/people/Barnow/short91.pdf.

二、技能短缺的类型

企业的劳动力在空间上有两个来源：内部劳动力市场和外部劳动力市场。科尔·克拉克在其《劳动力市场的分割》中首次提出内部劳动力市场和外部劳动力市场的概念。内部劳动力市场是企业满足技能需求的主要途径。根据内部劳动力市场理论，企业面临技能短缺时，往往首先考虑从内部劳动力市场寻求满足技能需求。"只有当企业内部劳动力市场不能满足其要求，或只有到外部劳动力市场招聘才能产生更好的效果时才采用外部技能劳动力。"①这是由于内部劳动力市场在技能供给方面有着独特的优势：①企业对内部员工的技能和态度比较清楚，可以有效降低企业的搜寻成本和筛选成本；②内部劳动力对企业文化、习惯和规章制度等都比较熟悉，能够更快地适应岗位的需要，减少因协作和磨合而造成的效率损失；③内部招聘可以有效地促进现有员工的工作积极性，提高其劳动效率。不过，内部劳动力市场也有不足之处。由于企业内部员工的人数和技能水平、构成都是相对稳定的，这决定了内部劳动力市场技能供给的有限性和特殊性。根据林德贝克和斯诺的"内部人—外部人"假设，作为内部人的员工由于长期协作容易形成共同利益群体，当企业招聘外部人的行为威胁到自身的利益时，内部人往往团结起来抵制企业的决策，甚至不惜以降低劳动效率来发泄不满。这在一定程度上制约了企业从外部劳动力市场招聘技能劳动力。在某些情况下，企业的态度也可能影响外部人对高级工作岗位的竞争。内部人未必是这些岗位的理想人选，不过企业倾向于在内部人中作出选择，因为企业可能认为这些岗位所需要的专门知识和技能需要通过长期的在职学习才能获得。②

无论如何，内部劳动力市场的存在有效地将劳动力的内部供求与外部供求隔离开来。③ 两者的运行机制是不同的。当然，劳动力可以通过企业招聘等途径从外部劳动力市场进入内部劳动力市场，企业员工也可以重新进入外部劳动力市场寻找其他就业机会，这使两者存在不同程度的相互作用。英国国家技能工作委员会（NSTF）认为对技能短缺问题的研究需要对企业的内部短缺和外部短缺加以区分。弗朗西斯·格林、大卫·阿斯顿等人认为，技能短缺可以表示

---

① 谌新民.企业内部劳动力市场：一个综合分析框架及其在中国企业的运用[M].北京：中国社会科学出版社,2006:67.

② [美]罗纳德·G.伊兰伯格,罗伯特·S.史密斯.现代劳动经济学：理论与公共政策[M].刘昕译.北京：中国人民大学出版社,2007:166.

③ 徐林清.中国劳动力市场分割问题研究[M].北京：经济科学出版社,2006:31.

企业难以获得外部劳动力,也可能说明企业内部劳动力存在缺陷。① 乔纳森·哈斯克尔和克里斯托夫·马丁认为,技能短缺反映了企业在招工过程中的困难或现有劳动力的技能缺陷。② 英国企业技能调查(ESS)接受了这种观点,在调查中将技能短缺分为两种:外部技能短缺(external skill shortages)和内部技能短缺(internal skill gaps)。本研究为了表述上的方便,将以上技能短缺分别界定为"外部短缺"和"内部短缺"。外部短缺表现为技能短缺性空缺(skills shortage vacancies),主要是由于外部劳动力市场具备企业所需技能、工作经验和资格水平的技能劳动力数量不足,企业难以获得足够的劳动力而造成部分岗位空缺。教育和技能部将外部短缺定义为"在潜在外部劳动力市场,企业所需要的技能类型处于实际的短缺状态,造成企业的招聘困难。"因此,外部短缺实际上是难以获得必要的技能劳动力而造成企业的岗位空缺。ESS确定了衡量外部短缺的标准:"具备所需技能的求职者数量少"、"缺乏企业所需要的工作经验"和"缺乏企业需要的资格"。只要符合一个以上条件的企业即存在技能短缺。对技能短缺的较早研究主要集中于对外部短缺的分析,尤其是外部短缺的原因和表现。引起外部短缺的原因是复杂的。教育和培训的不足会造成外部劳动力市场的技能劳动力供给低于需求,这是造成技能短缺最主要的原因。此外,在外部劳动力市场的技能供给可以满足需求的情况下,企业愿意为潜在劳动力支付的工资水平、工作条件和培训机会等因素在很大程度上也决定了技能劳动力的匹配过程。③ 如果企业提供的工资水平较低、工作条件较差、培训机会较少,不足以吸引足够的具备必要技能的劳动力,就会造成外部短缺。内部短缺也是技能短缺的一方面。内部短缺即企业的内部技能缺陷(internal skill gaps),是指企业现有劳动力的技能水平和结构存在缺陷。随着企业新技术的应用和生产过程的革新,在岗劳动力的技能水平将不能满足工作岗位的需求,造成其相对的效率不足(proficiency shortfall)。④ ESS2001认为,如果企业某个工作岗位1/3以上员工处于这种状态,即存在内部技能缺陷问题。内部短缺往往和企业的技术和生产过程的革新以及员工培训等因素相关。博斯沃斯等人的研究发现,新技术和生产工艺的运用往往使企业提高相关工作岗位的技能

① Jonathan Haskel & Christopher Martin. Technology, Wages and Skill Shortages: Evidence from UK Micro Data[J]. Oxford Economic Papers, Vol. 53, No. 4, 2001, pp. 642-658.

② Jonathan Haskel & Christopher Martin. Technology, Wages and Skill Shortages: Evidence from UK Micro Data[J]. Oxford Economic Papers, Vol. 53, No. 4, 2001, pp. 642-658.

③ Anne Green & David Owen, Skill shortages: The local dimension, in Derek Bsoworth, Pat Dutton & Jackie Lewis, Skill Shortages: Causes and Consequences[M]. Avebury, 1992, p. 158.

④ Terence Hogarth & Rob Wilson. Skills Matter: A Synthesis of Research on the Extent, Causes, and Implications of Skill Deficiencies[J/OL]. October 2001. [2006-8-6], http://www.econ.jhu.edu/people/Barnow/short91.pdf.

要求,从而降低对在职劳动力的满意度。① 不过,企业通过为员工提供脱产或在职培训的机会提高劳动力的技能水平,缓解或消除内部短缺问题。

外部短缺和内部短缺存在性质上的区别。外部短缺是用来分析外部劳动力市场中总体的技能供求关系,表现为所有企业对一定技能的总需求和外部劳动力对相应技能的总供给。而内部短缺则是针对单个企业的技能需求和该企业员工的技能供给的关系。不过这两种技能短缺还是存在一定的相关性的。一些研究者对这个问题进行了分析。哈斯克尔认为内部短缺和外部短缺之间存在着明显的正相关性,存在内部短缺的企业更有可能面临外部短缺的问题。② 这是因为内部短缺说明企业现有劳动力的技能水平影响了其生产率,为了满足生产的需要,企业或者对在职劳动力进行培训,或者招聘新的劳动力。如果大量企业都必须通过招聘外部劳动力来解决相同岗位的内部技能缺陷问题,必然会造成这些技能劳动力的需求增加。如果该类型技能劳动力供给不足,就会导致外部短缺问题。哈斯克尔和马丁的研究结果也表明,内部短缺会加剧外部短缺的水平,延长技能岗位空缺持续的时间。③ 博斯沃斯等人的研究认为内部技能短缺和外部技能短缺相互重叠的可能性较小。企业技能调查的结果也证实,在企业中这两种技能短缺很少同时存在。2001 年 ESS 发现只有 1/100 的企业同时面临这两种技能短缺。④ 外部短缺往往出现在高技能职业领域,而内部短缺则多见于低技能职业。⑤

第二节　技能短缺的理论分析

一、完全市场下技能供求的均衡

(一)外部技能短缺问题的理论分析

根据经济理论,完全竞争市场可以使社会的生产资源得到最有效的配置,

① Gavin Wallis. The Effect of Skill Shortages on Unemployment and Real Wage Growth: A Simultaneous Equation Approach[J/OL]. August 2002,[2008-1-5], http://repec. org/res2003/Wallis. pdf.

② Jonathan Haskel & Christopher Martin. Technology, Wages and Skill Shortages: Evidence from UK Micro Data[J]. Oxford Economic Papers, Vol. 53, No. 4, 2001, pp. 642-658.

③ Alison L. Booth & Dennis J. Snower. Acquiring skills: market failures, their symptoms and policy responses[M]. Cambridge University Press, 1996, p. 149.

④ Frogner, Mari Lind. Skills shortages: Labour Market Trends[DB/OL]. 2002, p. 18. [2005-6-11], http://findarticles. com/p/articles/mi_qa3999/is_200201/ai_n9060670.

⑤ Derek Bosworth, Rhys Davies, Terence Hogarth, et al. Employers Skill Survey: Statistical Report[R/OL]. 2000, p. 14. [2006-5-3], http:www. dcsf. gov. uk/research/data/uploadfiles/skt40. pdf.

劳动力作为生产资源的一部分,同样符合这个结论。在劳动力市场中,劳动力的供给和需求是相互作用的,如果供给等于需求,即实现了劳动力市场的均衡。而劳动力的供给大于需求或小于需求,都会造成市场的非均衡状态,即出现劳动力过量或短缺的情况。这种市场供求的非均衡状态将导致劳动力的相对工资率的变化,从而促使劳动力的供求恢复均衡状态。[①] 一般说来,劳动力的供求关系决定劳动力的价格(工资)水平,而劳动力价格的变化又会对劳动力的供求产生反作用。如果劳动力供过于求,较多的劳动力竞争较少的工作岗位,在这种情况下,企业即使提供较低的工资,也可以获得所需要的劳动力,这会使劳动力的市场价格降低,在其他生产要素价格不变的情况下,这显然可以刺激企业对劳动力的需求;相反,价格的下降使劳动力的供给不断减少,造成劳动力供给不足,劳动力的供求之间出现不均衡的状况。如果劳动力的需求大于供给,就会出现劳动力短缺的现象,企业为了获得相对有限的劳动力进行竞争,必然会提高工资水平。工资的增长同样会造成两种情况:将有更多的人愿意进入劳动力市场寻找就业机会,使市场的劳动力供给逐渐增加;相反,工资的上升将会造成企业对劳动力的需求减少,出现劳动力过剩的情况。不过,由于劳动力的需求在不断发生变化,从而引起供给的相应变动,劳动力供给和需求常常处于非均衡的状态。[②] 因此,技能短缺是技能劳动力需求与供给的变动过程中的必然现象。不过在自由市场中,劳动力的短缺还是过剩都是暂时的,价格作为"看不见的手"可以自动调节劳动力供给与需求的数量,最终使劳动力供求在市场工资水平上达到均衡状态,从长期来看,不会存在劳动力"过剩"或"不足"的情况。[③] 由此看来,对技能的过度需求最终将推动劳动力工资水平的上涨,最终有助于刺激技能供给的增长,从而消除技能短缺问题。[④] 这也就意味着,技能短缺只是一种短期的非均衡现象,市场机制可以自行解决技能短缺问题。[⑤]

以上是对局部市场下技能短缺问题的分析。从劳动力市场总体看,技能短缺问题显然要比单一市场的情况复杂。宏观市场是由许多局部市场共同组成

① Richard Layard, Ken Mayhew & Geoffrey Owen. Britain's Training Deficit: The Centre for Economic Performance Report[M]. Avebury, 1994, p. 58.

② Derek Bosworth, Pat Dutton, Jackie Lewis. Skill Shortages: Causes and Consequences[M]. Avebury, 1992, p. 30.

③ [美]罗纳德·G. 伊兰伯格,罗伯特·S. 史密斯. 现代劳动经济学:理论与公共政策[M]. 刘昕译. 北京:中国人民大学出版社,2011:43-44.

④ John Forth & Geoff Mason. Do ICT Skill Shortages Hamper Firms' Performance? Evidence from UK Benchmarking Surveys[R/OL]. National Institute of Economic and Social Research, London, September 2006, [2006-6-9], http://www. niesr. ac. uk/pubs/DPS/dp281. pdf.

⑤ Derek Bosworth, Pat Dutton, Jackie Lewis. Skill Shortages: Causes and Consequences[M]. Avebury, 1992, p. 30.

的,这些市场彼此存在反馈效应。技能劳动力的供给和需求不仅受到技能劳动力价格的影响,还受制于其他相关市场(如非技能劳动力和其他要素市场)的变化。由于技能劳动力和非技能劳动力以及其他物质资本之间存在着可替代性,因此企业在技能劳动力不足并且具有充分的替代弹性的情况下,企业往往会选择其他生产要素(如非技能劳动力或物质资本)来替代技能劳动力以实现收益最大化,从而影响企业的技能需求水平,这也进一步影响了技能劳动力的工资水平和供给数量。不过,劳动力供求关系仍然是受各种市场要素的相对价格共同决定的,同样从短期的非均衡状态趋向长期的均衡状态。根据人力资本理论,人们会对自身进行多种形式的人力资本投资,这不但是出于当前就业的考虑,也是为了将来的物质和非物质回报,而其投资的积极性以对个人收益的理性计算为基础。[①] 在完全竞争的劳动力市场中,技能劳动力具有较高的生产率,因此可以获得较高的工资回报。在技能短缺的情况下,市场竞争的加剧将进一步拉开技能劳动力和非技能劳动力之间的工资差距,这将提高个人对教育和培训投资的积极性,从而不会出现长期的技能供给不足的状况。

不过,上述对外部技能短缺问题的分析是建立在以下假设条件下的:①劳动力市场存在大量的供给者和需求者。劳动力的价格是由众多的供给者和需求者共同决定的,任何单个的供给者和需求者都是价格的接受者,而不是价格的制定者;②劳动力的供给具有充分的弹性,可以根据市场价格发生即时的调整;③劳动力的供给和需求都受工资的调节,而不受供求双方的供求数量的限制;④当外部条件发生变化时,劳动力可以在各个企业和产业之间完全自由地流动,不存在任何障碍;⑤劳动力的供求双方不存在信息的不对称和信息的不完全,劳动力的供求双方可以根据自身具备的充分的信息作出理性的选择。在现实情况下,完全满足上述假设的市场是不存在的。以这些假设为基础对技能短缺的分析结论也不符合实际情况。事实表明,技能短缺并不是短期现象。这是因为劳动力市场是一种非均衡市场,从一定意义上说,劳动力供求偏离均衡是一种常态,均衡则是一种特殊的状态。这也是"市场失灵"的必然结果。本文将在后文对这个问题进一步阐述。

(二)内部技能短缺的理论分析

在外部劳动力市场,劳动力供求是在竞争机制作用下通过价格杠杆进行调节的。外部劳动力一旦通过招聘进入企业的内部劳动力市场,就完全纳入企业内部管理的范畴,具有较高的就业稳定性。虽然内部劳动力市场仍然具有市场的基本特征,不过,在皮特·多林格和米切尔·皮奥里看来,内部劳动力市场已

---

① Malcolm Tight. Key Concept in Adult Education and Training [M]. Routledge Falmer,2002,p. 78.

经成为"一个管理单位，……劳动力的价格和配置由一系列管理规章和程序决定。"①当然，内部市场和外部市场是相互作用的。在外部市场供过于求，企业有可能以较低的价格获得自身所需要的技能劳动力，而在外部市场存在技能短缺的情况下，企业往往通过对内部劳动力的重新配置满足自身的技能需求，这主要有两个途径：劳动力的岗位变动或增加员工的教育和培训投资。本文主要分析完全市场条件下的企业培训与技能短缺的关系。人力资本理论认为，企业培训和学校教育一样都是重要的人力资本投资形式，可以为投资者带来较高的收益。不过它和学校教育存在性质上的差异，学校教育的专业化程度不够，无法直接满足企业的技能需求，因此更具有针对性和应用性的企业培训作为学校教育的延续就变得非常必要。根据本·普拉斯的生命周期最佳投资理论，个体为了提高未来的收益水平，需要不断地进行人力资本投资，除了接受学校教育之外，还需要通过就业后的各种培训进一步积累人力资本。企业为了实现利益最大化的目标，也需要不断地进行员工培训以提高企业的赢利能力。因此，人力资本投资持续于劳动力的整个职业生命周期。然而，人力资本投资水平在个人的职业生命周期过程中是不均衡的。本·普拉斯认为，作为理性的经济人，企业和个人会选择在最优点进行投资——即对培训的投资在职工职业生涯开始时应该最大，以后不断下降。对于企业来说，对青年劳动力的投资能够使自身有更长的收益周期。对于个人来说，职业生涯开始时的收入较低，接受培训的机会成本较少，而随着工作生涯的延长，投资的收益周期缩短，而培训成本却不断增加。事实上，大多数教育和培训也确实发生在个人职业发展的早期阶段。不过，应该注意的是，影响企业和个人培训投入的因素是多方面的，而不仅仅是投资的收益周期。② 比如个人和企业就业关系的不确定性可能使企业或个人无法获得稳定的培训收益，进而影响了企业和个人的投资态度和投资水平。社会和制度因素对企业和个人投资决策的影响也是显而易见的。此外，本·普拉斯没有考虑个体所获技能以及培训活动性质对培训投入和培训规模的影响。③ 不同性质的技能培训对培训投入的影响存在很大差异。鉴于这种理论存在的不足，一些人力资本学者对其进一步发展，加里·贝克尔的企业培训模型最具有代表性。

　　20 世纪 60 年代，贝克尔对在职培训进行了理论分析，其研究模型也成为随

---

①　Shackleton JR. Training for Employment in Western Europe and the United States［M］. Edward Elgar, 1995，p. 38.

②　Robert Mcnabb & Keith Whitefield. The Market for Training：Inernational perspectives on theory, methodology and policy［M］. Avebury，1994， p. 77.

③　Robert Mcnabb & Keith Whitefield. The Market for Training：Inernational perspectives on theory, methodology and policy［M］. Avebury，1994， p. 4.

后的在职培训的理论和实证分析的基础,并对英国的培训政策产生了一定的影响。[①] 贝克尔的模型有两个假设前提:一是劳动力市场上"信息是对称的"。这意味着外部企业可以清楚地了解受训者的培训与技能状况,即培训企业与外部企业之间不存在信息不对称的情况。二是劳动力市场是"完全竞争的"。受训者可以自由地离开培训企业,而不需要承担任何成本。基于这些假设,贝克尔对企业培训进行了分析。企业人力资本的积累通常有两种途径:员工的培训投资和企业的培训投资。因此,他将企业和个人作为企业培训投资的主体。作为理性的投资者,企业和个人都会对培训的成本和收益进行权衡。贝克尔认为企业和个人都能够从培训中获得收益。培训可以提高企业员工的生产率水平和利润;个人的收益则表现为未来收入和工作满意度的提高、就业机会的增加。当然,两者都需要以一定的方式承担培训成本。企业的成本表现为对培训的直接投资和个人因接受培训而损失的产出,个人的培训成本包括学费、因接受培训损失的收入(机会成本)和投入的时间等。他认为企业和个人在不同性质培训中的收益是有差异的,这直接影响了两者的培训投资行为,这也是他的主要研究课题。贝克尔将职业技能分为一般技能和专门技能。一般技能对所有企业都是适用的,而专门技能则只适用于特定企业,不具备外部性。因此,企业培训也包括一般性培训(general training)和专门性培训(specific training)。[②] 受训者通过一般性培训获得的一般技能和知识不仅会提高其所在的培训企业的生产率,而且可能会通过受训者在企业之间的流动提高其他企业的生产率。相反,专门性培训提供的专门技能仅仅对培训企业有价值,对其他企业没有用武之地。在这种情况下,技能培训的性质必然会影响企业和个人的投资决策。

一般培训一方面通过形成个人的技能提高企业的生产率,另一方面也提高了个人的就业能力。由于一般培训具有充分的市场竞争性,个人在培训中获得的一般技能由于对其他企业同样适用,所以这个人可能在培训结束后寻找到更好的就业机会。如果培训企业希望受训者在培训结束后留下来,就不得不考虑提高其工资水平。"在完全竞争的劳动力市场条件下,市场工资于劳动力的边际产出是一致的。"[③]这就意味着企业边际产出的增长部分被受训者占有并通过

① Alison L. Booth & Dennis J. Snower. Acquiring skills: market failures, their symptoms and policy responses[M]. Cambridge University Press, 1996. p. 21.

② Frontier Economics. An Economic Review and Analysis of the Implications of Occupational Licensing[R/OL], Research Report No 467, August 2003, [2006-5-6], http://www. dcsf. gov. uk/research/data/uploadfiles/RR467. pdf.

③ Stefan Bornemann. Spillovers in Vocational Training: An Analysis of Incentive Schemes[J/OL]. Discussion paper 2005-15, September 2005, [2007-2-16], http:// edoc. ub. uni-muenchen. de/5737/1/Bornemann_Stefan. pdf.

其工资的变化体现出来。这也就是说,个人获得了一般培训的所有收益,对企业来说却是无利可图的,因此培训决策完全是个人行为。企业不会提供一般培训,因为它没有从培训中获得收益,除非它仅仅提供培训机会而不用承担培训成本。不过,贝克尔认为,在完全竞争的市场条件下,不会出现一般培训投资不足的状况。① 这是因为个人愿意接受一般培训并通过接受培训期间的较低工资或自身支付费用的方式承担相应的培训成本。尽管个人现期的支出增加,收益减少,但是从长远观点来看,培训可以通过对其技能水平和结构的改善大幅度地提高预期的未来收益或降低未来支出,其未来的工资收入将高于未受训者。"如果由受训者支付培训成本,这种培训往往是一般性培训。"②

专门性培训不同于一般培训,专门性技能仅仅对培训企业有价值,在外部劳动力市场中没有交易价值。如果个人在培训结束以后离开培训企业,也难以依靠这些技能在外部劳动力市场获得就业机会,这也使培训企业可以不必按照劳动力的边际产出支付其工资报酬,企业可以获得培训的大部分甚至全部收益,这显然不利于激励个人的培训投资行为。"如果技能具有专门性,工人将不愿意投资于培训。由于不能在其他企业或岗位使用这些技能,他们担心一旦失去现在的工作就无法收回这种培训的成本。"③因此,贝克尔认为,专门性培训的成本不由个人承担,而是采取企业承担或者受训者与企业通过谈判分担培训成本的方式。根据他的观点,接受专门培训的劳动力工资将低于其边际产出而高于市场工资水平。④ 这样企业和个人可以分享专门培训的收益。适当的成本分担和利益分享机制能够激励企业与员工双方都付出最优的努力水平,同时也降低了由于员工辞职和被解雇而造成的人力资本损失。企业由于培训投入将为自身带来更多的收益,也愿意承担或与个人分担培训成本。培训的专门性越明显,企业承担培训费用的可能性越大。

专门培训和一般培训的区分为培训成本和收益在企业和工人之间的划分提供了一种机制:企业更愿意承担专门性培训的费用,因为这种培训对于其他潜在企业是无关的,意味着市场机制不会迫使它们为工人的技能提高和产出的增长提供更多的工资,企业无须承担丧失培训投资的风险,却可以独享培训投

---

① Alison L. Booth & Dennis J. Snower. Acquiring skills: market failures, their symptoms and policy responses[M]. Cambridge University Press, 1996. p. 22.

② Robert Mcnabb & Keith Whitefield. The Market for Training: Inernational perspectives on theory, methodology and policy[M]. Avebury,1994, p.257.

③ Robert Mcnabb & Keith Whitefield. The Market for Training: Inernational perspectives on theory, methodology and policy[M]. Avebury,1994, p. 5.

④ Bernard Trendle & Jennifer Siu. Investment in training and public policy-a review[J/OL]. Working Paper No. 35, March 2005, [2005-6-10], http://trainandemploy. qld. gov. au/resources/ business_employers/pdf/...

资的收益。对于个人来说,个人愿意承担一般培训的费用,因为一般培训可以使其获得更多的就业机会和更好的就业前景,而专门性培训则意味着因企业状况带来的就业的不确定性。因此,贝克尔认为,"在竞争的市场中,员工获得的一般培训将达到最佳规模,当然他们必须自己买单。……企业的专门性培训投资也会达到理想的水平。"①根据贝克尔的理论,在完全竞争市场中,企业和个人会根据需要和偏好决定培训投资的水平和方向,从而解决企业的内部技能短缺问题。总之,个人和企业可以作出所有必要的投资决策,培训应该由市场机制自行调节,而不需要政府的干预。"个人和企业的自由选择能够实现理想的培训规模。"②

贝克尔的理论在一定程度上解释了企业培训的投资机制。"培训的专门性越明显,企业越愿意承担培训的成本。"③不过,他的理论也存在诸多不足。第一,人力资本理论对企业培训的分析过于理想化和简单化。玛格丽特·斯蒂文斯认为,任何培训计划都包含一般培训和专门培训的因素,并不是所有的培训都可以用贝克尔的理论模型进行分析。④ 罗伯特·卢卡斯也支持这个观点,"尽管某些技能相对于特定的生产领域具有明显的专门性,其他技能在或多或少的产业部门中都是可迁移的。"⑤第二,人力资本理论是以完全竞争市场为前提并在一系列严格的假设基础上得出企业培训不会出现投资不足的结论。无论在培训市场还是劳动力市场,技能供求都是由培训成本和收益的关系决定的,此外,完全的资本市场使技能供求具有充分的弹性。不过,这些假设在现实中都是不存在的,其研究结论自然也就偏离了实际的培训状况。因此,吉赛普·格罗斯指责贝克尔的研究"从假设到结论都不符合实际情况"⑥。在非经济因素的影响下,企业培训往往存在投资不足的现象,而且企业的投资行为存在明显的差异。此外,大量的实证研究发现,尽管面临投资风险,许多企业仍然为其员工

① Frontier Economics. An Economic Review and Analysis of the Implications of Occupational Licensing[R/OL]. Research Report No 467, August 2003,[2006-5-6], http://www.dcsf.gov.uk/research/data/uploadfiles/RR467.pdf.

② Shackleton JR. Training for Employment in Western Europe and the United States[M]. Edward Elgar, 1995,p.47.

③ Robert Mcnabb & Keith Whitefield. The Market for Training: Inernational perspectives on theory, methodology and policy [M]. Avebury,1994, p.83.

④ Alison L. Booth & Dennis J. Snower. Acquiring skills: market failures, their symptoms and policy responses[M]. Cambridge University Press, 1996. p.24.

⑤ Martin Godfrey, Skill Develpoment for International Competitiveness[M]. Edward Elgar, 1997,p.204.

⑥ Giuseppe Croce. Imperfect Labour Markets and General Training: A Review of Recent Theoretical Developments,SASE 2002 - Work and Labor in the Global Economy[DB/OL]. [2005-1-16],http:// www.sase.org/oldsite/conf2002/papers/g014.croce.pdf.

提供一般技能培训并负担培训成本。[①] 这与贝克尔的结论显然是矛盾的。第三，企业和个人对培训投资的态度上的差异，培训机会在人们之间的分配也是不平衡的。这些问题显然是人力资本理论无法解释的。制度理论批评人力资本理论的推断过于简单，没有考虑影响技能供求关系的具体制度因素。尽管如此，贝克尔的模型仍然为对企业培训做进一步的理论分析提供了基础。

二、不完全市场下的技能短缺问题

(一)技能短缺和市场失灵

在完全竞争的市场条件下，技能短缺是短期失衡的问题，因此，从长期来看，技能供求将在市场机制驱动下自动恢复均衡状态。不过，正如前文所说，完全竞争市场的假设在现实中是不成立的。尽管市场这只"看不见的手"在配置资源方面比其他机制更有效率，但也存在自身难以克服的局限性，那些崇信自由市场的学者也不得不承认这一点。亚当·斯密很早就指出，只有满足一系列必要的条件，市场才能良好地运行，否则就会出现"市场失灵"（market failure)[②]。这一点得到了人们的普遍认同。在技能短缺问题上，市场失灵的影响是显而易见的。大卫·李（David Lee）等人认为"利用市场机制调节青年培训造成了培训不足、技能短缺和人才浪费"[③]。芬格德等人指出，"在缺乏政府干预的情况下，技能培训方面的各种市场失灵将导致教育和培训的投资水平不足。"[④]教育和技能部的一份报告也承认了市场机制可能造成教育和培训市场的投资过度（over-investment）或投资不足（underinvestment）的现象。[⑤]

与贝克尔的假设相反，不同的技能市场往往是不完全的，这种市场不完全可能导致某种不同的公共政策方向。尤其是市场失灵导致这种结论，即政府干预对于保证适当的技能供给水平是必要的。布斯和斯诺归纳了一系列可能造成培训市场失灵的因素，这些因素使培训市场是不完全竞争的。斯蒂文斯指出

①　Stefan Bornemann. Spillovers in Vocational Training: An Analysis of Incentive Schemes[J/OL]. Discussion paper 2005-15, September 2005, [2007-2-16], http:// edoc. ub. uni-muenchen. de/5737/1/Bornemann_Stefan. pdf.

②　Shackleton JR. Training for Employment in Western Europe and the United States[M]. Edward Elgar, 1995, p. 22-23.

③　John Ahier & Geoff Esland. Education, Training and the Future of Work Ⅰ[M]. Routledge, 1999, p. 171.

④　Richard Layard, Ken Mayhew & Geoffrey Owen. Britain's Training Deficit: The Centre for Economic Performance Report[M]. Avebury, 1994, p. 251.

⑤　Frontier Economics. An Economic Review and Analysis of the Implications of Occupational Licensing[R/OL]. Research Report No 467, August 2003, [2006-5-6], http://www. dcsf. gov. uk/research/data/uploadfiles/RR467. pdf.

劳动力市场的不完全归因于迁移性技能的存在。阿克莫格鲁认为,资本市场的不完全也可能造成培训投资不足。伯代特和史密斯分析了信息的不完全对市场失灵的影响。其他可能造成市场失灵的因素包括技能和企业革新行为的相互作用或技能和技能劳动力之间的互动。

总之,"市场失灵"使劳动力的供求难以恢复均衡状态,造成技能短缺问题持续存在,这就为政府干预以解决这些问题提供了依据。造成技能供求失衡的原因主要表现在以下方面:

1. 技能投资的外部性(externality)

如果投资者(包括个人或企业)能够获得技能培训的全部收益,市场机制就可以充分发挥其调节作用,使技能投资达到理想的规模。这也是完全市场条件下技能供求均衡的前提,贝克尔的培训理论也是以此为基础对企业和个人的投资行为进行分析的。然而,在不完全竞争的劳动力市场中这种假设并不存在——技能培训必然带有外部性。这种外部性表现在两方面:①技能投资不仅使自身的收益递增,而且也使物质资本及劳动等其他投入的要素也具有收益递增的特性。②技能投资除了为投资者带来收益之外,还会为投资者以外的其他人带来某种利益。这种外部性的影响是复杂的。一方面,技能对全要素生产率的推动作用有利于资本投资的增加,资本投资反过来进一步刺激更多的技能投资,构成资本投资与技能积累的良性循环,推动经济的持续增长。另一方面,这种外部性也存在着消极影响。这意味着某些市场主体可以无偿地获得部分投资收益,而投资主体却要承受外部不经济性(external diseconmies)造成的损失而无法得到补偿,从而可能抑制技能投资的行为。

在经济活动中,外部性现象是普遍存在的,几乎在每一个市场中都存在着程度不同的资源配置失当现象,市场失灵难以避免。① 早在1912年,庇古就指出,"搭便车"(free-riding)会造成职业教育不足。② 这一现象仅仅依靠自由市场机制是难以克服的。③ 这一点在企业培训问题上尤其明显。根据贝克尔的观点,一般培训和专门培训都不会出现市场失灵的情况,也不存在外部性问题。④ 根据贝克尔的前提假设,他的结论是没有问题的。对于专门培训,企业之间对

① 林成.从市场失灵到政府失灵:外部性理论及其政策的演变[D].辽宁大学博士学位论文,2007:15-16.

② Stefan Bornemann. Spillovers in Vocational Training:An Analysis of Incentive Schemes[J/OL]. Discussion paper 2005-15,September 2005,[2007-2-16],http:// edoc. ub. uni-muenchen. de/ 5737/1/Bornemann_Stefan. pdf.

③ Richard Layard,Ken Mayhew & Geoffrey Owen. Britain's Training Deficit:The Centre for Economic Performance Report[M]. Avebury,1994,p. 32.

④ Alison L. Booth & Dennis J. Snower,Acquiring skills:market failures,their symptoms and policy responses[M]. Cambridge University Press,1996. p. 22.

相关技能不存在竞争,受训者在培训结束后也就没有流动的可能性。对于一般培训,受训者可能具有充分的流动性,这也使其工资水平与边际产出一致,其他潜在企业的预期收益为零,因此在缺乏市场需求的情况下,受训者也不具备流动的机会。不过,斯蒂文斯认为,一般培训和专门培训仅仅是两种极端情况,事实上培训市场的主体是对其他一些(而不是许多)潜在企业有利用价值的迁移性培训(transferable training)。在贝克尔的培训模型中,一般培训和专门培训不存在外部性,这意味着社会成本收益和私人成本收益是一致的,而在不完全的市场竞争下,两者将发生偏离。迁移性培训的成本由投资者(受训者和培训企业)承担,培训收益往往由投资者(受训者、培训企业)和非投资主体(其他潜在企业)分享,使培训投资的社会收益超过私人收益,即培训除了私人收益之外,还有外部收益,尤其在中等程度的竞争条件下,这种偏离最显著。作为利益相关者(Stakeholder)的其他非投资主体也会获得部分培训收益,这种外部性削弱了劳动力和企业培训投资的积极性。马丁·古德菲利认为,技能投资的收益递增可能造成技能投资的规模递减。[1] 克里斯托弗·温齐也认为企业培训是一个典型的"囚徒困境"问题。[2] 首先,我们从企业的角度进行分析。如果所有企业都提供培训机会,这当然不会造成培训不足的问题——技能供求将保持总体的平衡状态。然而,企业对培训的态度存在差异,并不是所有的企业都愿意或者有能力进行技能投资。在缺乏外部约束的情况下,一些企业尽管没有进行技能投资,却可以通过"搭便车"的方式从培训企业获取所需要的劳动力,从而占有部分培训收益而无须分担成本。"搭便车"的企业越多,其他企业丧失培训成果的风险就越大,对培训投入也就越消极,从而形成一种恶性循环。这是市场条件下企业之间非合作博弈的结果。"搭便车"现象使许多企业把培训视为一种消费,而不是投资。[3] 因此,理性的企业往往不愿意投资于员工的迁移性技能培训,因为员工的流动性使它们难以确定自己是否可以获得培训收益。个人也无法充分占有技能投资的收益,比如工资水平没有随着生产率的提高而相应增长,这会造成个人投资的积极性不足。[4] 总之,如果个人和企业完全根据自己的

---

① Martin Godfrey. Skill Development for International Competitiveness[M]. Edward Elgar,1997, p.5.

② Christopher Winch. The Economic Aims of Education[J]. Journal of philosophy of Education, Vol.35,No.1,2002,pp.101-117.

③ Mike Flude & Sandy Sieminski. Education, Training and the Future of Work Ⅱ[M]. Routledge,1999, p.125.

④ Frontier Economics. An Economic Review and Analysis of the Implications of Occupational Licensing[R/OL], Research Report No 467, August 2003,[2006-5-6], http://www.dcsf.gov.uk/research/data/uploadfiles/RR467.pdf.

需要确定技能投资,技能投资的类型和数量将低于社会有效水平。① 因此,技能的外部性普遍被认为是造成技能短缺的一个重要原因。不过,这种外部效应是独立于市场机制之外的客观存在,它不能通过市场机制自动消弱或消除,甚至可以说这个问题是市场机制的必然结果。

2.技能的公共物品性质

公共物品(public goods)是一种满足社会公共消费需求的物品。公共物品具有非排他性和非竞争性。② 非排他性是指在公共物品的消费过程中,提供者难以将某些消费者(例如不支付费用的消费者)排除在外。非竞争性是指消费者对公共物品的任何消费均不会影响其他消费者的消费。而私人物品在消费上具有竞争性和排他性。对于私人物品,完全可以通过市场机制,使消费者和供给者通过自身的逐利行为实现帕累托最优。不过,对于公共物品的供给来说,情况却迥然不同。公共物品难以由私人来供给,因为它存在着外部收益的问题。人们即使不承担生产成本也可以从公共物品的生产中获得收益。自利倾向使每个人都希望由他人提供公共物品,而自己坐享其成,结果很可能是所有人都不愿意提供公共物品。因此,自由市场机制将造成公共产品的供给不足。这是集体行动中的非合作博弈的结果。奥尔森用"搭便车"现象说明集体行动的困境和市场的失灵。根据他的观点,个体理性选择的结果对集体来说未必是理性的,在市场机制下,私人利益的实现可能伴随着集体利益或公共利益的缺失,如果缺乏相应的制度对集体行动进行规范,在自愿的情况下,公共物品会出现供给不足。③

当然,现实生活中纯公共物品很少,大量存在的是介于纯粹公共物品和纯粹私人物品之间的"准公共物品"(quasi public goods),即具有不完全排他性和竞争性的产品。技能就属于这样的准公共物品。一方面,技能的消费具有非排他性,任何企业都有机会通过提供更好的条件获取所需要的技能劳动力;另一方面,技能在消费上具有竞争性,即在技能供给不变的情况下,一些企业对技能劳动力的使用意味着其他企业"消费"的机会减少,当技能需求大于供给的时候这一点更加明显。不过技能的性质不同,其具有的公共物品特征的程度也不同。一般性或迁移性技能在消费上的非排他性就非常明显,而专门性技能的排

---

① Sue Richardson. What is a skill shortage? [DB/OL]. NCVER,2007,[2007-1-21],http://www.ncver.edu.au/research/proj/nr4022.pdf.

② Colin Crouch,David Finegold & Mari Sako. Are skills the answer? The Political Economy of Skill Creation in Advanced Industrial Countries[M]. Oxford University Press,1999,p.135.

③ 陈潭.集体行动的困境:理论阐释与实证分析——非合作博弈下的公共管理危机及其克服[J].中国软科学,2003(9):139-144.

他性比较明显。① 因此市场失灵理论认为,除了贝克尔所谓的专门培训以外,大多数正规的教育和培训都带有公共产品的性质。② 这就使技能投资产生私人收益的同时也带来不同程度的社会收益,比如健康水平和公民素质的提高、犯罪率的下降,此外技能劳动力总量的增长也会促进整个经济领域技术的革新和应用。在完全竞争市场,私人成本收益与社会成本收益是平衡的,从而在全社会范围内实现资源配置的帕累托最优状态。然而,技能的公共物品性质使技能投资的社会成本收益与私人成本收益之间发生偏离,导致市场失灵。微观市场主体一般是从自身利益和需求的角度出发进行技能投资的,其关注的是私人收益而不是社会收益,而技能投资的社会收益是投资者无法获得的。因此,如果完全由市场来决定技能投资行为,投资者由于不可能获得技能投资的外部收益,其提供的技能培训的规模必然低于社会期望水平,这就需要政府介入,使技能培训最大程度地满足社会的需要。此外,技能作为个人或其他主体的投资所形成的人力资本,只能存在于作为载体的个人体内,其他主体无法直接占有或支配。这对企业培训的影响是显而易见的。企业的技能需求和劳动力流动性的强化使企业的技能投资存在很大的风险。这个问题仅仅依靠市场显然难以解决。

3. 信息的不对称性和不完全性

信息的不对称是指供求双方并不拥有同等的有关教育和培训以及劳动力市场状况的信息。首先,有关教育培训质量的信息在不同的利益主体之间的分配是不均衡的。不直接参与培训的利益主体在获得培训质量的信息方面需要更多的成本,教育培训机构在这方面显然具有明显的信息优势。尤其是在缺乏外部标准的情况下,由于信息的有限性,其他利益主体难以对其培训计划的质量进行客观的评价。这可能会影响它们对教育和培训的需求。保尔·瑞恩从信息不对称的角度对企业培训问题进行了分析。他认为,信息不对称使培训的数量和质量呈现负相关性。一方面个人缺乏有关培训的信息,比如培训质量、培训的可迁移性等。另一方面企业难以明确个人的学习能力和态度。"如果受训者无法评估培训质量,企业可能利用自身的信息优势提供低质量的培训计划而无须承担任何消极后果。"③这种现象对缺乏经验的青年人更为明显。低水平

① Colin Crouch, David Finegold & Mari Sako. Are skills the answer? The Political Economy of Skill Creation in Advanced Industrial Countries[M]. Oxford University Press, 1999, p. 28.

② Hugh Pemberton. The 1964 Industrial Training Act: a failed revolution[DB/OL]. Bristol, 30 March 2001, [2008-1-6], http://seis. bris. ac. uk/~hihrp/Seminars/2001%20EHS%201964%20ITA. pdf.

③ Richard Layard, Ken Mayhew & Geoffrey Owen. Britain's Training Deficit: The Centre for Economic Performance Report[M]. Avebury, 1994, pp. 98-100.

的培训显然不利于受训者技能水平的提高,同时也削弱了企业未来的内部技能劳动力供给能力。"如果所有企业都采取同样的做法,整个劳动力市场的高技能劳动力供给将逐渐枯竭。"①这种信息的不对称也削弱了个人的培训需求。"他们难以确定培训课程的质量和价值,"逆向选择"(adverse selection)和道德风险问题可能使他们不愿意接受培训期间的低工资。"②其次,劳动力市场信息在供求双方的分配也是不对等的。企业拥有更多关于劳动力市场就业机会和技能需求的信息,却缺乏有关劳动力个体技能状况的全部的具体信息;而劳动力清楚自身的技能状况,却不了解潜在的就业信息。因此,劳动力市场的技能供给和需求之间存在信息分布的不对称。这使劳动力市场的供求匹配是一个持续而缓慢的过程。技能供求双方在缺乏沟通和合作的情况下,这个问题更加明显。"缺乏可靠的劳动力市场信息可能制约市场调适的速度,从而延长短缺或过剩的存续时间。"③

根据乔治·阿克劳夫的逆向选择理论,在信息不对称的情况下,市场的运行可能是低效甚至是无效的,技能的供给和需求难以顺利地匹配,企业没有获得自己所需要的劳动力,而劳动力也没有找到适合自己技能条件和需要的就业机会。市场机制下技能的供给和需求总能实现均衡的结论失灵了。这就需要通过加强技能供求双方的信息沟通以促进技能供求的匹配,比如建立劳动力市场的就业服务机制。此外,这种"市场失灵"具有"逆向选择"的特征。"由于企业对劳动力技能缺乏充分的信息,无法根据其边际产出支付报酬,只能根据劳动力市场的一般水平支付工资。"④这样一来,高技能劳动力就难以获得相应的回报,而低技能劳动力的投资回报显然更高,于是出现低技能劳动力将高技能劳动力挤出市场的状况。这是技能供给者——劳动力由于所处的信息劣势而被迫做出的反向选择。这种现象使市场机制的有效性再次受到质疑,无疑会影响个人技能投资的积极性。如果技能的提高没有伴随工资的相应增长,个人也就

① Richard Layard, Ken Mayhew & Geoffrey Owen. Britain's Training Deficit: The Centre for Economic Performance Report[M]. Avebury, 1994, p. 99.

② Bernard Trendle & Jennifer Siu. Investment in training and public policy-a review[DB/OL]. Working Paper No. 35, March 2005, [2006-7-12], http://trainandemploy. qld. gov. au/resources/business_employers/pdf/...

③ Chandra Shah & Gerald Burke. Skills Shortages: Concepts, Measurement And Implications, Monash University[DB/OL]. Working Paper No. 52, November 2003, [2008-1-16], http://www. education. monash. edu. au/ centres/.../workingpapers/wp52nov03shah. pdf.

④ Frontier Economics. An Economic Review and Analysis of the Implications of Occupational Licensing[R/OL]. Research Report No 467, August 2003, [2006-5-6], http://www. dcsf. gov. uk/research/data/uploadfiles/RR467. pdf.

不愿意接受进一步的培训。"信息不对称可能造成培训市场失灵。"①因此,建立统一的资格制度、强化资格证书的信号传递功能以缓解信息不对称造成的逆向选择显得非常必要。

不过,信息不对称为企业的一般培训投资行为提供了一种有说服力的解释。根据贝克尔的理论,在完全竞争的市场条件下,企业不会投资于一般培训,个人才是一般培训的受益者和投资者。不过,他所设想的完全市场并不存在。阿西莫格鲁和皮斯克认为,劳动力市场的不完全竞争是促使企业提供一般培训的根本原因。② 这突出地表现在信息的不对称上。一些学者在"信息不对称"假设下,论证了企业投资于一般培训的可能性。这主要表现在培训企业与外部企业之间的信息不对称。与培训企业相比,外部企业缺乏对受训者技能状况的充分了解。由于外部企业判断一名离职员工大多是因为其工作不称职,因此愿意支付的工资水平常常低于受训者的边际产出,这显然会影响受训者选择离职的愿望,使企业从一般培训中获得收益。阿德里恩·齐德曼等人认为,"培训企业和非培训企业之间的信息不对称使企业愿意投资于一般培训。"③当然,这种情况也影响了个人承担一般培训成本的愿望。显然,这些结论与贝克尔的假设几乎是完全相反的。此外,劳动力市场摩擦也是影响企业受训者流动性的重要因素。④ 尽管受训者获得的一般技能是许多企业所需要的,不过受训者如果在外部劳动力市场寻找新的工作机会,就需要承担额外的搜寻和匹配成本,这就降低了受训者流动的可能性,从而使其无法获得一般培训的全部收益。企业和受训者可以通过谈判分享培训收益,受训者的工资增长要低于其边际产出的增长幅度,因此一般培训投资对企业来说是有利可图的。阿西莫格鲁将劳动力市场的摩擦效应作为企业承担部分一般培训成本的原因之一。⑤ 尽管减少信息的不对称从某种意义上可以促进个体和企业的投资行为,但也可能导致企业的利益和员工的利益发生冲突,当这种利益冲突的积累达到一定程度时,就可能影响员工受训的积极性。

---

① Margaret Stevens. Should Firms be Required to Pay for Vocational Training? [J/OL]. Oxford January 1999,[2007-3-8], http:// www. nuff. ox. ac. uk/economics/papers/1999/w4/vocational. pdf.

② Joe Harkin. Technological Change, Employment and Responsiveness of Education and Train Providers[J]. Compare, Vol. 27,No. 1,1997,pp. 95-103.

③ Irmgard Nübler. Firms'motivation to invest in training: the role of dependency, hostages and cooperation[DB/OL]. [2006-1-20],http://www. isnie. org/isnie01/papers01/nubler. pdf.

④ Stefan Bornemann. Spillovers in Vocational Training: An Analysis of Incentive Schemes[J/OL]. Discussion paper 2005-15, September 2005, [2007-2-16], http:// edoc. ub. uni-muenchen. de/5737/1/Bornemann_Stefan. pdf.

⑤ Daron Acemoglu. Training and Innovation in an Imperfect Labor Market[J]. Review of Economic Studies,Vol. 64, No. 3,1997,pp. 445-464.

信息的不完全性也是影响技能投资的一个重要因素。无论个人还是企业都是根据对培训收益的预期作出投资决策的。"投资者在对教育培训成本和收益有完全的信息并且收益高于成本的情况下才会愿意进行投资。相反,如果投资者不能准确评估培训的成本和收益,往往会低估培训收益而高估培训成本,从而削弱其培训的积极性。"①对于单个投资者来说,显然缺乏充分的相关信息,而获取所有这些信息是不可能或者不经济的,难以作出明智的教育和培训投资决策,造成技能投资不足。对于个人来说,不完全信息造成的不确定性更加突出,比如个人获得资格的可能性以及市场对具体技能的需求变化。此外,由于培训的长期收益的不确定性较高,投资者更关注直接的短期收益,这也可能造成教育和培训规模的不足或者技能供求出现失衡。在劳动力市场流动性较强的情况下,投资的风险和收益的不确定性使这种状况更为明显。② 因此,必须依靠政府的干预措施提高人们对投资收益的信心,从而促进技能供给和需求的水平。

4.市场机制的不完全性

市场调节的不完全性使技能的供求难以实现或保持均衡状态。技能劳动力的需求并不一定随着市场价格而上下波动。造成这种情况的原因是多方面的。①技术进步使劳动力市场的技能需求总体上是持续增长的,而并非随着技能劳动力的价格的提高而下降。在技术不断进步而且技能劳动力无法替代的情况下,劳动力市场有可能出现技能需求和技能劳动力工资同时上涨的情况。许多学者对非均衡市场下的技能短缺问题进行了分析。肯尼斯·阿罗和威廉·凯罗恩提出了"动态短缺"(dynamic shortages)理论,认为技能需求的持续增长是技能短缺的动因,当然,技能需求的增长不一定导致技能短缺。如果技能供给也能够有相应的增长,劳动力市场将在更高的工资水平实现新的均衡,相反,如果技能需求的增长始终超过技能供给的增长,均衡状态就无法实现。他们承认,技能需求的增长会对工资和技能供给产生推动效应,不过,在各种因素的影响下,工资调整与需求增长相比较为迟缓。这就进一步延迟了技能劳动力的供给,使供给落后于需求成为一种常态。因此,技能供给与需求之间一般是难以实现均衡的。他们推断,在劳动力市场中总会存在由于技能需求的稳定增长以及工资没有相应提高而造成的"动态短缺"。目前技能短缺状况也确实印证了他们的结论。②价格向上的刚性也是不可忽视的因素。在完全市场条

---

① Frontier Economics. An Economic Review and Analysis of the Implications of Occupational Licensing[R/OL]. Research Report No 467, August 2003,[2006-5-6], http://www. dcsf. gov. uk/research/data/uploadfiles/RR467. pdf.

② Robert Mcnabb & Keith Whitefield. The Market for Training:Inernational perspectives on theory, methodology and policy[M]. Avebury,1994, p. 78.

件下,工资作为劳动力的价格,是调节技能供求关系的主要机制。实际上,工资的变化具有相当大的刚性,当人们的消费达到一定水平以后,重新习惯一种较低的生活水平是很困难的。因此工资的调整具有向上的刚性,使价格机制往往不能在劳动力市场上充分发挥作用。这也使企业往往不愿意通过提高工资的方式解决劳动力短缺问题,因为企业可以通过提高工资刺激市场的技能供给。但是,当供过于求时,企业却难以相应地降低劳动力的工资水平。人们普遍愿意接受工资的提高而对工资的减少持反感和抵制态度,使企业在降低工资方面缺乏灵活性。此外,企业在为外部劳动力提供较高工资的同时,往往还要考虑提高相同岗位甚至其他岗位的内部员工的工资,否则可能影响内部员工的积极性和工作效率。然而,这样必然会提高企业总体的工资水平和生产成本。因此企业对提高工资十分慎重。这使工资水平难以反映市场供求形势的变化。③技能供求调整的非对称性。即使技能劳动力的供求关系对工资变化是敏感的,教育和培训的周期性也使这种供求的变化复杂化。技能需求的变化具有即时性,而供给的调整却由于劳动力的教育和培训需要较长的周期而比较缓慢。在预期的工资增长情况下,技能劳动力的供给相应地增长,但是由于供给的增长相对滞后于需求的增长,因此技能供给呈现增长的时候,需求已经下降了。需求的减少促使技能劳动力的相对收益率(主要表现为工资)下降,相应地造成青年对技能需求的减少,当新的技能劳动力供给减少、需求重新增长的时候就可能再次出现技能短缺。[1] 博斯沃斯和威尔逊认为,即使工资对供求关系的变化是敏感的,技能劳动力供给的时滞也使劳动力的供求实现均衡需要较长的过程,这进一步影响了技能短缺问题持续的时间。[2] 这个意义上,技能短缺问题的存在有其必然性。此外,米切尔·盖拉维等人还强调了各种经济因素(比如较高的再培训成本和流动成本)和制度因素(比如劳动力市场分割)对技能供求调适过程的制约作用。④影响技能供求的因素的复杂性。在完全竞争的市场上,工资是决定劳动力供给并受供求影响的的唯一因素。实际上,许多因素制约了技能供给和需求,而且这些因素的作用往往不一致甚至是矛盾的,这就使技能的供求变化具有明显的不确定性,难以在价格杠杆的作用下实现均衡。从需求的角度看,企业对技能的需求不是为了消费,而是为了获得更多的收益。从根本上来说,企业的技能需求并非取决于技能劳动力的技能,而是技能劳动力能否给自己带来预期的收益,当劳动力能够为企业带来超过成本的收益时,即使

---

① John Forth & Geoff Mason. Do ICT Skill Shortages Hamper Firms' Performance? Evidence from UK Benchmarking Surveys[R/OL]. National Institute of Economic and Social Research, London, September 2006, [2006-6-9], http://www.niesr.ac.uk/pubs/DPS/dp281.pdf.

② Richard Layard, Ken Mayhew & Geoffrey Owen. Britain's Training Deficit: The Centre for Economic Performance Report[M]. Avebury, 1994, p. 59.

劳动力的价格上涨,企业的需求也会增加;相反,如果劳动力不能为企业带来积极的收益,劳动力工资的下降也不会促进企业的技能需求。从供给的角度看,劳动力的供给除了受制于工资水平以外,职业发展前景、工作条件、职业偏好、人口规模及年龄结构等因素的影响也不可忽视。比如社会人口总量和年龄结构决定了技能供给的总量,也就是说劳动力供给并不是无限弹性的。博斯沃斯等人也指出,技能需求的提高和工资的增长并不一定带来技能供给的增长,一方面,个人可能由于缺乏教育和培训机会而无法提高技能水平,另一方面,教育和培训制度可能缺乏技能培养的能力。① 此外,资本市场的不完善会影响个人的培训投资能力(这对社会弱势群体的影响尤其明显),从而影响技能的供给和需求。这些问题都说明影响技能劳动力供求的因素是十分复杂的。市场机制不能解决技能供给的总量平衡问题。市场失灵导致宏观总量失衡,因而必须依靠政府的宏观控制来解决这个问题。

5.公平和效率的对立

社会公平问题也是技能培训不能完全由市场来调节的原因之一。这首先是由市场的本质决定的。市场机制强调"效率优先",即使这是以牺牲社会公平目标为代价的。这在很大程度上造成了教育培训以及就业机会的不平等。"市场导向的教育改革并不像其支持者所宣扬的那样更为公平,相反,它在许多方面是不公正的,因为它使强者更强,弱者更弱。'好'学校可以选拔那些在学术和社会地位都处于强势的'好'学生,从而维护或提高自己的'好'学校地位;而'差'学校和'差'学生则不能摆脱相反的恶性循环局面。"②大卫·韦默和艾德·维宁认为"对私人利益的追逐使市场机制难以实现社会资源的充分利用或社会产品的公平分配"③。然而,为更多的人平等地提供技能培训的机会对政府来说显然是非常重要的。这也是大多数国家都实施一定年限的义务教育的原因。不过,义务后教育和培训制度应该关注公平还是效率? 各个国家不同时期的做法存在很大差异。这取决于执政党的需要。④ 总体上,社会公平的价值取向需要政府的干预以避免因教育机会不均等造成的贫富差距的代际继承与不公平等状况的进一步扩大,同时促进技能劳动力的供给数量和质量。其次,非市场

① Derek Bosworth, Pat Dutton, Jackie Lewis. Skill Shortages: Causes and Consequences[M]. Avebury,1992,p. 2.

② [英]杰夫·惠迪,萨莉·鲍尔,大卫·哈尔平.教育中的放权与择校——学校、政府和市场[M].马忠虎译.北京:教育科学出版社,2003:3.

③ Richard O. Zerbe & Howard E. McCurdy. The Failure of Market Failure[DB/OL]. February, 2005,[2006-10-18],http:// www. theworldbuilders. com/v372/zerbe the failure of market failure. pdf.

④ Alison L. Booth & Dennis J. Snower. Acquiring skills: market failures, their symptoms and policy responses[M]. Cambridge University Press, 1996. p. 238.

因素也是造成社会公平问题的主要原因。劳动力的价格当然是技能供求的根本因素,却不是唯一的。技能供给(教育和培训市场)和需求(劳动力市场)还受到许多制度因素和社会因素的干扰。这也使人力资本理论频频受到指责。根据制度学派的观点,教育培训市场和劳动力市场都存在由于制度性因素(如内部劳动力市场和工会)以及社会性因素(如社会阶层和歧视)而形成的非竞争性群体。① 这些群体都是相对封闭的,限制了个人在这些群体之间的自由流动。不同群体在教育培训以及就业机会方面的差异同样是制度性分割的结果,与市场供求没有直接关系。社会阶层、家庭背景、种族和性别等方面的区别使某些群体在教育和培训方面容易受到不公正的对待,制约了他们自身技能的提高,同时也造成"就业歧视"。当然,这种就业歧视在很大程度上是由于不完全信息引起的。② 对于企业来说,在招聘过程中要获得充分的信息并对求职者的技能水平进行准确的估计是不可能的或者说成本很高。因此他们必须依赖其个人特征进行推测,包括受教育程度、资格水平甚至年龄、性别和种族等等因素。企业之所以不愿意招聘青年人,是由于一般说来,他们是一个高风险群体,尽管某些人可能是低风险的,但是企业难以对他们加以区分。比如女性在某些工作上的流动性较高,这使企业缺乏对她们的吸引力。对这些群体的需求减少造成这些群体的工资和就业率偏低。这对企业来说是理性的,但是对宏观经济来说显然会产生消极的影响。

(二)技能短缺和政府失灵

完全摒弃政府干预的市场调节会导致"市场失灵",需要依靠政府这只"看得见的手"来纠补市场失灵。不过,人们发现,政府的干预也并不一定能够取得预期的理想结果,存在"政府失灵"(government failure)的现象。根据公共选择理论的观点,所谓政府失灵,是指公共部门在提供公共物品时趋向于浪费和滥用资源,致使公共支出规模过大或者效率降低,政府的活动并不总像应该的那样或像理论上所说的那样"有效"。政府干预的主要目的是为了纠正市场失灵和部分市场结果,如提供公共物品、解决外部性、垄断和信息不对称可能导致的问题,以及通过再分配维护社会公平。为了纠正市场失灵,保证市场机制的有效运行,政府必须通过自己特有的方式,运用自身行为优势干预市场,确保技能供求的平衡。不过,政府在运用一系列方式解决这些问题的过程中,也可能产生许多问题。在布坎南看来,"政府作为公共利益的代理人,其作用是弥补市场

---

① 姚先国,黎煦.劳动力市场分割:一个文献综述[J].渤海大学学报(哲学社会科学版),2005(1):78-83.

② [美]德里克·博斯沃思.劳动市场经济学[M].何璋,张晓丽译.北京:中国经济出版社,2003:336.

经济的不足,并使各经济人员所做决定的社会效应比政府进行干预以前更高。否则,政府的存在就无任何经济意义。但是政府决策往往不能符合这一目标,有些政策的作用恰恰相反,它们削弱了国家干预的社会'正效应',也就是说,政策效果削弱而不是改善了社会福利"。政府失灵表现在三个方面:干预不足、干预过度和角色错位。这非但不能起到补充市场机制的作用,反而会加剧市场失灵,抑制市场机制的正常运作。技能短缺问题与政府失灵就存在直接的关系。政府失灵主要表现在以下几个方面:

1. 政府干预的"内部性"

所谓"内部性"(internalities),是指公共机构尤其是政府部门追求自身的组织目标或自身利益而非公共利益或社会福利。传统经济学认为,市场上的"经济人"追求个人利益,而政府及其成员作为"政治人"追求的则是社会公共利益。[①] 因此,政府应该作为社会公共利益的代理人对市场运行进行干预。政府的决策应超越集团利益和短期利益的制约,而着眼于整个社会长远发展的目标。不过,公共选择理论认为政府内部的不同利益集团都有各自的利益诉求,公共决策实际上是这些利益集团相互博弈、彼此妥协的结果,从而使政府成为在政治市场上追求自身利益最大化的经济人。因此,政府可能选择最有利于自身利益而不是公共利益的政策方案,这样就导致了政府干预的失灵问题。尽管这种"经济人"假设有失偏颇,不过现实中的政府也确实都存在谋求"内部利益"的动机,而不是他们公开向外界宣布的所谓公共利益。"内部性"的存在使政府机构被特殊利益集团所左右,政府不再代表公共的利益,而是成为特殊利益集团的代言人,而权力则成为这一集团谋求自身利益的工具。政府部门这种追求私利的"内在性"必然极大地影响政府干预下的资源配置的优化,正如"外部效应"构成"市场失灵"一样,"内部性"可能造成"政府失灵"。

在技能短缺问题上,政府干预同样存在这种"内部效应"。技能的外部效应和公共产品性质造成教育和培训无法满足经济增长对技能的需求。因此,政府干预的主要目的应该更多地关注整个社会的技能问题。然而,政府的教育和培训政策受非经济因素的影响,技能供给在数量和结构上往往偏离劳动力市场的需要。当多个存在利益矛盾的主体共同参与决策时,就会产生相互竞争与博弈的情况,它们往往从维护自身利益而不是从实际的客观条件出发来影响政策的制定和实施,政府干预为这种"寻租"行为的产生提供了可能性,从而也使政府干预的公正性并非必然。在对技能短缺的研究中,我们不能忽视制度因素对政府失灵的影响。芬格德指出,政党政治是造成教育和训练政策方面出现政府失灵的重要因素。这种制度特性使政府的决策者对教育和培训政策的长期效果

---

① 骆诺.公共选择理论视角下的政府失灵及对策[J].湖南工程学院学报,2007(3):109-111.

并不积极。① 政党政治的本质使选民在很大程度上决定了执政党的命运。公共选择理论认为，政府效果是复杂的，因此选民存在"短见效应"，大多数选民难以预测政策的长期影响，因而只着眼于目前的影响。这就使执政党在决策中自然更关注政策的短期效果，甚至为了迎合选民的短见，制定一些成本滞后，或从长远看弊大于利的政策。这一点明显地体现在教育和培训改革中。执政党往往倾向于选择"短、平、快"的教育政策，而且更多地关注政策成效的数量指标。对大多数选民来说，直观的数量指标显然比质量更容易把握。在某种程度上，政府干预的最终目的是实现政治利益，而不是满足社会的技能需求。政党轮流执政的制度也使教育政策缺乏连续性，这显然不利于技能短缺问题的解决。此外，在技能供给的决策中，政府部门处于核心地位，大多数个人在很大程度上只是决策结果的被动接受者，这使政府的技能政策可能不符合公共利益的要求，从而导致政府的技能供给在数量和质量上都难以满足公众的需求。②

2.政府决策的失误

政府干预的主要途径是通过制定和实施公共政策维护和协调公共利益。不过根据公共选择理论，公共决策不同于市场决策。市场决策以个人作为决策主体，以个人物品为对象，并通过完全竞争的经济市场来实现；而公共决策以集体作为决策主体，以公共物品为对象，并通过有一定政治秩序的政治市场来实现。这使政府的公共决策过程远远比市场决策复杂，使政府难以制定并实施合理的公共政策，导致公共决策失误。这非但不能起到补充市场机制的作用，反而加剧了市场失灵，造成严重的资源浪费及社会问题。政府对教育培训市场以及劳动力市场的干预出现"失灵"的现象屡见不鲜。造成政府决策失误的原因是多方面的，其中最主要的因素是决策者的有限理性和决策信息的不完全性。西蒙认为，现实中的人都不可能是完全理性的经济人，人们所获取的信息、知识也是不完备的，市场也不是充分竞争的。这往往使处于不确定环境之中的个体决策出现失误。与个体决策相比，政府的公共决策涉及范围广，也更加复杂。政府的干预必须基于对市场状况的准确判断。由于市场竞争和供求关系变动的复杂性使政府难以充分、及时和准确地掌握市场信息，这就使其决策的有效性大为降低。此外，政府干预的力度也很难确定。干预不足与干预过度均会造成"政府失灵"，这非但起不到弥补市场缺陷的作用，反而会加剧"市场失灵"，带来更大的资源浪费。

这一点也体现在政府对技能短缺问题的干预上。政府需要准确了解市场

①　Mike Flude and Sandy Sieminki. Education，Training and the Future of Work Ⅱ：Developments in vocational education and training[M]. Open University Press，1999，p. 39.

②　周俊. 公共物品供给领域中的"政府失灵"及其规避[D]. 福建师范大学硕士学位论文，2004：21-22.

的技能需求状况,根据消费者的需求偏好来确定一定时期内技能供给的种类和数量,使供给与需求相一致,从而实现技能劳动力的有效供给。市场运行的复杂性使技能供求的目标并不容易实现。在这个问题上,政府失灵表现在两个方面:①技能供求的总量失衡。影响技能需求的因素是复杂的,因此难以通过技能劳动力市场价格的变化来确定技能的实际需求水平。此外,政府应该根据市场对技能的有效需求而不是名义需求来确定技能供给的规模,而确定有效需求水平显然更加困难,往往是"一个不可能完成的任务"。这样就可能造成整个社会范围内技能供给总量的过剩或不足。②技能供求的局部失衡。不同市场主体的技能需求在数量和质量上存在差异,而明确消费者对技能的具体需求偏好并提供针对性的技能培训显然需要巨大的决策成本,同时也是难以实现的。因此政府往往根据对技能需求的总体预期而不是消费者的差异需求提供技能培训。技能需求的多样性和政府技能供给方式的单一性之间的矛盾就会造成技能供求的结构性失衡。对于政府来说,实现技能供求的结构性平衡比总量平衡更加困难。然而,这却是技能短缺问题中不可忽视的一个方面,在许多国家普遍存在。

3. 政府干预的效率低下

人们普遍认为,市场机制将造成公共物品的供给不足,因此将公共物品的供给看作是政府的基本职能之一。公共教育和培训就属于政府的职责范畴。由于公共物品本身的复杂性以及政府机构的本性,使得它们提供公共物品难以达到应有的效率。

根据公共选择理论的观点,造成政府干预效率低下的主要原因有:①技能供给效率评估的困难。公共物品的成本与收益难以确定,尤其对社会效益更缺乏准确的标准和可靠的评估方法,而社会效益恰恰是政府部门提供公共物品的主要目标。这个问题也体现在作为公共服务的教育和培训活动上。查尔斯·沃尔夫认为,人们对教育结果和评估指标没有明确而统一的认识,这使政府部门往往依据自身的标准对教育活动的绩效进行评估。[①] 比如评价学校的效率是以输入(即招收学生的数量)为基础,而并非学生在知识和技能方面提高的程度。这无疑对个体技能的提高产生了消极影响。罗伯特·卡森和乔治·马罗塔斯认为,缺乏对政府角色有效性的评估是造成很多情况下公共教育和培训效果欠佳的关键因素——没有相应的评估机制,公共教育和培训就难以对需求的

---

① Alison L. Booth & Dennis J. Snower. Acquiring skills: market failures, their symptoms and policy responses[M]. Cambridge University Press, 1996. p. 239.

变化作出灵活的反应。① ②技能供给的垄断性。市场竞争迫使市场主体不断降低成本、提高效益，否则将被淘汰。然而公共机构缺乏这种优胜劣汰的机制。如果政府作为公共物品的唯一供给者，由于缺乏竞争意识和压力，很可能造成工作效率低下，有限的公共资源得不到充分利用。这种情况也存在于公共教育和培训活动之中。此外，芬格德认为，政府的垄断也使教育和训练的供给没有竞争环境，造成教育和训练机构缺乏改革的积极性以迎合消费者的需求。② 这就影响了技能供给和需求的匹配程度。③政府干预的非赢利性。与市场机制不同，政府机构提供公共物品追求的主要是社会效益而并非利润最大化。教育和培训由于投资较大、收益较慢，仅仅依靠市场机制的调节将造成供求失衡，这也是政府干预的根本原因。此外，政府对教育和培训的供给主要依靠财政支出，这也使其缺乏降低成本提高效益的直接利益驱动。④政府干预的滞后性。这种政策的滞后效应表现为内在滞后和外在滞后两方面。所谓内在滞后，是指政府明确市场的技能供求状况并制定和实施各种政策需要一定的时间，包括认识滞后、决策滞后和实施滞后等几种情况。外在滞后是指政策从实施到产生效果同样需要一个过程。政府干预的滞后效应可能使政策实行的结果与预期目标相距甚远，从而导致政府的政策失灵，使技能供求难以均衡。而且政府干预还需要具有高度的协调性。各个政府部门或机构的分工合作程度也直接影响了政府干预的有效性和即时性。

---

① Martin Godfrey. Skill Develpoment for International Competitiveness [M]. Edward Elgar, 1997. p. 152.

② Alison L. Booth & Dennis J. Snower. Acquiring skills: market failures, their symptoms and policy responses[M]. Cambridge University Press，1996. p. 240.

第二章　英国技能短缺状况及影响

第一节　英国技能短缺的现状

一、英国技能调查概述

尽管人们很早就关注英国的技能短缺问题,但是对技能短缺的状况缺乏深入的了解。这主要是由于缺乏相关的数据资料。皮特·森克尔认为"对技能短缺问题的认识是制定适当的政策必要的基础"[①]。战后英国经济逐渐复苏,一些企业组织针对产业发展问题开展了相关的调查,最有影响的是英国产业联盟(CBI)的"产业趋势调查"(Industrial Trends Survey),该调查开始于1958年,调查范围仅限于制造业企业,最初每年进行三次,从1972年开始增加为每个季度一次,该调查主要目的是收集有关主要经济指标变化的信息。该调查以"将技能劳动力短缺作为未来四个月制约产出的因素"的企业的比例作为衡量技能短缺的标准。尽管如此,关于英国总体技能状况的资料仍然是非常缺乏的。到了20世纪80年代,人们对劳动力技能问题日益关注,开展了大量相关的技能调查,这些调查提供了较为全面的资料。[②] 其中具有代表性的是英国商业联盟(BCC)从1985年开始的"季度经济调查"(Quarterly Economic Survey)。该调查主要是针对制造业和服务业企业进行的,40%是制造业,60%属于服务业。无论是CBI还是BCC,它们的调查都并非是专门针对技能问题进行的,而是涉及了相关产业发展的多方面问题,包括生产、销售、就业、投资、资金等等,劳动力的技能情况仅仅是其中的一个方面,没有涉及有关技能短缺问题的具体内

---

① Derek Bosworth, Pat Dutton, Jackie Lewis. Skill Shortages: Causes and Consequences[M]. Avebury,1992,p.10.

② Richard Layard, Ken Mayhew & Geoffrey Owen. Britain's Training Deficit: The Centre for Economic Performance Report[M]. Avebury, 1994,p.57.

容,对一个或两个部门的调查结果也难以反映英国技能短缺的总体状况。尽管如此,这些调查还是为人们研究英国的技能短缺问题提供了较为系统和连贯的资料,同时由于开展较早,调查结果可以体现较长时期内技能短缺问题的变化情况,因此仍然是研究英国技能短缺问题的重要资料。

进入 90 年代以后,人们对技能短缺问题更加关注,失业问题和经济衰退也使英国政府迫切需要了解技能短缺的总体情况。政府开始组织开展全面的技能调查工作。从 1990 年开始,教育与就业部(DfEE)承担起了开展"英国技能需求调查"(Skills Needs in Britain)的责任。从 1990 年到 1998 年,每年进行一次,每年对员工 25 人以上的大中型企业进行调查。调查范围涉及除农业和林业、渔业以外的所有公共和私有产业部门。"英国技能需求调查"的目的是获取以下相关资料:有关企业招聘难题和现有员工技能缺陷的程度和模式;企业的培训义务;企业对技能培训计划的意识和参与。其目的是提供有关当前英国经济的技能需求与供给情况的资料。虽然这些调查提供了有价值的资料,但是需要更加全面地分析以满足技能工作委员会(STF)的需要。人们认为技能调查不应该仅仅停留在技能短缺的程度的描述,而且还应该进一步对技能短缺的原因进行分析,此外还需要了解这个问题对英国经济长期发展的影响。这种调查应该包括以下几个方面:对外部短缺和内部短缺状况的调查;确定技能短缺的程度和性质;分析技能短缺问题的成因;评估技能短缺对经济增长的影响。1999 年,英国教育和技能部(DfES)开展的"企业技能调查"(ESS)取代了"英国技能需求调查"。2000 年《学习和技能法》实施后,英国政府设立了学习和技能委员会(LSC),专门负责收集并分析有关劳动力市场需求的资料,在此基础上制定国家和地方的技能战略。从 2003 年开始,LSC 与 DfES、部门技能发展委员会(SSDA)合作进行"国家企业技能调查"(NESS)。从 1999 年 DfES 实施第一次"企业技能调查"开始迄今,英国政府已经进行了 10 余次全国范围的企业技能调查,几乎每年一次,这也说明了英国政府对技能问题的关注程度。ESS是迄今为止最全面的技能调查,不仅覆盖了所有产业部门(ESS1999 未将农业部门作为调查的范围),同时抽取的样本企业数量也是前所未有的,而且涵盖了不同规模的企业。ESS1999 的样本企业涉及针对员工人数在 5 人以上的企业。ESS2001 的抽样范围扩大,将 5 人以下的小企业也作为调查对象。此外,该调查也确实如同人们期望的那样提供了有关技能短缺问题更为全面的资料,包括技能短缺问题的程度、原因和影响等等。ESS 采取电话访谈和当面访谈相结合的方式,要求企业提供相关的技能情况。ESS 的调查结果为学者研究英国的技能短缺问题提供了重要的数据资料,同时也对英国的技能政策产生了重要的影响。除了中央政府组织的全国性技能调查以外,许多地方性和区域性机构也在当地开展了企业技能调查,不过影响较小。

　　不过,在对英国技能调查结果的分析中,也需要注意一些问题。首先,由于使用的术语、调查方法以及用来衡量技能短缺的标准不同,这些技能调查结果的可比性就大打折扣,结果造成研究者在对这些调查结果进行分析的过程中可能无法得出一致的结论。本研究在分析《产业趋势调查》和《企业技能调查》的相关数据时曾发现个别存在差异。当然从调查的结论看,还是基本一致的。其次,一些概念本身存在一定的模糊性(比如"技能"要表达什么含义),而在技能调查中并没有(也无法)对这些问题进行准确的界定,因此造成企业理解上的差异,使调查结果可能与技能短缺的实际状况存在一定的差距。第三,其他相关因素也使企业提供的数据难以完全客观地体现英国技能短缺的实际状况。技能需求和技能短缺本身具有明显的主观性,这很大程度上取决于企业的认识,在技能调查中,企业总是根据自身的判断提供相应数据的,而且企业也不一定清楚自己存在的技能问题。这就使调查结果很难完全准确和客观。哈斯克尔和理查德·霍特认为,"我们必须慎重地对待企业有关技能短缺问题的回答。例如,企业可能认为技能短缺降低了自身的生产率水平,但是这些企业可能配置的资本存量不足,或者是技术衰退产业,因此企业的生产率必然会降低。因此在研究有关技能短缺明显矛盾的结论时,我们必须控制其他可能造成相反结果的因素。这意味着,调查中企业的观点,尽管有启发意义,但并不一定能提供有关技能短缺的充足的信息。这也意味着关于技能短缺问题的信息不足,因为对企业面临的技能短缺、短缺的内部特征以及外部市场状况的详细数据是难以获得的。"[1]对于技能短缺调查信息的可靠性,人们更倾向于认为,根据这些数据获得的结论对于技能短缺的实际情况来说可能只是"冰山的一角"。大卫·芬格德认为,"企业一般是根据劳动力市场有效的技能供给应用新技术或组织生产过程的,因此尽管不存在空缺的岗位,一个国家仍然可能存在严重的技能劳动力短缺问题,因为企业对生产过程的安排降低了技能需求。"[2]博斯沃斯等人看来,许多企业认为自己没有技能问题是因为它们没有意识到这个问题的存在。[3]特伦斯·霍格斯和罗伯·威尔逊指出,企业往往是根据其当前的技能需求对技能短缺问题作出判断的,而大多数英国企业采取的低成本、低附加值的竞争战略抑制了其当前或未来的技能需求水平,这显然会使企业对自身技能短缺问题的认识不足,因此,除了企业确认的外部短缺和内部短缺以外,还存在另外一种

---

　　① Jonathan Haskel & Richard Holt. Anticipating Future Skill Needs:Can it be Done? Does it Need to be Done? A Paper for the Skills Task Force[R]. January 1999.

　　② Mike Flude and Sandy Sieminki. Education,Training and the Future of Work Ⅱ:Developments in vocational education and training[M]. Open University Press,1999,p.32.

　　③ Derek Bosworth,Rhys Davies,Terence Hogarth,et al. Employers Skill Survey:Statistical Report. September 2000,p.19.

技能短缺——隐性技能缺陷(latent skill gaps)。[①] 这也意味着,隐性短缺问题是难以量化并且在调查中无法体现出来的。DfES 也承认,隐性技能短缺是存在的,并可能使技能调查结果低估技能短缺的实际水平。[②] 一些研究结果也证实了这一点,并且发现那些关注于降低成本的企业更可能认为自己不存在技能短缺问题。尽管如此,本研究仍然将英国 ESS 的调查数据作为研究的主要基础,一方面是因为 ESS 是目前有关英国技能状况最全面的调查,另一方面,作者在对相关数据的分析中发现,隐性技能缺陷问题除了对确定短缺的"程度"会产生某种难以确定的影响以外,并不影响对英国技能短缺问题的总体趋势和规律的把握。

二、英国技能短缺的现状分析

(一)英国技能短缺的变化趋势

1. 技能短缺的一般趋势

人们普遍认为英国"二战"以后的经济衰退在一定程度上是由于技能劳动力不足造成的。国家经济和社会研究院(NIESR)认为英国中级技能劳动力严重不足。技能短缺始终是制约英国经济增长的一个因素。这一点可以从 CBI《产业趋势调查》的数据中得到体现。[③] 这反映了 20 世纪 60 年代以来制造业技能短缺的变化趋势。从总体上看,制造业对技能劳动力需求的增长总体上显著高于非技能劳动力。这种倾向在整个经济领域普遍存在。近年来,英国中级水平劳动力的比例有所提高,不过仍然落后于其他主要的发达国家。[④]

值得注意的是,英国技能短缺的程度并不稳定,而是呈现出明显的周期性波动(图 2-1)。[⑤] 这是由于技能短缺是技能的需求和供给共同作用的结果,而经济增长的周期性使技能劳动力的需求经常发生变化,而技能的供给(教育和培训)从本质上是相对稳定的。这使技能短缺与经济周期之间表现出了明显的相

---

① Terence Hogarth & Rob Wilson. Skills Matter: A Synthesis of Research on the Extent, Causes, and Implications of Skill Deficiencies[DB/OL]. October 2001,[2006-1-16], http://www.dcsf. gov. uk/rsgateway/db/rrp/u013372/index. shtml.

② Gavin Wallis. The Effect of Skill Shortages on Unemployment and Real Wage Growth: A Simultaneous Equation Approach[DB/OL]. August 2002, [2007-1-6], http://repec. org/res2003/ Wallis. pdf.

③ Gavin Wallis. The Effect of Skill Shortages on Unemployment and Real Wage Growth: A Simultaneous Equation Approach[DB/OL]. August 2002, [2007-1-6], http://repec. org/res2003/ Wallis. pdf.

④ Richard Layard, Ken Mayhew & Geoffrey Owen. Britain's Training Deficit: The Centre for Economic Performance Report[M]. Avebury, 1994,p. 58.

⑤ [美]德里克·博斯沃思. 动市场经济学[M]. 何璋,张晓丽译. 北京:中国经济出版社,2003:266.

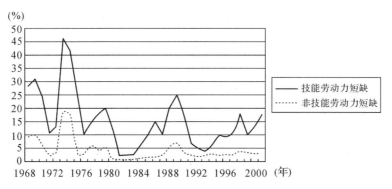

图 2-1 英国制造业技能短缺趋势

关性。经济扩张状态下,技能短缺问题会比较突出,而经济衰退时,技能短缺的程度就明显下降。[1] 1981 年和 1990 年衰退之后的几年中,技能短缺的程度较低,报告技能短缺的企业所占比例不足 5％;而在 1988 年末和 1989 年初经济复苏时,技能短缺出现很高的峰值,报告技能短缺的企业达到了 20％以上。霍格斯等人认为这种周期性变化是技能短缺和经济发展相互作用的结果。[2] 经济上升促使劳动力需求增加,使技能对生产活动的制约水平提高,教育和培训的不足加剧了技能短缺的程度,抑制了生产率的提高和产出的增长;经济衰退则影响了企业的投资愿望和能力,从而减轻了技能因素对生产的制约程度。这种周期性变化在技能劳动力和非技能劳动力中都存在,而且表现出一致的变化趋势。这是因为技能劳动力短缺的加剧使企业对非技能劳动力的需求相应增加,直接影响了非技能劳动力的供求关系,不过非技能劳动力的短缺程度总体水平较低,而且呈现"稳中有降"的状况。这说明产业对非技能劳动力的需求受技能劳动力短缺变化的影响逐渐减弱,反映了技能对经济增长越来越不可替代。

我们再具体分析一下英国"二战"以后的技能短缺问题的变化情况。20 世纪 60 年代中期到 80 年代末英国经济的频繁波动对技能短缺问题产生了显著的影响,这一点也体现在技能短缺的剧烈变化上。50 年代到 60 年代,经济的持续增长使英国出现了严重的劳动力短缺,这也使英国进入了充分就业时期。经济增长和技术进步造成的技能需求的提高也成为英国对教育和培训制度改革的直接诱因,60 年代中期高等教育和技术教育的大发展在很大程度上缓解了技能短缺的状况。不过当时对劳动力的技能水平要求并不高,企业的资本和设备

① Philip Andrew Stevens. Skill Shortages and Firms'Employment Behaviour[DB/OL]. May 2004,[2006-5-8],http://www.niesr.ac.uk/pubs/dps/dp240.pdf.

② Terence Hogarth & Rob Wilson. Skills Matter: A Synthesis of Research on the Extent, Causes, and Implications of Skill Deficencies[J/OL]. October 2001.[2006-8-6],http://www.econ.jhu.edu/people/Barnow/short91.pdf.

的技术含量较低,使技能劳动力的替代弹性较高。这一点在 70 年代初的石油经济危机中有明显的体现。石油危机使企业的生产成本大大增加,由于劳动力和资本之间的可替代性[①],迫使它们不得不用更多的人力资本和技术投入来补偿物质资本投入的不足,因此技能劳动力和非技能劳动力的需求都有明显的增长。但是这种技能需求是被动的、暂时性的。80 年代初北海石油的开发降低了物质资源的价格,因此促使企业转而增加物质资本投入,劳动力的需求则迅速下降。撒切尔政府的货币主义政策进一步加剧了经济衰退,这也抑制了技能的需求。技能需求的减少使人们在某种程度上忽视了技能供给不足的问题。不过在信息技术革命的推动下,80 年代后期英国开始调整产业战略,强调发展高附加值的产品和服务,这对劳动力的技能水平提出了较高的要求,从而降低了技能劳动力和技术的可替代性,因此非技能劳动力的需求一直保持较低的水平,并且没有大的波动,对技能劳动力的需求却不断提高。总体上,就业的技能密集性倾向日益明显。90 年代以后,英国经济走出衰退的低谷,增加了对劳动力的需求。此外,新技术的广泛应用在凸显技能重要性的同时创造了更多新的就业机会,这对英国的技能短缺问题产生了明显的影响。尽管英国近年来的教育和培训改革使劳动力的技能水平明显提高,但是技能劳动力的供给依然不足,技能劳动力和非技能劳动力的工资差距的加大说明了产业对技能劳动力的需求的增加仍然超过了供给增长的速度,技能劳动力处于短缺状态。[②] 此外,信息技术革命使技能劳动力的替代弹性大大降低,进一步加剧了技能短缺的程度。布列尔·罗巴特和乔纳森·托马斯的研究表明,从 1979 年到 1999 年,技能劳动力的工资和就业率年增长速度明显高于非技能劳动力。[③] 表 2-1 中的数据说明劳动力市场需求持续地偏向技能劳动力,尤其是高等教育程度的技能劳动力需求增长最快,而非技能劳动力的就业人数和工资的比例则显著下降。这一点在 1990 年《英国技能需求》的调查结果中也得到了证实。[④]

----

　　① 微观经济学认为,在企业生产中,当两种投入可以变化时,企业往往会考虑用一种投入品代替另一种投入品,通常称为"边际技术替代性",对于"劳动—资本"这对变量,多投入一个单位的劳动,而减少适量的资本投入,或者减少资本投入,相应增加劳动投入,都可以保持产出不变。见[美]平获克,鲁宾费尔德. 微观经济学(第三版). 北京:中国人民大学出版社 1997 年版,第 195—196 页.

　　② Alison L. Booth & Dennis J. Snower. Acquiring skills: market failures, their symptoms and policy responses[M]. Cambridge University Press, 1996,p. 337.

　　③ Pablo Burriel-Llombart 和 Jonathan Thomas 是根据个人具备的资格水平划分技能劳动力和非技能劳动力的,具有 O-Level 及以上相应资格的劳动力被看作是技能劳动力,而 O-Level 以下或无资格的劳动力属于非技能劳动力。

　　④ Robert Mcnabb & Keith Whitefield. The Market for Training: Inernational perspectives on theory, methodology and policy[M]. Avebury,1994, p. 28.

表 2-1　劳动力市场的技能需求偏好变化

		大学水平	A-Level	O-Level	O-Level 以下
工资比例	1979	19.2	7.2	25.9	47.4
	1999	39.2	12.6	30.1	18.0
劳动力比例	1979	10	5.3	16.4	68.3
	1999	22	12.2	33.3	32.5

资料来源：Pablo Burriel-Llombart & Jonathan Thomas. Skill imbalances in the UK labour market：1979-99，Working Paper no. 145，http://www. bankofengland. co. uk/

2. 外部技能短缺和内部技能缺陷的相关性

与 CBI《产业趋势调查》、BCC《季度经济调查》相比，从 1999 年开始的 ESS 为研究英国技能短缺状况提供了全面、具体的资料。ESS 对企业的外部技能短缺和内部技能缺陷状况分别进行了调查。ESS1999 的调查结果显示，32％的企业存在岗位空缺的现象，其中 16％的企业存在填补困难性空缺岗位（hard-to-fill vacancies）。在这些企业中，由于技能性因素造成岗位空缺的企业又占了 40％以上。企业之所以存在招聘困难的现象，其主要原因与劳动力的技能水平有关，外部劳动力市场无法提供企业所需要的技能劳动力，求职者缺乏企业所需要的技能、资格或工作经验等技能性因素。从 ESS1999 到 NESS2005 的调查结果都表现了相同的倾向。相对于外部技能短缺问题，企业现有员工的技能不足问题显然更加严重。根据 1999 年 ESS 的调查结果，如果按照广义的指标看，一半以上的企业存在技能缺陷，即使从狭义的角度看，存在技能缺陷的企业也占了 20％。不过在英国政府的政策努力下，进入 21 世纪以后，英国失业率逐渐下降，技能短缺问题呈现总体上逐渐缓解趋势（图 2-2）。存在空缺岗位企业的比例从 1999 年的 33％下降到 2005 年的 25％，同时存在外部技能短缺问题的企业比例也相应从 8％下降到 5％。存在内部技能缺陷的企业比例也有明显减少。

尽管外部技能短缺和内部技能缺陷变化趋势基本一致，但同时存在外部短缺和内部缺陷的企业较少。根据 ESS1999 的数据，两种技能短缺同时存在的企业所占比例仅为 2％。5％的企业有技能性空缺岗位，但是没有内部缺陷；17％的企业有内部技能缺陷，却没有技能性岗位空缺的现象。ESS2001 的结果也说明内部技能缺陷和外部技能短缺重叠的程度是有限的，只有 1％的企业同时存在这两种技能短缺问题，而且规模较大的企业更容易存在这种情况，1000 人以上的大企业处于这种情况的比例大约是 5％。对其他 ESS 数据的分析也可以得出同样的结论。因此对于大部分企业来说，外部技能短缺和内部技能缺陷是没有直接联系的。这主要是因为内部技能缺陷主要出现在低技能工作岗位，比

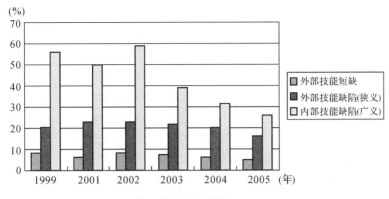

图 2-2　英国技能短缺趋势(1999—2005)

如销售、个人服务和装配等,相反,外部技能短缺则多见于高技能性工作岗位,这些岗位往往需要较长时期的教育和培训以达到必要的技能水平。

(二)技能短缺的具体特征

1.技能短缺和企业规模

技能短缺问题的分布在不同规模的企业中存在差异。从以往的技能短缺结果来看,技能短缺与企业规模呈现明显的相关性。在规模较小的企业中,技能短缺问题往往比较突出。企业之间技能短缺的程度存在明显的差异,一般不够灵活或不能承受保障合适的员工福利的企业技能短缺问题比较突出,比如中小企业。企业规模越小,技能短缺越严重。这一趋势在 CBI 的调查结论中得到了证实。① CBI《产业趋势调查》根据员工的人数将制造业企业分为四类:小企业(200 人以下)、中型企业(200～499 人)、大型企业(500～4999 人)、特大型企业(5000 人以上)。图 2-3 反映了 80 年代英国制造业技能短缺的变化趋势,总体来看,技能短缺的程度与企业规模是明显的负相关关系,200 人以下的小企业技能短缺最严重,相反,员工在 5000 人以上的特大型企业的技能短缺问题情况要好得多。从纵向看,1984 年到 1988 年,不同规模企业的技能短缺程度都呈现上升的趋势,不过小企业的技能短缺问题依然比其他规模较大的企业要更明显。

20 世纪 90 年代末以来 ESS 的调查结果表明,技能短缺的企业规模差异在整个经济领域内同样存在,这种差异主要体现在外部技能短缺方面。如图 2-4 和图 2-5 所示,小企业的岗位空缺和技能性岗位空缺问题都是最突出的,尤其集中在员工人数在 5～24 人的企业。这部分企业的就业人数占英国就业劳动力

---

①　Derek Bosworth, Pat Dutton, Jackie Lewis. Skill Shortages: Causes and Consequences[M]. Avebury,1992,p.138.

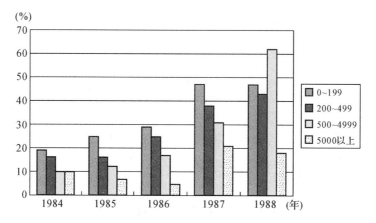

图 2-3　英国制造业技能短缺的变化趋势

资料来源：Department for Education and Skills，Learning and Training at Work 2002

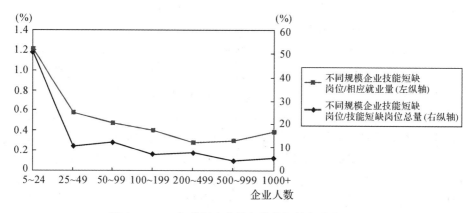

图 2-4　1999 年英国企业外部技能短缺的分布状况

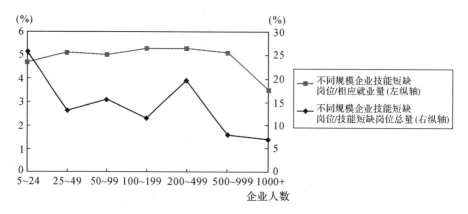

图 2-5　1999 年英国企业内部技能缺陷分布状况

总量的 27％,却占了空缺岗位的 42％,而技能性空缺岗位数量上比例更高,占了全部技能性空缺岗位的 52％。而 200 人以上的企业就业人数占就业人数总量的 35％,而在技能性空缺岗位所占比例却仅为 17％。同时,这些企业的技能性空缺岗位在其就业劳动力中的比例为 1.22％,远远高于其他企业 0.3％到0.4％的水平。从不同规模企业就业人数中外部技能短缺岗位比例的变化看,两者的相关性非常明显,外部技能短缺的程度随着企业规模的缩小而提高。相比之下,内部技能缺陷与企业规模的关系似乎并不明显。从技能缺陷岗位的数量看,虽然 5～24 人的小企业所占比例仍然较高(26％),不过 200～499 人的大企业也达到了 19％;从技能缺陷的相对水平看,不同规模技能缺陷岗位的比例分布基本上反映了各自就业劳动力的份额。总体上,就业人数越多,技能缺陷岗位也越多。因此,综合考虑就业情况后,不同规模企业的技能缺陷程度没有显著的变化,基本上都在 5％左右。只有 1000 人以上大企业的技能缺陷程度比较低,这可能与大型企业积极开展职业培训有关,使企业员工能够有更多的机会提高技能水平,从而有效地缓解了企业的内部技能缺陷问题。总体上,内部技能缺陷与企业规模的相关性缺乏可靠证据的支持。其他几次技能调查的结论基本上与此结论是一致的。

可以说,企业规模对技能短缺的影响主要体现在外部技能短缺问题上,不同规模企业内部员工的技能缺陷程度差距不大。企业规模在很大程度上反映了企业的内部劳动力市场的情况,一般企业规模越大,内部劳动力市场越完善,企业通过外部劳动力市场满足自身技能需求的可能性就会降低,这直接影响了企业对外部技能劳动力的需求程度。而中小企业在这方面显然受到限制,因此企业技能需求的提高更多地体现为其外部技能短缺的加剧。

2.技能短缺的产业分布

技能短缺问题的差异性也体现在不同的产业部门。如图 2-6 和图 2-7 所示,商业服务业、制造业和批发零售业的企业技能性岗位空缺数量最多,分别占技能性空缺岗位总量的 18％、16％和 15％,因此这三个部门在所有的技能性空缺岗位中占了几乎一半。公共管理、金融和教育等部门的技能性空缺岗位较少,均在 5％以下。不过制造业、批发零售业和商业服务业的就业劳动力份额也是较高的,尤其是制造业,一直以来是英国劳动力最集中的产业部门,尽管 70年代以来就业人数不断下降,但是仍然明显高于其他产业部门。经济持续衰退也使制造业的技能需求水平相对不足,这明显地表现为其技能短缺比例低于相应的就业份额(19％)。服务业的迅速发展使其技能需求水平不断提高,尽管就业人数大幅度增加,但是仍然落后于服务业的技能需求水平。因此技能短缺的程度明显高于其就业份额。如果从相对水平来看,建筑业是外部技能短缺最严重的部门,其就业人数在全部就业劳动力中不足 4％,但是却集中了 13％的技

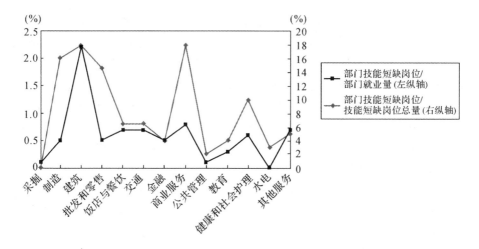

图 2-6　1999 年英国不同产业部门外部技能短缺分布状况

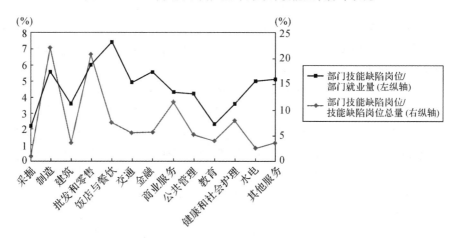

图 2-7　1999 年英国不同产业部门内部技能缺陷分布状况

能性空缺岗位,大约 65% 的企业技能性空缺岗位占其员工人数的 11% 以上。从建筑业本身看,技能短缺岗位相当于其从业人数的 2.2%,这在所有产业部门中是最高的。其他部门的相应比例均在 1% 以下,而金融、教育、交通等公共部门的技能短缺状况普遍较好,公共管理部门甚至低至 0.1%。

我们再来看内部技能缺陷的产业分布情况。从数量上,技能缺陷问题在制造业、批发和零售业、商业服务业十分突出。制造业和批发零售业的比例均达到了 20% 以上,商业服务业也占了 11%,这意味着一半以上的技能缺陷问题集中在这三个部门。其他部门在技能缺陷岗位总量中的比例大多在 5% 左右,采掘业甚至仅占 1%。不过,这并不意味着这些部门的技能缺陷问题是最严重的。从就业人数的比例上看,这三个部门的劳动力占就业劳动力总量的比例也达到了 48％。其他产业部门的情况也表现了同样的趋向。因此技能缺陷问题在不同产业部门的分布与相应的就业人数比例基本上是一致的。因此，综合考虑各个部门的技能缺陷数量以及相应的就业人数，饭店与餐饮业的技能缺陷程度更为突出，当然，制造业、批发零售业的技能缺陷程度也明显高于其他部门，而商业服务业的技能缺陷程度则有所下降。许多技能缺陷岗位数量并不多的部门（比如交通、金融）在相对水平上有了很大提高，尤其是水电业，技能缺陷的绝对数量和相对水平相差非常悬殊。之所以出现这样的变化，是因为这些部门的就业人数相对于其技能缺陷的份额来说在就业总量中的比例更小。

　　从总体上看，英国技能短缺的分布差异主要体现在企业和公共部门之间。制造业、建筑业以及服务业的技能短缺都比较突出，而公共部门的劳动力技能状况明显较好。这在很大程度上说明了这些部门良好的就业状况，这也体现了英国社会对公共部门就业机会的传统偏好。"牛津—剑桥传统使'最好的学生'并不是就职于工商业部门——除非他们有类似的家庭环境——而是接受古典学习，然后从事政府管理。"[1]这对于英国的教育和训练制度的影响是显而易见的。

　　此外，技能短缺问题在各个产业部门不同工作岗位的分布也是不平衡的。ESS 根据英国标准职业分类（SOC），对主要职业的技能短缺情况进行了调查。调查结果显示，外部技能短缺问题普遍集中在专业性和准专业性职业、熟练工种等技能性职业，而生产和基础性岗位等低技能性工种的外部技能短缺程度较低。这主要是由于产业结构的变化使技能性工作岗位的比例明显提高。专业性岗位是 20 世纪 70 年代以来就业增长最快的职业领域。[2] 90 年代，专业性岗位数量增长了 20％，准专业性岗位增长了 18％。[3] 专业性岗位占就业人数的比例也从 1979 年的 7.8％提高到了 1989 年的 9.3％，准专业性岗位也从 6.0％提高到了 8.1％，相反，手工岗位和机器操作岗位的比例明显下降。[4] 就业结构的变化使相应技能劳动力的需求大大超过供给，从而使这些岗位的技能短缺问题尤为严重。如图 2-8、图 2-9 所示，专业性职业、准专业性职业和熟练工种分别占了全部技能性空缺岗位的 19％、18％和 17％，技能性空缺岗位数量均高于其他

---

① Brenda Johnston & Lewis Elton. German and UK higher education and graduate employment：the interface between systemic tradition and graduate views[J]. Comparation Education, Vol. 4, No. 3, August 2005, pp. 351-373.

② Geoff Hayward & Rosa M. Fernandez. From core skills to key skills：fast forward or back to the future[J]. Oxford Review of Education, Vol. 30, No. 1, 2004, pp. 117-145.

③ Richard Layard, Ken Mayhew & Geoffrey Owen. Britain's Training Deficit：The Centre for Economic Performance Report[M]. Avebury, 1994, p. 62.

④ Robert Mcnabb & Keith Whitefield. The Market for Training：Inernational perspectives on theory, methodology and policy[M]. Avebury, 1994, p. 34.

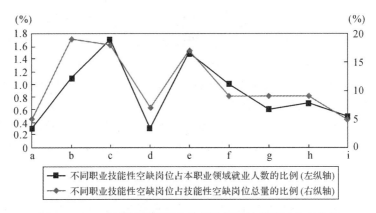

图 2-8　2001 年英国不同职业外部技能短缺问题的分布状况

a.经理/高层主管　b.专业性工作　c.准专业工作　d.行政/文秘

e.熟练工种　f.个人服务　g.销售/客户服务　h.生产　I.基础性工种

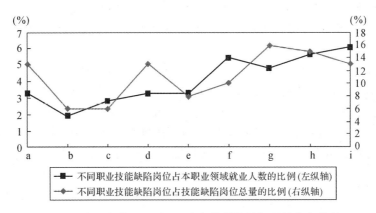

图 2-9　1999 年英国不同职业内部技能缺陷问题的分布状况

a.经理/高层主管　b.专业性工作　c.准专业工作　d.行政/文秘

e.熟练工种　f.个人服务　g.销售/客户服务　h.生产　I.基础性工种

职业。相对于熟练工种、准专业性职业和专业性职业占就业劳动力总数 9％、8％和 13％的比例来说,其外部技能短缺问题在程度上也较其他职业更突出,技能性空缺岗位在相应就业人数中的比例分别为 1.5％、1.7％和 1.1％,而其他职业均在 0.7％以下。从外部短缺问题的总体情况看,技能性职业的外部技能短缺程度较为严重,而低技能职业(比如基础性职业、生产操作职业)的情况较好,短缺数量和程度都较低。而内部技能缺陷的情况恰恰相反,诸如专业性和准专业性职业以及熟练工种等存在技能缺陷的劳动力数明显较少,在技能缺陷岗位总量中分别占 6％、6％和 8％,而其他低技能性职业的相应比例都在 13％左右,从技能缺陷岗位在相应职业就业人数中的比例看,技能性职业的技能缺陷程度也较低。通过对其他 ESS 数据的分析,本研究也得出了同样的结论。不同职业在外部技能短缺和内部技能缺陷问题上之所以存在这种差异,主要原因是:相对于非技能性工作,技能性工作难以通过企业的内部劳动力市场得到满足,更多地依靠外部劳动力市场满足企业的技能需求,而外部技能劳动力供给不足使这些职业主要表现为外部技能短缺。低技能性工作岗位的劳动力需求较容易通过企业内部的人员调整得到满足,而且成本较低,这也决定了在这些岗位就业的劳动力技能水平的有限性。从总体上,不同职业的技能短缺问题反映了英国中级技能水平劳动力不足的现状。

3. 技能短缺的区域特征

技能短缺问题在不同地区的分布情况也是不均衡的。各地技能短缺程度一直存在着明显的差异。CBI 的调查结果反映了英国制造业技能短缺问题的地区差异,英国南部地区比较严重,北部地区的情况较好。1987 年,南部地区存在技能短缺的企业达到了 40% 左右。相比之下,北部地区存在技能问题的企业比例多在 30% 以下。技能短缺的这种地区差异在一系列的 ESS 中也得到了充分的支持。如图 2-10 和图 2-11 所示,英国伦敦地区和东南部技能短缺问题最为严重。这两个地区就业人数占全国就业总量的 33%,而空缺岗位数量则占了 41%,技能性空缺岗位的比例更高,达到了 43%。英国北部的技能短缺问题仍然处于较低水平,西北部在技能性岗位总量中的份额最小(5%),不过如果考虑其就业人数所占的比例仅有 5%,东北部地区的技能问题就更加突出,其就业人数所占比例为 8%,而技能性空缺岗位却占了 14%。从各地技能性空缺岗位在本地就业人数中的分布情况看,同样表现出明显的"南北差距"。这些情况明显地体现了外部技能短缺的地域差异。内部技能缺陷也呈现了同样的趋势和状况。技能缺陷岗位数量在各地的分布相差悬殊,伦敦和东南部仍然"独占鳌头",占据了其中的 36%,东北部仍然是最低的(3%)。不过由于伦敦和东南部地区是英国就业人口最集中的地区,将就业人数考虑在内,内部技能缺陷的程度差异就趋于平衡,但是仍然表现出较为明显的"南北差距"。

总体来看,英国技能短缺问题的地域差距还是明显的。影响技能短缺地区差异的因素是复杂的,当然最主要的因素是南北经济发展水平的差距造成了各地对技能的总体需求水平不同。由于北部地区经济相对落后,技术水平也比较低,因此企业对技能劳动力的总体技能需求受到了限制,不但对劳动力数量需求较少,同时对劳动力的技能要求也不高。在北部地区对高水平工作或技能的需求都比较少,无论是在外部劳动力市场,还是对企业内部劳动力的技能要求

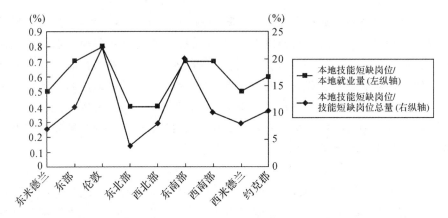

图 2-10　1999 年英国不同地区外部技能短缺的分布状况

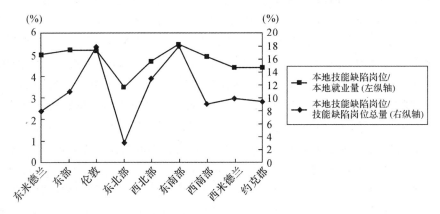

图 2-11　1999 年英国不同地区技能缺陷的分布状况

都是如此。这一点得到了格林和欧文的研究结论的支持。[①] 哈斯克尔和马丁认为,这还与当地的产业制度相关,比如企业的规模和组织结构以及当地的劳动力市场状况。[②] 此外,一些学者认为一些制度性和非制度性因素限制了部分地区相对充裕的技能劳动力向技能需求水平较高的地区的流动。根据彼德·哈特的观点,经济较为发达的南部地区尽管技能需求水平较高,但是由于较高的生活成本制约了技能劳动力从北方向南方的迁徙。[③] 例如 80 年代末,东南部地

---

　　① Terence Hogarth & Rob Wilson, et al. Skill Shortages, Vacancies and Local Unemployment A Synthesis of the Exploring Local Areas, Skills and Unemployment Analyses[DB/OL]. p. 9,[2007-2-2], http://www.dcsf.gov.uk/research/data/uploadfiles/RBX02-03.doc.

　　② Jonathan Haskel & Christopher Martin. Technology, Wages and Skill Shortages: Evidence from UK Micro Data[J]. Oxford Economic Papers,Vol. 53,No. 4, 2001,pp. 642-658.

　　③ Derek Bosworth, Pat Dutton, Jackie Lewis. Skill Shortages: Causes and Consequences[M]. Avebury,1992,p. 141.

区技能短缺问题日益显著的同时,房价也在不断攀升,这在很大程度上制约了其他地区技能劳动力的流入。这种观点在一定程度上说明了地区之间技能短缺持续的差异性。

(三)技能短缺和技能需求

技能短缺问题在很大程度上体现了企业对技能需求的变化。20 世纪 90 年代以来,英国企业对技能的总体需求水平有了很大提高。这主要表现在两方面:一方面企业对劳动力的技能水平要求更高。迈克·坎普贝尔等人发现,从 1986 年到 1997 年,需要劳动力具备某种资格的工作岗位从 62% 提高到了 69%。对 A-Level 以上的高水平资格的需求比例从 20% 提高到了 24%;相反,没有资格要求的工作岗位从 38.5% 下降到了 31.5%。从总体上看,对技能水平的要求在增加。[①] DfES 的一份报告指出,对于青年人来说,随着新技术的不断应用,大部分工作将提高对劳动力技能的要求,而非技能工作将减少。[②] 另一方面是企业技能需求结构的变化。企业的技能需求逐渐从专门化技能转而强调一般性或迁移性技能。这也是近年来各国尤其是发达国家普遍存在的趋势。随着工业社会从福特主义(Fordism)模式向后福特主义(Post-Fordism)模式的过渡,企业组织结构也相应地发生了本质的变化,不再以严格的纵向等级划分和横向的专业化为特征,而是呈现出扁平化趋势,组织层级减少,团队合作的倾向越来越明显,岗位分工呈现出流动性、灵活性和创造性等特点。组织结构的变化使企业的技能需求也发生了根本性的改变,如果劳动力仅仅具备针对特定岗位的专门技能,显然无法应对这种情况,因此需要具备多方面的素质和技能。不断加快的技术进步、瞬息万变的市场需求和部分时间制为主的就业增长模式也需要劳动力具有很强的适应性,这一点在英国的技能短缺问题上都得到了充分的体现。劳动力一般技能的缺乏从另一个角度说明了企业对这些技能的重视程度。格林等人对企业的技能需求类型的研究显示,1992 年到 1997 年企业对问题解决、沟通和社交等一般技能需求提高,而对体力技能(mannual skills)的需求减少。他还进一步分析了这些技能的需求程度。一般来说,对某种技能需求程度的提高也会带动具备这种技能的劳动力的相对工资水平的增长。格林发现,沟通技能、问题解决能力、团队合作能力在劳动力市场备受青睐,其相对市场价格明显较高。阿兰·菲尔斯德将问题解决、沟通和社会技能称为"新技能"(new skills),他的研究也证明不同工作岗位对"新技能"的需求都有不同

---

① LSC. Skill in England 2001: Research Report[R/OL]. p. 34, [2006-1-16], http://www. dcsf. gov. uk/research/data/uploadfiles/sieo1. pdf.

② DfES. Understanding The Labour Market: A Basic Guide For Teachers In Secondary Schools In England[DB/OL]. May 2005, [2006-6-9], Http:// www. princes-trust. org. uk/main site v2/ downloads/understanding lmi1. pdf.

程度的提高。[①] 根据 2001 年国家技能工作委员会(NSTF)的企业调查结果表明,20％的企业存在内部技能短缺,沟通技能(54％)和客户服务技能(51％)是企业需求程度最高的。[②]

　　尽管企业对技能需求的总体水平有了明显的增长,而劳动力的技能水平和结构却存在缺陷,除了中级技能水平的劳动力不足以外,劳动力的技能结构上的缺陷也导致了企业对一般技能的需求难以得到满足。根据 ESS 的数据,无论是外部技能短缺还是内部技能缺陷,企业都将劳动力技能不足作为最主要的原因,尤其是外部短缺问题更为明显,而在历次 ESS 中,"求职者缺乏必要的技能"无一例外均被企业看作是造成外部技能短缺最主要的因素,例如,ESS2001 的结果显示,"求职者缺乏必要技能"分别占了 35％的填补困难性空缺岗位和78％的技能性空缺岗位。而在企业眼中,除了专门技能以外,一般技能的不足也是技能短缺问题的一个重要方面。表 2-2 是企业对劳动力短缺的具体技能类型的判断,在 ESS2001 和 ESS2002 中可以看出,认为外部劳动力和内部员工仅仅缺乏技术或专门技能的企业比例明显较小,大部分企业认为劳动力仅仅缺乏一般技能或两种技能都不足。这说明了企业对一般技能越来越重视。值得注意的是,在外部技能短缺问题上,认为劳动力缺乏技术技能、一般技能或两种技能均不足的企业比例比较均衡,这说明传统的技术技能在企业看来仍然是必需的,这也是企业招聘员工的基本条件,不过一般技能现在也取得了同样重要的地位。而对于内部技能短缺,情况有所不同,企业认为员工主要缺乏一般性技能或两者都不足,而认为员工仅仅缺乏技术技能的企业很少,这可能与员工在企业的工作岗位实践中通过"干中学"使专门技能得到了较好的提高,而一般技能却缺乏相应的培养机会。上述情况从企业对劳动力"短缺"的具体技能类型上也可以得到明显的体现。历次 ESS 的结果说明,在外部技能短缺方面,劳动力缺乏技术和应用技能的情况始终比较突出,大约有 45％的技能性空缺岗位主要是由于求职者缺乏企业所需要的专门技能造成的,同时,沟通技能、客户处理技能和团队合作技能等一般性技能也是企业非常需要却难以获得的。而在内部技能缺陷问题上,企业对处于"短缺"状态的具体技能类型的判断就存在差异,沟通、客户处理、团队合作等一般技能与技术和应用技能相比在企业看来短缺的程度更高。图 2-12 和图 2-13 充分体现了这一点。

---

　　① LSC. Skill in England 2001:Research Report[R/OL]. p. 39,[2006-1-16], http://www. dcsf. gov. uk/research/data/uploadfiles/sieo1. pdf.

　　② Cabinet Office. In Demand:Adult Skills In The 21st Century, A Performance And Innovation Unit Report[DB/OL]. December 2001, [2006-6-12], http:// cabinetoffice. gov. uk/strategy/work _ areas/.../su adult skills pdf. ashx.

表 2-2 劳动力"短缺"技能类型分布

		技术技能	一般技能	技术技能和一般技能	不确定
外部短缺	ESS2001	27	35	21	17
	ESS2002	15	27	28	31
内部缺陷	ESS2001	12	45	30	14
	ESS2002	5	37	52	6

资料来源：ESS2001，main report，p. 39,66；ESS2002，main report，p. 38,76

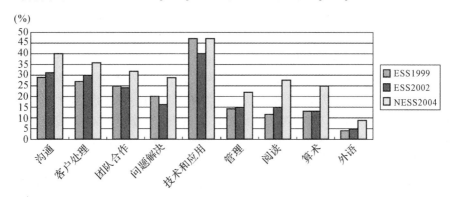

图 2-12 外部技能短缺的技能特征

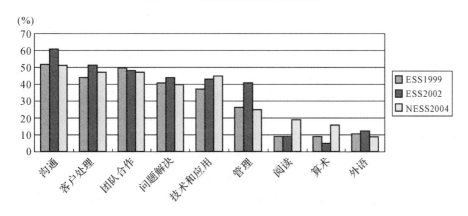

图 2-13 内部技能缺陷问题的技能特征

第二节 技能短缺的社会效应

经济增长和充分就业是包括英国在内的许多国家梦寐以求的目标。而技能短缺问题显然是制约这两个目标实现的最大障碍。这也是英国政府致力于解决自身所面临的技能问题的主要原因。本节也主要从这两个方面论述技能短缺对经济增长和就业问题的影响。

一、技能短缺和经济增长

(一)技能和经济增长的相关性分析

经济增长的动力是什么？这是学者关注的一个基本问题。亚当·斯密认为促进经济增长的途径有两种：一是增加劳动力的数量；二是提高劳动的效率。而两者中劳动效率的提高更重要，不过他认为劳动效率的提高主要取决于社会分工和资本积累。因此，在他看来，物质资本投入是促进经济增长的基本动因。20世纪40年代，哈罗德和多马进一步强调了资本积累对经济增长的作用。不过，人们很快发现资本积累和劳动投入远远不能解释经济增长。索洛的实证研究发现：资本和劳动投入只能解释12.5%左右的产出，其余87.5%的产出则被称为所谓的"索洛剩余"而归于技术进步的影响。[①] 因此，他指出，技术进步是经济增长的决定性因素。丹尼森进一步论证了索洛关于技术进步决定经济增长的观点。不过，他们把技术进步看作是经济增长的外生变量，同时还假定所有国家都有相同的机会获得技术进步。显然，根据索洛模型的假设，后进国家可以通过学习先进国家的技术加快发展速度，从而使各国经济增长出现趋同的现象。事实并非如此，而索洛模型却无法充分解释这种增长过程中的差异性。

人力资本理论力图弥补以往增长理论的不足之处。舒尔茨、贝克尔等人认为资本的积累和劳动力的规模不能解释经济增长，人力资本才是经济增长的决定性因素。在他们看来，"人力资本是个人所拥有的、可以运用于生产活动的知识、技能或健康的积累。"[②]在舒尔茨看来，这些人力资本形式"对经济增长的贡献远比物质资本、劳动力数量的增加重要得多"。舒尔茨指出："知识和技能大半是投资的产物，而这种产物加上其他人力投资便是技术先进国家在生产力方面占优势的主要原因。"[③]针对新古典增长理论的问题，80年代，罗默和卢卡斯等人提出了新增长理论。他们将技术进步看作是经济增长的内生变量，即技术进步可以看作是人力资本和物质资本积累的结果，这样就可以通过人力和物质资本的积累促进技术进步，从而影响经济增长。他们开始从知识和人力资本积累上寻找经济增长的源泉。根据罗默的知识积累模型，技术进步可以提高投资的收益，而投资又会引起知识的积累，知识增加加快了技术进步的进程，在这种

---

①　冯子标.经济增长与收入分配变动趋势分析[J].经济学家,2004(4):37-46.

②　Stefan Bornemann, Spillovers in Vocational Training: An Analysis of Incentive Schemes[J/OL]. Discussion paper 2005-15, September 2005, [2007-2-16], http:// edoc. ub. uni-muenchen. de/5737/1/Bornemann_Stefan. pdf.

③　秦元芳,张亿钧.论人力资本投资对经济增长的作用[J].经济问题探索,2005(10):91-94.

正反馈中,经济增长呈现一个良性循环,从而长期稳定地提高经济增长率。"一些国家之所以长期处于低水平的增长路径上,就是对知识生产部门的投资不足,技术进步率太低。"[①]因此一个国家经济要实现长期增长,不断追加投资不仅是必要的,而且是充分的。卢卡斯也认为正是人力资本水平不同造成各国在经济增长率方面的差异。库兹涅茨的实证分析支持了上述认识:发达资本主义国家的高增长率,主要不是由劳动投入与资本投入的增长决定的,而是由劳动生产率的大幅度增长决定的。[②] 而生产率的提高最终取决于劳动力的技能水平。普里切特指出即使排除人力资本的外部性,人力资本对经济增长的贡献也应该在0.20～0.40。更多的研究结论也支持了这样的观点。如果考虑人力资本的外部性,人力资本的贡献还会更高。[③] 人力资本的积累除了对生产率的推动作用以外,还有利于提高劳动力对经济活动的参与率,从而对经济增长产生积极影响。许多研究都发现,劳动力的教育程度与参与率之间有显著的相关性,随着教育水平的提高,劳动力参与率也逐渐提高。这种趋势在各个国家普遍存在(表2-3)。

表 2-3　2003 年部分国家的劳动力参与率(%)

	高中以下教育		高中教育		高职教育		大学教育	
	男性	女性	男性	女性	男性	女性	男性	女性
澳大利亚	78.6	56.3	89.8	70.2	90.6	77.2	92.2	82.4
加拿大	75.2	50.9	88.1	74.5	91.6	82.9	89.8	82.6
新西兰	78.1	56.9	91.8	75.1	89.4	76.8	91.0	82.6
瑞典	77.8	64.6	88.2	83.2	88.9	84.9	91.7	90.9
英国	67.6	49.7	88.2	76.6	91.1	86.6	93.2	87.4
美国	76.1	50.5	84.6	71.9	87.3	79.8	91.4	80.0

数据来源:Susan Linacre. Labour force participation—an international comparison. Australian Bureau of Statistics,Augest 2007, http://www. ausstats. abs. gov. au/

在经济发展的不同阶段,人力资本对经济增长的影响也不同。在传统社会,农业所占比重最大,人力资本对经济的贡献率最小,经济增长主要依赖劳动的投入;在经济起飞阶段和工业化阶段,工业在国民经济中所占的比重逐渐增大,对人力资本的要求也逐渐提高,人力资本对经济增长的贡献也逐渐增大;在

---

① 苗文龙,万杰.经济运行中的技术进步与选择——基于中国技术发展路径与经济增长、就业关系的实证分析[J].经济评论,2005(3):34-38.

② 冯子标.经济增长与收入分配变动趋势分析[J].经济学家,2004(4):37-46.

③ Raymond Robertson,Mark Skidmore and Hideki Oya. A Reevaluation of the Effect of Human Capital Accumulation on Economic Growth:Using Natural Disasters as an Instrument [DB/OL]. Working Paper 05 - 08,[2006-4-21],http:// academics. uww. edu/business/economics/wpapers/05_08 _skidmore. pdf.

后工业化阶段,服务业在国民经济中所占比重最大,对人力资本的要求最高,人力资本对经济增长的贡献最大。[①] 根据丹尼森的计算结果,美国 1929—1969 年的 40 年间人力资本对经济增长的贡献平均为 23.83%,远高于发展中国家的水平和世界平均水平。一项对英国和美国制造业的比较研究认为技能劳动力在劳动力构成中每增加 1%,生产率会相应提高 2%。[②] 这些结论都说明了人力资本对经济增长的重要性。

尽管人们普遍认识到人力资本对经济增长的影响,许多学者通过研究也发现人力资本与经济增长之间并非简单的正向关系。雷蒙·罗伯逊等人指出,决定经济增长的生产要素包括物质资本、人力资本和技术三方面。[③] 卢卡斯一方面强调了人力资本的重要性,另一方面也认为人力资本是单一的要素投入,最终产量由人力资本和物质资本共同决定。[④] 琼斯、艾切尔和特诺斯基通过对 OECD 国家的相关经济数据进行时间序列分析认为,一些人力资本高速增长的国家,也并没有带来经济相应速度的增长。世界银行的资料表明,虽然不少国家的人力资本的积累达到一定水平,但经济增长的效果却并不明显,经济增长没有取得与人力资本增长相应的进步。1999 年,尼克尔等人研究了人力资本的可用性与物质资本(固定资本投资)或知识资本(R&D 支出)积累程度的关系,发现在制造业,存在技能短缺的企业数量每增加 10%,产业将减少 10% 的固定资本投资和 4% 的 R&D 支出,技能劳动力短缺和投资与 R&D 支出之间存在负相关,从而得出结论:人力资本与物质或知识资本的投资是一种战略补偿关系。[⑤]

人力资本在经济增长中的作用是有目共睹的。不过,人力资本理论过于强调劳动力的知识和技能与经济增长之间的直接相关性,却忽视了制度因素对经济增长的影响。这一点受到了制度学派的批评。以道格拉斯·诺思为代表的

① 王波.从教育投资角度研究我国人力资本与经济增长的关系[D].重庆大学硕士学位论文,2005:13.

② Derek H. Aldcroft. Education, Training and Economic Performance: 1944-1990 [M]. Manchester University Press, 1992,p. 145.

③ Raymond Robertson, Mark Skidmore and Hideki Oya. A Reevaluation of the Effect of Human Capital Accumulation on Economic Growth: Using Natural Disasters as an Instrument [DB/OL]. Working Paper 05-08,[2006-4-21], http:// academics. uww. edu/business/economics/wpapers/05_08_skidmore. pdf.

④ Lucas RE. On the Mechanism of Economic Development[J]. Journal of Monetary Economics, Vol. 22, No. 1,1988, pp. 3-42.

⑤ Stephen Nickell & Daphne Nicolitsas. Human capital investment and innovation: what are the connections? In: Ray Barrell, Geoff Mason & Mary O'Mahoney. Productivity, innovation and economic performance. (National institute of economic and social research economic and social studies). Cambridge University Press,2000,pp. 268-280.

制度学派对经济增长则提出了全新的观点,认为资本积累、技术进步等因素与其说是经济增长的原因,倒不如说是经济增长的本身;经济增长的根本原因是制度的变迁,一种提供适当个人刺激的有效产权制度体系是促进经济增长的决定性因素。许多经济增长中的问题也确实都在制度理论中找到了答案。制度理论也逐渐得到人们的关注和认可。尽管如此,人力资本理论仍然成为"二战"以来各国教育和培训改革主要的指导思想。

(二)技能短缺和英国经济的困境

1.技能短缺提高了企业的生产成本,制约了企业生产率的提高

布列斯·罗巴特和乔纳森·托马斯指出,从宏观经济角度看,技能劳动力的需求超过供给(即技能短缺)会对生产率产生消极影响。[①] 克劳迪奥·路斯菲拉和菲德利亚·欧瑞歌还对技能短缺的经济成本进行了估计,认为在欧盟国家,1999 年,技能短缺造成的成本大约占 GDP 的 6.9 ％到 7.7％之间。[②] 技能短缺对英国经济的影响也得到了人们的普遍认可。雷亚德认为,技能已经成为英国经济增长的"瓶颈"。英国政府也承认这一点。布莱尔在白皮书《21 世纪技能:实现我们的潜力》中指出,英国经济的生产力水平和竞争力之所以明显落后,原因之一是英国严重的技能短缺问题。[③] 许多实证研究也证实了技能短缺对企业生产率和产出的消极影响。实际上,技能短缺也是造成英国经济从"极盛时代"转向停滞甚至衰退的一个重要因素。安古斯发现,英国经济增长从 19 世纪末到 20 世纪初开始落后于美德等国,这与其较低的劳动力生产率不无关系(表 2-4)。

表 2-4　各国 GDP 和劳动力生产率的增长情况

	1870—1913 年 GDP 平均增长率	1870—1913 年劳动力生产率平均增长率
英国	2.1％	1.0％
美国	4.3％	1.9％
法国	1.6％	1.4％
德国	2.9％	1.6％

转引自:罗志如、厉以宁.二十世纪的英国经济——英国病研究[M].北京:人民出版社,1994:21

---

① Pablo Burriel-Llombart & Jonathan Thomas. Skill imbalances in the UK labour market:1979-99[DB/OL]. Bank of England 2001,[2006-3-18],http://www. bankofengland. co. uk/wp/index. html.

② Claudio Lucifora & Federica Origo. The economic cost of the skill gap in Europe[DB/OL]. [2006-10-12],http://citeseerx. ist. psu. edu/viewdoc/download? doi = 10. 1. 1. 203. 3861&rep = rep1&type=pdf.

③ DfES. 21st Century Skills:Realising Our Potential—Individuals, Employers, Nation[DB/OL]. July 2003,p. 12. [2006-2-12] http:www. dfes. gov. uk/skillsstrategy/.

90 年代，NIESR 的研究也得出了一致的结论。该研究发现，英国、德国、美国和法国的生产率存在明显的差距(图 2-14)。在建筑业，德国企业的生产率水平是英国企业的两倍，在冶金业，德国企业的生产率比英国企业高 63%。研究将两国生产率的显著差距归因于英国劳动力技能水平较低。[①] 哈斯克尔和马丁对 CBI 调查数据的分析也表明技能劳动力不足对整个制造业的生产率水平有明显的消极影响。[②] 一项研究甚至将英国和德国制造业生产率差距的 53% 归因于英国劳动力较低的技能水平。[③] 80 年代英国劳动生产率出现了较快的增长，不过这主要是由于原料和中间产品相对价格下降使这些替代要素的投入增加造成的。托马斯等人对技能短缺与生产率的关系进行了计量分析，认为 80

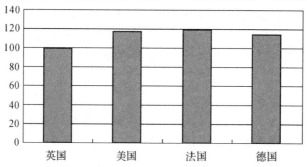

图 2-14　1999 年主要国家全要素生产率相对水平(英国为 100)

年代技能短缺的加剧使英国制造业的生产率增长幅度平均每年下降了 0.4%。[④] 因此，技能短缺程度与生产率增长之间存在负向关系。此外，技能短缺问题对企业生产的影响日趋显著，1981 年只有 2% 的企业认为技能短缺影响了生产的发展，而到了 1989 年，这个比例达到了 31%。当然，影响生产率的因素是复杂的，包括许多技术性因素和制度性因素。而劳动力技能水平却是最关键的因素。英国财政部在《英国标准生产力绩效》(Benchmarking UK Productivity Performance)中也指出，尽管仅仅依靠技能并不能促进经济增长，但是企业如果缺乏必要的技能性人才，经济增长的目标就无法实现。因此，"解

① Derek H. Aldcroft. Education, Training and Economic Performance: 1944 - 1990 [M]. Manchester University Press, 1992, p. 142.

② John Forth & Geoff Mason. Do ICT Skill Shortages Hamper Firms' Performance? Evidence from UK Benchmarking Surveys[R/OL]], National Institute of Economic and Social Research, London, September 2006, [2006-6-9], http://www.niesr.ac.uk/pubs/DPS/dp281.pdf.

③ [美]德里克·博斯沃思. 劳动市场经济学[M]. 何璋, 张晓丽译. 北京: 中国经济出版社, 2003: 564.

④ Jonathan Haskel. Christopher Martin, Do Skill Shortages Reduce Productivity? Theory and Evidence from the United Kingdom[J]. Economic Journal, Vol. 103, No. 417, 1993, pp. 386-394.

决技能短缺问题成为目前英国经济、产业和教育政策的核心"[1]。

哈斯克尔和马丁认为,技能短缺对英国生产率的消极影响主要表现在两个方面:一是就业结构倾向于低技能劳动力;二是削弱了企业与员工努力有关的协商能力。事实也确实如此。从技能短缺的变化趋势看,技能劳动力的短缺程度越来越高于非技能劳动力,而技能劳动力相对需求的增长将促使技能劳动力和非技能劳动力的工资差距不断拉大。因此,哈斯克尔等人认为技能短缺将造成技能劳动力的工资上涨。这表现在两个方面:①技能供给不足可能会迫使企业为了雇佣或保留技能劳动力提高技能劳动力的工资水平;②技能短缺将使技能劳动力在工资协商过程中处于更有利的谈判地位,从而更容易获得较高的工资收入。[2] 德雷克·奥克罗夫也认为,"技能短缺可能会造成企业工资成本的上涨。"[3]曼纳克达等人的研究结果表明,技能劳动力相对需求的增加将提高其在工资总额中的比例,他们认为这是技能劳动力的相对工资率和就业率提高造成的。乔纳森·托马斯等人对技能劳动力和非技能劳动力的工资状况进行了实证研究,也证实了上述结论。他们分析了CBI的调查数据,发现1979年到1999年,英国制造业不同技能水平劳动力的工资水平都有所增长,不过增长速度存在差异,技能劳动力的相对工资水平增长速度明显高于低技能劳动力。具有高级水平资格劳动力相对工资率增长了14%,相比之下,具有中级资格和初级资格的劳动力的相对工资率没有明显的变化。因此他们认为,技能需求的增长和技能供给的短缺会造成技能劳动力的与非技能劳动力的工资差距增加。[4] ESS的结论也表明,"生产成本的提高"是技能短缺对企业的重要影响之一。技能劳动力工资的过度上涨可能使企业转而用技能水平较低的劳动力来代替,从而对企业生产率产生消极影响。此外,技能短缺还会通过带动低技能劳动力的工资水平对企业产生影响。低技能劳动力的工资水平也会因为需求的增加而受到影响。因此技能短缺的加剧一方面使技能劳动力和非技能劳动力的工资差距增加,另一方面会提高劳动力市场的总体工资水平。盖文·威尔斯的研究也表

① Cabinet Office. In Demand: Adult Skills In The 21st Century, A Performance And Innovation Unit Report[DB/OL]. December 2001, [2006-6-12], http:// cabinetoffice. gov. uk/strategy/work_areas/.../su adult skills pdf. ashx.

② Alison L. Booth & Dennis J. Snower. Acquiring skills: market failures, their symptoms and policy responses[M]. Cambridge University Press, 1996. p. 150.

③ Derek H. Aldcroft. Education, Training and Economic Performance: 1944 − 1990 [M]. Manchester University Press, 1992, p. 140.

④ Pablo Burriel-Llombart & Jonathan Thomas. Skill imbalances in the UK labour market: 1979-99[DB/OL]. Bank of England 2001, ISSN 1368-5562,[2006-3-18], http://www. bankofengland. co. uk/wp/index. html.

明英国 80 年代以后劳动力实际工资增长与技能短缺之间存在着显著的正相关性。[①] 随着生产技术含量的提高,技能劳动力的替代弹性不断下降,技能短缺对技能劳动力相对工资的促进作用会更加明显。ESS 的结果也显示,许多企业都表示将"提高工资水平"作为解决技能短缺的途径之一。当然,在技能劳动力短缺且供给数量不变的情况下,这种做法只不过是将某个企业的技能短缺问题"转嫁"到其他企业身上,总体的技能短缺是无法得到解决的。此外,企业的生产率水平除了和员工的技能水平直接相关以外,还和员工的工作努力程度之间存在联系。企业希望员工能够努力工作以创造更多的利润,而员工则希望企业能够在工作条件、工资水平等问题上满足自己的要求,因此,员工的努力程度在一定意义上是企业和工人相互协商的结果。技能短缺的加剧增加了技能劳动力在和企业协商的过程中的资本,其降低工作强度的需求就更容易得到满足,同时这种"优越感"和外部选择机会的增加也会影响他们在工作中的态度,从而对企业的生产率产生一定的影响。

2. 技能短缺制约了企业对新技术的学习、开发和应用

企业的发展不仅取决于劳动力的技能水平,同时也越来越多地受制于企业对新技术的吸收和运用。而这些因素之间也是相互作用的。技能劳动力更善于学习、灵活运用其经验,促进新技术的应用。阿克莫格鲁研究了人力资本供给对技术变革的影响,发现人力资本供给的增加会促进人力资本密集型技术的进步,而采用先进技术的企业对技能劳动力也会有进一步的需求。[②] 这样就形成一个良性循环。相反,技能劳动力的短缺限制了这一过程。低技能劳动力由于理论和实践知识的缺陷难以理解新的工作内容和方法以及如何适应新的技术环境,因此他们对新技术和工作方法的态度即便不是敌视的,也往往防御性的。技能短缺甚至会通过保守的态度阻碍革新和工作方法的改进。NIERS 的研究指出,"企业管理者和员工的素质不足将制约新技术的引进"[③]。一方面,低技能劳动力缺乏吸收和运用先进技术的能力,难以察觉、怀疑甚至敌视新观念和新方法。在缺乏可以利用的足够的技能工人时,企业可能不会积极进行革新以及更新先进设备。另一方面,管理者本身素质不高使企业对技术进步也持消极态度。技能短缺不仅体现在普通员工身上,也体现在企业的管理者身上。罗斯威尔认为,新技术的采用和生产的革新首先是从企业的管理者开始的。"高

---

① Gavin Wallis. The Effect of Skill Shortages on Unemployment and Real Wage Growth: A Simultaneous Equation Approach[J/OL]. August 2002,[2008-1-5], http://repec.org/res2003/Wallis.pdf.

② 靳卫东. 人力资本需求与工资差距:技术、贸易和收入的影响[J]. 经济经纬,2007(1):94-96.

③ Derek Bosworth, Pat Dutton, Jackie Lewis. Skill Shortages: Causes and Consequences[M]. Avebury,1992,p.3.

层管理者必须头脑开放和积极;除非高层管理者有革新的愿望,否则企业的其他成员无法形成和实施有效的革新措施。"①许多企业的高层管理者实际上出身于学术教育。这体现了一种具有英国特色的传统观念——"绅士可能是更好的管理者"。因此,牛津、剑桥或者公学的教育背景一直被人们所看重,1951年58%的国有大企业管理者曾经接受公学教育。② 学术教育的片面性使他们对技术几乎一无所知,也缺乏技术革新的眼光和愿望,甚至表现出"反技术化"(technology-averse)倾向。这就影响了企业培训的发展,制约了企业对市场变化或竞争需要应变的能力。此外,素质较低的管理者往往不容易认识到企业潜在的技能短缺问题,从而低估短缺的程度,而决策者素质越高,越愿意进行技能投资。德里克·博斯沃思的研究结论证明了这一点。③ 技能短缺对英国企业革新和技术应用的影响突出表现在英国企业的研发(R&D)投入上。R&D被认为是经济增长的决定性因素之一。梅金和凡·瑞恩对美国、英国、丹麦等几个国家的研究发现,技能培训与R&D投入之间存在着显著的正相关性。④ 苏·里查森也指出,在技能短缺的情况下,企业获得和使用技能劳动力的成本会提高,这往往使企业对投资于需要技能劳动力的先进生产技术方面缺乏积极性,从而进一步抑制了对技能劳动力的需求,影响了人们提高技能的积极性。埃里森·布斯和丹尼斯·斯诺称之为"低技能、低工作陷阱"(low skill, bad job trap)。⑤ 英国就面临这种困境。R&D和技能投资是相互制约的。由于缺乏R&D必需的人力资源,英国企业在这方面的支出一直不足。调查结果表明,英国主要的企业的R&D支出明显低于德国、美国和日本等发达国家。此外,许多企业仅仅把R&D作为繁荣时期作为点缀的奢侈品。经济繁荣的情况下,企业缺乏加强R&D的压力,"良好的经济条件无疑会弱化企业的革新努力程度"。而在经济不景气的情况下,对R&D不以为然的态度使企业首先把R&D支出作为削减的目标。这进一步影响了企业的技术革新。从1967年到1975年,英国是OECD国家中唯一的企业R&D支出减少的发达国家。这种现象在英国各个产业部门普遍存在,其中机械工程制造业的R&D支出在净产值的比例从

① Derek H. Aldcroft. Education, Training and Economic Performance: 1944 — 1990 [M]. Manchester University Press, 1992, p. 130.

② Derek H. Aldcroft. Education, Training and Economic Performance: 1944 — 1990 [M]. Manchester University Press, 1992, p. 101.

③ [美]德里克·博斯沃思. 劳动市场经济学[M]. 何璋,张晓丽译. 北京:中国经济出版社,2003:270-272.

④ David Sabourin. Skill Shortages and Advanced Technology Adoption [DB/OL]. September 2001. [2007-1-12], http://www.statcan.ca/english/research/11f0019mie/11f0019mie2001175.pdf.

⑤ Sue Richardson. What is a skill shortage? [DB/OL]. NCVER, 2007, [2008-1-25], http://www.ncver.edu.au/research/proj/nr4022.pdf.

2.7%下降到了1.9%[①]。而经验表明,积极从事新技术的研究和应用的企业往往是成功的,相反就会丧失市场并逐渐衰落。英国的产业发展情况也证实了这个结论。对R&D的忽视和技术人员的短缺使英国企业在国际市场上的优势地位逐渐丧失殆尽。纺织机械制造业的衰落就是典型的例子。1954年,英国纺织机械在国际贸易中占据了30%,而到了1975年,下降到了11%;而西德则从18%提高到了35%。由于英国大部分机械制造企业没有改进纺织机械的技术以适应市场需求的变化,逐渐丧失了市场竞争力,使英国逐渐从纺织设备的出口国逐渐成为进口国。从1968年到1978年,英国进口商品的技能和R&D的含量不断提高,而技术密集性的出口商品却不断减少。凯特拉克将这种情况归因于"英国技术进步和技能供给的落后"[②]。因此,德里克·博斯沃思指出,"技能短缺不仅在短期会削弱经济增长的势头,而且从长期来看,会影响到新技术的采用。也就是说,技能短缺限制着一个国家的创新能力和未来的增长。"[③]

3. 技能短缺通过影响企业的投资行为制约了其生产率的提高

企业的发展是建立在物质资本和人力资本的共同基础之上的。物质资本和人力资本之间尽管存在相互替代的关系,但是这种替代是有限的。两者更多地表现为相互依赖的互补的关系。经济的增长在很大程度上也依赖物质资本投入以提高劳动力的生产率。[④] 人力资本与物质资本(固定资本投资)或知识资本(R&D支出)的投资是一种战略补偿关系。由于人力资本和物质资本的互补性,技能劳动力的不足将使企业的物质资本投入无法使收益实现最大化。因此,苏·理查森指出,"在技能劳动力不足的情况下,企业往往不愿意投资于对劳动力技能需求较高的复杂的生产技术。"[⑤]格林和欧文也认为技能短缺一方面制约了现有资本和设备的充分利用,另一方面也影响了企业对新的先进设备的投资。[⑥] 尼克尔研究了技能短缺对制造业企业投资行为的累积性影响,发现在产业层次上,技能短缺与企业的物质资本和R&D投资存在显著的负相关,存在

① Derek H. Aldcroft. Education, Training and Economic Performance: 1944－1990 [M]. Manchester University Press, 1992, p. 132.

② Derek H. Aldcroft. Education, Training and Economic Performance: 1944－1990 [M]. Manchester University Press, 1992, p. 128.

③ [美]德里克·博斯沃思. 劳动市场经济学[M]. 何璋, 张晓丽译. 北京:中国经济出版社, 2003: 265.

④ HM Treasury. Productivity in the UK: The Evidence and the Government's Approach[DB/OL]. p. 13, [2007-2-12], http://archive. treasury. gov. uk/pdf/2000/productivity7_11. pdf.

⑤ Sue Richardson. What is a skill shortage? [DB/OL]. NCVER, 2007, [2008-1-25], http://www. ncver. edu. au/research/proj/nr4022. pdf.

⑥ Derek Bsoworth. Pat Dutton & Jackie Lewis, Skill Shortages: Causes and Consequences[M]. Avebury, 1992, p. 158.

技能短缺的企业数量每增加 10％,产业将减少 10％的固定资本投资和 4％的 R&D 支出,技能劳动力短缺和投资与 R&D 支出之间存在负相关,这个结论也证实了技能短缺对企业物质资本和 R&D 投入存在明显的消极影响。[①] 这一点也可以从英国总体资本积累的情况得到体现。英国企业的资本积累一直比其他主要国家少。图 2-15 显示了英国和美国、法国、德国的物质资本与人力资本投入(劳动力)的比率。该图说明在英国平均每个工人拥有的物质资本量比较低,而且这种情况持续了很长时间。在 1970 年,英国工人平均占有的资本量就比其他三国少,到了 1999 年这种状况丝毫没有得到改观。美国工人拥有资本量比英国工人多 25％,比法国工人多 40％,比德国工人多 60％。这也是英国劳动力的生产率较低的原因之一。

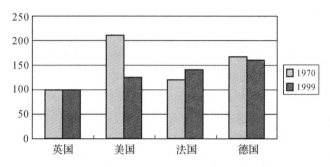

图 2-15　1970 年和 1999 年各国相对人均资本量(英国为 100)

4.技能短缺制约了英国企业的产品和服务的质量

技能短缺对企业的影响是显而易见的。企业可能采取不同的对策:选择以自动化和非技能劳动力为基础的生产过程,或提供对劳动力技能要求较低的产品。芬格德和索斯凯认为英国企业倾向于后者,即生产低质量的商品和服务。[②] 由表 2-5 可以发现,英国饼干制造业的产品质量水平和生产率水平都低于其他三个国家。

①　Stephen Nickell & Daphne Nicolitsas. Human capital investment and innovation: what are the connections? In: Ray Barrell, Geoff Mason & Mary O'Mahoney. Productivity, innovation and economic performance. (National institute of economic and social research economic and social studies). Cambridge University Press,2000,pp. 268-280.

②　Alison L. Booth & Dennis J. Snower. Acquiring skills: market failures, their symptoms and policy responses[M]. Cambridge University Press,1996. p. 39.

表2-5 1996年英国等四个国家饼干制造业不同等级产品的比例以及生产率水平

		英国	荷兰	德国	法国
产出比例（%）	基本质量	35	25	15	20
	中等质量	60	60	50	70
	高质量	5	15	35	10
生产率	劳动力单位时间产出	100	115	80	105
	质量调整后产出	100	125	140	120

　　杰夫·梅森等人认为劳动力技能水平与产品质量存在密切联系。如果缺乏技能劳动力,许多企业着眼于低端产品市场,因为这些产品的生产对技能要求较低,而高质量的产品需要企业拥有高技能的劳动力。尽管一些人认为企业的这种产品市场战略并非是技能短缺造成的,而是由于市场对低质量产品有强烈的需求,人们还是更多地将其归因于技能短缺。由于技能劳动力不足,英国企业关注的是低质量和低技能型市场。1990年,波特研究了10个发达国家1970年到1985年的经济状况,发现英国在高附加值产品和服务市场丧失的份额是最多的。[①] ESS的调查结果也显示,技能短缺对企业的主要影响就包括"延缓了新产品的开发"、"制约了产品和服务的质量"。英国企业虽然单位原材料的产出数量很多,但是附加值较低。一项对英国制造业的研究结论认为,英国教育和训练制度提供的劳动力技能结构与许多企业从事低技能、低质量产品生产的倾向之间存在密切关系。此外,英国劳动力中,技术工人的比例低于其他国家。这与企业在生产过程中选择低技能劳动力的行为是一致的。这也进一步反映了英国整个经济中技能劳动力的供给不足。在调查中,许多企业都表示希望提供高附加值的产品和服务,但是现有劳动力的技能水平却制约了这个目标的实现。人们一般将日本、德国等战后经济腾飞归因于高素质的劳动力,英国经济停滞不前则是由于培训和技能水平不足。[②] LSC在《2004年英国技能现状》(Skill in England 2004)中指出,"英国除非具备必要的技能存量……否则仍然难以实现高附加值、高生产力经济的目标。"

二、技能短缺和充分就业

　　技能短缺与失业问题也存在着密切的联系。这也意味着如果青年的技能

---

　　① Mike Flude and Sandy Sieminki. Education, Training and the Future of Work Ⅱ: Developments in vocational education and training[M]. Open University Press, 1999, p. 37.

　　② Alison L. Booth & Dennis J. Snower. Acquiring skills: market failures, their symptoms and policy responses[M]. Cambridge University Press, 1996. p. 39.

水平得到提高,他们就能够获得更好的就业机会。在后福特主义经济制度下,劳动力需要具备更高的技能和灵活性。"技能短缺并不直接对失业产生影响,而是通过其对实际工资增长的影响作用于失业问题的。"[1]如前文所述,技能短缺首先表现为技能劳动力的供给不足,企业不得不降低需求水平,这意味着许多低技能劳动力甚至非技能劳动力可以获得更多的就业机会,从而有可能使失业率下降。根据 CBI 的数据,从 20 世纪 70 年代以来英国制造业技能短缺和失业率的变化看,两者表现了明显的负相关性。[2] 80 年代的经济衰退使企业的生产几近停滞,对劳动力的需求较少,造成失业率居高不下,均达到了 10% 以上,技能短缺问题并不明显;而 70 年代初的石油危机以及 80 年代末和 90 年代末的缓慢增长又使企业的技能需求提高,失业率也相应下降(图 2-16)。因此技能短缺和失业率之间呈现出周期性的反向波动关系。霍格斯和威尔逊根据 ESS 的数据也证实了技能短缺和失业率在全国范围内同样表现为负相关性,高失业率往往伴随较少的技能性空缺岗位数量。[3] 博斯沃斯的研究也认为,技能短缺问题往往在较高失业率的情况下表现不太显著。[4]

同样,技能劳动力与非技能劳动力的失业状况也存在明显的差异。根据本·普拉斯的失业风险理论,失业是市场经济的必然现象,只是不同的人具有不同的失业发生风险。[5] 一般说来,接受过较好教育的人通常拥有较为优越和稳定的就业机会,并且由于其对外部环境具有较强的判断和适应能力,易接受和掌握新技术和新知识,易改变自己的不利地位,因此失业的可能性较小。而人力资本存量小的人,就业状况和适应能力与人力资本存量大的人恰恰相反,因而失业的可能性较大。根据劳动市场分割理论和阿特金森的"核心—边缘"(core-periphery)模型,劳动力被分为处于劳动力市场核心位置的技能劳动力和处于边缘状态的非技能劳动力。技能劳动力的就业相对有保障,而大量的非技能劳动力则处于暂时性的、部分时间制就业状态,而经济条件的变化随时可能

① Gavin Wallis. The Effect of Skill Shortages on Unemployment and Real Wage Growth: A Simultaneous Equation Approach[J/OL]. August 2002,[2008-1-5], http://repec.org/res2003/Wallis.pdf.

② Gavin Wallis. The Effect of Skill Shortages on Unemployment and Real Wage Growth: A Simultaneous Equation Approach[J/OL]. August 2002,[2008-1-5], http://repec.org/res2003/Wallis.pdf.

③ Terence Hogarth & Rob Wilson, et al. Skill Shortages, Vacancies and Local Unemployment A Synthesis of the Exploring Local Areas, Skills and Unemployment Analyses[DB/OL]. p. 9,[2007-2-2], http://www.dcsf.gov.uk/research/data/uploadfiles/RBX02-03.doc.

④ Derek Bosworth, Pat Dutton, Jackie Lewis. Skill Shortages: Causes and Consequences[M]. Avebury,1992,p. 3.

⑤ 徐晓军. 当前就业过程中的双重机制:人力资本与社会资本[J]. 人文杂志,2002(3):68-72.

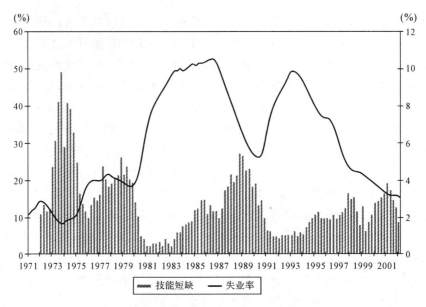

图 2-16　英国制造业技能短缺和失业率的变化

使他们面临失业的危险。在当前的经济条件下,工作结构的变化越来越快;越来越多的就业机会是暂时的;员工需要不断地更换工作岗位、技能领域或产业部门。这对低技能劳动力本身的影响更为直接,信息技术革命使他们在社会中逐渐边缘化,成为社会的负担。从 70 年代开始,一些产业部门就业保障的减少、去产业化现象、工会的弱化以及国际分工导致某些部门的就业过剩,这些情况使低技能劳动力在越来越严峻的失业挑战面前更加脆弱。英国 70 年代的青年失业问题之所以突出就是由于离校青年既缺乏资格和技能,又没有企业所需要的工作经验。没有接受过培训和资格就离开学校的人往往首先陷入失业的处境。从 80 年代中期到 90 年代初,处于临时性就业状态的往往是青年人。而且这些劳动力工作压力较大、培训和升迁的机会较少。[1] 表 2-6 是英国不同资格水平劳动力的失业情况。[2] 通过对这些数据的分析,我们可以推出两个结论:①劳动力的技能水平和其失业的可能性是负相关的。②不同技能劳动力的失业率也随着技能短缺的变化而反向波动,只是在任何情况下,技能劳动力的失业率都低于非技能劳动力。菲利普库姆斯相信,“失业率与受教育水平成反比”[3]。

　　① Christopher Winch & Linda Clarke. ‘Frpnt-loaded’ Vocational Education versus Lifelong Learning, A Critique of Current UK Government Policy. Oxford Review of Education, Vol. 29, No. 2, 2003, pp. 239-252.

　　② Stephen Nickell. Has UK Labour Market Performance Changed? [DB/OL]. May 2001, p. 23, [2006-5-15], http://www.lancs.ac.uk/staff/ecajt/labour market nickell.pdf.

　　③ [美]菲利普·库姆斯.世界教育危机[M].赵宝恒,李环等译.北京:人民教育出版社,2001:190.

英国不同资格水平劳动力的失业情况明显地体现了这种趋势。就业机会的技能倾向性越来越明显,因此教育和培训投资将提高个人获得和保持就业机会的能力。

表 2-6　不同资格男性劳动力失业率状况(%)

	高级水平资格	中级水平资格	初级水平资格	无资格
1979	1.5	2.4	3.3	7.0
1985	3.4	8.2	12.4	19.1
1990	2.2	5.5	7.3	13.3
1993	3.0	4.5	8.3	15.6

随着技术的进步和全球市场的一体化,低技能劳动力的就业前景将更加暗淡,他们或者随着其低技能工作岗位被淘汰,或者被来自发展中国家的低成本劳动力所取代。情况还不止于此。低技能劳动力一方面面临较高的失业风险,另一方面,他们重新就业的可能性会随着失业时间的延长而下降。[1]　而且,有过失业经历的人以后反复失业的可能性更大。[2]　这一点已经得到了学者的普遍认同。大部分人在失业以后能够很快找到一份新的工作,不过对于那些长期失业者来说,这显然比较困难。一般认为,人力资本具有使用的增值性,使用次数越多,积累的知识、技能和经验越丰富,人力资本的价值也就越大;相反,长期的失业状态将使人力资本未能得到及时有效地运用,就可能造成人力资本的贬值。失业时间越长,人力资本损失越大,其就业的可能性也越低。[3]　舒尔茨认为,"由于失业使工人所掌握的技能会受到损害,当劳力处于闲置状态时,人力资本便会退化。"[4]波迪特和伯森也认为,"失业者没有机会保持和更新其技能和知识。失业时间越长,其人力资本损失也就越大,获得工作岗位的可能性也越低。"[5]此外,信息的不对称性使失业时间事实上成为企业筛选员工的重要指标。企业相信一个人失业得越久,就越会丧失工作的热情和能力。较长的失业时间会给企业以这些人在技能和态度上可能不称职的信号(尽管事实可能并非如此),使企

[1]　Pascaline Descy & Mansfred Tessaring. Traning and Learning for Competence: Second report on vocational training research in Europe (executive summary), Luxebourg: Office for Official Publications of the European Communities, 2001, p. 28.

[2]　Christopher Winch & Linda Clarke. 'Frpnt-loaded' Vocational Education versus Lifelong Learning, A Critique of Current UK Government Policy[J]. Oxford Review of Education, Vol. 29, No. 2, 2003, pp. 239-252.

[3]　Ian Finlay, Stuart Niven & Stephanie Young. Changing Vocational Education and Training[M]. Routledge, 1998, p. 137.

[4]　[美]西奥多·W. 舒尔茨. 论人力资本投资[M]. 吴珠华等译. 北京:北京经济学院出版社, 1990: 13.

[5]　Shackleton J. R. Training for Employment in Western Europe and the United States[M]. Edward Elgar, 1995, p. 196.

业将这些工人拒之门外。从失业者的角度看,随着失业时间的延长,其求职的信心、积极性和频率也会相应降低。霍格斯和威尔逊也发现,尽管企业表示它们不会仅仅因为失业经历而歧视失业者,但实际上将失业者作为潜在劳动力资源的企业并不多,尤其是对于高技能工作岗位,这种情况尤其突出。[①] 这样就形成了"失业率越高(从而失业时间越长),失业时期便拉长"的恶性循环。这种现象被称为"期限依赖"(duration dependence)效应。从这个角度看,长期失业者在就业方面属于弱势群体,技能不足是他们主要的问题。大量处于事业状态的低技能群体不仅加重了政府的财政负担,对于福利和失业保障制度提出了更高的要求,同时造成了严重的社会问题。"期限依赖"效应在经济衰退过程中的影响尤其明显,低技能失业者的流入率提高,而流出率下降,从而使长期失业者占总失业人数的比重会不断增加。如表 2-7 所示的数据说明了 80 年代长期失业者所占比例的变化趋势,基本上与总体失业率的变化是一致的。长期失业人数的增加不仅造成人力资源的巨大浪费,而且也增加了沉重的社会成本,犯罪率也迅速提高。大量证据表明通过培训和技能培养,他们的不利处境可以得到改善。在失业率居高不下的情况下,对低技能劳动力的关注和培训就显得更加重要。

表 2-7　长期失业者在失业总数中的比例

年份	英国	德国
1981	22.0	16.2
1983	36.5	28.5
1985	41.0	31.0
1986	41.1	31.9
1987	40.8	31.8
1988	39.6	32.9

资料来源:J. R. Shackleton. Training for Employment in Western Europe and the United States. Edward Elgar, 1995,p. 197

　　70 年代失业问题还有一个突出的特点:青年失业情况日益严重,其失业率明显高于平均失业率。1925 年,Fisher 就指出:"青年失业不仅是精神和物质上的浪费,而且是我们文明的耻辱。"[②]不幸的是,这种情况在英国和其他许多发达

————————

① Terence Hogarth & Rob Wilson, et al. Skill Shortages, Vacancies and Local Unemployment A Synthesis of the Exploring Local Areas, Skills and Unemployment Analyses[DB/OL]. [2007-2-2], http://www.dcsf.gov.uk/research/data/uploadfiles/RBX02-03.doc.

② Keith Watson. Youth, Education and Employment—International Perspectives[M]. Croom Helm,1983,p. 7.

国家普遍存在。16～19 岁的失业青年在失业人口中占了相当大的比例。80 年代初,西欧国家的失业率大约在 5％～13％(1983 年英国失业率为 13.8％,法国为 11.8％,而德国也达到了 9.1％),其中 45％～65％为青年人。1983 年,欧共体成员国,18～20 岁的青年 40％处于失业状态,18～25 岁青年有 25％处于失业状态。① 也就是说,失业队伍中大约一半是青年失业者。最初英国政府认为失业率(包括青年失业率)的迅速上升与经济衰退相关,随着经济的复苏,青年失业率自然会下降。然而事实并非如此。失业率持续攀升,并没有好转的迹象,因此英国政府开始将失业与技能短缺联系起来,认为这些失业者之所以无法就业是因为他们缺乏社会所需要的技能,这被称为失业的"技能缺陷模式"(skills-defict model)。② 不过随着失业率的提高,这种模式对失业的解释开始被人们所批评。尽管如此,这种模式依旧是当前许多英国技能政策的基础。③

　　技能短缺对失业的影响是显而易见的,而失业又进一步影响了经济状况。从整个社会来看,失业会造成人力资源的浪费,同时也带来物质资本的大量闲置,这些都直接减少产出的数量,对经济增长带来的损失是巨大的。根据奥肯定律,周期性失业每增加 1％,实际国民收入就会减少充分就业国民收入的2.5％;相反,失业率每减少 1％,实际国民收入就会增加充分就业国民收入的2.5％。④ 奥肯定律在一定程度了说明了失业带来的严重的社会代价。从个人层面上,失业者及其家庭的个人损失或心理上的打击是失业的重大成本。失业会使失业者及其家庭的收入和消费水平下降,特别是在没有失业保障制度的情况下更是如此。失业带来的种种问题使英国政府意识到充分就业对社会和个人来说都是非常重要的。因此,英国政府希望通过提高劳动力的技能水平以实现充分就业的目标。

---

① Keith Watson. Youth, Education and Employment—International Perspectives[M]. Croom Helm, 1983. p. 2.

② Weelington J. J. The rise of pre-vocational education and the needs of employers[J]. Vocational Aspect of Education. April, 1986, Vol. 38, No. 99, 1986, pp. 12-22.

③ Andrew Pollaro, June Purvis & Geoffrey Walford. Education, Training and the New Vocationalism: experience and policy[M]. Open University Press, 1988, p. 8.

④ 对于奥肯定律,有两点需要注意。首先,失业率变化与实际国民收入增长变化的关系值只是一个平均值,而且是奥肯根据经验统计资料得出的,在不同国家不同时期并不相同。其次,奥肯定律主要适用于没有充分就业时的情况,即失业率是指周期性失业,所以奥肯定律主要用来衡量周期性失业给社会带来的产量损失。

第三章 英国技能短缺的原因分析

第一节 技能短缺和技能供给

一、技能供给的理论分析

人们普遍认为技能是一种人力资本形态。在舒尔茨看来,技能和知识、经验等特征一样都是人力资本的范畴。皮特·凯普利认为,"技能反映了劳动力完成工作任务的能力和人力资本,是一个工作岗位对从业劳动力的具体要求。"①因此技能的形成显然也符合人力资本的形成机制,是对人力的投资而形成的资本。舒尔茨认为,"人们获得了有用的技能和知识,……这些技能和知识是一种资本形态,这种资本很大程度上是慎重投资的结果。"②菲利普·布朗等人也认为,"能够提高劳动力资本产出的知识和技能被认为是系统投资的结果。"③20世纪50年代到70年代的研究和政策都强调人力资本投资对于培养全面、灵活的劳动力的决定性作用。④

根据人力资本理论的观点,技能的供给有多种途径,其中最重要的途径就是教育和培训。教育和培训应该看作是一种人力资本投资而不是消费。教育和培训可以提高人的技能和生产率水平,进而促进个人收入的增长,因为个人的工资收入和边际生产率是正相关的。贝克尔认为,工资和收入的差距可以用

---

① Peter Cappelli. Technology and skill requirements: implications for establishment wage structures-Special Issue: Earnings Inequality[J]. New England Economic Review, May-June, 1996, pp. 139-154.

② [美]西奥多·舒尔茨. 论人力资本投资[M].吴珠华等译. 北京:北京经济学院出版社,1990: 22.

③ Philip Brown, Andy Green & Hugh Lauder. High Skills: Globalization, Competetiveness, and Skill Formation[M]. Oxford University Press, 2001,p. 5.

④ John Ahier & Geoff Esland. Education, Training and the Future of Work Ⅰ[M]. Routledge, 1999,p. 168-169.

教育和培训以及个人在人力资本投资方面的选择来解释。① 当然,教育和培训投资是个人以放弃当前收入和消费为代价的。同样,企业和政府也可以通过这种投资提高利润、促进经济增长。因此,舒尔茨认为,"把所有教育支出当作通常意义上的消费是一个严重的错误。这个错误源于教育仅是一种消费的假说,它使人们错误地认为有关教育的公共开支是福利开支,资源的使用有减少储蓄的效果。尽管在某种程度上教育可以说是一项消费活动,它为受教育的人提供满足,但它主要是一项投资活动,其目的在于获取本领,以便将来进一步得到满足或增加此人作为一个生产者的未来收入。……所以我主张将教育看作一项投资。""通过自我投资,人们能够扩大自身选择的范围,并可以促进自身的福利。"②劳动力的技能作为一种"稀缺资源"绝大部分是通过后天的努力获得的,后天能力的培养主要靠教育和培训,各国教育投资意识和教育投资行为上的差别导致了国与国之间人口质量和人力资本水平的差异。贝克尔认为,"教育和培训是一种与物质资本投资相同的投资。"③通过学校教育和培训可以提高人力资本水平。贝克尔将学校定义为"专门从事教育生产的机构"④。当然,他指出,不同类型学校的职能是不同的,一些学校专门从事某一种技术的教育,而另外一些学校则提供大量的不同类型的教育。正规的学校教育与企业的在职培训也不同。不过在贝克尔看来,这种区别并不明显,正规的教育机构被看作专门从事提供教育和培训服务的企业。"学校与企业通常是特定技术人才的替代性来源。"⑤"在某些方面可以把学校作为一种特殊企业,把学生作为特殊受培训者。"⑥不过两者存在性质上的差异。贝克尔认为学校和企业是互补的关系,某些技能的发展既要求有专门教育又要求有经验,专门教育需要通过学校完成,而经验的获得则要通过企业进行。卢卡斯也特别强调了教育和培训的重要作用。他认为人力资本的积累可以通过两种方式来进行:一是通过脱离生产的正规和非正规学校教育,使经济活动中每个人的智力和技能得以提高,从而提高

①　Chris Briggs & Jim Kitay. Vocational Education and Training, Skill Formation and Training and the Labour Market[DB/OL]. NSW Board of Vocational Education Training,October 2000. [2013-4-26]. http://www. bvet. nsw. gov. au/pdf/vetskllabaurmarket. pdf.

②　Clyde Chitty. Education Policy in Brittain[M]. Palgrave Macmillan,2004,p. 175.

③　John Ahier & Geoff Esland,Education. Training and the Future of Work Ⅰ[M]. Routledge,1999,p. 31.

④　[美]加里·贝克尔. 人力资本:特别是关于教育的理论与经验分析[M]. 梁小民译. 北京:北京大学出版社,1982:33.

⑤　[美]加里·贝克尔. 人力资本:特别是关于教育的理论与经验分析[M]. 梁小民译. 北京:北京大学出版社,1982:33.

⑥　[美]加里·贝克尔. 人力资本:特别是关于教育的理论与经验分析[M]. 梁小民译. 北京:北京大学出版社,1982:34.

工人的劳动生产率;二是通过"干中学"(learning by doing)在工作中积累经验也能够增加人力资本。前者产生内在效应,而后者产生外在效应。① 如果说教育投资对技能形成主要是一种间接影响,为技能形成提供基础,那么正规的在职培训和"干中学"则往往是直接形成技能的主要途径。在职培训具有很强的专业性、鲜明的层次性、显著的实践性和明确的经济性。在职培训一方面提高了受培训者的人力资本,从而提高了受培训者的收入;另一方面,提高了企业的人力资本总量和层次,从而有利于提高企业的收入。

教育和培训对技能的促进作用主要通过劳动力生产率的提高得以体现。研究者对 20 世纪 60 年代发达国家平均受教育年限与 1985 年该国的人均国民生产总值之间的关系进行了分析,发现两者呈现显著的正相关性,平均受教育年限越长,人均国民生产总值也越高。发展中国家也表现了同样的相关性。据世界银行 1991 年发展报告中的统计数据,发展中国家的劳动者,接受教育的平均时间每增加一年,其国内生产总值(GDP)就会增加 9%。② 因此,教育作为政府和个人的技能投资形式得到普遍的认可,从而使教育规模在 60 年代因政府的投入大幅度增加而迅速扩大。新增长理论认为"一些国家之所以长期处于低水平的增长路径上,就是对知识生产部门的投资不足,技术进步率太低"③,主张增加人力资本投资,增加教育培训投资,"加强对劳动力的培训,对经济增长大有裨益"。④ 在所有发达国家,企业、个人和政府对教育和培训的投资越来越多。⑤ 尽管教育和培训并不必然导致生产率的提高,但是劳动力总体技能水平较高,就能够更好地满足技术进步、社会偏好和组织结构变化的需要。"教育和培训投资能够提高人力资本和社会资本,从而促进经济增长、竞争力、社会融合和积极的公民责任。"⑥

二、技能短缺和学校教育

霍格斯和威尔逊将造成技能短缺的因素分为外部因素和内部因素,外部因素包括经济和当地劳动力市场状况以及教育制度的技能劳动力供给情况,内部

① 沈坤荣. 人力资本积累与经济持续增长[J]. 生产力研究,1997(2):17-19.

② 秦元芳,张亿钧. 论人力资本投资对经济增长的作用[J]. 经济问题探索,2005(10):91-94.

③ 苗文龙,万杰. 经济运行中的技术进步与选择——基于中国技术发展路径与经济增长、就业关系的实证分析[J]. 经济评论,2005(3):34-38.

④ 彭松建. 当代西方经济学前沿问题的审视[J]. 经济学动态,2004(5):7-12.

⑤ Shackleton JR. Training for Employment in Western Europe and the United States [M]. Edward Elgar, 1995,p.233.

⑥ Ann-Marie Bathmaker. Hanging in or shaping a future:defining a role for vocationally related learning in a "konwledge" society[J]. Journal of Education Policy, Vol. 20, No. 1, 2005,pp. 81-100.

因素包括企业内的培训和人力资源开发的情况。[1] 人们普遍认为低水平的教育和培训造成了持续的技能短缺,进而制约了英国的经济增长,尤其是在失业率居高不下的情况下这种态度更为突出。从 70 年代开始,英国政府将充足的技能供给看作促进就业、经济增长和社会福利的最佳途径。[2] 从卡拉汉演讲开始,政治家们就达成一致的意见,认为青年人从学校向工作过渡存在问题。英国青年缺乏技能、知识和态度,使之在劳动力市场与其他劳动力群体竞争中没有任何优势。大量研究认为英国义务后教育和培训落后于其他主要的发达国家,既没有为大多数青年提供进一步接受全日制教育的机会,也无法满足对高技能劳动力的需求。[3] 这被认为是造成英国经济衰落和青年失业问题的主要原因。

(一)精英主义与普通教育的困境

克里斯·爱德华认为,英国技能水平的不足源于普通教育和职业培训的缺陷。[4] 普通教育数量和质量存在的问题制约了技能劳动力的培养。1868 年英国皇家委员会指出,"英国产业工人所接受的技术教育缺乏正确的普通教育基础……事实上,英国的问题不仅体现在技术教育方面,而且也表现在一般智力的培养方面。除非英国解决了这个问题,否则英国将逐渐发现,无可比拟的财富和能源也无法使自己摆脱衰退的厄运。"[5] 当前,人们也普遍认为,英国病的原因之一是教育不足,英国教育几乎没有提供任何反映经济需求的职业资格。[6] "二战"以前,与其他国家相比,英国学校教育无论从数量还是质量都是落后的。

从数量上看,英国全日制普通教育入学率远远低于其他发达国家。芬格德指出,英国技能供给不足问题甚至在学前教育方面就有明显的表现。与其他欧洲发达国家相比,英国的学前教育是滞后的,80 年代英国只有 44％的儿童接受

---

① Terence Hogarth & Rob Wilson. Skills Matter: A Synthesis of Research on the Extent, Causes, and Implications of Skill Deficiencies[J/OL]. October 2001,[2008-10-3],http: www. dcsf. gov. uk/rsgateway/DB/RRP/u013372/index. shtml.

② Richard Aldrich. Lessons from History of Education: The selected works of Richard Aldrich [M]. Routledge,2006,p. 69.

③ Mike Flude and Sandy Sieminki. Education, Training and the Future of Work Ⅱ: Developments in vocational education and training[M]. Open University Press, 1999, p. 158.

④ Martin Godfrey. Skill Develpoment for International Competitiveness [M]. Edward Elgar, 1997. p. 189.

⑤ Correlli Barnett. The Audit of War, the illusion & reality of Britain as a great nation[M]. PAPERMAC,1987,p. 205.

⑥ Wolf-Dietrich Greinert & Georg Hanf. Towards a history of vocational education and training (VET) in Europe in a comparative perspective[DB/OL]. Cedefop,October 2002, Florence, Volume Ⅰ,p. 36,[2007-2-16],http://trainingvillage. gr/etv/publication/download/panorama/5153_2_en. pdf.

某种形式的学前教育,而法国、意大利、比利时等国的比例达到了 85% ～ 90%。[1] 这是由英国精英主义教育传统所决定的。英国教育制度的一个基本假设是只有少数具有学术才能的人才能接受普通教育,大多数人面临的选择是接受职业教育或直接就业。由于职业教育的机会非常有限,因此当大部分德国青年在为就业还是继续读书而进行选择的时候,大部分英国青年只能无奈地离开学校。1937—1938 年,只有 1/5 的学生在初等教育结束以后有机会继续接受某种形式的全日制教育,而且流失率很高。1937 年,有 80000 名学生进入中学学习,只有 19000 人毕业,其中 8000 人获得了高级学校文凭(Higher School Certificate)——接受高等教育的通行证,最终大约一半的学生成为走进大学的"幸运儿"——他们只占同龄人的 1/570。[2] 这意味着英国学校教育主要是为 1/570 的学生准备的,其他人则忽略不计。英国学校教育的落后状态一直持续到现在。根据英国皇家协会(Royal Society)1991 年的数据,英国义务后教育的就学率仍然远远低于其他欧洲国家(图 3-1)。在高等教育方面,英国也处于落后状态,只有大约 20% 的青年人能够接受高等教育。

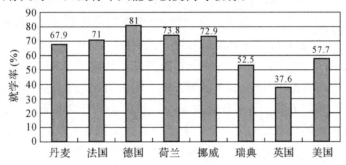

图 3-1　1989/1990 年各国 18 岁青年的就学率

资料来源:Colin Crouch. David Finegold & Mari Sako, Are skills the answer? The Political Economy of Skill Creation in Advanced Industrial Countries. Oxford University Press, 1999,p. 74

　　从质量上看,英国教育质量也不能令人满意。80 年代前期,60% 的德国毕业生在 5 门以上课程获得了相当于 O-Level 的资格,而英国只有 27%。在三门核心课程(英语、数学和科学)上,英国的表现与其他发达国家差距更为明显,80 年代,离校青年只有 1/3 在数学上达到了 O-Level,1/5 的学生甚至根本没有参加过任何数学考试。如此低的教育效果意味着许多学生在面临就业和企业培

---

　　① 　Mike Flude and Sandy Sieminki. Education, Training and the Future of Work Ⅱ: Developments in vocational education and training[M]. Open University Press, 1999, p. 35.

　　② 　Correlli Barnett. The Audit of War, the illusion & reality of Britain as a great nation[M]. PAPERMAC,1987,p. 202.

训问题时处于不利的境地。除了本国语之外,只有 35％的学生掌握了至少一门外语,而法国大约为 75％。英国学校教育的课程专门化传统使学生知识面过于狭窄,而单科考试制度更进一步加剧了课程专门化的倾向。这种课程模式难以为学生提供广泛的接受继续教育和培训必需的基础知识。2004 年 LSC 在一份报告中指出,企业和高等教育机构对于 14～19 岁青年的教育表示不满,认为"青年人离开学校的时候仍然缺乏就业或接受高等教育所必需的知识、技能和态度。"[①]由于缺乏这些基础知识,许多青年发现对于他们来说,获得接受继续教育和培训的机会更加困难。他们的基础知识和技能严重地影响了以后的培训质量和工作情况。奥克劳夫认为,YTS 的培训质量较低在很大程度上是因为接受培训的青年的基础知识没有达到满意的程度,他们只能接受低于技工水平的准技能培训。[②] 马克格雷格认为劳动力贫乏的基础知识制约了他们对工作环境的理解。[③] 这使人们开始关注英国普通教育的质量问题。普利斯等人指出,除非将英国的基础教育质量同样提高到德国的水平,否则英国难以将劳动力技能提高到德国劳动力的水平。[④] 同时还提出了在学校开展职前教育和培训、为学生提供更加全面的教育的要求,使他们达到规定的能力标准以便以后能够继续接受教育和培训。

英国普通教育质量的低下,主要有两方面的原因:

(1)精英主义教育模式直接影响了大多数学生的学习水平,这是造成英国普通教育总体水平不高的根本原因。安迪·格林指出,"在 19 世纪政治经济和自由主义传统影响下形成的放任主义政策使英国大众化公共教育制度滞后于欧洲大陆国家。""维多利亚时代的教育放任主义影响了整个 20 世纪的学校教育改革,英国关注精英教育而不是大众教育。"[⑤]新工党也认为大众教育制度的滞后和对私立精英教育的依赖是造成这种状况的主要原因。[⑥] 英国教育制度并不关心对绝大多数"不具备学术教育能力"的青年的教育,提供学术教育使学生

① Ann-Marie Bathmaker. Hanging in or shaping a future: defining a role for vocationally related learning in a 'konwledge' society[J]. Journal of Education Policy, Vol. 20, No. 1, Jaunuary 2005, pp. 81-100.

② Derek H. Aldcroft. Education, Training and Economic Performance: 1944－1990 [M]. Manchester University Press, 1992, p. 66.

③ Derek H. Aldcroft. Education, Training and Economic Performance: 1944－1990 [M]. Manchester University Press, 1992, p. 145.

④ Prais SJ. How Europe Would See the New British Initiative for Standardising Vocational Qualifications[J]. National Intitute Economic Review, Vol. 129, No. 1, 1989, pp. 52-54.

⑤ Philip Brown, Andy Green & Hugh Lauder. High Skills: Globalization, Competetiveness, and Skill Formation[M]. Oxford University Press, 2001, p. 126.

⑥ Lindsay Paterson. The Three Education Ideologies of the British Labour Party, 1997－2001[J]. Oxford Review of Education, Vol. 29, No. 2, 2003, pp. 165-186.

进入大学是英国学校教育的目标,也是所有学生为之付出努力的理想,但是精英主义倾向使能够进入学术教育的学生为数不多,A-Level 也是为学术能力最好的 20% 的学生准备的。严格的选拔制度使大部分人只能接受有限的基础教育,无法接受更高层次的教育,他们在被剥夺了接受高等教育机会的情况下不得不选择就业,问题在于普通教育过分的专门化和浓厚的学术性使他们无法做好心理和就业能力上的准备。克罗利·巴耐特比较了英国和德国的教育制度,认为前者目的是培养少数未来就业于公共服务部门的精英,德国双元制却培养了满足现代经济所需要的技能劳动力。① 在当代社会,训练有素的劳动力是任何试图在高附加值和高质量产品水平上竞争的经济所不可缺少的前提条件。在低技能均衡状态下,英国低水平培训和低水平生产相互强化,形成一个恶性循环。

(2)自由主义理念使英国教育缺乏有效的管理。奥克劳夫认为这是英国普通教育问题的主要原因。在英国学校教育发展的初期,教会一直是办学的主要力量,尽管 1870 年,英国政府颁布了初等教育法,开始干预普通教育,承担起相应的责任,“填补空缺”原则表明英国的教育政策仍然具有明显的妥协性,1870年的初等教育法使公立学校与私立学校长期并存。托马斯·迪森格尔认为这实际上是“英国病”的预兆。② 在政府无力开办学校的情况下,私人办学的悠久传统对促进早期英国教育制度的发展发挥了不可替代的作用,但不幸的是,这种传统在某种程度上成为英国教育进一步发展的桎梏。“英国教育表现出一种无序性和无系统性。”③教育机构缺乏迫切的改革需要。传统的保守观念使它们对任何变革都持消极甚至敌视的态度,为所有青年人提供更多的教育机会的政策很少得到支持,综合中学也是在不改动传统的教育模式基础上进行的,这恰恰和战后教育的民主化相冲突。教师相当微妙的专业地位使他们反对任何可能有损于它的改革,将教育活动作为自己的“势力范围”,排斥外部力量对课程、教学方法等的干预。而且英国政府也相信由学校和教师来决定教学内容和教学方法可以培养创造力并满足学生的不同需要。④ 因此我们可以看到,英国以往的教育改革几乎都是在宏观的制度层面进行的,而对微观的教育问题(比如课程和教学)从来没有在改革的议案中出现过。英国政府始终没有打算剥夺教

① Mike Flude and Sandy Sieminki. Education, Training and the Future of Work Ⅱ: Developments in vocational education and training[M]. Open University Press, 1999, p. 50.

② Wolf-Dietrich Greinert & Georg Hanf. Towards a history of vocational education and training (VET) in Europe in a comparative perspective[DB/OL]. Cedefop, October 2002, Florence, Volume I, p. 30. [2007-2-16]http://trainingvillage.gr/etv/publication/download/panorama/5153_2_en.pdf.

③ 王承绪. 战后英国教育研究[M]. 南昌:江西教育出版社,1990:5.

④ Derek H. Aldcroft. Education, Training and Economic Performance: 1944 - 1990 [M]. Manchester University Press, 1992,p. 152.

师对课程的控制权。DES 设立的学校课程考试委员会(SCCE)实际上成为教师维护自身专业地位的代言人。80 年代以前,英国政府仍然将确定教学内容的权力和责任交由 LEA 和学校负责。因此所有的学校都没有核心课程,没有明确的统一的教学大纲。这种做法的消极后果是难以使学生为以后的教育和培训打下扎实的基础,尤其是当学校给予学生充分的自由选择的机会时更是如此。理想与现实的矛盾并没有消除而是在不断地积蓄改革的力量。

(二)放任主义和职业教育的缺失

英国教育在技能供给方面的缺失直接体现在职业教育和培训上。博斯沃斯明确指出,英国技能短缺问题在很大程度上与教育训练制度方面的不足有着密切联系。[①] 英国贸易和产业部(DTI)也认为,"英国低技能均衡问题的一个重要方面是教育和培训制度没有提供发展高附加值生产所需要的技能劳动力。"[②]

造成英国职业教育缺失的原因是复杂的,但是大多数研究表明,这和英国在教育和培训方面的放任主义(laissez-faire)传统有密切关系。[③] 纵观英国历史,我们可以发现英国职业教育的演变与英国的主流经济思想存在密切的关系。英国是市场经济的发源地。亚当·斯密的自由市场理论对英国产生了深刻的影响。他提出了著名的"经济人"假设。他认为,利己性是人们从事一切经济活动的出发点。"每个人并不企图增进公共福利,他所追求的仅仅是他个人的利益。"不过,人们追求自身利益最大化的行动会无意而有效地增进社会利益。在亚当·斯密看来,人们在追求个人利益的同时就能够增进社会福利,这种对个人利益和社会利益一致性的乐观态度使他相信"自由放任"是市场的本质,政府仅仅是作为"守夜人"存在的。在他看来,"干预最少的政府就是最好的政府。"亚当·斯密推崇市场与自由竞争,认为竞争能够发挥国家控制所无法实现的作用。从 18 世纪末开始,这种自由放任的市场经济理论成为英国官方的经济政策。在 19 世纪初,国家对产业活动的自由的各种形式的干预都受到越来越多的敌视。"国家要保证个人的权利,但是在经济上没有干预的使命。"[④]尽管 19 世纪末,英国的绝对优势已经丧失,但是政府还是相信自由放任的必要

①　Derek Bosworth, Pat Dutton, Jackie Lewis. Skill Shortages: Causes and Consequences[M]. Avebury,1992,p.3.

②　Rob Wilson & Terence Hogarth. Tackling the Low Skills Equilibrium, A Review of Issues and Some New Evidence[R/OL], November 2003, p. xiii. [2006-2-11], http://www. berr. gov. uk/files/file11004. pdf.

③　John Ahier & Geoff Esland. Education, Training and the Future of Work Ⅱ[M]. Routledge, 1999,p.13-14.

④　Wolf-Dietrich Greinert & Georg Hanf,Towards a history of vocational education and training (VET) in Europe in a comparative perspective[DB/OL], Cedefop,October 2002, Florence, Volume I,p. 34.[2007-2-16],http://trainingvillage. gr/etv/publication/download/panorama/5153_2_en. pdf.

性,认为市场能够帮助英国重现昔日辉煌。英国剑桥学派的创始人阿弗里德·马歇尔局部均衡论还为英国在这一时期经济政策上的自由放任思想提供了理论基础。政府完全可以通过自由放任政策实现所谓的经济均衡。英国政府的教育和培训政策同样是以放任主义为基础的。技能劳动力作为一种市场要素,必然也符合这种市场机制。市场力量可以根据需求来确定技能的供给规模,不会长期处于技能不足或技能短缺的非均衡状态。在这种心态下,政府自然乐于将教育和训练的发展交给市场,自己却置身事外。企业通过集体协商机制(collective bargaining machinery)对培训进行管理。20 世纪 60 年代以前,英国政府对职业教育和培训的放任主义与其对主流学校教育的频繁干预形成了鲜明对比。

传统的反工业文化(anti-industrialism)对职业教育的影响也不容忽视。斯第芬·波尔认为,"英国是一个工业国,但是却存在反工业文化,这是其经济衰退的根本原因。"[1]这种观念可以从一个简单的例子得到体现。德国人在款待外国客人的时候往往带领他们参观企业,向他们展示其伟大的工业成就。而英国人则喜欢带领客人参观中世纪的教堂、城堡和博物馆。这种反工业文化从教育制度上也体现出来。英国教育制度强调智力和学术成绩而并非应用性和生产性的成就。英国之所以对职业教育和培训表现出漫不经心的态度,首先和英国产业发展的特殊性有关。"最早发端于英国的产业革命并不是建立在合适的教育培训制度基础之上,而是由于许多有利的条件共同造成的。"[2]有限的技能劳动力需求依靠学徒培训也完全可以满足。"在这个过程中,学校教育所起的作用是比较有限的。"[3]这些因素都影响了英国政府对职业教育机构的态度。1851年博览会的成功进一步强化了英国这种沾沾自喜的心态,而对普莱菲尔等人的警告置若罔闻。由于缺乏合适的土壤,职业教育和培训的制度化在英国自然不会受到关注。相比之下,英国人更钟爱符合其传统观念的学术教育。英国的考试制度表现出的浓厚的学术偏好为所有的教育机构提供了一个评价标准,这实际上是英国反工业文化的制度化表现。这种倾向进而又通过学校教育(尤其是公学和古典大学)得以延续和传承。巴耐特认为,"维多利亚时代公学和大学的观念已经渗透到英国公共教育制度之中,因此英国教育对促进产业繁荣的漠然态度与 50 年前毫无二致。"[4]职业教育和技术性学习倍受歧视也就不足为奇,就

① Mike Flude and Sandy Sieminki. Education,Training and the Future of Work Ⅱ:Developments in vocational education and training[M]. Open University Press,1999,p. 58.

② John Twining,Vocational Education and Training in the United Kindgom[M]. Thessaloniki,1999,p. 47.

③ 罗志如,厉以宁. 二十世纪的英国经济——英国病研究[M].北京:人民出版社,1994:83.

④ Derek H. Aldcroft. Education,Training and Economic Performance:1944 — 1990 [M]. Manchester University Press,1992,p. 163.

连最初"急于表明公共目的而不是精英主义"的多科技术学院很快也表现出与大学相似的特征。在这种情况下，"职业培训不但没有能弥补普通教育的问题，而且还使这种情况进一步恶化。"①

上述因素使英国政府在职业教育发展中发挥的作用相当有限，这使职业教育表现出明显的无序性。巴耐特认为，"个人和国家的发展都取决于全日制技术教育和专业培训……与德国、美国、瑞典或荷兰相比，英国是"二战"时期最忽视培训学校和缺乏全面的培训计划的国家。"②英国没有统一的职业教育制度，这使英国职业教育发展长期处于混乱状态。从19世纪开始，英国政府在普通教育方面承担了越来越多的责任，却把职业教育交给自愿组织和企业，这造成全日制职业学校寥寥无几。18世纪60年代，产业革命促使慈善家捐款建立了一些机械讲习所（Mechanics Institutes）提供初步的技术教育。此后，由企业和民间捐款兴建的技术学校和学院数量不断增加，这些机构主要提供部分时间制的职业教育。1889年技术教育法（Technical Instruction Act 1889）颁布以后，该法规定地方当局有权征收技术教育税。这样大众性的职业技术教育才得到正式承认，并开始接受国家干预。不过，地方当局的漫不经心制约了英国职业教育的发展，而且地区之间差异也很大。例如1948年在老工业城市米德尔斯柏勒，只有一所初等技术学校和一个技术学院。沃尔夫汉普顿有两所技术学院，学生都不足200人。而英国七所最大的技术学院都集中在伦敦。而且这些为数不多的技术学院关注的是为人们提供理论知识，忽视职业技能培训，结果使技术学院向普通教育"漂移"。1990年的《金融时报》指出，"英国职业教育和培训的历史很大程度上是一个失败的历史。美好的愿望从来没有成为有效的行动。……一个多世纪以来，英国始终没有高质量的技术学校体系，也缺乏成功的培训计划。企业、学校和政府都没有关注员工的需要。"③英国教育的制度缺陷使绝大部分学术能力不足的青年被忽略了。他们既被剥夺了接受更高层次学术教育的机会，同时也没有能够在职业教育和培训机构中提高自身的职业技能。"在德国，中等教育是儿童继续教育和技能培训的准备阶段，而对英国中等学校的大部分儿童，这意味着学术教育的终结。"④德国规定了义务教育之中

---

① Martin Godfrey. Skill Develpoment for International Competitiveness [M]. Edward Elgar, 1997. p. 189.

② Corelli Barnett. The Audit of War, the illusion & reality of Britain as a great nation [M]. PAPERMAC, 1987, p. 203.

③ Derek H. Aldcroft. Education, Training and Economic Performance: 1944 - 1990 [M]. Manchester University Press, 1992, p. 71-72.

④ Corelli Barnett. The Audit of War, the illusion & reality of Britain as a great nation [M]. PAPERMAC, 1987, p. 203.

必须包含职业培训的内容,而对于英国来说,职业培训并非义务教育的内容,而且技术学校主要面向管理者和技术人员,多采取夜校的形式。因此,许多学生在没有接受职业培训的情况下就直接就业。1943 年,诺伍德报告曾经建议政府实施 16～18 岁强制性的部分时间制教育,为义务教育结束不准备接受学术教育的青年提供职业教育,但是没有被政府采纳。显然,在政府看来,与普通教育不同,职业教育完全属于市场调节的范畴。

与英国相比,早在 18 世纪,法国政府就开始支持职业教育的发展,桥梁公路学校、巴黎矿业学校等专门学校(即大学校)的建立标志着法国技术教育的开始。① 在 19 世纪中期就已经具有了各种层次的职业学校。而 20 世纪上半期,英国政府设立的进行理论和实践教学的全日制职业学校却还寥寥无几。从有关英国和德国职业教育的一组数字可以看到英国技能培养方面存在的巨大落差。英国在"二战"以前有 214 所面向 13～16 岁青年的初等技术学校和初等商业学校,在校学生总数为 30000 人,同期,德国有 1233 所全日制职业学院,在校学生达到了 138055 人;英国还有 149 所技术学院招收 16～19 岁青年,不过在校学生只有 9000 人,规模很小,而德国有 303 所技术学院,在校学生达到了26056 人。如果从 14～21 岁全日制职业教育和训练总体上看,德国接受职业培训的人口比例是英国的 2 倍。② 而英国对职业教育和训练的放任主义模式造成英国的技能劳动力的数量和水平都严重不足。大约 70％的青年人义务教育以后直接就业或失业,大部分人在学校几乎没有受过职业培训和指导,这些人就业以后接受继续教育和培训机会的可能性也很小。根据普瑞斯(1990)的研究,英国技能劳动力的供给是法国和德国的 1/7 和 1/9。埃文斯和萨姆菲尔德认为,教育结构中的制度理念、中央和地方控制的冲突以及缺乏企业的支持,这些都是阻碍英国技术教育发展的关键因素。③

尽管 1875 年皇家技术教学委员会(Royal Commission on Technical Instruction)在一份报告中指出,英国在科学和技术培训方面正在落后于其他发达国家,这种衰落最终将危及经济的发展。然而,这个结论并没有引起足够的重视。时隔一个世纪以后,卡拉汉在其著名的演讲中表达了同样的观点。"我们教育的目的……是尽可能地培养儿童的能力,使他们能够在社会中赢得一席之地,同时能够顺利完成某项工作。……现在对劳动力的技能要求更高了,不需要技能的工作岗位越来越少,因此我们需要学校承担更多的责任。"这也就意

---

① 邢克超. 战后法国教育研究[M]. 南昌:江西教育出版社,1993:27.

② Correlli Barnett. The Audit of War, the illusion & reality of Britain as a great nation[M]. PAPERMAC,1987,p. 204.

③ Derek H. Aldcroft. Education, Training and Economic Performance:1944 — 1990 [M]. Manchester University Press,1992,p. 165.

味着政府在职业教育中的地位将越来越重要。BCC 指出,英国经济衰退和失业问题都源于缺乏合适的产业培训,"为劳动力提供培训使他们能够工作,这应该是国家的责任。"

(三)普通教育和职业教育的价值冲突

普通教育和职业教育的关系一直是近年来英国政府和学者关注的焦点。两者的对立造成了接受普通教育的学生缺乏职业准备和职业技能,不能满足企业的技能需求,而职业教育由于培养目标过于专门化使学生缺乏适应能力和应变能力也倍受指责。之所以造成这种状况,有复杂的社会根源。

1.二元论——教育价值冲突的认识论根源

二元论是普通教育和职业教育对立的哲学基础。杜威指出,"这种哲学上的二元论和整个职业教育问题深深地纠缠在一起。"[①]在二元论看来,精神与物质、理性和感性、理论与实践等等诸多相对的概念都是对立的,而前者高于后者。在西方哲学中,从古希腊开始存在崇尚理性的传统,即认为理性高于感性或实践,这种观点也决定了对知识形成的看法,无论是柏拉图还是亚里士多德都认为知识并非来源于实践,而是来源于灵魂深处和理性思考。亚里士多德或许是第一个将自由教育和职业教育对立起来的学者。他将人的生活分为"劳作的"和"闲暇的"两种,因此知识也可以分为闲暇的知识和实用的知识。实用的知识是为了实际需要服务的,是"鄙贱"的。闲暇的知识是理性的享受,是"自由"的、"高尚"的。旨在发展人的理性、使人享受闲暇的自由教育自然高于服务于谋生需要的职业教育。这种二元论对人们的教育价值观产生了深刻的影响,使学术课程在大多数国家中都倍受重视,职业课程的发展相对滞后。公元 5 世纪以来的王权专制和残暴使英国人充满最自由的幻想和追求,从而形成英国的"自由传统"。[②] 这种传统也体现在英国人对自由教育的偏爱上。在洛克绅士教育理想的影响下,自由教育更加受到重视。教育不是为了求得生存的实用技能,而是为了获得自由公民的智慧和教养。然而,对于大多数处于社会中下层的人来说,谋生却是生活的目标,这使职业教育的存在和发展成为一种必然,尤其是产业革命以后,"技术专门化意味着个人不得不将知识作为谋生的手段而不是追求理智的自由。"[③]这使英国教育制度一直表现出两种截然不同的价值取向,安德鲁·雷德分别称之为教育的内在价值和工具性价值。[④] 而这两种价值

①　[美]约翰·杜威.民主主义与教育[M].王承绪译.北京:人民教育出版社,2001:325.

②　钱乘旦,陈晓律.英国文化模式溯源[M].上海:上海社会科学院出版社,1991:5-29.

③　Terry Hyland. Vocational Reconstraaction and Deway's Instrumentalism[J]. Oxford Review of Education，Vol. 19，No. 1，1993，pp. 89-100.

④　Andrew Reid. The Value of Education[J]. Journal of Philosophy of Education，Vol. 32，No. 3，1998，pp. 319-331.

取向对个人的发展却是矛盾的：一个主张个性的自由发展，另一个却在有意无意地压抑人的个性。查理·柏利认为自由教育和职业教育是对立的。其目的并非特定的效用，而是"解放"、"普通性"和"内在价值结果"，相反，职业教育关注的是其对个人的实际效用。因此，职业教育无法实现自由教育的目的。① 赫斯特认为，自由教育关心的是人的心智的全面发展，因此，自由教育不同于职业教育，在任何意义上都不是专门化教育。② 米切尔·奥克肖特认为自由教育没有外在的目的，并非为学习者提供特定的技能学术教育，而是面向上流社会的子弟，关注教育内在价值的实现；职业教育——更准确地说是职业培训——则专注于教育的工具性目的，为社会培养顺从的劳动者，而不是要发展他们的个性。③ 这两种价值取向存在如此的冲突和矛盾以至于它们无法在学术教育或职业教育中任何一个单一性制度中统一起来，因此，双轨制就理所当然地成为解决这个问题的制度基础。当职业教育不断根据社会的需要进行改革时，学术教育很少成为改革的对象，这种学术保守主义是知识二分法和等级性的结果。这充分表明了知识的非工具性观念影响的深刻性。

自由教育理念对英国的公学、文法学校甚至后来的综合中学都产生了广泛影响，造成了自由教育和职业教育的对立。④特利·希兰认为，造成职业教育与学术教育对立的文化和社会经济因素可以追溯至英国义务教育制度的确立，最突出的表现在英国的公学传统和绅士教育理想上。⑤ 但是这种对立存在着内在的缺陷，致使无论学术教育还是职业教育都没有真正实现预期的目的。学术教育脱离实际，而且具有明显的阶级性也倍受指责。而职业教育由于英国政府的忽视发展严重不足，同时其狭隘的专门性特征带来的消极影响也日益明显，职业教育作为维护和改善经济生活的一种手段，有助于向不同部门提供它们所需的各种劳动者，同时也限制了学生的发展，使他们最大程度地适应某种职业。⑥值得注意的是，即使是职业教育本身也同样存在这个问题。机械学校从19世纪产生之日就将普通教育、科学教育和技术教育分离开来，造成了职业学习和

① Theodore Lewis. Bridging the Liberal/Vocational Divide：an examination of recent British and American versions of an old debate[J]. Oxford Review of Education，Vol. 20，No. 2，1994，pp. 199-217.

② Theodore Lewis. Bridging the Liberal/Vocational Divide：an examination of recent British and American versions of an old debate[J]. Oxford Review of Education，Vol. 20，No. 2，1994，pp. 199-217.

③ Bob Mansfied & Lindsay Mitchell. Towards A Competent Workforce[M]. Gower，1996，p. xii.

④ Harry Tomlinson. Education and Training 14-19：Continunity and diversity in the curriculum[M]. BEMAS，1993，p. 105.

⑤ Terry Hyland. Vocational Reconstraaction and Deway's Instrumentalism[J]. Oxford Review of Education，Vol. 19，No. 1, 1993，pp. 89-100.

⑥ ［英］约翰·怀特. 再论教育目的[M]. 李永宏译. 北京：教育科学出版社，1984：70.

学术学习的对立，并一直延续至今。[①] 无论是学术教育还是职业教育，都没有使个人得到完整的发展。从本质上说，教育应该是自我价值和社会价值的统一体，这同样是个人价值的体现。而英国双轨制所表现出来的对立倾向使作为教育主体的工人都没有得到真正自由发展的机会。从这个意义上，学术教育和职业教育由于各自价值的缺失而被"肢解"，处在"残缺不全"的发展状态。

对于普通教育和职业教育的对立，人们从个人和社会两个角度提出了各自的看法。第一种观点关注教育和个人发展的关系，认为个人需要的不仅仅是理性的完善，同时还需要各种社会技能以帮助个人适应社会生活。因此教育目的逐渐从理性的发展转向更多的个性特征和倾向，这使个人能够成为社会成员。约翰·怀特认为教育应该对人们产生实际的收益，促使某种形式的个人福利（personal well-being）。[②] 普通教育和职业教育的对立以及将理性的发展作为教育的主要甚至唯一的目的实际上是将个人与整个社会相剥离起来。第二种观点将教育和社会联系在一起。社会对劳动力的需求逐渐提高，不仅仅局限于专门化的知识和技能，要求个人具备更多方面的能力和素质，这种目标是传统的专门化的职业教育所难以承担的，因此，从社会需求的角度看，个人的教育也不再完全是与普通教育相脱离的职业教育。

2.社会分工——教育价值冲突的经济基础

亚当·斯密认为，普通教育和职业教育的对立是社会分工的结果。[③] 职业的划分是社会分工的主要表现和特征。在原始社会末期，体力劳动力和脑力劳动出现分工，教育开始承担起对学生进行分流，使学生通过不同的教育流向不同社会职业的职能。而在古代社会，这种分工更多地带有明显的阶级性和等级性。恩格斯说："分工的规律就是阶级划分的基础"。在阶级对立的情况下，"劳心者治人，劳力者治于人"的倾向普遍存在，教育就成为专门为统治阶级服务的工具，教育的目标群体也就具有了很强的针对性，不同阶级或等级的人享有不同的教育机会，这也是普通教育与职业教育分道扬镳的社会基础。亚里士多德的教育思想充分表达了这种倾向。亚里士多德认为并非所有人都有机会通过自由教育发展理性。只有那些有"闲暇"的自由人可以通过"沉思"发展理性，其他人只能接受职业准备的教育。因此，自由教育是专门为自由民而设计的，是帮助自由民享受闲暇的教育，是帮助自由民在闲暇中发展自己的理性、操修，以

① Terry Hyland & Barbara Merrill. The Changing Face of Further Education, Lifelong learning, inclusion and community values in further education[M]. Routladge Falmer, 2003, p. 7.

② Andrew Reid. The Value of Education[J]. Journal of Philosophy of Education, Vol. 32, No. 3, 1998, pp. 319-331.

③ Christopher Winch. Two Rival of Vocational Education: Adam Smith and Friedrich List[J]. Oxford Review of Education, Vol. 24, No. 3, 1998, pp. 365-378.

造就"豁达的胸襟和自由的精神"。而所谓的职业教育则仅仅是为了使人们能够从事一种工作,是有损于心智和善德的发展的,只适合于奴隶去做。杜威认为,自由教育与职业教育的对立"是明确地根据把社会阶级分成必须为谋生而劳动的阶级和可以免予劳动的阶级区分提出的,认为适合于后一个阶级的人的自由教育在本质上是高于给予前一个阶级的奴役的训练"。[①] 显然,认识论上的二元论使自由教育和职业教育出现分离,而阶级的对立则使职业教育地位低于自由教育成为一种必然。

由于古代社会,社会分工主要是"自发"的,往往体现了固定不变的、不平等的社会结构和社会关系,普通教育和职业教育的对立为复制这种不平等的社会结构提供了制度基础,"植根于社会阶级背景差别而造成的人们成就机会不平等现象,应当通过教育来弥补,但'制度化教育'反而加剧了这一不平等。"[②]社会分工造成了普通教育和职业教育的对立,而后者又反过来强化了这种不平等的社会分工,从而也进一步强化了人们对普通教育和职业教育的不同态度。在这种历史背景中,职业教育被排除在国家教育制度之外,不被正规的学校课程所接纳,甚至造成职业教育的缺失。随着产业革命对劳动力技能要求的提高,职业教育才开始得到重视。从教育史看,各国的职业教育基本上都是在 19 世纪以后才有了实质性的发展。尽管如此,与普通教育相比,职业教育一直是处于"穷亲戚"的角色,"被认为是为那些在公共入学考试中没有获得为数不多的文法学校学额、缺乏学术能力的学生提供的教育。"[③]对职业教育的歧视从人们以及政府的态度中都有明显的体现。"在学校和社会,职业知识在很大程度上是低层次的知识,而学术性知识则被认为是高层次的知识。"[④]此外,由于科学技术和社会经济的发展,近代社会分工日益向专业化发展,职业教育的培养目标和内容也随之越来越狭隘,尤其是在福特主义经济模式下,"个人被相应地限制在特殊职业范围内",职业教育的任务就是维护福特主义的经济模式,培养常规技能和知识,如同在流水线上批量生产商品。职业教育和训练的三个主要方面也被"标准化"了:学生学习标准化的课程,以标准化条件下的能力证据和测验结果进行评估,评估指标也是标准化的。[⑤] 由于技术进步缓慢以及产业自身的因

---

① [美]约翰·杜威. 民主主义与教育[M]. 王承绪译. 北京:人民教育出版社,2001:268.

② 陈桂生. "教育学视界"辨析[M]. 上海:华东师范大学出版社,1999:22.

③ Theodore Lewis. Difficulties Attending the New Vocationalism in USA [J]. Journal of Philosophy of Education,Vol. 25, No. 1,1991.

④ Theodore Lewis. Vocational Education as General Education[J]. Curriculum Inquiry,Vol. 28, No. 3, 1989,pp. 283-309.

⑤ Bob Mansfied & Lindsay Mitchell. Towards A Competent Workforce[M]. Gower, 1996,p. 71.

素,工作的技能要求对于个人相对短暂的职业生涯来说几乎没有什么变化,无所谓技能更新,也无所谓职业流动,职业是终身的。这种经济模式塑造了传统职业教育专门化的特征。这使职业教育的范围比较狭隘,仅仅具有工具性价值,而普通教育恰恰相反,它关注的是知识的宽泛性。[①] 在这种情况下,职业教育与普通教育之间的差距不断加剧,这也影响了两者彼此独立的关系。技术的进步无疑推动了职业教育的发展,同时也使职业教育的缺陷越来越突出;追求自由心灵而无视社会需求的普通教育在市场经济条件下也显得不合时宜,倍受批判。在这种情况下,职业教育和普通教育的关系成为人们关注的焦点。尽管普通教育不再仅仅是维多利亚时代的装饰性特征,但是在决定工作地位方面与职业教育之间仍然是相对的。"即使对于那些希望提高职业教育地位的国家,自由教育与普通教育之间的对立仍然是一种它们不愿意撤销的筛选和分类机制。"[②]即使在职业教育就学率较高并且旨在促进两者平等的芬兰和瑞典,这种对立仍然存在,直到产业经济消除了作为组织基础的体力劳动力和脑力劳动的分工以后。在整个欧洲,义务后教育课程结构的刚性仍然存在,两种相对的管理模式非常明显,提供职业教育的学校与提供普通教育的学校之间的联系很少。在苏格兰,尽管职业课程的模块化有助于弥合学术教育和职业教育之间的界限,但是在普通中学,职业模块仍然被看作是二流的角色和地位,大学依旧不愿意将这些课程作为有效的入学资格。

3. 等级制度——教育价值冲突的政治条件

教育制度在某种程度上反映了社会制度的性质。在浓厚的等级制度与等级观念下特定的社会文化环境为这种状况的长期存在提供了必然性。英国社会的等级观念是令人吃惊的。"在伦敦的公共场合,人们很少与旁人交谈,惟恐稍不注意,与地位较自己为低的人交谈而失去自己的身份。"[③]这种状况促使人们试图不断地提高自己的身份和地位。不过,不同等级之间的流动性是很低的,对于大多数普通阶层的人来说,要跻身于上流社会显然是遥不可及的。琼·佩恩发现,"在具有相同水平资格的情况下,来自劳动阶层的人进入较高地位的可能性明显低于来自中间阶级的人。"[④]英国的教育制度也充分体现了这种等级性。一个美国教师在参观了英国的学校教育后指出,相比之下,美国来自劳

---

① Theodore Lewis. Difficulties Attending the New Vocationalism in USA[J]. Journal of Philosophy of Education,Vol. 25,No. 1,1991,pp. 95-108.

② Theodore Lewis. Vocational Education as General Education[J]. Curriculum Inquiry,Vol. 28,No. 3,1998,pp. 283-309.

③ 钱乘旦,陈晓律.英国文化模式溯源[M].上海:上海社会科学院出版社,1991:364.

④ Richard Layard,Ken Mayhew & Geoffrey Owen. Britain's Training Deficit:The Centre for Economic Performance Report[M]. Avebury,1994,p. 149.

动阶层的学生可能更容易将学校教育作为向上层社会流动的途径。不过,英国的等级制度并不是完全封闭的,固定的金字塔式的社会结构使少数人可以通过自己的努力进入高一级的阶梯。而英国具有分层性质的教育制度就成为人们进入精英阶层的最好方式。在奥曼丁格看来,这种教育模式不是为人们提供平等的教育机会,而是一种筛选机制。①

以公学为代表的学术教育之所以获得较高的地位,并非是由于其具有人们所需要的内容,而在于学术教育与英国社会最有影响力的政治经济集团的密切关系。② 这些利益集团的成员大多出身于学术教育传统,对学术教育的维护实际上也是在维护自身的社会地位。"学术和职业对立在很大程度上是社会阶层的对立。"③研究表明来自中间阶级的学生更倾向于选择学术课程,而普通阶层的学生主要学习职业课程——尽管他们并不愿意接受这种非此即彼的选择。从这个角度来看,依据学术能力的高低对学生进行分流只不过是一种政治上的口号而已。英国学者米切尔·杨指出,"学术和职业之间的对立必然渗透在其他的社会对立之中……因为学术教育是接受高等教育、获得较高地位和声望的职业的主要途径,学术和职业之间的对立体现了社会或地位的等级差异。"④不同的人接受不同层次的教育知识,教育的过程实际上成为教育知识的分配过程,这就是他所谓的"知识成层"论(Stratification of Knowledge)。他认为所有"知识"都带有社会偏见,知识的构建总是为某种社会目的服务的,确切地说,是为社会中某些人的特定利益服务的。知识和教育成为传统的社会分层"合法化"的方式。⑤

此外,对于英国精英教育的目的来说,学术性知识被认为比应用性知识和职业性知识更有价值,因此不同的知识就具有了"高贵"和"卑贱"之分。学术课程便理所当然地成为学校教育的核心,而职业课程则始终处于"边缘化"的状态,这种课程体系具有明显的知识成层的特征,突出地表现为学术教育和职业教育的对立以及社会对学术教育的偏爱,这也是社会等级制度通过知识分层得

① Jutta Allmendinger. Educational systems and labor market outcomes[J]. European Sociological Review,Vol. 5,No. 3,1989,pp. 231-250.

② Terry Hyland. Vocational Reconstraaction and Deway's Instrumentalism[J]. Oxford Review of Education,Vol. 19,No. 1, 1993,pp. 89-100.

③ Nicholas Foskett & Jane Hemsley-Brown. Choosing Future: Young People's Decision-Making in Education,Training and Careers Markets[M]. Rouledge Falmer, 2001,p. 102.

④ Theodore Lewis,Vocational Education as General Education[J]. Curriculum Inquiry,Vol. 28, No. 3, 1998,pp. 283-309.

⑤ Dan Finn. Training Without Jobs: New Deals and Broken Promises[M]. Macmillan Education LTD,1987. p. 171.

以延续的典型例子。① 较高的社会地位和回报都和学术教育联系在一起,这使任何有损于学术课程的改革都会受到抵制,因为这种改革被认为削弱了相关利益群体的利益和威望;这种偏见也使人们对职业教育改革漠然视之,从而造成英国技能供给不足,制约了英国经济的发展。可以说,"知识分层"造成了学术教育和职业教育的分轨模式,而这种分轨模式在英国的社会条件下又进一步成为制约职业教育发展的制度因素。

三、技能供给和企业培训

现在,企业培训作为企业提高劳动力技能水平的重要形式受到越来越多的重视。英国历来将企业培训作为技能供给的主要来源,在政府看来,一方面是企业的学徒培训足以胜任产业的技能需求;另一方面企业是技能的主要消费者,最清楚技能的需求情况,由企业来培养技能劳动力,可以有效地做到供求平衡。因此英国政府并不热衷于开办职业学校,发展学校模式的职业教育制度,而是依赖和鼓励企业培训促进劳动力的技能水平,强调企业在技能培养中的关键作用。尽管如此,企业培训并没有发挥应有的作用,与其他发达国家相比,英国企业提供的培训数量始终较少。70 年代以来的经济危机对企业培训进一步产生了消极影响,这被认为是许多产业技能短缺的主要原因。② 英国教育委员会的一位官员在 1942 年指出,德国所有的产业部门都有职业培训,而英国的比例只有 10%。③ 因此,大多数青年义务教育结束以后,没有接受任何正规的职业培训就进入了劳动力市场。1979 年劳动力调查显示,获得职业培训的劳动力比例男性只有 1/20,女性只有 1/30。④ 大多数企业(特别是中小企业)不愿提供基础性的培训计划。此外,很多企业也不重视对员工的培训。在从历次的 ESS结果看,40%以上的企业也承认培训不足是造成内部技能短缺最主要的原因(图 3-2)。

造成英国企业培训不足的因素是多方面的。

(一)英国对企业培训缺乏约束和管理

放任主义对英国企业培训的影响更为明显。培训一直被看作是企业的内

---

① Micheal Young. The Curriculum of the Future From the 'New Sociology of Education' to a Critical Theory of Learning[M]. Falmer Press,1998,p. 20.

② Derek Bsoworth. Pat Dutton & Jackie Lewis, Skill Shortages:Causes and Consequences[M]. Avebury,1992,p. 197.

③ Correlli Barnett. The Audit of War,the illusion & reality of Britain as a great nation[M]. PAPERMAC,1987,p. 202.

④ Robert Mcnabb & Keith Whitefield. The Market for Training:Inernational perspectives on theory, methodology and policy[M]. Avebury,1994, p. 22.

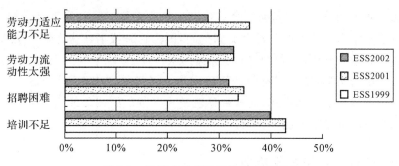

图 3-2　影响内部技能短缺的主要因素

部事务而不允许任何外部力量的"侵犯"。"当其他一些国家将企业培训行为制度化的时候,英国政府却极少干预企业培训。"①在发达国家中,很少有像英国这样对企业培训的管理和资格要求没有法律规定。当然,英国政府曾经于 1563 年通过《工匠法》对培训进行干预,为职业培训提供了法律基础,不过到了 1814 年在放任主义倾向的影响下被取消。这破坏了伊丽莎白时期确立的学徒管理制度,将英国推上了自由放任的道路。② 尽管英国强调企业培训在技能供给中的地位,但是基于自由市场理念,始终没有对企业培训作出任何具体的规定,其理由是企业会根据自身的需要积极开展技能培训。这种消极态度使英国政府有限的教育和培训政策也多是散乱的和支持性的,而并非旨在建立统一的培训制度。这种企业本位培训模式并没有为英国带来足够的技能劳动力。英国企业对培训缺乏兴趣,英国政府也没有相应的机制促使企业开发技能培训计划,这从根本上制约了英国企业培训的发展。在 60 年代《产业培训法》颁布以前,英国的学徒培训带有很明显的非正式性和随意性,由企业和工会共同协商决定,学徒培训计划往往被看作是"就业的条件而并非有效的技能培训制度"③。格鲁德·威廉姆斯在《欧洲学徒制:对英国的经验》(1963)中指出,"英国缺乏对产业培训进行管理的立法。学徒制的实施是企业组织和工会集体协商的结果,没有法律约束或管理。"④英国对企业培训没有相应的法定义务和约束,企业容易逃避培训的责任。所有培训计划都只是受自愿签订的培训协议的约束,企业既可以遵循也可以违背协议规定的培训课程和大纲,这导致了培训市场的混乱

① Philip Brown, Andy Green & Hugh Lauder. High Skills: Globalization, Competetiveness, and Skill Formation[M]. Oxford University Press, 2001, p. 127.

② Lorna Unwin. Growing beans with Thoreau: rescuing skills and vocational education from the UK's deficit approach[J]. Oxford Review of Education, Vol. 30, No. 1, 2004, pp. 147-160.

③ Derek H. Aldcroft. Education, Training and Economic Performance: 1944-1990 [M]. Manchester University Press, 1992, p. 55.

④ Gertrude Williams. Apprenticeship in Europe: The Lesson for Britain[M]. London, Chapman & Hall, 1963, p. 62.

与涣散；另一方面，培训的大部分费用是由企业来承担的，如果受训者在培训结束以后到其他企业就业，对于培训企业来说将造成经济损失。严重的"偷猎"问题削弱了企业培训投资的积极性。尽管许多企业不断抱怨离校学生的技能不足，但是却不愿意提供更多的培训以改善这种状况。"尽管企业可能抱怨学校没有为他们提供适当的教育，却并不认为有必要对他们提供继续教育。"①

英国的学徒培训一直经历连续的边缘化（marginalisation）过程。德国职业培训尽管与企业有密切联系，存在市场依赖性，却具有高度结构化的特征。而英国政府一直强调职业培训的市场导向性，但是企业对提供培训机会表现消极。60 年代，威廉姆斯指出英国职业培训制度存在四个方面的缺陷：①缺乏管理培训的外部机构。因此，除非学徒自行参加并通过了某个外部考试，人们无法确定他是否达到了工作岗位所需要的技能标准。由于培训合同期满将自动获得技工的身份，学徒也缺乏参加外部评估考试的积极性。②缺乏适合的培训计划。企业倾向于学徒通过非正式的学习——"干中学"——的方式获得技能。③对学徒培训中的理论学习没有强制性规定，因此只有不到 30％的学徒在培训中有机会接受脱产的理论学习。④即使企业允许学徒接受脱产学习，企业对商业学校中的学徒学习计划也缺乏兴趣。②这些缺陷都制约了培训的质量和学徒的技能水平。英国职业培训之所以出现这种状况是缺乏义务继续教育制度的结果。当德国不断制定教育政策的时候，英国仍然还在为是否需要政府的干预争论不休，即使到了"二战"以后仍然如此。有限的教育法律也没有起到明显的效果。相反，英国职业教育和培训制度完全是以自由放任原则为基础的。直到现在，英国企业对保证员工获得彻底的培训持消极的态度。自由放任的倾向使英国政府部门都支持最大限度地减少政府对经济的干预，这是形成英国职业教育培训制度的主要原因。

（二）企业的短期主义倾向对技能劳动力的培养产生了消极影响

雷·伯德等人将英国培训制度归为"市场模式"，而完全由市场（或者说是企业）驱动的教育和培训政策不可避免地带有短期主义（short-termism）特征。英国政府也承认，培训问题是英国企业短期主义倾向的副产品之一。③ 与德国企业对培训的重视不同，英国企业很少将技能投资看作是提高自身竞争力的企

---

① Derek H. Aldcroft. Education, Training and Economic Performance：1944-1990［M］. Manchester University Press，1992，p. 156.

② Wolf-Dietrich Greinert & Georg Hanf，Towards a history of vocational education and training（VET）in Europe in a comparative perspective［DB/OL］. Cedefop，October 2002，Florence，Volume I，p. 30.［2007-2-16］，http：//trainingvillage. gr/etv/publication/download/panorama/5153_2_en. pdf.

③ John Ahier & Geoff Esland. Education，Training and the Future of Work Ⅰ［M］. Routledge，1999，p. 206.

业战略的关键,往往将培训看作是满足企业当前需要的应急之举,却并不关注个人、社会甚至企业自身的长远需要。因此,许多培训计划都带有即时性,显然无法促进劳动力的总体技能水平。彼得·森克尔等人指出,"英国政府长期以来坚持的放任主义是许多问题的根源。虽然企业在就业和培训的方方面面都发挥极其重要的作用,但是放任主义使企业不考虑其他利益主体合法的基本利益。"①从公共利益的角度看,所有青年人都应该获得较好的教育和训练,而大多数企业在提供教育和培训机会的时候往往仅考虑企业自身短期利益的需要,这样就出现公共利益和私人利益的矛盾。比较突出的表现是英国企业培训计划更多地是针对企业的专门和具体需要而设计的,因此受训者所获得的技能仅仅符合培训企业的当前需要。此外,企业培训不具有资格导向的特征,受训者无法获得劳动力市场认可的正式的资格,这对于劳动力市场的完善起了消极的作用。放任主义模式显然难以解决这个问题。

"二战"以后英国产业发展模式对企业的短期主义倾向起了推波助澜的作用。英国集团化和多元化企业迅速发展。到了20世纪80年代英国最大的200家制造业和服务业企业有67%以上开展多种业务,只有9%从事单一业务。这种多元化企业模式主要依赖于项目组合管理(portfolio management),企业并不依赖对所有项目的长期规划,如果其中某个项目或业务没有好的开始,就会被企业所终止,转而将资金用于其他更有赢利空间的业务。这种做法显然不利于企业的长远规划和人力资本投资。因此,企业对待培训的态度具有明显的短期主义倾向。企业过分关注劳动力成本的控制而并非提高劳动力的技能水平,这在某种程度上造成企业的培训开支不断减少。这也体现了传统的培训消费观,而没有将培训看成是可以提高生产利润的投资。② 企业的奖励机制强调短期利益最大化,促使企业避免进行长期回报投资,比如培训和 R&D。而日本企业的奖励机制则非常强调根据企业的长期发展对管理者进行奖励。这进一步弱化了企业对培训的积极性。因此,80年代提供大量培训的企业往往是英国钢铁、ICI 和汽车制造企业等单一业务企业,而不是多元化企业。这也存在必然性。

企业的短期主义倾向使企业培训很容易受到经济状况的影响。一般说来,企业培训和经济的周期性变化存在密切的相关性。在经济繁荣的时候,企业有能力也更愿意提供更多的培训机会,培训规模将趋于增加,而在经济衰退的过

---

① Peter Senker, et al. Working to learn: a holistic approach to young people's education and training[J/OL]. Vocational Training of European Journal. No. 20, [2006-8-12], http://trainingvillage. gr/etv/Upload/. . ./Bookshop/119/20_en_senker. pdf.

② Alison L. Booth & Dennis J. Snower. Acquiring skills: market failures, their symptoms and policy responses[M]. Cambridge University Press, 1996. p. 324.

程中,企业则会削减培训经费,培训减少的趋势特别明显。① 英国企业的短期主义倾向使英国企业培训的规模变化具有更明显的顺周期性(pro-cyclical),CBI和 TUC 也承认这一点。英国经济在整个 20 世纪几乎都处于衰退的过程中,短暂的繁荣如同昙花一现,经济危机之中的英国失业率也居高不下,CBI 的数据也说明英国的经济比德国、日本更加脆弱,尤其是 70 年代到 80 年代。这种状况在很大程度上影响了企业的投资信心,尤其是技能投资较长的投资和回报周期使企业对培训能否带来预期的回报更加疑虑重重。Coopers 和 Lybrand 协会的调查结果也肯定了这个观点,"总体上看,企业把不确定性看作是它们没有提供更多培训的最主要的原因。"②经济发展的不确定性和对培训投资的疑虑对企业的培训行为产生了消极影响。80 年代初到 90 年代经济衰退中培训投资的显著下降也证实了这个结论。

(三)传统学徒制的内在缺陷直接影响了技能劳动力的培养

学徒制作为英国企业培训的主要形式,一直是英国培养技能劳动力的基本途径,但是学徒制内在的局限性制约了其在技能供给方面的作用。

1. 学徒培训的资格要求和严格规定制约了技能供给的规模。起源于中世纪的学徒制是在手工生产规模扩大的情况下出现的。最初的学徒培训是一种私人关系。在经济利益的驱动下,师傅将技艺传授给学徒,形成以契约为基础的师徒关系,学徒在师傅的指导下经过一定时间的学习可以成为技工。学徒制有助于技能的代代相传,但是对教育对象的种种要求以及契约的约束在一定程度上也成为技能传播的障碍。12 世纪行会的出现对学徒培训的制度化至关重要。由于人们都是"自利的动物",通过制度对市场的运行进行干预符合其自身的利益。行会就体现了这种需要,它代表的是某一特定职业群体的劳动者,因此必然要维护该职业群体的既得利益。根据行会的规定,只有经过学徒培训才能立足于社会,突出了学徒制的地位和重要性。因此,在英国,学徒制具有双重目的:一方面可以培养一定的技能劳动力,另一方面,学徒制也是人们稍微提高自己的社会地位的途径,"其好处只能为很少的一批人所享受"③。师傅除了必须教会学徒某种技艺之外,还要把学徒带到自己家中,以基督徒的虔诚把他们抚育成人,教给他们符合其在社会上特定身份的举止。正如 R. R. 博尔加所指

① Alison L. Booth & Dennis J. Snower. Acquiring skills: market failures, their symptoms and policy responses[M]. Cambridge University Press, 1996. p. 257.

② Coopers & Lybrand Associate. A Challenge to complacency: changing attitudes to training: a report to the Manpower Services Commission and the National Economic Development Office[R]. Sheffield: Manpower Services Commission/National Economic Development Office, 1985, p. 10.

③ [英]R. B. 沃纳姆. 新编剑桥世界近代史(第 3 卷)[M]. 中国社会科学院世界历史研究所组译. 北京:中国社会科学出版社,1999:565.

出的,"这种教育既要训练技艺娴熟的工匠的入门者,也要对入门者的人数加以限制。"①行会有四种限制培训规模的途径:①确定学徒比例;②限制学徒年龄;③规定漫长的学徒培训期限;④以年龄为基础的较高的青年工资水平。② 在行会的严格限制下,技能劳动力逐渐远离广大劳动阶级,成为一个特殊的阶层——"工人贵族"(worker aristocracy)。从某种意义上,传统学徒培训俨然是另一种形式的"精英教育"。行会关心的是劳动力的工资而并非技能问题,它之所以要限制学徒培训的规模,目的就是为了避免由于雇佣学徒人数过多可能造成学徒工资过低的情况,通过控制技能劳动力的供给、保持技能短缺状态以维护其成员的垄断利益。"在过去,行会往往仅将资格和培训作为保持劳动力短缺状态的方式。"③这使英国学徒工资的水平远远高于其他国家,提高了企业的培训成本。亚当·斯密很早就对行会和学徒制进行了尖锐的批评,认为学徒制低效、保守,使劳动力价格高于市场出清水平,没有发挥培养技能劳动力的作用。④ 20世纪以后,工会运动进一步延续了这种做法。工会作为工人阶级自发的群众组织,主要责任是维护其成员的利益。英国的工会组织早在产业革命之前就已开始出现,随着工业的发展,中世纪的行会开始衰落,技术工人和企业之间某种程度的利益一致开始消失,冲突由此产生,于是技术工人开始组织起来维护自身的利益,后来发展为与企业对抗的工会组织。工会主要关心本行业的工人的经济利益。"英国工会是高度个人主义的组织",它"只关心自己会员的经济状况","很少考虑整个国家的情况"。⑤ 在某些产业部门,工会通过集体协商在一定程度上促进了职业培训的发展,不过工会在协商中关注的是学徒的数量和工资,对培训质量并不感兴趣。⑥ 1978年英国学徒工资相当于成人工资的60%,而瑞典和德国分别为17%和25%。这意味着英国的培训成本相当于其他国家的2～3倍。同时,学徒与全日制员工的工资差距也呈现缩小的趋势。⑦

① [英]R. B. 沃纳姆. 新编剑桥世界近代史(第3卷)[M]. 中国社会科学院世界历史研究所组译. 北京:中国社会科学出版社,1999:565-566.

② Derek Bsoworth, Pat Dutton & Jackie Lewis. Skill Shortages:Causes and Consequences[M]. Avebury,1992,p. 197.

③ Colin Crouch, David Finegold & Mari Sako. Are skills the answer? The Political Economy of Skill Creation in Advanced Industrial Countries[M]. Oxford University Press,1999,p. 187.

④ Christopher Winch. Two Rival of Vocational Education:Adam Smith and Friedrich List[J]. Oxford Review of Education, Vol. 24, No. 3,1998,pp. 365-378.

⑤ 罗志如,厉以宁. 二十世纪的英国经济——英国病研究[M]. 北京:人民出版社,1994:421.

⑥ Steffen Hillmert. Skill formation in Britain and Germany:Recent developments in the context of traditional differences [DB/OL]. Program for the Study of Germany and Europe, Working Paper No. 06. 1,[2007-2-15], http://www. ces. fas. harvard. edu/publications/docs/pdfs/Hillmert. pdf.

⑦ Richard Layard, Ken Mayhew & Geoffrey Owen. Britain's Training Deficit:The Centre for Economic Performance Report[M]. Avebury, 1994,p. 60.

过高的学徒工资对企业培训的影响是显而易见的。《英国培训状况》(Training in Britain)对企业培训的调查说明,1/4 以上的企业因为成本过高将培训看成是一种负担。[①] 这使企业提供学徒培训机会的积极性下降。雷亚德等人称之为"鸡和蛋"的问题。工资问题成为英国劳资关系对立的根源。工会坚持要付给青年人高工资,因为企业并没有提供合适的培训;而企业因为学徒工资过高而不愿意提供培训,从而造成一种恶性循环。由此看来,工会在技能短缺问题上负有不可推卸的责任。而德国的学徒培训合同中一方面要求企业支付合理的工资,同时还对企业的培训责任作出了明确规定。这对于提高德国企业参与培训的积极性并保证培训质量是非常重要的。同时,英国学徒期限通常为 7 年,远远高于欧洲国家 3~4 年的平均水平,漫长的培训过程更进一步提高了技能劳动力的培养成本,从而人为地降低了技能劳动力的供给。[②] 博斯沃斯也支持这种观点,他认为,作为稀缺资源的技能劳动力对解决技能短缺持消极的态度,因为在"短缺"的状态下,他们可以获得更多的垄断利润。工会依旧将学徒制看作是通过限制严格学徒资格要求保护工会成员利益的途径,作为劳动力代言人的工会往往通过延长培训时间、限制受训者的数量等方式提高就业门槛,这样就减少了技能劳动力的供给数量,从而进一步加剧了技能短缺问题。[③] 他们的观点从英国传统学徒制上得到了印证。

2. 学徒培训模式滞后于产业的技能需求。中世纪学徒制体现了教育的整体性。由于学徒将来可以成为师傅,所以他们积极钻研与自己职业有关的知识和必要的技术;同时由于学徒的人数少,师傅可以负责学徒的全面发展,包括学徒的道德、宗教、文化知识和职业技能。然而,产业革命使这种学徒培训模式显得已经不合时宜。蒸汽机的发明以及机械工具的应用,使生产发生了显著变化,即从原来的手工工业转向机器生产的大工业。随着机器代替手工生产,手工工艺在生产中比重下降,这使得工厂不再需要那么多的熟练技术工人。并且在机械化生产方式下,分工作业更加明显,每个人只需掌握其所在生产环节的技艺,而不需要像传统学徒那样掌握整个生产流程的全部工艺。在这种情况下,学徒培训模式开始趋于专门化,培养企业所需要的专门职业技能,而没有相应的脱产的普通教育或技术教育。因此员工大部分知识和技能都是通过干中

---

①　Alison L. Booth & Dennis J. Snower. Acquiring skills: market failures, their symptoms and policy responses[M]. Cambridge University Press, 1996. p. 315.

②　J. M. Malcomson, J. W. Maw & B. McCormick. General Training by Firms, Apprentice Contracts, and Public Policy [DB/OL]. 2000, p. 34, [2006-2-11], http://www.swan.ac.uk/economics/dpapers/2000/wp00-06.pdf.

③　Derek Bosworth, Pat Dutton & Jackie Lewis. Skill Shortages: Causes and Consequences[M]. Avebury, 1992, p. 2.

学的方式获得的。男性学徒参加外部学习的人数仅占 30％，女性员工只有 19％。这种培训模式在福特主义条件下并不存在明显的缺陷，但是"二战"以后，随着技术进步不断加速、就业模式日趋灵活的情况下，以固定的专业分工为基础的学徒培训就暴露出许多不足之处。学徒制尽管提供了有效的实践技能培训的渠道，但是对理论教学的排斥使学徒制备受指责，学徒缺乏必要的理论知识教育，使他们在技术不断进步、生产过程日益复杂的情况下难以进一步提高技能水平。汤姆森在《技术教育：法国学徒学校》(1879)中认为英国学徒制之所以失败是因为理论知识和实践经验没有结合起来，而这恰恰是法国商业学校的长处。格林也强调，在英国，企业往往对学徒制的效用持怀疑态度，除了基本的实践技能以外很少教给学徒其他内容。[①] 这使接受过学徒培训的英国劳动力与其他发达国家相比，无论在基础理论还是在具体实践上的表现都差强人意。学徒培训的年龄限制和培训期限也给学徒培训增添了困难。许多青年由于家庭贫困离开学校后选择就业以弥补家庭开支，当他们希望接受学徒培训时，往往因超过法定年龄而被拒之门外，这使得劳动力市场流失了许多有发展前途的青年工人。过长的培训期限导致英国学徒培训效率甚低。上述这些问题的产生，都说明传统的学徒制无论是数量上，还是质量上都已不再适应工业化经济发展的需求，比如漫长的培训期限，培训没有达到任何标准，培训的技能过于狭窄，普通教育和理论的贫乏。更严重的是，学徒制忽视了准技能劳动力的培训需求，同时严格限制许多社会群体接受培训，最明显的是妇女。

3. 学徒培训缺乏有效的质量管理。在放任主义模式下，企业的培训行为缺乏有效的质量保证机制。实际上，早在 12 世纪到 13 世纪，尽管随着手工业的发展，同行业的手工业者开始组织行会保护本行业的利益，学徒制也不可避免地受到行会的监督和掌控。最初，行会对于其成员雇佣徒弟这种现象只是采取承认的态度，并把师徒之间的关系看作是一种私人关系。但随着行会权力的扩大，且出于保证其行业良性发展的目的，行会开始转向监督学徒制，进而对学徒制进行了严格的规定，规定了师傅所带的学徒人数、师傅的培训义务以及培训期限等。在这种情况下，学徒制逐渐从私人性质的制度过渡到公共性质的制度[②]，学徒制逐渐成为在公共监督下的一种教育形式。从师徒合同到学徒期限、学徒人数、劳动时间等一系列问题都是由行会决定的，并且行会工作人员也会定期到车间巡视并监督培训学徒的实施情况。到了 15 世纪，在资本主义经营

---

① Gertrude Williams. Apprenticeship in Europe：The Lesson for Britain[M]. London：Chapman & Hall, 1963, p. 199.

② 熊萍. 走进现代学徒制——英国、澳大利亚现代学徒制研究[D]. 华东师范大学硕士学位论文，2004：4.

方式的冲击下,行会开始出现崩溃的趋势,学徒制处于缺乏管理的混乱状态。在这种情况下,英国政府于 1563 年颁布了《工匠法》,使学徒培训成为一种正式的制度,确立了学徒制的法律地位以及对学徒制管理的必要性,明确规定了为期 7 年的培训期限。英国学徒制从行会监督模式过渡到国家监督模式。不过这也是学徒制衰落的开始。由于国家并没有像以往行会那样具体而认真地对学徒制进行监督,所以企业将学徒作为廉价劳动力的现象非常普遍,使他们根本得不到真正意义上的技能培训。这使法律化的学徒制度名存实亡。因此,奥克罗夫认为,与德国相比,英国学徒制发展并不理想。① 18 世纪末,工业革命的出现使得英国工业结构及其技术基础都发生了巨大变化。从 1812 年开始,英国国会对是否保留旨在保护行会利益的《工匠法》规定的条款展开了讨论。学徒运动也没有获得政治上的支持。1814 年英国政府废除了《工匠法》,取消了七年制学徒培训作为就业先决条件的要求。这意味着国家放弃了对学徒制的监督责任,学徒制进入放任主义的发展阶段。②

在这种情况下,英国政府没有对学徒培训计划作出具体规定,指导和监督企业的培训行为,培训计划的设计、实施以及对受训者的鉴定主要是由企业完成的,这使受训者难以接受正式的、系统的培训,也没有机会学习理论课程。企业往往将学徒制作为获取廉价劳动力而无须承担代价高昂的培训投资并达到规定标准的方式。③ "对于大多数资本家来说,剥削廉价劳动力要比安装昂贵的试验用的机器容易得多。"④学徒制仅仅被看作是一种就业机制,而并非有效的技能培训。因此学徒制在技能供给方面的作用是有限的。1968 年,唐诺万报告认为,"学徒是技工正式的标志,学徒课程的好坏是次要的。……在很多情况下,培训在学徒制中并不重要。实际上,学徒往往经过几周的基础培训就开始和其他技能劳动力一样从事技术性工作。……因此,即使一个人完成了学徒培训,也不能保证他获得了某种技能或通过了某种能力测验。也许是因为学徒制对期限的强调限制了客观标准的制定,因此对于那些没有接受学徒培训的劳动力技能没有一致的评估方法。"⑤早在 1938 年,法国通过立法规定允许学徒参加

① Derek H. Aldcroft. Education, Training and Economic Performance：1944-1990［M］. Manchester University Press, 1992,p. 7.

② Richard Aldrich. Lessons from Histroy of Education, the Selected works of Rechard Aldrich［C］. Routledge,2006,p. 195.

③ John Ahier & Geoff Esland. Education, Training and the Future of Work Ⅰ［M］. Routledge, 1999,p. 15.

④ ［英］R. B. 沃纳姆. 新编剑桥世界近代史(第 7 卷)［M］. 中国社会科学院世界历史研究所组译. 北京:中国社会科学出版社,1999:340.

⑤ Derek H. Aldcroft. Education, Training and Economic Performance：1944-1990［M］. Manchester University Press, 1992,p. 57.

职业能力考试是企业应尽的义务。然而，英国的学徒制却缺乏外部评估机制对学徒的技能进行认定，"培训时间"（time-serving）制使学徒不必参加任何外部考试，只要他们完成规定年限的培训就自动获得技工的身份，这使学徒本人对参加外部考试也缺乏积极性，大部分学徒在培训结束后没有获得正式的资格。这也是英国整个培训制度的根本问题，使英国在 80 年代以前始终忽视资格制度的完善，当然也缺乏评判培训的质量和受训者技能水平的依据。因此，英国产业部门的技能短缺在数量和质量上都同样严重。

第二节　技能短缺和技能需求

技能短缺问题在数量上表现为技能劳动力的供给不足。这也使英国政府认为技能短缺的根源是技能供给不足，而并非需求的问题。人力资本理论也为此提供了注脚。根据该理论的观点，人力资本投资会导致需求，也就是说当技能劳动力有充分的供给时，企业就会提高技能需求水平。[1] 因此，英国政府认为，只要扩大教育和培训的规模，增加技能供给，技能短缺问题就会迎刃而解。实际上，技能供给和需求往往不是以对称的方式变化的。技能短缺也不仅仅是"供给不足"的问题。威尔逊和霍格斯也支持这种观点，认为"促进技能供给可能是解决技能短缺问题的必要条件，但并非充分条件。"[2]在市场经济中，供给是由需求决定的，没有需求也就不存在供给。供给是否"不足"总是相对于需求而言的。因此，在研究技能短缺的过程中，技能供给和需求两方面都是不可忽视的。齐普和肯·马修也指出，"英国的技能问题既是一个技能供给不足的问题，同时还是一个技能需求不足的问题。"[3]盖文·威利斯也认为应该更多地关注技能需求问题，只有这样才能真正理解技能短缺的本质。[4] 而英国政府将技能供给不足作为造成技能短缺、制约经济增长的根本原因，而教育和培训作为技能供给主要途径受到前所未有的重视。英国政府的一系列教育培训政策也充分

---

① Philip Brown, Andy Green & Hugh Lauder. High Skills: Globalization, Competetiveness, and Skill Formation[M]. Oxford University Press, 2001, p. 16-17.

② Rob Wilson & Terence Hogarth. Tackling the Low Skills Equilibrium, A Review of Issues and Some New Evidence[R/OL]. DTI, Final Report, November 2003, p. 7. [2006-4-20], http:// www. berr. gov. uk/files/file11004. pdf.

③ Alison L. Booth & Dennis J. Snower. Acquiring skills: market failures, their symptoms and policy responses[M]. Cambridge University Press, 1996. p. 305.

④ Gavin Wallis. The Effect of Skill Shortages on Unemployment and Real Wage Growth: A Simultaneous Equation Approach[J/OL]. August 2002, p. 2, [2008-1-5], http://repec. org/res2003/ Wallis. pdf.

体现了这一点,技能需求对技能短缺的影响却没有受到关注,从而制约了政策的有效性。企业和个人在需求不足的情况下,就缺乏参与技能培训的积极性,这必然会影响技能供给的扩张。当经济增长状况使技能劳动力成为不可替代的生产要素时,有限的技能供给自然无法满足迅速增长的技能需求,技能短缺问题就会突显出来。90 年代以后,英国政府逐渐意识到了这一点。从 1990 年开始的"英国技能需求调查"和 1999 年开始的 ESS 就是典型的例子。

一、技术进步和技能需求

技术进步很早就被看作是推动经济增长的重要因素。新增长理论认为技术进步是经济增长的内生变量。技术进步显然会直接影响技能需求。凯普利认为,技能需求源于工作岗位的客观需要,某个工作岗位以及存在不同技能需要的岗位之间就业结构的变化引起了技能需求的变化。[①] 而岗位需要的变化都是技术进步直接或间接的结果,因此技术进步与技能需求之间存在着密切的联系。20 世纪 60 年代以后,新的技术革命使技能劳动力的地位日益突显,产业对技能的需求也在不断变化,明确两者之间的关系对于制定相应的公共政策非常重要。因此,技术进步和技能需求之间的关系成为人们关注的热点。尽管人们普遍认为技术进步是影响技能需求的主要因素,不过对于两者的相关性存在不同的认识。

第一种观点是"技能化"(skilling)理论。这种理论与人力资本理论存在密切关系。技术进步的直接后果是凸显了人力资本的重要性,加速了劳动力群体的技能分化。在这一过程中,早期工业化社会的"劳动—资本"二元对立关系,在技术进步的推动下逐渐演变为后工业时代的"资本—非技能劳动—技能劳动"的三元对立关系。这一切都似乎寓意着在整个产业层次上技术进步和技能需求之间的对称性。因此,"技能化"理论强调了技术进步的技能促进(upskilling)效应,认为新技术的开发和应用需要高素质的劳动力,因此,在发达的产业社会,劳动力的技能水平会逐渐提高。科尔等人的工业化理论也支持这种观点,他们认为产业结构从农业向工业的过渡使机器大生产代替了手工劳动,生产过程复杂化,"工业化要求明确而有效的劳动分工(专门技能)。技术变化对于技能的层次、种类和平均水平都提出了更高的要求"。19 世纪中期义务教育首先从产业革命的发祥地欧洲开始,这种现象似乎体现了技术进步对技能需求的增加。尼尔森和菲尔普斯强调了技能劳动力运用新技术的能力,他们认

---

① Peter Cappelli. Technology and skill requirements: implications for establishment wage structures-Special Issue: Earnings Inequality[J]. New England Economic Review, May-June, 1996, pp. 139-154.

为,劳动力技能水平越高,就越有能力或经验应对技术进步。技能劳动力受技术变革的消极影响较小,因为对他们来说,掌握新技术应用所必需的知识的成本较小。因此随着技术的迅速进步,技能需求会相应提高。尤其是技术的日益复杂使技能劳动力的替代弹性将不断降低。[①] 一般说来,低技能劳动力的替代弹性较高,而高技能劳动力的替代弹性较低。[②] 科尔和布劳诺等人也认为技术进步意味着工作任务日趋复杂,从而会提高技能的需求水平。其典型的表现是非体力性工作岗位的增加而体力性工作岗位减少。威尔施、巴特尔、利滕伯格等人的实证研究也为技术进步和技能需求的正相关假设提供了直接或间接的支持。[③]

第二种理论是哈里·布雷弗曼的"去技能化"(deskilling)理论。他认为,造成劳动力"去技能化"的主要原因是社会分工。实际上,亚当·斯密很早就指出,劳动力的分工造成技能需求下降,因为工人不需要掌握多方面的技能或者管理整个生产过程,同时生产过程的简化使工人只需要不断重复有限的操作过程,从而使非技能劳动力也能够很容易地胜任工作岗位的需要。[④] 社会分工也是福特主义生产模式的核心。福特主义以泰勒的科学管理理论为基础,泰勒认为,在生产过程中,如果工人具备的知识和技能超过了管理者,管理者就会失去对生产的控制。因此劳动过程不应该依靠工人的技能,管理者利用对知识的垄断来控制劳动过程,构想(conception)活动逐渐集中到少数管理人员手中,工人仅仅是负责执行(execution)的工具。社会分工成为管理者控制劳动过程的主要途径,将复杂的生产过程分解成不同工人分别承担的简单的任务,工人技能的价值被弱化。在泰勒看来,这对于工人和管理者都是有利的。对于工人来说,社会分工使低技能工人可以完成过去高技能工人才能胜任的工作,降低了工作的技能需求水平。对于管理者,这一方面增强了工人的可替代性,减少了企业的成本,另一方面也有利于管理者对整个生产过程的控制,提高生产效率,并且使生产具有可预测性。布雷弗曼接受了泰勒的观点,他认为劳动力不同于其他生产要素的特殊性在于"劳动力"与"实际劳动"的区别。劳动力只有在劳动过程中表现出来、发挥出来才能成为实际的劳动。如何将工人的劳动能力转

① Daron Acemoglu. Technical Change. Inequality, and the Labor Market [J]. Journal of Economic Literature, Vol. 40, No. 1, 2002, pp. 7-72.

② Derek Bosworth, Pat Dutton & Jackie Lewis. Skill Shortages: Causes and Consequences[M]. Avebury,1992,p. 37.

③ Lex Borghans & Andries de Grip. The Overeducated Worker? the Economics of Skill Utilization [M]. Edward Elgar, 2000,pp. 27-28.

④ Christopher Winch. Two Rival Conception of Vocational Education: Adam Smith and Friedrich List[J]. Oxford Review of Education, Vol. 24, No. 3,1998,pp. 365-378.

化为实际的劳动,这是资本主义所面临的最大挑战。布雷弗曼认为,资本和工人之间存在根本的利益冲突,从而使转化具有不确定性。为了减少这种不确定性,资本必须加强对劳动过程的控制,以便实现资本增殖。管理者不能依赖于劳动力的积极性,而是需要进行科学管理,尽可能减少工人的自治性,弱化其对抗能力。这一过程引起了劳动分工和任务的细化。而技术的应用允许对工人活动在更大程度上的管理控制,从而强化了劳动分工和随之产生的"去技能化"。劳动力的去技能化是资本主义企业通过对劳动力的不断分工以提高其对生产过程控制的策略的一部分。① 这种去技能化倾向在技术水平有限、非技能劳动力完全可以胜任而且供给充足的情况下也确实比较突出。19 世纪产业革命的技能促进效应并不明显,技术进步促进了劳动力的分工,这种分工并没有明显地表现出工作岗位对劳动力技能要求的提高,相反使生产活动趋于常规化和自动化,结果造成工作岗位的技能因素减少,许多过去由技能工人完成的任务都实现了机械化,对劳动力技能要求下降了,同时也使企业可以利用技术和设备替代技能劳动力以提高效率并降低成本。在劳动力的流动中非技能劳动力供给的大量增长也为企业采用技能替代性技术提供了条件。在 18—19 世纪的西方国家,技术的应用常常造成技能需求减少。在这种情况下,英国甚至出现了工匠坚决抵制引进新机器的情况,因为引进新机器预示着增加生产和节省劳动力。② 到了 20 世纪初,在福特主义经济模式下,大规模的标准化流水线生产模式使劳动的去技能化趋势更加明显。③ 不过,随着企业组织从福特主义模式向后福特主义模式的过渡,以科学管理为基础的高度专门化、常规化的工作模式逐渐为灵活的专门化趋势所取代,劳动力需要具备适应性和多方面技能。这使布雷弗曼的理论失去了存在的依据。

第三种理论是技能的"补偿理论"(compensatory theory)。"技能化"理论认为所有工作的技能需求都将提高,而"去技能化"理论则相信任何工作的技能需求水平都趋于下降。而许多学者的研究发现,技术进步的速度对技能需求的影响并不是线性的。上述两种观点显然是过于简单的。斯柏尼尔提出了技术进步对技能需求的"混合效应",即技术进步对技能需求的影响存在两种相反的可能性,技术进步一方面可能使劳动力的技能越来越必需,另一方面却可能出

---

① Roger Penn & Micheal Rose, *et al*. Skill and Occupational Change[M]. Oxford University Press,1994,p.42.

② [英]R. B.沃纳姆. 新编剑桥世界近代史(第 7 卷)[M]. 中国社会科学院世界历史研究所组译. 北京:中国社会科学出版社,1999:39.

③ Peter Cappelli. Technology and skill requirements:implications for establishment wage structures-Special Issue:Earnings Inequality[J]. New England Economic Review,May-June,1996,pp. 139-154.

现技术排斥技能的现象。[1] 技术进步这两种相反的结果是多种因素造成的。罗格·本认为,技术的性质与其对技能的影响有直接的关系。"如果技术是完全自动化的,生产技能需求将降低;如果技术是半自动化的,生产技能需求则会提高。"[2]博斯沃斯也支持这种观点,"技术变革本身是异质的;在任何时候都有许多不同类型的技术变革,它们对技能结构会产生不同的影响。"[3]阿克莫格鲁对技术进步的技能效应进行了深入的研究,其结论得到了人们的认可。他根据技术进步对劳动力技能的不同需求将之区分为技能替代性技术进步(skill-replacing technical change)和技能偏好性技术进步(skill-biased technical progress)两类。[4] 技能替代性技术进步,即技术进步提高了非技能劳动力对技能劳动力的替代弹性,从而弱化了企业的技能需求程度。不过,技术进步对技能需求的这种抑制效应出现弱化的趋势。随着技术的日趋复杂,非技能或低技能劳动力难以有效运用的情况下,技术进步就逐渐表现出对技能需求的推动作用,表现为"技能偏好性技术进步",也就是说,相对于非技能劳动力而言,技术进步导致企业对技能劳动力的相对需求上升,这样才能充分发挥新技术和设备的作用,而技术进步的这种技能偏态性,反映了技能较高劳动力对技能较低劳动力的不断替代和技术与技能间的不断互补。[5] "技能偏好性技术进步意味着技术进步使高技能劳动力的相对需求增加,而低技能劳动力的相对需求减少。"[6]在其他条件相同的情况下,技能偏好性技术进步将导致不同技能劳动力的工资差距的增大。这种倾向从劳动力市场的就业和收入结构的变化中得到了明显的体现,技能劳动力在就业和收入方面处于更有利的地位。技术进步一方面影响了技能需求的程度和性质,另一方面,企业的技能状况对其技术应用也起着制约或促进的作用。阿克莫格鲁指出,技术进步技能取向的演变过程,实质上是企业基于利润目标在现有资源(尤其是劳动力技能水平)约束下理性选择的结果。在19世纪和20世纪早期的工业革命时期,农业就业人口在总就

① Theodore Lewis. Towards a Liberal Vocational Education [J]. Journal of Philosophy of Education, Vol. 31, No. 3, 1997, pp. 1-15.

② Roger Penn & Micheal Rose, et al. Skill and Occupational Change[M]. Oxford University Press, 1994, p. 134.

③ [美]德里克·博斯沃思. 劳动市场经济学[M]. 何璋,张晓丽译. 北京:中国经济出版社,2003:181.

④ Daron Acemoglu. Technical Change, Inequality, and the Labor Market [J]. Journal of Economic Literature, Vol. 40, No. 1, 2002, pp. 7-72.

⑤ 姚先国,周礼. 技术进步的就业结构效应研究——一个浙江省制造业技能偏态假说的实证检验[J]. 中国人口科学,2005(5):47-53.

⑥ Timothy F. Bresnahan, Erik Brynjolfsson & Lorin M. Hitt. Information Technology, Workplace Organization and the Demand for Skilled Labor: Firm-level Evidence [J]. The Quarterly Journal of Economics, Vol. 117. No. 1, 2002, pp. 339-376.

业人口中占据绝对比重,随着工业部门的发展和农业部门的相对衰落,农业部门中大量剩余劳动力向工业部门转移,表现在劳动力市场上以低技能劳动力供给为主,此时企业多采用技能退化型技术进步,从 20 世纪 40 年代以来,随着高素质劳动力供给的日益增多,技术进步逐渐以技能偏好型为主。[1]

从 20 世纪初,"技术—技能互补"(technology-skill complementarity)的现象就开始初露端倪。[2]格里齐斯也强调了技术和技能之间的互补性,技能劳动力相对于非技能劳动力,其对物质资本的互补性更显著。因此,物质资本存量的增长会促进技能劳动力的需求。奥特、列维和穆纳恩的研究也支持"技术—技能互补"假设的结论。他们根据不同岗位的技能需求将工作岗位的任务分为"常规任务"和"非常规任务",常规任务即是简单的重复性工作,比较容易实现自动化;非常规任务则需要问题解决、复杂的交流和分析技能。他们发现,从 70 年代开始,非常规任务的劳动力投入增长幅度远远高于常规任务。他们认为这是由于信息技术在很大程度上代替了从事常规任务的非技能劳动力,而与技能劳动力之间体现为互补的关系。[3] 布里斯南等人认为,尽管先进的信息技术可以代替人来完成部分工作任务,但是这种替代是"有限的",仅局限于简单的常规性工作,更多的复杂的管理性、专业性工作任务必须由人来完成。[4] 一些学者用"补偿理论"强调了技能劳动力在技术进步中日益重要的地位。克罗塞尔等人认为,相对于非技能劳动力,物质资本对于技能劳动力的补偿性更明显。因为技术设备的发展往往表现为用机器替代过去由非技能劳动力完成的工作任务。高登等人的研究结果表明,"二战"以后物质资本价格的下降使其资本存量大大增加,这导致了技能偏好技术进步,提高了对技能的需求。这些研究的主要观点是新技术对技能劳动力的补偿性比非技能劳动力明显。根据上述观点,从长期来看,技术进步将不断强化技能的需求。

当然,在任何条件下,技能替代性技术进步与技能偏好性技术进步都是并存的。卡塞利认为,技术进步表现为技能偏好(新技术的应用提高了劳动力的技能要求,如信息技术)的同时,也存在去技能化的技术进步(即新技术的应

① Hugo Hollanders, Baster Weel. Technology, Knowledge Spillovers and Changes in Employment Structure: Evidence from six OECD Countries[J]. Labour Economics, Vol. 9, No. 5, 2002, pp. 579-599.

② Daron Acemoglu. Technical Change, Inequality, and the Labor Market [J]. Journal of Economic Literature, Vol. 40, No. 1, 2002, pp. 7-72.

③ Giovanni L. Violante, Skill-Biased Technical Change[DB/OL]. [2007-1-12], www. econ. nyu. edu/user/violante/Books/sbtc_january16. pdf.

④ Timothy F. Bresnahan, Erik Brynjolfsson & Lorin M. Hitt. Information Technology, Workplace Organization and the Demand for Skilled Labor: Firm-level Evidence[J]. The Quarterly Journal of Economics, Vol. 117. No. 1, 2002.

用对劳动力技能要求较低,如生产线等)。[1] 列维斯认为,技术进步与技能需求的替代和偏好关系在现代工业社会都是明显的。一方面,在后工业社会,劳动力需要具有更强的应变能力、自主性和对工作环境的理解能力,这无疑提高了对劳动力的技能需求;另一方面,新技术的应用和"去工业化"(disindustrialization)现象也造成了对技能劳动力的需求数量和水平在某种程度上的降低。[2] 不过,从总体上看,技术进步的技能偏好性越来越显著,尤其是70年代第三次技术革命和全球化使技能偏好性技术进步呈现加速的趋势。因此,80年代发达国家劳动力市场对技能劳动力的需求超过了非技能劳动力。齐雷的实证研究发现,80年代以来,美国技能劳动力和非技能劳动力的相对工资的不平等加剧,超过了以往过去30年的任何时期,他认为这是技能偏好技术进步的结果。[3] 英国的技能需求也反映了同样的趋势。杜坎·盖利的调查结果说明了这一点。1986年,英国52%的员工认为其工作岗位的技能需求水平在过去5年中有不同程度的提高,而认为技能需求下降的只有9%。[4] 企业对此的态度也是一致的。1984年英国总工会(GMB)对食品加工业企业的调查报告发现,50%的管理人员认为新技术的引进对技能水平有显著影响。35%的人认为这会导致技能水平的提高,14%的人认为这造成了去技能化。[5] 罗格·本等人的研究也发现,支持布雷弗曼"去技能化"理论的证据较少,更多的证据支持"技能化"理论。[6] 因此,技术进步的"技能化"倾向日趋显著,在较少的情况下表现出去技能化现象。从总体上看,技术进步提高了技能的需求水平。在英国制造业的劳动力总量中,技能劳动力的比例从1948年的16%提高到了1990年的33%。[7] 因此,早在1963年,英国纽塞姆报告就意识到,"技术进步——尤其是生产过程的自动化——并没有造成大量的技能劳动力失业或技能水平的降低。

---

① 张涛. 技术进步与工资差距[D]. 复旦大学博士学位论文,2003:18.

② Theodore Lewis. Towards a Liberal Vocational Education [J]. Journal of Philosophy of Education, Vol. 31, No. 3, 1997, pp. 1-15.

③ Michael T. Kiley. The Supply of Skilled Labor and Skill-Biased Technological Progress[DB/OL]. Disc. Series 97-45. August 15, 1997, [2006-8-2], http://www. federalreserve. gov/pubs/feds/1997/199745/199745pap. pdf.

④ Roger Penn, Micheal Rose, et al. Skill and Occupational Change[M]. Oxford University Press, 1994, p. 50.

⑤ Derek Bsoworth, Pat Dutton, Jackie Lewis. Skill Shortages: Causes and Consequences[M]. Avebury, 1992, p. 202.

⑥ Roger Penn, Micheal Rose, et al. Skill and Occupational Change[M]. Oxford University Press, 1994, p. 154.

⑦ Alison L. Booth & Dennis J. Snower, Acquiring skills: market failures, their symptoms and policy responses[M]. Cambridge University Press, 1996. p. 130.

……相反，自动化和其他先进技术可能受到技能劳动力的制约。"①美国的情况也表明，技术进步提高了对技能劳动力需求的比例，而对低技能和非技能劳动力的需求增长较少。尽管技能劳动力的供给大幅度增加，但是在总量或结构上仍然无法满足技能需求的增长，绝大多数空缺岗位需要劳动力具备一定的技能。正如英国经济学家罗伯逊所分析的那样，技术进步减少的主要是非技能劳动力和低技能劳动力，对高技能劳动力的需求将不断增加。② 因此，技术进步是造成技能短缺的一个重要因素。从这个角度看，技能短缺问题的存在有其必然性。

技术进步对劳动力技能的影响不仅仅体现在技能水平的提高方面，还体现在技能需求结构的变化上。哈斯克尔和理查德·霍特曾将技术进步分为两种：一种是任务深化型技术进步（task-intensive technical change）。这种技术进步对完成具体任务的专门技能提出了更高的要求；另一种是任务扩展型技术进步（task-extensive technical change）。技能劳动力需要具备完成多种技能工作岗位或任务的能力。③ 从目前的情况看，任务扩展型技术进步尤为突出。皮埃尔和萨贝尔认为现代工业社会抛弃了固定的技术原则而倾向于"灵活的专门化"（flexible specialization）。④ 从整个宏观的社会环境来看，产业结构的不断调整、技术的频繁更新也要求劳动力具有很强的适应性，一般技能或迁移技能显得越来越重要。从企业的微观结构来看，信息技术的发展使企业组织呈现"扁平化"（flatting）的趋势。企业外部环境瞬息万变，消费者的需求具有明显的个性化，这要求企业反应敏捷，具有极强的适应性。相对于传统的多层次、金字塔型的等级体制，强调系统、分权的扁平化组织结构使企业具有更强的反应能力。等级结构的层级减少，员工不仅要完成常规的、专门性的任务，同时还需要在团队中负责多元化的工作。这无疑为员工提供了更多参与决策、发挥自身创造性的机会，当然对员工素质也提出了更高的要求，而并非仅仅具备自身岗位的专门技能。博斯沃斯和威尔逊认为技术进步和组织变革对技能需求模式的动态影响表现在两方面：①企业为了保持和提高竞争力，将增加技能投资以满足这

① DfES. Half Our Future, A Report of the Central Advisory Council for Education (England) [DB/OL]. [2008-10-26]. http:// www. behaviour2learn. co. uk/download/116/half_our_future.

② Mike Flude and Sandy Sieminki. Education, Training and the Future of Work Ⅱ: Developments in vocational education and training[M]. London and New York in association with the Open University, 1999, pp. 34-35.

③ Jonathan Haskel & Richard Holt. Anticipating Future Skill Needs: Can it be Done? Does it Need to be Done? [DB/OL]. Skills Task Force research paper no. 1, 1999. [2006-12-2], http://www. dcsf. gov. uk/rsgateway/db/rrp/u013686/index. shtml.

④ Theodore Lewis. Towards a Liberal Vocational Education [J]. Journal of Philosophy of Education, Vol. 31, No. 3, 1997, pp. 1-15.

种变革的需要;②组织和技术变革影响了技能劳动力培训的数量和构成。① 这一点在英国企业技能调查中也得到了印证。因此具备一般技能和良好适应性的劳动力将在这种变革中获益。换句话说,技术进步诱发了技能偏好的组织变革。②

发展中国家的产业发展状况也体现了技术进步和技能需求之间的非线性关系。许多学者对发展中国家的技术进步的技能效应进行了研究。伯曼和梅金的研究认为,技能偏态型的技术进步确实已经从发达国家扩散到了中等收入国家中,但是对于那些低收入国家来说,却没有证据可以表明技术进步的技能偏态性。梅尔对发展中国家的研究也认为,技能偏态型的技术进步在发展中国家没有很好地体现,与劳动密集型产业相关的大量的技术引进并没有很好地提高劳动生产率和对高技能劳动力的需求。由此,在发达国家表现出显著的技能偏好性的时候,发展中国家更多地处于技能替代性技术进步阶段。不过,随着技术的不断引入和产业结构的升级,发展中国家的技能需求水平会逐渐增加。这种趋势在发展中国家的部分技术密集型产业部门体现比较明显。姚先国等人对浙江省制造业企业的研究发现"技术进步导致的高低技能工人人数比例的行业间差异比较显著"③。

当然,影响技能需求的因素是多方面的,不仅仅是技术进步,还有许多非技术因素,比如企业组织形式、国际竞争和贸易、劳动力的供给数量、劳动力的成本等等。一些学者分析了这些因素对技能需求的影响。德里克·博斯沃思指出,"任何特定新技术的确切影响都要取决于组织因素……换言之,它取决于企业选择何种方式使用新技术。"④皮埃尔和萨贝尔认为市场的饱和以及国际竞争的加剧都会迫使企业拓展市场范围,这需要企业对不断变化的市场作出具有灵活性的应变能力,从而提高对劳动力的技能需求,需要劳动力具备多方面的技能。⑤ 阿克莫格鲁从技能供给的角度分析了 19 世纪技能需求不足而 20 世纪技能需求增长速度加快的情况,认为造成这种差异的原因是技能劳动力供给的大

① Richard Layard, Ken Mayhew & Geoffrey Owen. Britain's Training Deficit: The Centre for Economic Performance Report[M]. Avebury, 1994, p. 51.

② Giovanni L. Violante. Skill-Biased Technical Change[DB/OL]. [2007-1-12], www. econ. nyu. edu/user/violante/Books/sbtc_january16. pdf.

③ 姚先国,周礼. 技术进步的就业结构效应研究——一个浙江省制造业技能偏态假说的实证检验[J]. 中国人口科学,2005(5):47-53.

④ [美]德里克·博斯沃思. 劳动市场经济学[M]. 何璋,张晓丽译. 北京:中国经济出版社,2003:181.

⑤ Peter Cappelli. Technology and skill requirements: implications for establishment wage structures-Special Issue: Earnings Inequality[J]. New England Economic Review, May-June, 1996, pp. 139-154.

幅度增加。19 世纪和 20 世纪早期的工业革命时期,劳动力市场以低技能劳动力供给为主,企业多采用技能退化型技术进步,吸纳大量低技能劳动力就业。到了 20 世纪 40 年代以后,随着高技能劳动力供给的增加,技术进步才转为以技能偏好型为主。在他看来,技能劳动力和非技能劳动力相对供给的变化差异说明了 19 世纪技能替代性技术进步和 20 世纪技能偏好性技术进步的状况。根据以上这些观点,在技术因素不变的情况下,企业的技能需求水平也可能提高,同时也意味着面临技术进步的压力,企业的技能需求水平可能由于上述因素而受到抑制。因为对技术的应用取决于能否给企业带来最大化的利润,如果原有的技术和技能水平能够实现这个目标,企业往往不愿意增加投入用于技术更新和提高员工的技能水平。

从英国技能短缺和技术进步的情况来看,也体现出了这种趋向。哈斯克尔和马丁的研究证实了外部技能短缺、内部技能缺陷与技术手段存在明显的相关性,在生产过程中使用先进技术的企业,技能短缺程度比较高。这说明技术进步与技能短缺之间是有关的。技术进步弱化了英国劳动力市场对低技能劳动力的需求,相反,对高技能劳动力的需求明显增加。罗格·本对英国阿伯丁和罗治多尔的研究说明,尽管在少数企业存在去技能化现象,大多数企业的情况都表明计算机技术的应用和技能水平的提高具有显著的正相关性。[①] 杜坎·盖利的研究数据也显示,英国就业状况的总体趋势是技能性岗位逐渐增加,而非技能工作岗位的劳动力比例逐渐下降。[②] 表 3-1 说明了 1984 年以来英国企业对机器操作工的需求与其他技能相比有显著的下降,手工岗位的需求也逐渐减少;相反,管理、专业性和准专业性等高技能工作岗位的数量迅速增加。[③] 值得注意的是,尽管英国劳动力的资格水平不断提高,但是技能短缺问题却依旧没有得到解决。哈斯克尔和马丁认为技能短缺持续的原因之一是技术进步的加快,技术进步造成的技能需求的提高超过了技能劳动力供给的增长速度。他们指出,如果技术进步一直呈现技能偏好的特征,技能劳动力的需求会持续增加,技能短缺问题很可能会加剧,除非技能劳动力的供给增长与需求的增长相协调。[④]

---

① Roger Penn & Micheal Rose, et al. Skill and Occupational Change[M]. Oxford University Press,1994,p. 154.

② Roger Penn & Micheal Rose, et al. Skill and Occupational Change[M]. Oxford University Press,1994,pp. 45-50.

③ Robert Mcnabb & Keith Whitefield. The Market for Training: Inernational perspectives on theory, methodology and policy[M]. Avebury,1994, p21.

④ Jonathan Haskel & Christopher Martin. Technology, Wages and Skill Shortages: Evidence from UK Micro Data[J]. Oxford Economic Papers,Vol. 58,No. 4, 2001,pp. 642-658.

表 3-1　1984 年来英国企业技能性工作岗位与非技能性岗位构成变化

工作岗位		男性劳动力			女性劳动力		
		1979	1984	1989	1979	1984	1989
技能性 工作岗位	管理	13.1	16.0	16.5	5.2	7.0	8.0
	专业性	7.8	9.5	9.3	6.0	6.2	7.1
	准专业性	6.0	7.1	8.1	8.2	10.4	11.3
非技能性 工作岗位	文秘	8.7	7.2	7.2	29.9	28.3	28.6
	手工	28.8	27.2	25.1	6.1	4.7	4.0
	机器设备操作	17.1	13.6	12.9	8.7	5.9	5.3

二、企业的技能需求分析

影响企业需求的因素是多方面的,并非仅仅是技能供给的水平。当然,这并不是说,技能供给的增长对技能需求没有直接影响。这是企业开拓市场的必要条件但不是充分条件。[①] 企业是根据自身的实际情况和利益最大化的目标使用技能劳动力的,因此企业的技能需求并不一定是与技能供给呈正相关的关系。影响技能需求的因素是复杂的,尤其是在全球化背景之下。[②] 通过教育和培训增加技能供给的数量和质量固然可以减少对企业发展的制约,但这仅仅是解决技能短缺的一部分对策。国家技能工作委员会(NSTF)根据 ESS 的研究结果也不认为技能供给不足是关键问题。[③] 作为技能劳动力的直接"消费者",企业在技能短缺问题的解决中占有举足轻重的地位。根据市场理论,技能需求决定技能的供给。因此在解决技能短缺问题的过程中,明确企业对技能需求的数量和性质显然是至关重要的。丹尼斯·格利森和菲尔·霍金森认为,摆在英国政府面前的问题,一方面是需要为青年人提供高质量的教育和培训,另一方面是企业是否需要高素质的青年劳动力的问题。[④] 许多学者对企业的技能需求进行了专门研究。齐普、肯·马修以及芬格德和索斯凯等人认为英国企业的技

① LSC. Skills in England 2005 Volume 2：Research Report［R/OL］. July 2006, p. 27. ［2007-1-16］,http:// eadingroom. lsc. gov. uk/... /nat-skillsinengland2005vol2-re-july2006. pdf.

② Philip Brown, Andy Green & Hugh Lauder. High Skills：Globalization, Competetiveness, and Skill Formation［M］. Oxford University Press, 2001,p. 35.

③ LSC. Key Messages from Skills in England 2002［R/OL］. p. 27, ［2007-1-16］, http:// readingroom. lsc. gov. uk/... /skills-in-england-2002-key-messages. pdf.

④ John Ahier & Geoff Esland. Education, Training and the Future of Work I［M］. Routledge, 1999,pp. 165-166.

能需求不足,这在很大程度上导致了英国技能短缺问题。[①] 而造成企业技能需求持续不足的根源在于英国作为最早的工业革命和"世界工厂"的历史事实以及英国历来奉行的低成本/低技能竞争战略。

英国在进行产业革命之前,是一个既重视向国外学习和引进先进技术,又重视培养优秀人才的国家。中世纪西欧传统的手工业为英国产业革命提供了必要的物质准备和人力准备。西欧各国手工业的发展各有所长,这些都是英国学习的对象。随着欧洲大陆对新教徒的迫害,有技术的工匠纷纷来到英国,使英国进一步获得其他国家的技术长处。不过,当英国成为"世界工厂"之后,在技术引进和技术力量培养这两方面都大不如以往。这从英国作为"世界工厂"的事实来看有其必然性。作为第一个完成工业革命的国家,英国没有可以与自己竞争的对手,这使它不曾感到"速度问题"的压力,因此也没有加速培养技术力量的动力。"英国最早进行工业化和曾经成为'世界工厂'这一事实,不仅使英国的工业部门结构长期处于以'传统'工业部门为主的状态,而且也给英国带来技术上的保守主义。"[②]英国在产业革命中发展起来的支柱产业主要是煤炭、棉纺织和造船业。1980年菲尼斯顿报告指出,英国之所以发展成为发达的工业国,主要依赖于制造业。[③] 这对于后来英国经济状况的演变有深刻的影响。传统产业部门在经济中长期占主导地位,新生产部门发展迟缓,即使到了20世纪30年代,它们的发展仍然遇到相当大的阻力。这种情况与较晚开始工业化的其他国家是不一样的。传统产业部门的主导地位自然抑制了企业的技能需求水平。另外,"资本主义经济发展中的部门和企业之间的发展不平衡性,决定了资本主义工业化较晚的国家有可能赶上并超过资本主义工业化较早的国家。"这一点对于英国来说最为突出。产业革命使英国成为"世界工厂",即世界各国工业品的主要供应者。稍晚开始工业化的国家,包括美国和德国,都不同程度地依靠英国的先进技术。随着时间的推移,这些技术不可避免地变得过时,相应地固定资本投资所形成的优势会逐渐消失,然而对于产业部门和企业来说,更新技术设备显然需要大量的投资。这也是英国经济面临的两难选择问题。对于后起的资本主义国家则不存在这样的束缚。过时的技术和设备一方面仍然能够为英国企业带来利润,另一方面也抑制了企业对技能劳动力的需求水平。英国企业对技术引进和技术力量的培养都采取保守的态度,不愿意采用国外的新技术,也不重视技能劳动力的培养。当稍晚开始工业化的美国和德国

---

① David Finegold & David Soskice. The failure of British training: analysis and prescription[J]. Oxford Review of Economic Policy, Vol. 4, No. 3, 1988, pp. 21-53.

② 罗志如,厉以宁. 二十世纪的英国经济——英国病研究[M]. 北京:人民出版社,1994:81.

③ Derek Bosworth, Pat Dutton & Jackie Lewis. Skill Shortages: Causes and Consequences[M]. Avebury, 1992, p. 14.

面临英国业已形成的优势,开始大规模地培养技术人才时,近代英国历史上的特殊地位所形成的"民族优越感"使英国人对此却不以为然。英国经济尽管在19世纪末到20世纪初仍然维持了缓慢增长的趋势,但是这种增长是依靠纺织、煤炭和造船等"传统"产业部门投资的增加和产业的扩大来实现的。所以金德伯格将1896—1913年英国经济增长称为"哈罗德—多马式的增长"(Harrod-Domar growth),即依靠增加投资而很少有技术变革的一种增长。[1] 罗志如和厉以宁指出,"先进的工业和生产技术是英国经济繁荣的支柱,但它们同时又是英国经济继续保持优势的阻力。"[2]此外,产业部门普遍认为,工人最好保持无知状态,以免桀骜不驯,这样更有利于对机器大生产的控制。因此,企业对工人接受学校教育的任何计划都抱怀疑和抵制态度。直到"二战"结束以后,"传统"产业部门迅速衰落,英国产业技术落后和产业结构存在的问题才充分暴露出来。

随着产业结构的调整、生产的发展,企业对技能的总体需求会不断增加。不过技能作为一种生产要素与其他要素之间的可替代性决定了企业的技能需求并非始终呈现上升的趋势。劳动力价格向上的刚性在很大程度上抑制了企业的技能需求。企业本质上是以追求利润最大化为目的的,如果技能劳动力价格过高,企业对技能劳动力的需求就会减少,转而用其他要素代替技能劳动力的投入。因此,在面临技能短缺问题的情况下,企业可能会增加成本较低的低技能劳动力或资本的投入以减少对技能劳动力的依赖,其技能需求的数量下降。这被称为替代效应,尤其是在资本价格下降的情况下,这种效应就更加明显,这一点在英国比较典型。70年代初石油危机使企业的劳动力需求增加,而80年代初北海石油的开采则抑制了企业的技能需求。当然,技能劳动力与其他生产要素之间的替代效应是复杂的,这与技术变革、产品需求、替代要素的供给等因素有密切联系。[3] 生产过程的技术含量越低,技能劳动力需求的替代弹性越高;反之,技能需求的替代弹性会下降。此外,当技能劳动力与其他要素表现为互补关系的情况下,企业在生产过程中必须同时使用这些要素,这就意味着技能劳动力投入的减少可能使其他要素投入量也减少,出现明显的规模效应。

此外,企业的技能需求在很大程度上受其竞争策略的影响。[4] 企业的竞争优势有两种形式,即低成本优势和差异性优势,低成本优势和差异性优势之间往往是矛盾的。在消费者对价格的敏感程度超过质量的情况下,企业可以通过

① 罗志如,厉以宁. 二十世纪的英国经济——英国病研究[M]. 北京:人民出版社,1994:77.

② 罗志如,厉以宁. 二十世纪的英国经济——英国病研究[M]. 北京:人民出版社,1994:66.

③ [美]罗纳德·G. 伊兰伯格、罗伯特·S. 史密斯. 现代劳动经济学:理论与公共政策[M]. 刘昕译. 北京:中国人民大学出版社,2007:106-108.

④ Philip Brown, Andy Green & Hugh Lauder. High Skills: Globalization, Competetiveness, and Skill Formation[M]. Oxford University Press, 2001, pp. 125-126.

低成本策略获得竞争优势,这种竞争策略的技能需求较低,这样可以降低生产成本以提高价格竞争力。如果消费者偏重质量而非价格,企业就必须提高产品和服务的质量才有可能赢得市场,这就需要劳动力有较高的技能水平。企业要获取低成本优势,只需要提供低附加值和低质量的产出,对技能劳动力的要求就比较低,而差异性优势则需要企业付出额外的成本,提供高附加值和高质量的产品和服务,对技能的需求水平也较高。选择何种竞争策略取决于能否为企业实现利润最大化的目标。对于企业来说,尽管通过提高员工的技能水平以提高生产率水平符合企业的长远需要,但是技能供给不足使技能劳动力的价格较高,增加了企业的成本,而对员工的培训需要较长的周期,同时存在一定的投资风险。此外,技能投资收益的实现还需要企业追加物质资本的投入,比如更新技术和设备,否则技能劳动力的生产率也难以达到应有的水平,因此技能劳动力的配置和使用尽管从长远来看能够给企业带来更多的边际收益,但是以企业较高的先期投资为前提。因此企业会选择其他的方式(比如降低成本)获得最大化的利润,尤其是在短期内,这些方式可能带来更多的眼前利益。以价格而不是质量竞争对于决定企业的技能需求起了极其重要的作用。高技能、高附加值竞争战略可能被英国经济的需求结构所削弱。杰夫·艾兰指出,"提供高质量、高附加值的产品和服务并不是每个企业所必需的,企业所关注的是其产品市场战略是否能够让自己生存并获得足够的利润。如果企业能够通过低成本、低质量、高数量的产品和服务实现这些目标,而这种产品市场战略对技能的需求是很低的,在这种情况下,企业没有理由改变其原有的战略。"[1]英国企业对摆脱低技能低成本竞争模式缺乏积极性就是非常明显的体现。

从总体上,英国技能短缺问题与企业的技能需求之间是互动的关系。来自其他发达国家高技术生产者和发展中国家的低技术生产者的竞争突出了提高生产率和降低成本之间的矛盾。由于技能劳动力的短缺,企业不得不采取低技能、低质量的市场战略,企业的产品市场战略主要是提供简单的标准化的产品和服务,进行低成本、低技能竞争,这样就降低了对技能的需求。这造成了两个明显的后果:一方面对外部劳动力市场的技能供给产生了消极影响,另一方面,这种技能需求不足也削弱了企业提供培训的积极性,从而进一步加剧了技能短缺的程度。格林认为,企业对技能劳动力的需求不足是"由于它们已经适应了技能供给的短缺状态并对生产过程进行相应的组织。"[2]技能短缺制约了企业调

①　Alison L. Booth & Dennis J. Snower. Acquiring skills: market failures, their symptoms and policy responses[M]. Cambridge University Press, 1996. p. 311.

②　Mike Flude and Sandy Sieminki. Education, Training and the Future of Work Ⅱ: Developments in vocational education and training[M]. London: Routledge & Open University Press, 1999, p. 28.

整原来的竞争战略,强调质量而不是成本的步伐。[①] 当然,对于一些高技术产业部门来说,技能劳动力的替代弹性较低,技术进步的技能偏好性比较明显,因此其相应的技能需求水平较高,但是对于大部分传统产业部门的企业来说,技术进步的技能偏好并不突出,低技能劳动力也能满足企业的当前需求,由于供给较多,其工资水平远远低于供给不足的技能劳动力,从而可以有效地降低企业的成本。对于这些企业来说,高技能路径并非唯一的选择,它们可以雇佣低技能劳动力以降低生产成本来提高利润率。"资本主义是以利润最大化而不是提高总体技能水平为基础的。经济竞争将促使企业投资以提高技能水平的观点显然是幼稚的。"[②]企业竞争以价格而不是质量为基础,因此企业更愿意通过降低成本而不是投资于培训和雇佣技能劳动力在竞争中取得优势。"如果技能劳动力完全可以由非技能劳动力替代,技能劳动力相对价格的提高将导致技能劳动力的相对需求有所下降。"[③]阿克莫格鲁认为,这是企业基于利润目标在现有资源约束下做出的理性选择。"通过高技能劳动力提供高技术、高质量的产品和服务对于一个企业来说并非至关重要,最关键的问题是企业的产品市场战略是否能够使企业生存并获得充足的利润。如果企业能够通过低技能劳动力生产大量低成本、低质量的产品和服务来实现这些目标,企业也就没有理由改变其生产战略。"[④]值得注意的是,80年代到90年代初期,英国政府的政策关注的也是降低成本[⑤],这种态度显然支持了企业的选择。

不过,这种战略选择虽然可以为企业带来短期的收益,但从长期角度看,却会对企业造成不利的后果。"消极地接受低技能劳动力的做法对于任何企业组织都并非可行的长期战略。"[⑥]日益激烈的全球化竞争使企业依靠降低成本和价格获得的优势越来越难以维系。企业通过低成本/低价格策略赢得竞争优势的空间日益缩小,尤其是当这种竞争不仅来自发达国家,而且越来越多地来自成

---

① Alison L. Booth & Dennis J. Snower. Acquiring skills: market failures, their symptoms and policy responses[M]. Cambridge University Press, 1996. p. 327.

② Philip Brown, Andy Green & Hugh Lauder. High Skills: Globalization, Competetiveness, and Skill Formation[M]. Oxford University Press, 2001, p. 17.

③ Francis Teal. Real wages and the demand for skilled and unskilled male labour in Ghana's manufacturing sector: 1991-1995[DB/OL]. October 20, 1997. The Centre for the Study of African Economies Working Paper Series. Working Paper 58. [2006-10-2], http://www.bepress.com/csae/paper58.

④ John Ahier & Geoff Esland. Education, Training and the Future of Work Ⅰ[M]. Routledge, 1999, p. 4.

⑤ [美]德里克·博斯沃思. 劳动市场经济学[M]. 何璋,张晓丽译. 北京:中国经济出版社,2003:520.

⑥ Geoff Hayward. A century of vocationalism[J]. Oxford Review of Education, Vol. 30, No. 1 March 2004, pp. 3-12.

本更低的发展中国家的时候,低技能均衡的消极后果就显而易见了。突出的表现是英国部分企业为了继续依循低技能路径不得不迁移到其他生产成本更低的国家,这对于英国经济发展尤其是就业问题是不利的。此外,这种市场战略还使企业陷入一个被动的自我强化的恶性循环,难以提高对训练和技能的需求水平。企业个体的理性选择会带来集体的非理性后果,造成许多低技能、低工资的工作岗位。政府撤销工资委员会(wages councils)进一步促使企业更加依赖通过低工资获得竞争优势的倾向,减轻了迫使企业提高劳动力技能水平的压力。①

　　这也就是所谓的低技能均衡状态。② 芬格德和索斯凯认为,经济增长存在两种截然不同的模式——低技能均衡(low skill equlibruim)和高技能均衡(high skill equlibruim)。低技能均衡被用来描述一个国家的低技能经济增长模式,即"经济增长陷入低附加值、低技能和低工资的恶性循环的状态"③,如图3-3所示。英国的技能问题本质上就是低技能均衡,技能供给和需求受到抑制,形成一个自我强化的恶性循环过程。这是由许多政治经济制度共同作用的结果,包括产业和企业组织、生产过程、劳资关系、资本市场、国家政治结构、教育

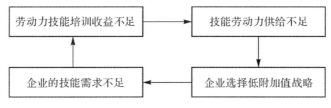

图 3-3　低技能均衡

和培训制度等。"在没有其他制度变量相应调整的情况下,其中任何一个因素的变化都无法使这种均衡状态产生明显的变动。"④而产生这种状况的直接原因是前面曾经提到的生产过程中边际技术的可替代性。此外,还存在一种反市场行为,也会影响技能短缺,当技能劳动力数量不足时,企业可能会减少对训练

　　① Alison L. Booth & Dennis J. Snower. Acquiring skills: market failures, their symptoms and policy responses[M]. Cambridge University Press, 1996. p. 323.

　　② David Finegold & David Soskice. The Failure of Training in Britain: analysis and prescription [J]. Oxford Review Economic Policy, Vol. 4, No. 3, 1988, pp. 21-53.

　　③ Rob Wilson & Terence Hogarth. Tackling the Low Skills Equilibrium, A Review of Issues and Some New Evidence[R/OL]. November 2003, p. xiii. [2006-2-11], http://www.berr.gov.uk/files/file11004.pdf.

　　④ Rob Wilson & Terence Hogarth. Tackling the Low Skills Equilibrium, A Review of Issues and Some New Evidence[R/OL]. November 2003, p. xiii. [2006-2-11], http://www.berr.gov.uk/files/file11004.pdf.

的投入,尽管收益情况能够证明投入是正确的,因为它们担心劳动者一旦培训结束,可能会另谋高就。但是,经济环境发生变化时,许多企业发现它们已经被卷进了一个被动的自我强化的恶性循环,使它们难以提高对训练和技能的需求水平。

低技能均衡有以下几方面的特征:①强调以价格(尤其是劳动力成本)为基础的市场竞争;②产品和服务技术含量较低,生产过程对技能要求也是如此;③劳动力的生产率和工资率较低,企业培训不足;④外部劳动力市场技能供给不足造成企业招聘困难;⑤企业关注成本战略,而忽视新产品和技术的开发以及生产过程的革新;⑥企业当前员工的技能水平不足以应对经济的变化。低技能均衡的典型表现是"低工资率和高就业率并存。"[1]这种观点也得到了其他学者的普遍支持。[2] 尽管英国政府近年来在解决失业和创造新的工作岗位问题上的成就值得肯定,但是相当多的新增就业岗位都是低技能和低工资的,而且许多产业部门似乎对这些低技能岗位的依赖性越来越明显。芬格德指出,"教育和培训制度再现并进一步强化了这个问题。"[3]之所以造成这种情况,一方面是由于英国技能劳动力供给不足造成的,教育和培训的规模较小、质量较低;另一方面,对产品和服务较低的需求水平使英国企业的市场竞争对劳动力的技能要求较低,因此使企业对教育和训练的发展没有迫切的需求。因此供给和需求处于一种消极的均衡状态。[4] 这种经济增长路径在短期内是可行的,能够为企业带来利润,但是从长期来看却是没有出路的,无法提供良好的就业机会、高附加值的产品和服务以及可持续的经济增长。低质量的产品和服务与劳动力的低技能水平形成一个恶性循环。相反,如果所有利益群体都积极参与教育和培训并且保持较高的质量,企业将依赖高素质劳动力扩大市场份额,占领高端市场,这反过来会进一步强化对教育训练的质量要求。这种状态被认为是"高技能均衡"(表3-2)。高技能均衡是一个良性循环过程。他们认为德国是高技能均衡

---

① 实际上并非所有低工资/高就业的情况都属于低技能均衡。工资水平与劳动力技能并非正相关的,劳动力技能只是影响其工资水平的一个因素。某些地区或行业支付的工资水平、就业率相对较高,在地区和行业内部,某些企业的工资和就业人数也优于其他企业。这些情况与低技能均衡假设并不矛盾。对于这种情况,效率工资理论认为企业试图通过支付较高工资使技能劳动力更加努力地工作、提高生产率,并减少劳动力的流动成本。工会压力模型(union threat model)认为集体的威胁是某些组织支付高于市场水平的工资的一个原因。租金分享理论(rent-sharing arguments)认为,当企业生产率水平较高、具有较强的赢利能力,而员工在工资协商过程中有足够的影响力,企业往往会提高工资水平。这些理论对某些地区、行业或企业的工资水平较高的现象都进行了合理的解释。

② Christopher Winch. The Economic Aims of Education[J]. Journal of philosophy of Education, Vol. 36, No. 1, 2002, pp. 101-107.

③ John Ahier & Geoff Esland. Education, Training and the Future of Work Ⅰ [M]. Routledge, 1999, p. 5.

④ Colin Crouch, David Finegold & Mari Sako. Are skills the answer? The Political Economy of Skill Creation in Advanced Industrial Countries[M]. Oxford University Press, 1999, p. 22.

的典型。在英美等国家,学徒培训投入给受训者带来的收益是比较低的,而在德国,学徒培训则是确保青年获得待遇优厚的就业岗位的主要途径,这促使德国青年为了获得最好的培训机会努力通过普通教育培养基本技能,对保证普通教育质量提供了外在条件。而企业削减培训岗位会影响青年人学习的积极性,进而影响中等教育质量。这反过来又进一步引起企业培训岗位的减少,因为企业在选拔学徒的过程中面临不断加剧的信息不对称问题。[①] 此外,越来越多的青年选择接受高等教育而不是学徒培训,或者在学徒培训结束以后进入大学继续学习,企业发现吸引和挽留高素质的学徒更加困难,在这种情况下,企业不得不选择其他途径满足技能需求。"良好的培训机会越少,对那些在学徒培训和高等教育之间抉择的离校青年来说,高等教育对离校青年来说越具有吸引力,一直被认为处于高技能均衡的德国忽然发现自己也进入非均衡状态。"[②]企业和个人在培训岗位方面供给和需求持续的错位使德国学徒制处于危机之中。

表 3-2 企业技能需求与技能供给的相关性

高 企业技能 需求程度 低	技能短缺失衡:企业的技能需求大于当地劳动力市场的供给造成的不匹配。	高技能均衡:企业的技能需求刺激了技能的供给,促进了个体对接受教育和培训的愿望和行动。
	低技能均衡:劳动力市场以低技能劳动力为主,企业的技能需求不足,造成个人缺乏接受教育和培训的动力和兴趣。	技能过量失衡:劳动力无法获得符合其技能和期望水平的就业岗位而造成的不匹配现象。
	低 ◀——技能供给程度——▶ 高	

根据芬格德和索斯凯的观点,"低技能均衡"是一个相对的概念,其相对性主要体现在两个方面:①与其他发达国家相比,英国更接近于低技能均衡状态的特点,也就是低技能均衡的概念本身体现了比较的意义。②低技能均衡并不意味着所有的英国企业提供的产品和服务都是低质量的,或者所有的劳动力的教育训练程度都是比较低的。许多企业的员工素质水平也是很高的,并且提供了良好的培训机会。低技能均衡意味着在全国范围内,企业产品和服务的总体质量较低,因而造成劳动力所需技能的总体水平低于其他国家,因此,低技能均衡的概念用来描述宏观的经济环境,而并非针对某个产业部门、地区或企业的

---

① Pepper D. Culpepper. The Future of the High-Skill Equilibrium in Germany[J]. Oxford Review of Economic Policy,Vol. 15,No. 1,2003,pp. 43-59.

② Pepper D. Culpepper. The Future of the High-Skill Equilibrium in Germany[J]. Oxford Review of Economic Policy,Vol. 15,No. 1,2003,pp. 43-59.

具体情况,因为一些部门或企业的生产是以高技能为基础的。此外,"低技能均衡"是一个动态的概念,而并非静态的。因为企业对路径和策略的选择是动态的过程,"低技能均衡"意味着企业采取的策略是一种"低技能路径",这种策略可能持续相当长的时期。因此从这个意义上看,"均衡"这个概念容易让人产生误解,因为"均衡"一般用来表示一种静态的条件,而低技能均衡的特征是非均衡性,或者是从非均衡向均衡的缓慢的、不完全的调整过程。①

很多人认为"低技能均衡"是英国教育和训练制度长期的制度失灵(system failure)的表现之一。② 因此,英国政府最初的改革措施主要是针对教育制度存在的问题而进行的,但是收效甚微。低技能均衡是一个复杂的政策问题,有两点值得注意:一方面教育和培训制度没有培养适合的劳动力以满足企业的技能需求;另一方面,许多企业对技能的重要性缺乏正确的认识,技能短缺问题隐性地存在于企业却不为其所知。因此仅仅依靠教育政策的干预是无法解决的,必须采取多方面的政策措施。因此在增加技能供给的同时,采取措施刺激企业的技能需求、进而转变其生产战略是至关重要的。威尔逊和霍格斯认为,应该使企业对技能形成客观的认识,鼓励企业在政府的支持下开发培训计划以培养自己所需要的技能劳动力。当然,路径依赖(path dependence)③使这个问题复杂化了。如果比较复杂的工作可以分解成相对简单的工作,企业更倾向于使用可以胜任的低技能劳动力而不是通过提高员工技能水平或雇佣外部技能劳动力。这样无疑会降低企业的生产成本却可以带来更多的效益。不过,企业一旦进入这一发展轨迹,持续的技能需求不足就成为企业路径依赖的消极后果。企业之间的相互影响使其改变原来的路径更加困难,沿袭低技能路径的企业越多,对每个企业选择其他路径的限制因素也就越多。

三、个人的技能需求分析

英国技能短缺问题的产生不仅仅在于企业对技能的需求不足,还表现在个

---

① Rob Wilson & Terence Hogarth. Tackling the Low Skills Equilibrium, A Review of Issues and Some New Evidence[R/OL]. November 2003, p. xiii. [2006-2-11], http://www.berr.gov.uk/files/file11004.pdf.

② Rob Wilson & Terence Hogarth. Tackling the Low Skills Equilibrium, A Review of Issues and Some New Evidence[R/OL]. November 2003, p. xiii. [2006-2-11], http://www.berr.gov.uk/files/file11004.pdf.

③ 根据制度经济学的观点,路径依赖是指一个具有正反馈(positive feedback)机制的体系,一旦在外部性偶然事件的影响下被系统所采纳,便会沿着一定的路径发展演进,而很难被其他潜在的甚至更优的体系所取代。企业作为一个组织系统也具有路径依赖的特征。如果企业最初选择的生产模式为企业的发展带来效益,只要效益不断产生,即投入越多,效益越高,就出现了被理解为效益递增的正反馈现象,企业也将继续选择这一技术或惯例,这样就形成了一个连续的自我强化过程。

人对技能和教育培训机会缺乏积极性。其主要原因有如下几个方面：

(一)英国"学术至上"的传统观念使人们对普通教育和职业教育并没有一视同仁

这在普通教育和职业教育"目标群体"(target group)的差异上得到了明显的体现。英国教育制度的"两轨"从一开始就明确了各自不同的教育对象。人们认为不同的人应该接受不同的教育，这一点在英国政府对三类学校制度的态度上得到了认可，哈多报告和史宾斯报告就反映了这种倾向。因此学术教育和职业教育有各自不同的"目标群体"，也就是教育对象。不过这种目标群体的划分名义上是为了满足学生的不同兴趣和需求，实际上是由于对自由教育的偏爱。学术教育和职业培训的价值冲突在英国人的观念里根深蒂固，那些中学毕业以后继续接受高等教育的人往往会受到社会更多的尊重。对学生进行分流的依据是学生是否有能力接受学术教育，有才能的学生可以学习学术课程，对于他们来说，通过学术教育然后升入大学，这是最好的出路，选修职业教育只是那些被贴上"能力不足"的标签没有资格修更高水平普通教育课程的青年的无奈之举。职业教育不得不接受学术教育挑选以后剩下的"残羹冷炙"，这就决定了职业教育和普通教育在人们心目中无法相提并论。目标群体的划分和英国的平等观有着紧密联系。传统观念认为所有儿童的教育都有内在的价值平等，这种价值平等原则要求一切人得到平等的尊重和考虑而非同等对待，平等决不意味着绝对的一致，因此，不同能力的学生接受不同类型的教育，就成为合理的事情。职业教育的对象一直仅限于"能力较差"的那部分学生，他们或者进入继续教育机构学习职业课程并获得相应的职业资格，或者在企业中接受学徒培训，掌握专门工作技能。普通教育课程过于古典化，偏离社会和经济的需要，而且接受普通教育的学生并不学习职业课程和实用技能。

(二)职业教育和培训的过于专门化难以满足人们长远的发展需要

在企业主导的教育培训制度下，企业更关注教育和培训计划能否满足企业当前的、具体的、直接的需要，而对于受训者的未来个人发展的需求则很少关注，这也是由企业的本质所决定的。这一点在前文已经进行了论述。在市场需求日新月异、劳动力市场的流动也日趋显著的情况下，个人需要具有更好的适应性和一般性技能，仅仅掌握针对某个企业或工作岗位的专门技能则随时有可能使个人面临被淘汰的危险，对于个人来说，最好的选择就是学习能够有助于培养一般技能的课程。此外，职业资格的狭窄性使其无法为有学术理想的青年人接受高等教育提供必要的基础。因此，职业资格对青年人显然缺乏吸引力。而由于教育程度而造成的经济和社会差距的加剧更是进一步加重了这样的趋势。从目前的情况看，人们更愿意选择传统上作为大学入学资格的学术性资格——A-Level，或者作为另一条接受高等教育途径的半职业性的全日制课程。

而过于专门化的职业资格则备受冷落。这也是人们理性选择的结果。此外，义务教育和职业教育之间缺乏衔接也限制了人们的发展机会。这也是英国教育制度存在的主要缺陷，突出地表现在英国的考试制度上。在 80 年代以前，英国考试制度具有明显的学术倾向，使普通教育和高等教育之间实现顺利过渡，从而也使义务教育主要服务于大学的需要。这种制度安排对于职业教育是缺失的。接受学术教育的学生通过高等教育有更多的发展机会，而对于职业教育的学生，除了就业以外别无选择。企业对劳动力技能和资格要求不高。这种状况影响了个人对职业培训的态度，降低了对技能的需求水平。

（三）教育投资和回报结构的不协调使个人缺少获取技能的动力

个人的技能需求取决于技能能否带来积极的收益。"除非这种收益是正向的，能够为个人带来终生更高的收入，否则培训市场不可能出现技能供给的显著增长。"①因此，当个人确信资格和技能与就业和发展机会之间存在显著的正相关性时，才会有培训投资的意愿。而在英国，偏低的投资回报率制约了人们的技能投资行为。这表现在两个方面：

1.职业教育和普通教育的回报率不平衡，职业教育的投资回报率较低。"当青年人进行义务后教育和培训的投资决策时，他们在一定程度上是根据他们所确信的企业对资格的评价进行的。"②劳动力市场在招聘和工资差距上都没有向青年人提供关于职业资格积极的反馈，相比之下，学术资格却表现了较高的投资回报率。劳伦·迪尔顿等人对英国学术资格和职业资格收益率的研究表明，"在不考虑获取资格所需时间的情况下，学术资格的附加收益往往高于相同水平职业资格的附加收益。"③罗宾森对英国的资格回报率的研究指出学术资格的回报率明显高于同水平的国家职业资格。例如在工资收入上，具有大学学位资格的人比具有相同水平的 HND/HNC 资格的人高 16％，具有 2 到 3 门 A-Level 的人比具有 OND/ONC 或 BTEC 国家资格的人高出大约 19％。④ 约翰·海利德的研究也表明学术资格的回报较高，而水平 2 以下的 NVQ 几乎没有

---

① Alison L. Booth & Dennis J. Snower. Acquiring skills: market failures, their symptoms and policy responses[M]. Cambridge University Press, 1996. p. 315.

② Hilary Steedman, Howard Gospel & Paul Ryan. Apprenticeship: A Strategy for Growth, A Special Report published by the Centre for Economic Performance[R/OL]. October 1998, [2006-10-12], http://cep. lse. ac. uk/pubs/download/special/apprenticeship. pdf.

③ Lorraine Dearden, Steven McIntosh, Michal Myck & Anna Vignoles. The Returns to Academic and Vocational Qualifications in Britain[DB/OL]. November 2000, [2006-12-2], http://cee. lse. ac. uk/cee dps/CEEDP04. pdf.

④ Lorraine Dearden, Steven McIntosh, Michal Myck & Anna Vignoles. The Returns to Academic and Vocational Qualifications in Britain[DB/OL]. November 2000, p. 3-4, [2006-12-2], http://cee. lse. ac. uk/cee dps/CEEDP04. pdf.

任何回报。① 当然,造成这种差异的因素是多方面的,比如职业教育较高的成本、学生的能力和家庭背景等等。不过,人们对职业教育的社会评价也是不可忽视的,尤其是对于英国这样的国家。劳伦·迪尔顿等人在排除了其他影响因素后也发现中等水平的学术资格高于相同水平的职业资格。

2. 不同技能水平劳动力的收入差距过小,使技能投资不能产生相应的收益,从而削弱了人们进一步接受教育和训练的兴趣。巴耐特等人的研究显示,高级水平职业资格一般能够提高个人的收入水平,但是对于低水平职业资格甚至许多拥有 A-Level 的人来说,投资带来的回报是很有限的,甚至在某些情况下是消极的。他们认为,造成进行技能投资的青年人回报较少的主要原因是企业对技能需求不足,这种情况进一步降低了青年人对义务后教育和训练的需求水平。因此,许多青年人没有接受培训是理性的选择——因为培训不能给他带来足够的回报。奥克罗夫认为不同技能劳动力的工资差距过小是造成英国技能投资不足的主要原因之一。② 一些学者将英国的工资水平与其他国家进行了比较。雷亚德等人的研究发现,英国技能工人和非技能工人之间的收入差距明显低于其他发达国家。③ 表 3-3 说明了英国、法国和德国不同技能劳动力之间的相对工资指数。从这些数据看,英国不同技能水平劳动力的工资差距明显小于法国和德国。这在一定程度上反映了企业对技能劳动力的态度。

表 3-3　不同技能劳动力的相对工资指数

	英国	法国	德国
技师	140	179	169
熟练技工	126	154	121
低技能劳动力	113	124	115
非技能劳动力	100	100	100

注:非技能劳动力的工资为 100。

英国的资料是 1989 年,法国和德国的资料为 1986 年。

此外,实证研究还表明英国工资差距还呈现缩小的趋势。劳斯的研究显

① John Halliday. Distributive Justice and Vocational Education[J]. British Journal Educational Studies,Vol. 52,N. 2 June 2004,pp. 151-165.

② Derek H. Aldcroft. Education, Training and Economic Performance:1944－1990[M]. Manchester University Press,1992,p. 135.

③ Alison L. Booth & Dennis J. Snower. Acquiring skills:market failures,their symptoms and policy responses[M]. Cambridge University Press,1996,p. 316.

示,高等教育资格的回报率从50年代中期的17.5%下降到了80年代中期的8.5%。[1] 与之相对的是,低技能劳动力却呈现出较高的工资率,缩小了与高技能劳动力之间的工资差距,这就弱化了人们接受培训的积极性,造成英国职业教育和培训的表现始终差强人意。在技能劳动力和非技能劳动力的收入方面也长期呈现出这样不断缩小的趋势。图3-4显示了从1948年到1980年英国制造业非体力劳动力相对工资率的变化趋势。这说明非体力劳动力和体力劳动力的工资差距在不断缩小,也意味着英国劳动力的收入与其技能或资格水平之间缺乏相关性。Wells的研究证实这种趋势在那些缺乏经验或技能的青年人和成年人的工资差距方面尤其明显。

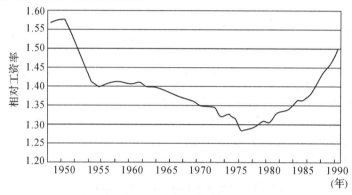

图3-4 非体力劳动力的相对工资率变化趋势

数据来源:Alison L. Booth & Dennis J. Snower. Acquiring skills:market failures,their symptoms and policy responses[M]. Cambridge University Press, 1996. p.132

工资差距的缩小意味着提高了低技能劳动力相对于高技能劳动力的工资水平,从而降低了人力资本投资的收益率。[2]对于投资并获得义务后职业资格和学术资格的青年来说,投资并没有带来预期的回报,其技能需求就可能下降。在人们看来,技能投资的收益没有补偿培训的机会成本,这就削弱了人们进一步接受教育和训练的兴趣。格林认为,对于青年人来说,他们缺乏充足的信息和经验对长期的收益作出预期,他们对技能培训的态度可能表现出更明显的短期性。低技能劳动力相对较高的工资率以及与技能劳动力之间较小的差距弱化了人们接受培训的积极性,使英国培训水平一直不高。这些都是市场失灵的

---

[1] Richard Layard, Ken Mayhew & Geoffrey Owen. Britain's Training Deficit:The Centre for Economic Performance Report[M]. Avebury, 1994,p.59.

[2] J. R. Shackleton. Training for Employment in Western Europe and the United States[M]. Edward Elgar, 1995,p.44.

表现,这说明了放任主义培训政策的局限性。① 这种问题在战后各个发达国家都有不同程度地存在,英国尤为突出。

造成工资差距缩小的原因可能有五方面的因素:

第一,英国工会势力的不断壮大是造成这种状况的主要原因。一般说来,工会"总是试图将各种不同技能的劳动力群体的工资差距缩小。"②"二战"以后英国的政治经济环境为英国工会提供了有利的条件。首先,工党上台执政显然有利于工会的发展,因为工党成员大多来自工会。20 世纪 70 年代工党实施的立法事实上保护了工会的"特权"。其次,工党政府实施的国有化运动直接促进了工会的规模。大规模的国有化使国有企业在英国经济中占据了举足轻重的地位,由于英国工会主体是由国有企业工会组成,因此工会会员人数显著增长。1979 年,工会会员达到了劳动力总数的 53％。工会力量的强化直接影响了劳动力的工资水平。英国和其他大多数西方国家一样,劳动力的工资是通过企业(产业)与工会集体谈判的方式确定的。工会人数的迅速增长提高了工会在谈判中的影响力,造成劳动力工资处于较高的水平,这自然就抑制了企业的技能需求,使其对低技能劳动力的需求增加,这显然又推动了低技能劳动力的提高,最终使不同技能劳动力的工资差距缩小。

第二,战后英国政府的工资管制政策。阿克莫格鲁等人认为,"不同国家工资差距存在的差异在一定程度上反映了这些国家针对其劳动力市场制度的不同需要作出的技术选择。"③"二战"结束以后,英国经济发展一直很缓慢,缺乏竞争力,原因之一就是劳动力成本较高。"英国高失业率的一个主要原因是英国的劳动力成本已经超过了生产率。在过去 20 年,美国新生了 380 万个岗位,而实际工资的增长则控制在了 8％,在英国实际工资增幅高达 48％。"④当时的政府与经济学家认为,产生这一现象的根本原因在于英国企业工资成本的增长太快,既超过本国经济发展的速度,也远高于其他国家企业工资成本的增长。因此,要使经济保持较为理想的增长,必须限制劳动力工资的增长。从 1979 年到 1987 年,美国人每周的实际收入下降了近 8％,就业率增长了 14％。而英国人平均每周的实际收入增长了 20％,而就业率下降了将近 6％。因此,沃斯维克

①　Mike Flude & Sandy Sieminki. Education, Training and the Future of Work Ⅱ: Developments in vocational education and training[M]. London: Routledge & Open University Press, 1999, p. 28.

②　[美]罗纳德·G. 伊兰伯格、罗伯特·S. 史密斯. 现代劳动经济学:理论与公共政策[M]. 刘昕译. 北京:中国人民大学出版社,2007:541.

③　Daron Acemoglu. Technical Change, Inequality, and the Labor Market [J]. Journal of Economic Literature, Vol. 40, No. 1, 2002, pp. 7-72.

④　G. D. N. Worswick. Unemployment: a problem of policy[M]. Cambridge University Press, 1991, p. 82.

认为,高工资是高失业率的主要原因。以管制工资为主要内容的收入政策是从"工资推动通货膨胀"的理论开始的。一些经济学家认为,为了对付严重的通货膨胀和高失业率并存的局面,需要对物价和工资加以管制。托宾认为收入政策是终止通货膨胀的较好办法。在这些观点的影响下,英国政府决定实行以管制工资为主要内容的收入政策,其目的就是力图控制通货膨胀而不致引起相应的失业上升。这使个人收入差距大为减小,甚至经过调节后的个人收入出现了令人意想不到的结果:经过调节后甚至出现低技能劳动力的收入反而高于原来工资比他高的劳动力。

第三,技能劳动力供给不足。这使企业的技能需求得不到满足。根据瑞德的观点,在劳动力市场供不应求时非技能劳动力的工资会上升。[①] 由于工资的刚性,在这种情况下,企业往往会降低招聘标准而不是增加工资,这就使技能需求较高的工作岗位由低技能劳动力替代,这样使低技能劳动力和非技能劳动力的需求和工资上升,从而缩小了工资差距。

第四,学校教育的普及。根据人力资本理论,教育的普及使中等和高等教育的私人成本下降,这使刺激教育投资的工资差额缩小。因此,随着投资的扩大,教育和培训的收益率是递减的。[②] 博斯沃斯和威尔逊认为,英国高等教育收益率出现下降的趋势,在很大程度上是由于 60 年代以来高等教育的大发展造成的。[③] 相比之下,60 年代到 70 年代数量空前的毕业生大量进入劳动力市场,这使英国中级水平的教育和培训投资收益率的减少更加显著。[④]

第五,经济增长和技术进步的性质。经济繁荣增加了劳动力的需求,而此刻技术进步的技能替代性较为明显,使企业对劳动力技能要求不高,对低技能劳动力的需求较多,使技能劳动力和低技能或非技能劳动力之间的工资差距不大。

(四)英国的福利制度削弱了个人技能投资的积极性

作为率先完成产业革命的国家,资本主义的弊端在英国暴露得也比较早、比较集中。经济危机以及由此引发的大规模失业以及贫困问题使原来的济贫法难以维系。早在 1909 年,英国工人运动的组织——费边社就向政府提出了

---

① [美]德里克·博斯沃思. 劳动市场经济学[M]. 何璋,张晓丽译.北京:中国经济出版社,2003:472.

② Richard Layard, Ken Mayhew & Geoffrey Owen. Britain's Training Deficit:The Centre for Economic Performance Report [M]. Avebury,1994,p.33.

③ Richard Layard, Ken Mayhew & Geoffrey Owen. Britain's Training Deficit:The Centre for Economic Performance Report [M]. Avebury,1994,p.51.

④ [美]德里克·博斯沃思. 劳动市场经济学[M]. 何璋,张晓丽译.北京:中国经济出版社,2003:495.

一个报告,要求政府从教育、就业、医疗、养老等方面采取措施,根本解决社会性贫困问题。这些要求在当时虽然未被接受,但却为后来英国福利国家制度的建立提供了基础。庇古的"福利经济学"和凯恩斯主义的创立又为英国福利国家制度的创立提供了理论依据。不过,促使英国政府在战后将福利制度作为首要政策的根本原因是政治上的需要。"二战"期间,英国民众空前团结,为国家独立和安全而战的前提是他们相信英国必胜,相信战争结束后生活条件会得到改善。因此,工党上台以后的首要任务就是"顺应国内人们的要求,提出一个可以被国内人民所接受的稳定经济、扩大就业、提高生活水平的施政纲领,否则人民的不满情绪的增长将会动摇自己的统治。"[1]这个施政纲领就是著名的贝弗里奇报告。该报告指出:社会福利是社会集体应尽的责任,是每个公民应享受的权利。"二战"以后,工党和保守党在建立福利社会问题上取得了共识,将福利制度看作保障劳动力权利、实现企业和工会妥协以促进社会团结的途径。[2] 英国政府将贝弗里齐报告的建议付诸实施,建立了高福利、高补贴的全方位的社会保障体系,使每个公民的基本需求得到了保障,有利于社会的安定。不过英国福利制度将福利当作公民所应得的不附带任何条件的权利,这种注重权利而忽视责任的福利政策造成了明显的负面影响:一方面,社会福利开支逐渐成为英国政府的一个沉重负担。1979 年英国政府开支是当年国民生产总值的45.7%,而仅社会福利开支就占到英国政府开支的41.2%。到 80 年代中期,社会福利开支每年竟然高达 400 亿英镑,占到国民生产总值的 11%。另一方面,人们接受技能培训和就业的积极性大为下降。由于失业津贴和失业救济制度提供了基本的生活保障,而且领取失业救济金不需要纳税。再就业后不仅要失去各种失业救济,而且由于英国的所得税和社会保险费的起征点很低,同时救济和免税严格与收入挂钩,在职劳动力要缴纳高额的所得税和社会保险费,从而造成部分失业者一旦就业后,其实际收入反而减少。英国将近七分之一的人,他们在工作时的收入水平低于失业时的收入。众多的失业者宁可依赖救济而不愿重新工作的原因就在于此。这使英国失业人数中自愿失业者占相当大的比例。"从摇篮到坟墓"的福利政策严重地滋生了人们的"福利依赖"情绪,削弱了人们通过工作增加收入的积极性,更严重的是这些原本旨在保证社会公平的政策却产生了"奖懒罚勤"的消极的社会效果。劳动力市场存在大量闲置的劳动力,他们既不接受培训,也不愿意就业。福利制度本身缺乏强制性激励也是导致"福利陷阱"形成的一个重要原因。实施上,除了 1996 年才实行的"求职

---

① 罗志如,厉以宁. 二十世纪的英国经济——英国病研究[M]. 北京:人民出版社,1982:42.

② John Ahier & Geoff Esland. Education, Training and the Future of Work Ⅰ[M]. Routledge, 1999,p. 31.

者补贴"项目以外,英国的其他福利项目基本上都没有要求适龄福利申请者积极地接触劳动力市场,接受培训或者从事志愿性工作。[①] 总之,英国"过于慷慨"的福利制度明显地弱化了人们通过提高技能水平改变就业状态的愿望,从而加剧了英国技能供给不足的问题,使英国的技能短缺和失业问题不断加剧。在这种情况下,英国政府不得不对福利制度进行改革,刺激个人进行技能投资的积极性。

第三节　技能供给和需求的失衡

技能短缺一方面表现为数量短缺,也就是技能供给的数量低于市场的需求数量,另一方面表现为结构短缺,即技能供给的结构和类型不能满足市场需求。从英国的技能短缺情况看,劳动力数量不足是许多工作岗位空缺的主要原因。NESS2005 的数据显示,由于"缺乏求职者"造成空缺岗位占了所有空缺岗位的13%。[②] 这说明英国产业部门也面临着劳动力数量不足的问题。这主要有三方面原因:一是人口出生率下降,这种趋势在包括英国在内的发达国家普遍存在,一些国家人口甚至出现了负增长。这直接影响了劳动力的供给状况。根据国际劳工组织的数据,1980—1990 年,劳动力供给年均增长 2.2%,而 1990—2005年为 1.6%。二是劳动力参与率较低。福利制度是造成人们对就业持消极态度的主要原因。三是全日制教育的扩充使更多的青年人选择继续接受教育,从而影响了青年劳动力的供给数量。1980 年青年的劳动力参与率为 63.9%,1990年为 61.4%,2005 年为 54.7%。[③] 20 世纪 60 年代和 90 年代英国高等教育的大发展对劳动力的供求关系产生了明显的影响。与技能供给有限形成鲜明对比的是,经济增长和产业结构的变化创造了大量的就业机会,技能需求持续增长,这使许多岗位由于缺乏劳动力而处于空缺状态。

不过,随着技术进步和产业结构的调整,结构性的技能短缺问题显得更加突出。英国教育培训制度的发展使技能供给的规模不断扩大,然而并没有带来

① 周涛. 英国积极的就业政策研究[D]. 华东师范大学硕士学位论文,2004:48.

② LSC. National Employers Skills Survey 2005:Main Report[R/OL]. 2006,p. 34. [2008-3-15] http://readingroom. lsc. gov. uk/Lsc/2006/research/commissioned/nat-nationalemployersskillssurvey 2005 mainreport-re-june2006. pdf.

③ 以上相关数据均源自:Steven Kapsos. World and regional trends in labour force participation: Methodologies and key results[DB/OL]. International Labour Office Employment Trends Unit Economic and Labour Market Analysis Department,2007, [2008-6-6]. http://www. ilo. org/public/english/ employment/download/elm/elm07-1. pdf.

技能短缺问题的缓解,企业仍然面临大量的岗位空缺和招聘困难,而造成岗位空缺的主要因素就是满足企业需要的技能劳动力不足。从70年代以来英国技能短缺的调查结果可以得到明显的体现。根据贝弗里齐曲线,失业率的上升会使空缺岗位减少,反之亦然。而英国技能短缺问题却表现为严重的技能短缺和高失业率,而且长期失业和结构性失业日益突出。霍格斯和威尔逊认为造成这种情况的原因之一就是技能供给和技能需求的错位,失业人群的技能水平和结构不能满足空缺岗位的需要。这说明技能短缺并不仅仅表现为技能供给总量的短缺,而且还表现在由于技能供给和需求在结构上的不匹配造成的结构性短缺。这是生产过程中组织变革和技术进步的结果。大量研究表明英国技能供给和需求都是不足的。[1] 政府往往过分强调教育和培训的供给和就业能力,忽视刺激技能劳动力的需求。[2] 关键问题是政府如何使技能供给与技能需求相协调,这并不是在低技能均衡的基础上实现供给和需求的协调,而是供给和需求能够促使整个社会技能水平的提高。究其原因是技能的供给结构和需求结构不相称引起的劳动力市场失调造成的。1968年,菲利普库姆斯在其代表作《世界教育危机:系统分析》中断言:"不论是在发达国家还是在发展中国家都明显存在的供求之间的矛盾一定会继续扩大,尽管在不同国家这一矛盾表现在教育结构的不同层次上。"[3]

一、技术进步、产业变革和技能供求的错位

技术进步和产业结构的变化在很大程度上决定了技能需求的结构。尽管由于种种因素的影响,英国企业和个人的技能需求水平相对不足,但是,在技术进步的推动下,产业部门生产率不断提高,从而提高了技能需求的总体水平。试图通过增加劳动力数量或劳动密集型生产方式获得竞争优势,这在技术日益复杂的今天是难以想象的。非技能、低技能工作岗位减少,需要劳动者具备多种及更高水平技能的工作增加。这里至少有两方面的原因:①技术革命,特别是信息技术在生产中的运用,使得产品的技术含量日益提高;②经济全球化促使发达国家将低技能含量的生产活动转移到劳动力和物质投入成本较低的发展中国家,造成国内非技能或低技能工作岗位减少。这些情况都使企业对技能的总体需求不断提高。尤其是经济全球化和国际贸易的发展使发达国家必须在技术密集型产品和服务方面占据优势,而依靠于非技能劳动力的生产将使其

---

① Mike Flude & Sandy Sieminki. Education, Training and the Future of Work Ⅱ: Developments in vocational education and training[M]. London: Routledge & Open University Press, 1999, p. 35.

② Philip Brown, Andy Green & Hugh Lauder. High Skills: Globalization, Competetiveness, and Skill Formation[M]. Oxford University Press, 2001, p. 42.

③ [美]菲利普·库姆斯. 世界教育危机[M]. 赵宝恒,李环等译. 北京:人民教育出版社,2001:34.

处于不利地位。企业必须不断地引进新技术、开发新产品并革新生产过程,而这又进一步强化了企业的技能短缺问题。[①] 1989 年 MSC 的研究报告结果显示,企业内部技能缺陷一方面是由于劳动力技能不足——"缺乏技能劳动力"(59%)、"员工缺乏专门技能"(45%),另一方面就是技术进步,45% 的企业将"生产过程和技术的进步"作为主要因素。[②] 技术进步改变了劳动力市场和工作的性质,提高了技能的重要性,企业越来越需要劳动力具备多方面的技能和适应能力。而英国劳动力市场的技能供给与市场需求之间却存在着结构性的错位。这表现在以下两方面:

(一)技能供求在水平结构上的错位

随着技术的不断进步,产业结构也出现了根本性调整,在很大程度上使非技能性工作逐渐被技能性工作取代。[③] 一些产业成为"朝阳产业",处于扩张和发展状态,对技能劳动力的需求逐渐增加;相反,制造业、工程业、纺织业等传统产业逐渐成为"夕阳产业",处于萎缩和衰退过程,对劳动力(包括技能和非技能劳动力)的需求逐渐减少。由于不同产业部门劳动力市场的技能供需存在排他性,劳动力在不同部门之间的转移受到限制,尤其是向技能水平要求较高而且专业性较强的产业部门转移更加困难。这样就出现了传统产业部门劳动力供过于求,而新兴产业部门却供不应求。这种由需求结构变化和技术进步引起的劳动力供给和需求不一致的结构性失业在英国劳动力市场尤为突出。1971 年农业部门就业人数占英国劳动力总量的比重为 1.9%,而到了 1991 年降至1.3%。工业部门就业人数占英国劳动力总量的比重下降更为突出,从 1971 年的 46.% 下降到 1991 年的 14.5%,尤其是制造业,就业人数比例从 50 年代初的50% 急剧降至 90 年代的不足 1/4。相比之下,服务业就业人数比例则从 1971年的 52.6% 提高到 1991 年的 84.2%。而 70 年代以来英国工业(尤其是制造业)在产业结构中的比重严重地反常态衰减对于英国技能需求的影响显然是深刻的。工作岗位的就业情况也发生了变化,低技能性工作岗位减少,而高技能工作岗位的比例逐渐提高。1971 年,英国工作岗位 51% 属于体力工作岗位,到2003 年,这个比例下降到了 38%。相比之下,技术性或准技术性工作岗位的比例从 27% 提高到了 41%。这使英国产业的技能需求从体力和手工技能转向较

---

① Derek Bosworth, Rhys Davies, Terence Hogarth, *et al*. Employers Skill Survey: Statistical Report, September 2000[R/OL]. [2006-5-3], http:www. dcsf. gov. uk/research/data/uploadfiles/skt40. pdf.

② Derek Bsoworth, Pat Dutton & Jackie Lewis. Skill Shortages: Causes and Consequences[M]. Avebury,1992,pp. 184-185.

③ Richard Layard, Ken Mayhew & Geoffrey Owen. Britain's Training Deficit: The Centre for Economic Performance Report[M]. Avebury, 1994,p. 56.

高水平的一般技能或软技能。生产操作岗位的劳动力需求下降最为明显,1979年男性和女性劳动力比例为 17.1% 和 8.7%,1984 年为 13.6% 和 5.9%,而1989 年这个比例为 12.9% 和 5.3%。手工岗位也表现出同样的趋势。相反,管理和高技能岗位比例迅速上升,1979 年男性和女性劳动力比例为 13.1% 和5.2%,1984 年为 16.0% 和 7.0%,而 1989 年这个比例为 16.5% 和 8.0%,专业技术岗位 1979 年男性和女性劳动力比例为 7.8% 和 6.0%,1989 年这个比例提高到了 9.3% 和 7.1%。[①] 英国就业结构发生了根本性的变化。根据标准职业分类法(SOC2000),1971 年,51% 的工作岗位属于体力劳动力岗位,到了 2003年,这个比例下降到了 38%。相反,管理性、专业性和准专业性工作岗位的比例从 27% 提高到了 41%。[②] 这些数据说明随着生产过程的自动化,对准技能劳动力的需求减少,而对具备多种技能的管理人才的需求则不断上升,以管理日益复杂的生产过程和设备维护或提供专业服务。这也使劳动力逐渐从非技能工作岗位向技能性工作岗位流动,这种"向上流动"(upwardly mobile)的倾向显然会提高对劳动力的技能需求。

实际上,劳动力不是均质的。在产业化的初级阶段,低技能劳动力完全可以满足企业生产的需要,市场对劳动力的技能水平要求较低。这一点也体现在传统经济理论上,劳动力仅仅被看作是"同质"的生产要素,而不是"异质"的人力资本。直到 20 世纪 60 年代以后,技术进步表现出明显的技能偏好性。应运而生的人力资本理论也使人们真正认识到劳动力的异质性。总之,劳动力需求逐渐倾向于高技能劳动力,并且这种需求的刚性越来越明显,而低技能劳动力的需求不断弱化。1979—1989 年低技能劳动力在美国制造业就业中的比例下降了 15%,高技能劳动力比例上升了 3%。在我国,企业对劳动力的需求也逐渐由数量向质量转变。2007 年劳动与社会保障部对劳动力供求状况的调查结果显示,不同技术等级的求人倍率均大于 1,其中高级技师、技师和高级工程师的求人倍率较大,分别为 3.36、2.2 和 2.07。这说明高技能劳动力的需求远远超过低技能劳动力,同时也意味着相应的技能供给严重滞后。在美国,劳动力技能和企业需求之间也存在严重的错位,主要表现为许多高技能职业的岗位空缺和低技能劳动力的高失业率。[③] 这种结构性短缺在英国同样十分明显。英国

①　Robert Mcnabb & Keith Whitefield. The Market for Training: Inernational perspectives on theory, methodology and policy[M]. Avebury,1994, p.34.

②　Geoff Hayward & Rosa M. Fernandez. From core skills to key skills: fast forward or back to the future? [J] Oxford Review of Education,Vol.30, No.1, 2004,pp.117-145.

③　Burt S. Barnow, John Trutko & Robert Lerman. Skill Mismatches and Worker Shortages: The Problem and Appropriate Responses (Final Report)[DB/OL]. February 25, 1998,[2006-8-10], http://www.econ.jhu.edu/people/Barnow/short91.pdf.

技能调查数据也表明企业提高了技能需求水平。从工作岗位来看,准职业性和技术性岗位的短缺程度最严重,从 1999 年以来的 ESS 结果都体现了这一点,而技能要求更高的专业性岗位短缺程度相对较为缓和,管理性岗位以及生产操作、基础性工作等低技能工作岗位的短缺程度明显较低,这说明英国产业的技能需求主要集中在中级水平的技能劳动力方面。社会职业结构逐渐从金字塔型的职业结构转变为橄榄型的职业结构,需求最多的是中级技能水平的技术工人。与英国技能需求水平结构形成对比的是,英国的技能供给短缺却表现出两极化倾向:中级技能劳动力供给相对不足,而低技能劳动力和非技能劳动力却严重过剩,而高技能劳动力的供给也逐渐出现"资格过度"(overqualified)的情况。这造成英国教育和培训制度的技能供给呈现两极化状态,一方面是高等教育机构培养的高技能劳动力,另一方面存在大量缺乏资格的低技能劳动力,而中级水平职业技能供给短缺尤其突出,技能分布呈现两极化状态。① 因此,Andy Green 将英国的技能供给称为"高技能/低技能模式"(high skills/low skills model)。② 表 3-4 是 80 年代末英国、德国和荷兰劳动力的职业资格水平。③ 从数据看,英国劳动力的总体技能水平低于德国和法国,63% 的劳动力没有任何职业资格,而德国和荷兰只有 26% 和 35%,差距十分明显。值得注意的是,英国和德法在高技能劳动力方面并不存在差距。相比之下,英国技能短缺主要体现在中级技能劳动力上。90 年代以后,英国教育和培训制度表现出了结构上的不平衡性。高等教育的发展迅速,而继续教育和职业培训仍然相对滞后。英国高等教育水平的资格数量增长迅速,1998 年英国 23% 的成年人具有大学学位以上的资格,德国有 19.1%,新加坡有 17.4%,韩国有 17.9%,1989 年到 1996 年大学毕业生增长了 89%,21 岁青年的大学入学率超过了 30%;相比之下,中级技能劳动力比例严重不足,1998 年,英国成年人中只有 18% 的人具备水平 3 的资格,而德国达到了 50.6%,韩国为 41.8%。④ 因此,90 年代以前,英国中级技能劳动力的短缺问题仍然没有缓解的迹象。这些数据充分证实了英国技能供给的两极化趋势。从技能的水平构成看,英国技能供给和需求存在明显的错位,这也是技能短缺问题的一方面。LSC 发表了"2002 年英国技能

---

① John Ahier & Geoff Esland. Education, Training and the Future of Work Ⅰ[J]. Routledge, 1999, p. 5.

② Philip Brown, Andy Green & Hugh Lauder. High Skills: Globalization, Competetiveness, and Skill Formation[M]. Oxford University Press, 2001, p. 123.

③ Robert Mcnabb & Keith Whitefield. The Market for Training: Inernational perspectives on theory, methodology and policy[M]. Avebury, 1994, p. 337.

④ Philip Brown, Andy Green & Hugh Lauder. High Skills: Globalization, Competetiveness, and Skill Formation[M]. Oxford University Press, 2001, pp. 129-130.

状况"报告,在报告中指出,英国技能供给有所增长,但是与其他发达国家相比还存在很大的差距,尤其是在中级职业技能方面。因此,对于个人、企业和整个经济制度,技能的提高仍然是至关重要的。

表 3-4　各国劳动力的职业资格水平

	英国	德国	荷兰
大学水平	10	11	8
中级职业资格/高级技工	7	7	19
手工/初级技工	20	56	38
无职业资格	63	26	35

注:英国为 1988 年数据,德国为 1987 年数据,荷兰为 1989 年数据。

英国技能供给的两极化是初始教育和培训不平等的结果。① 另外,教育培训机会对于不同的员工也是不平等的。一般来说,大部分培训是由那些以及具备了较高水平资格、在主要的全时制岗位工作的员工,而那些低水平、部分时间制、合同制员工的培训机会要少得多。1988 年英国成人学习调查(NALS)结果显示 90％的专业或管理人员在过去 3 年中获得了某种形式的系统学习机会,而体力劳动力者的相应比例不足一半。1997 年国家继续教育和终身学习咨询委员会的报告估计 30％的成年人离开学校以后从来没有获得正式的教育和培训机会。就业本位培训似乎加剧了不同个体和群体之间技能和资格的差距。这也证实了英国的技能形成制度是高技能/低技能制度。90 年代以来,越来越多的青年人选择继续接受高等教育而不是就业,这进一步削弱了中级技能劳动力的供给规模。

(二)技能供求在类型结构上的错位

除了劳动力技能水平在供求上的不协调以外,英国教育和培训制度在技能类型上也存在供求的错位。产业结构、企业组织和技术进步对技能类型提出了新的要求。①非熟练、半熟练工作大量减少,知识型工作大量增加,工作的完成更多地依赖个体的知识、判断能力、问题解决能力,以及对工作的积极态度;②固定工作减少,部分时间制工作增加,职业流动加快;③技术革新造成许多工种合并,使得工作范围拓宽。在现代职业生活中,同一岗位上的个体相对以前来说要做更多的工作;④技术更新速度加快,导致工作类型和工作内容更新速度加快;⑤现代职业更多地是一种组织的工作,要依靠群体合作来完成,而不是靠

---

① Philip Brown, Andy Green & Hugh Lauder. High Skills: Globalization, Competetiveness, and Skill Formation[M]. Oxford University Press, 2001,p. 131.

个体独立工作来完成。在后福特主义经济模式下，小批量生产、工作岗位的短期性以及迅速的变化性对劳动力灵活性的要求也不断提高。显然，狭隘的、专门化的职业技能难以适应职业世界的这些变化。为了达到这一目的，职业教育应传授学生职业世界中共同的、普遍的、核心的知识，即一般性技能，这种技能具有普遍性、可迁移性和工具性。所谓普遍性，是指这些技能是职业生活中普遍存在的；所谓可迁移性是指一种工作能力的学习会促进另一种工作能力的学习；所谓工具性是指这种技能是实用的，与职业有密切联系的，而不是学术性的。对学习者来说，一般技能是基本的、基础的和最重要的；通过对它们的掌握，不仅可提高个体的工作成就，而且可增强个体对工作的适应能力和灵活性。这种一般性技能包括适应能力、创造性地解决问题的能力、沟通能力、团队合作能力以及强烈的责任心和敬业精神等等。传统制造业的衰落和服务业的发展，专业性、技术性和管理岗位的增长需要员工具备一系列软技能以便和消费者进行有效的沟通和互动。尤其是服务业，沟通、客户处理等一般技能越来越受企业的重视。"灵活的专门化"（flexible specialization）和"学习组织"相关的新的企业组织结构出现，这种高技术的一体化生产过程使交互技能变得非常重要，例如沟通、问题解决、团队合作和创造力是在高质量、高附加值市场赢得竞争优势的主要动力。最后，70年代的高失业率使政府强调培养青年人在劳动力市场中的就业能力，掌握在变动不定的劳动力市场中必需的技能、知识和个性特征。在这种情况下，技能包含了软性的、一般的、迁移性的、社会和互动的技能，这些技能往往与个性特征难以严格地区分。①

　　一般性技能在产业活动中越来越受到重视，这种倾向在英国的技能调查结论中非常明显。人们对产品和服务的需求模式的变化最终将影响产业结构。这进一步会影响技能的需求模式。技术进步，尤其是信息沟通技术，是一个影响产品和服务以及其生产方式的关键因素。竞争和消费者需求模式的变化使客户服务技能越来越重要。同时这也导致了明显的结构变化，包括全球化、分包和供给链的延伸。这提高了质量管理技能的要求。沟通和合作技能需求也提高了。ESS的数据充分说明英国企业对于沟通技能、客户处理技能和团队合作技能等一般性技能的重视。然而英国教育和培训制度在技能供给方面过于专门化，无论是过去的学徒制，还是80年代以后的NVQ，都被认为关注低水平技能的培养，过于强调能力本位评估而忽视了理论知识的考核，技能标准也过于狭窄，对一般技能的培养不足。这也是企业主导的教育和培训制度决定的。

① Jonathan Payne. The unbearable lightness of skill: the changing meaning of skill in UK policy discourses and some implications for education and training[J]. Journal of Education Policy, Vol. 15, No. 3, 2000, pp. 353-369.

因此在技能调查中,企业认为劳动力在沟通技能、客户处理技能和团队合作技能等一般性技能方面的缺陷制约了企业生产的发展。

二、技能短缺和技能供求的匹配

技能的供给结构与劳动力市场的技能需求结构能否有效地匹配是一个关键问题,这在很大程度上影响了技能短缺问题的持续存在。

首先,技能供给和需求性质的差异决定了两者匹配需要较长的过程。根据一般的观点,在市场机制作用下,产品的供给和需求将趋于平衡,不过技能与其他产品存在很大的差异,市场对技能需求的反映是动态的、即时的,企业可以根据自身的技能需求程度提高处于短缺状态的技能劳动力的工资水平,但是劳动力技能水平的提高却需要较长的过程。因此,即使教育和培训机构获得了有关技能需求的完全的市场信号,技能供求之间均衡目标的实现也不可能是即时的,这就决定了技能短缺问题必然要持续一定的时期。此外,英国教育和培训制度的短期主义倾向也影响了技能供给和需求的匹配。虽然英国政府认为市场机制完全可以实现技能需求和供给之间的协调,但实际上,市场并没有很好地发挥这方面的作用。由于缺乏统一的宏观协调和指导,教育培训制度仅仅关注企业的即时需求。在技术进步的驱动下,产业发展的技能需求不断变化,技能供给较长的周期性使技能供给往往落后于技能需求的水平和结构,从而制约了技能短缺问题的解决。90年代以后这种趋势更加明显。教育和培训机会的有限性也制约了个人技能需求的满足,尤其是在80年代以前,英国大部分离校青年在就业之前没有接受过任何继续教育和培训。

其次,劳动力市场的运行机制使技能短缺和失业并存存在必然性。劳动力的流动是劳动力市场的基本现象,使劳动力的供给和需求相协调。不过技能劳动力和工作岗位之间的匹配是在技能劳动力价格杠杆作用下的动态过程,也就是说技能供给和需求的匹配并不是即时的。即使技能劳动力供给与需求是平衡的,由于技能劳动力和工作岗位的匹配需要一个过程,失业和岗位空缺的并存便成为劳动力市场的必然现象。劳动力市场供求信息的不完全性进一步强化了这一点,企业对劳动力的技能水平以及劳动力对企业的空缺岗位信息都不充分,由于劳动力缺乏有效的工作搜寻机制,或者企业的招聘策略存在问题,造成劳动力和工作岗位不能进行良好的匹配,从而造成许多人处于失业状态,而企业又存在岗位空缺的矛盾现象。迈道斯等人的研究发现,1988年夏季,伦敦有288000名失业者,同时有150000个岗位空缺。事实表明,高失业率和岗位空缺并存的现象并不是仅仅因为失业者缺乏必要的技能和经验,许多失业者具备空缺岗位所要求的素质,但是企业对失业者的技能水平认识不足,同时对失业者存在歧视。[①] 当企业在搜寻合适的劳动力的过程中,部分工作岗位始终处于空缺状态。同样,失业者在寻找合适的工作机会的时候也处于失业状态。当然这种工作匹配过程中出现的摩擦现象会随着劳动力市场的进一步调整而最终消失。不过由于劳动力市场中劳动力的流动始终存在,部分劳动力不断地变动工作岗位,同时在产业调整中,部分工作岗位消亡,而一些新的工作岗位随之出现,在这种情况下,就会出现失业现象和岗位空缺并存的现象。除此以外,职业选择的长期性、就业关系的长期性、工资粘性等因素都制约了技能供给和需求的匹配过程。相对工资、住房以及交通成本等因素提高了劳动力的流动成本,对不同地区之间技能劳动力的合理配置无疑起着消极影响。英国较高的社会保障水平也使劳动力缺乏就业的积极性,在某种程度上加剧了失业率和岗位空缺的状况。

---

① Derek Bsoworth, Pat Dutton & Jackie Lewis. Skill Shortages: Causes and Consequences[M]. Avebury,1992,p.171.

第四章　英国技能开发政策分析

第一节　凯恩斯主义:自由放任模式的终结

　　长期以来,英国教育培训制度形成了"自由放任"的模式,不过让英国人深信不疑的市场这只"看不见的手"并没有使教育制度为英国经济培养足够的技能劳动力,相反每况愈下;20世纪60年代以后英国政府不得不重新通过凯恩斯主义的"干预"的武器以解决技能和失业问题以挽救英国每况愈下的经济。凯恩斯主义被看作是英国政府的"救命稻草",渗透在英国战后重建的各项政策之中,也成为英国政府教育和培训改革的指导思想。[①]

　　凯恩斯主义在某种意义上是20世纪30年代席卷资本主义世界的经济危机的产物。1929—1933年的经济危机持久和广泛,具有极大的破坏力,使资本主义社会陷入"全部毁灭"的危险境地。在此以前,传统自由主义理论始终占据统治地位,也成为主导经济理论而对资本主义社会产生了深刻的影响。在资本主义自由竞争阶段,政府一般都采取自由放任的政策,反对国家对市场的任何形式的干预,把国家的职能缩小为"守夜人"的角色。即使对于19世纪以来周期性爆发的经济危机,也相信依靠市场机制的自动调节可以在危机中安然无恙。到了垄断资本主义统治阶段,直到30年代的大危机之前,政府依然奉行不干预的政策。不过30年代这次史无前例的经济危机却从根本上动摇了自由主义的理论基础。市场经济固有的局限性在危机中暴露无疑,这表明:仅仅依靠"看不见的手"和自由竞争并不能保证经济生活的有序运行。正是在这种背景下,凯恩斯主义登上了历史舞台。

　　实际上,凯恩斯早在这次经济危机之前就对自由主义思想提出了异议。1926年,他在《自由放任的终结》中批评了斯密提出的"看不见的手"这一自由放

---

① Ann Hodgson & Ken Spours. New Labour's Education Agenda: Issues and Policies for Education and Training from 14+[M]. Kogan Page, 1999, p. 14.

任主义的哲学思想基础,开始形成以国家干预主义为特征的经济思想。在大危机中,自由放任的政策显然无能为力,各国不得不采取各种"国有化"或"国家管制"的反危机措施,其中以美国的罗斯福"新政"最典型,其核心是全面实施国家对社会经济生活的调节,收效显著。这可以看作是凯恩斯革命开始之前的一次成功的预演。1936年凯恩斯出版了《就业、利息与货币通论》,从理论上肯定了国家干预的重要性。传统自由主义理论基础有两方面:一是亚当·斯密"看不见的手"的机制,即市场机制自动调整会促使经济趋于均衡。二是萨伊定律:供给自行创造需求,从根本上否定了普遍意义上生产过剩的经济危机。[①] 对于经济危机和失业两大社会问题,古典经济理论认为,经济危机是暂时性的局部失衡,通过市场经济的自动调节可以使经济运行重新恢复均衡的正常状态;失业问题也不会很严重,都属于摩擦性失业和自愿性失业,因此通过市场机制(尤其是工资)的调节,失业问题就可以得到解决。总之,市场完全可以自行应对经济危机,不需要政府干预。政府的干预非但徒劳无益,反而有损于均衡的正常恢复。不过面对30年代大危机中持续的经济衰退和严重的失业率,传统的自由主义不仅在理论上不再能够自圆其说,而且在政策上也束手无策。

凯恩斯将矛头直接指向自由放任经济。他认为,市场不是完美无缺的,因此自由放任的资本主义市场经济不可能自动实现均衡。古典经济学派一直断言在自由竞争下的市场力量会使经济趋于充分就业均衡,凯恩斯认为这种观点难以解释资本主义社会长期以来存在的、特别是30年代大危机时期出现的严重失业现象。因此,他提出了所谓"非自愿失业"的概念,也就是即使失业者愿意较低的工资水平也仍然无法获得就业机会。根据他的观点,在自由竞争的条件下,失业现象是普遍的,而充分就业则仅仅是一种特例。凯恩斯主义的核心是"有效需求不足论",即一个国家经济的兴衰取决于社会"有效需求"之是否充分。在他看来,一个社会经济体系的总需求是由总消费需求和总投资需求组成的,并且是由心理上的消费倾向、心理上的对资本的未来收益的预期以及心理上灵活偏好这三个基本心理因素决定的。如果社会的消费需求和投资需求不足,就会导致有效需求低于社会总供给水平,就会引起大规模失业和生产过剩的经济危机。他认为失业和经济危机是有效需求不足的结果。[②] 在此情况下,如果继续采取自由放任主义,仅仅依靠市场的自动调节,根本就不可能解决问题,而只会使危机更加频繁更加严重地发生。因此,凯恩斯反复强调,必须抛弃传统的自由放任主义,代之以国家对经济生活强有力的干预,运用扩张性的财

---

① 刘涤源. 凯恩斯革命的内涵与真谛[J]. 武汉大学学报(哲学社会学版),1995(4):71-78.

② J. R. Shackleton. Training for Employment in Western Europe and the United States[M]. Edward Elgar,1995,p. 195.

政货币政策,扩大公共建设投资,增加有效需求,实现充分就业来刺激经济的发展,以缓和危机和矛盾。可以说,凯恩斯理论的精髓就是国家干预主义。[①]

　　凯恩斯主义引起了一场经济理论的革命。20世纪初以来的福特主义(Fordism)生产模式也为凯恩斯主义提供了土壤。利匹兹和哈维认为"二战"以后凯恩斯主义需求管理所提倡的规模化生产和消费的扩张实际上就体现了福特主义的性质。[②]自由放任的市场经济逐渐被国家干预的市场经济所代替。凯恩斯主义逐渐成为整个西方国家社会经济的主导理论。直到20世纪70年代初,几乎所有的西方资本主义国家皆采取加大国家干预、推行社会投资、实行通货膨胀、增加有效需求、实施福利国家等政策。在凯恩斯主义的诞生地——英国,政府在战后对放任主义的背离自然和凯恩斯主义存在着更为直接和密切的关系。"二战"时期作为战时经济的需要,英国政府加强了对经济的干预,建立了各种经济管制,并取得了显著成效,这使一直崇信"看不见的手"的英国人也开始相信国家的能力。"二战"结束以后,工党政府开始全面干预经济生活以推进英国经济的恢复和重建。凯恩斯主义成为英国政府的旗帜。随着中间阶级的兴起和扩大,英国的阶级关系已经不再是两极分化,工党由原来的工人阶级的政党转变为全体选民的政党,在凯恩斯的影响下,其立场不再是社会主义而是一种"温和干预主义的社会民主主义"。保守党的观点也发生了转变。实际上,早在1927年,以麦克米伦为代表的保守党左翼就明确表示放弃过去的自由放任主义。"二战"以后,保守党推行的一系列政策也体现了这种倾向,即"放弃自由放任经济学,以利于建立起把国家作为共同体利益看护人的制度"[③]。在充分就业、福利国家和混合经济等政策上,两党的政策具有明显的连续性,从此英国进入共识政治时期。在对待国家干预问题上两者也达成了一致,尤其是在工党政府推行的国有化政策上,保守党也是支持或者说并不反对。这种共识在战后30多年的两党的教育和训练政策上得到了充分的体现。

一、"巴特勒法案"和失落的职业教育

　　尽管职业教育和培训的不足很早就被人们看作英国经济增长乏力的重要

---

　　①　王初根,丁鹏. 论凯恩斯的国家干预主义经济伦理思想[J]. 江西师范大学学报(哲学社会科学版),2005(7):18-22.

　　②　John Ahier & Geoff Esland. Education, Training and the Future of Work Ⅰ[M]. Routledge, 1999,p. 33.

　　③　王皖强. 国家与市场——撒切尔主义研究[M]. 长沙:湖南教育出版社,1999:24-29.

原因之一①,但是"二战"后至 50 年代末,由于经济发展和福利国家政策,英国实现了充分就业,职业培训也就受到了忽视。英国政府还尚未感受到对职业教育进行改革的迫切性,教育重建的重点还是三轨学校制度确立。1944 年教育法对于英国教育制度具有划时代的意义,明显地体现了"温和的干预主义"的倾向。该法对英国整个教育制度进行了构想,不过其中心显然是义务教育阶段。英国政府将义务教育的年限提高到 15 岁,接受了史宾斯报告所提出的三类学校制度。早在 1867 年,丹顿委员会的报告就提出了这种模式。该委员会建议根据职业、等级和性别倾向设立三类学校。"一类学校面向上流社会,他们的子女在 18 岁以前接受自由教育,为进入大学和传统的职业做准备;一类学校面向中产阶级,他们的子女在 16 岁以前接受教育以准备参军或新兴职业和许多其他文官服务的部门;另一类为下层阶级准备,他们的子女在 14 岁以前接受适合从事小农场主、小商人和手工艺人的教育。"②因此,所谓的三类学校实际上反映了英国社会阶层的对立,而教育被作为延续现有的阶级和经济结构的主要途径。

三类学校制度在 1944 年教育改革法实施以后得以实现。英国政府最初的设想是文法中学、技术中学和现代中学具有"平等的地位",以便为所有儿童提供平等的教育机会。不过,机会均等并不意味着让他们接受同样形式的教育,因此三类学校有各自特定的目标,满足不同能力和需求的目标群体。③ 这反映了英国教育制度中根深蒂固的古典人文主义色彩。威廉姆斯和斯基贝克等人的观点很有代表性,他们认为这种三轨制(tripartism)是符合自然秩序的。人生来就分为三种不同的类型:学术(academic)、技术(technical)和应用(practical),因此应该为他们提供三种不同的学校教育和课程计划。④ 不过,从三类学校的定位看,它们之间地位的差异已经不言自明:文法中学主要面向那些准备升入大学的学生,技术中学则为技术性岗位培养劳动者,现代中学的目的是培养大量的非技术性劳动力。在人们心目中,劳动力市场存在不同的等级,而这种三轨模式恰恰就体现并进一步强化了这种差异。尽管工党政府在大选之前公开批评"三类学校"的建议,认为这将使社会分层永恒化,不利于社会公正和机会均等的实现。不过,1945 年,工党在战后首次选举获胜以后随即放弃了之前的

① Hugh Pemberton. The 1964 Industrial Training Act: a failed revolution[DB/OL]. Bristol, 30 March 2001,[2008-1-6], http://seis. bris. ac. uk/~hihrp/Seminars/2001%20EHS%201964%20ITA. pdf.

② Martin Dyke. The New Qualifications Framework: towards post-Fordist reform? [J]. International Journal of Lifelong Education,Vol. 15,No. 4,1994,pp. 266-275.

③ Derek H. Aldcroft. Education, Training and Economic Performance: 1944 - 1990 [M]. Manchester University Press,1992, pp. 30-31.

④ Mike Flude and Sandy Sieminki. Education, Training and the Future of Work Ⅱ: Developments in vocational education and training[M]. London: Routledge & Open University Press,1999, p. 160.

主张,转而支持按照三类学校的模式组织中等教育,尽管工党很清楚,接受三类学校就意味着接受教育机会的不平等和传统的学术主义倾向。此刻对于工党来说,社会公正并非最重要的教育政策目标。1944 年教育法并没有真正对职业教育和学术教育一视同仁,相反,在某种程度上,还通过制度化的形式强化了学术教育和职业教育的对立。在战后教育重建的过程中,文法学校的地位没有受到丝毫触动,甚至规定作为试验性质的综合学校只能在不触动文法学校的情况下开设。在对待三类学校制度问题上,大多数地方教育当局和中央政府达成了共识——支持现有的学校结构。在战后经济条件有限、技术学校的成本还高于文法学校的情况下,英国政府认为应该把主要精力用在最好的学生身上,这也是政府对技术学校投资不足、技术学校数量很少的主要原因。即使在"鼎盛"时期,"先天不足"的技术学校的规模也只占在校中学生人数的 3%～5%,更多的是通过部分时间制课程和在职培训进行的。①

正是如此,文法学校、现代中学和技术中学从一开始就没有取得平等的地位。英国的考试制度进一步强化了三类学校的不平等。其基本假设是:能力最好的是学术型人才,其次是技术型人才,而应用型人才是能力最差的。② 在这种前提下,英国考试制度的目的是判断学生是否有"能力"接受学术教育。因此,11 岁考试作为学生分流的唯一途径是为文法学校准备的,没有通过 11 岁考试的学生则被认为由于"能力较差"而不适于接受学术教育(并非被认为对职业教育有兴趣或能力)不得不进入技术中学和现代中学。这势必影响人们对技术中学和现代中学的态度,"现代中学被老师、家长和学生看成是低于文法中学的二流学校"③。在人们心目中,文法学校的教育质量是现代中学无法比拟的,更重要的是它提供了主要的甚至是唯一的进入大学的途径。而这种机会是现代中学的学生无法得到的。在这种社会背景下,中产阶级将文法学校或公学作为唯一的选择。希望跻身上流社会的劳动阶层也希望进入文法学校而不是技术中学或现代中学。然而这种想法几乎不能实现,三类学校之间几乎没有任何转换的机制,很少有现代中学的学生能够进入文法学校,当然文法中学的学生进入现代中学也是不现实的——这会被看作一种"耻辱"。这种态度也是技术学校投资不足的原因之一。"在精英主义制度下,主导群体的自利性往往使文法学

①　A. H. Halsey, et al. Education,Culture, Economy, and Society[C]. Oxford University Press, 1997,p. 231.

②　Mike Flude and Sandy Sieminki. Education, Training and the Future of Work Ⅱ: Developments in vocational education and training[M]. London: Routledge & Open University Press, 1999, p. 160.

③　Derek H. Aldcroft. Education, Training and Economic Performance: 1944 — 1990 [M]. Manchester University Press, 1992,p. 33.

校和公学获得了大部分资源。"①三类学校毕业生的"待遇"也有天壤之别。技术中学和现代中学没有适合自身需求的独立的考试制度。1965年取代学校证书（school certificate）的普通教育证书（GCE）从内容到形式上都具有浓厚的学术性，主要面向20％学术能力最好的学生——而这些学生绝大部分属于文法学校。尽管其他学校的学生也可以参加GCE考试，但是对于这些学生显然是不合适的。没有为他们提供合适的继续教育培训的机会和有价值的职业资格成为英国教育制度的主要问题。而作为英国技能供给主要途径的学徒制也将学徒选拔的年龄限定在16岁以下，这使大多数与大学无缘的青年失去了技能培训的机会，只能进入劳动力市场。大约一半的青年人没有接受任何培训就直接就业。在继续教育学院学习的学生并不多，因为企业并不看重"教育本位"（education-based）的职业资格。"大部分青年和他们的家长发现从一开始他们就被推进了一条死胡同，因为与那些文法学校的学生相比，他们能够得到的机会少得可怜。"②戴维斯指出，"义务教育造成儿童悲观失望，破坏对自己力量的信心和幸福感，使他们注定感到不公正。"③他认为这种情绪使学生感到自卑并对学校怀有敌意，从而使现代学校的教育水平低下。前途渺茫也使这些学生往往对义务教育阶段的学习失去兴趣，从而影响了英国普通教育的质量。实际上，英国从来没有真正打算为大多数不能继续接受学术教育的青年人提供高质量的中等教育机会。1944年教育法许诺人人都受中等教育，"但没有规定受高质量的教育"④。许多青年不得不选择提前接受学徒培训，这显著地推动了英国学徒制的规模。战后初期英国15岁到17岁青年接受学徒培训的比例大约为20％，到了60年代中期提高到了35％，学徒培训的规模达到了顶峰。⑤ 而全日制职业教育仍然面临难以逾越的制度障碍。问题还不止于此，"学术飘移"（academic drift）成为职业教育面临的又一个挑战。60年代中等教育的入学率迅速增加，民主化观念也使人们反对三类学校制度所体现的教育机会的不平等。在各种因素（尤其是GCE）的影响下，技术中学和现代中学的课程逐渐带有了越来越明显的文法学校的特点。正如NEDC的一份报告所指出的那样，"以

① Mike Flude and Sandy Sieminki. Education, Training and the Future of Work Ⅱ: Developments in vocational education and training[M]. London: Routledge & Open University Press, 1999, p. 162.

② Derek H. Aldcroft. Education, Training and Economic Performance: 1944－1990 [M]. Manchester University Press, 1992, p. 53.

③ ［美］弗斯·阿兰斯基，弗·普拉·普钦斯卡娅. 英国的国民教育制度[M]. 荣卿译. 北京：人民教育出版社,1965:86.

④ ［美］弗斯·阿兰斯基，弗·普拉·普钦斯卡娅. 英国的国民教育制度[M]. 荣卿译. 北京：人民教育出版社,1965:71.

⑤ Derek H. Aldcroft. Education, Training and Economic Performance: 1944－1990 [M]. Manchester University Press, 1992, p. 55.

前仅针对少数选拔性文法学校的、具有大学导向性的学术价值观现在充斥了整个中等教育制度"①。技术中学政策的失败和现代中学的学术化意味着学生接受职业教育的机会为数很少。值得注意的是,独立学校系统作为最高水平的学术教育在 60 年代以前的官方政策中却只字未提——显然,英国政府并没有把独立学校看作是本身干预的"势力范围"。因此,尽管职业教育在政策上得到了认可,实际上却没有真正受到和学术教育同样的待遇。学术教育和职业教育呈现明显的不均衡状态。

鉴于三类学校制度的缺陷,在这种情况下,英国政府不得不考虑继续改革中等教育,在不影响文法学校的前提下,开始了综合改组运动。对于综合改组问题,工党与保守党之间、中央和地方之间出现了冲突,战后共识开始瓦解。工党的立场发生变化,转而支持综合化改革,而保守党则极力维护学术教育的地位。尽管保守党政府对地方教育当局发起的综合改组运动百般阻挠,但由于中央和地方的合作伙伴关系,综合改组运动并没有放慢步伐。1965 年,文法中学的学生占 26%,现代中学占 46%,综合中学占 12%,私立学校占 8%,技术中学占 5%。而到了 80 年代,大约 90% 的学生就读于综合中学。综合改组运动的目的是消除中等教育的分化现象,综合中学的大量出现似乎也预示着政策目标已经实现。实则不然,综合中学的发展基本上是以现代中学为代价进行的,综合中学的增多并没有触动文法学校的地位,而且综合中学采用的主要是文法学校的学术性课程。由此看来,强有力的学术传统使综合改组运动偏离了原来的政策目标,中等教育的分化并没有受到多少影响,许多综合学校甚至仍然实行能力分组,课程也具有明显的学术性。② 英国政府用综合中学代替三类学校制度的根本目的是为了协调学术教育和职业教育,但是从政策的实施效果看,"综合改组运动基本上没有改变这种状况"③。英国学校教育一方面忽视职业教育和培训课程,另一方面对学生缺乏关于就业的有价值的职业指导。很多学校与地方就业服务机构缺乏联系,为学生提供往往是一些"含糊而且过时的建议"④。因此,学术教育和职业教育之间的不平衡还有进一步加剧的趋势,这对英国技能劳动力的培养显然是不利的。相比之下,德国的三轨学校制度不仅在地位上是平等的,而且各类学校都有相应的正规考试制度,9/10 的学生都能掌握必要

---

① John Ahier & Geoff Esland. Education, Training and the Future of Work I [M]. Routledge, 1999, p. 161.

② 王承绪. 战后英国教育研究[M]. 南昌:江西教育出版社,1990:140—150.

③ Derek H. Aldcroft. Education, Training and Economic Performance: 1944 − 1990 [M]. Manchester University Press, 1992, p. 149.

④ Derek H. Aldcroft. Education, Training and Economic Performance: 1944 − 1990 [M]. Manchester University Press, 1992, p. 43.

的基础知识和专门知识并获得毕业证书。同时,德国学校有一个完善的职业预备教育阶段,这是正式职业教育之前对学生进行的职业定向教育,目的是为他们合理地选择职业做准备,并培养其以后接受职业培训所必需的技能。① 因此,无论选择就业还是接受职业培训,德国学生的准备工作远比英国学生充分。

1944 年法案的主要目标之一是"根据学生的年龄和才能为他们提供其需要的多样化的教育和培训",但是这个目标显然没有实现。而德国类似的多样化学校体系却能够很好地满足不同能力倾向的学生的需要。究其原因,有以下几方面:①政府对职业教育不够重视。1959 年,克劳瑟报告曾经指出英国职业教育存在着根本缺陷,而且其中许多建议得到了人们的认可和赞同,例如,将离校年龄提高至 16 岁,为所有 16 到 17 岁的青年提供部分时间制义务教育,将高质量的技术教育作为学术教育之外的一种选择。但这最终被忙于高等教育改革的政府束之高阁。②英国政府干预的妥协性。德雷克·奥克劳夫认为英国教育制度缺乏强有力的集权控制。② 地方分权的教育行政模式使地方教育当局在具体的教育政策的制定和实施方面享有实际的相当大的自主权。缺乏强有力的中央管理是主要原因之一。长期以来形成的分权化教育管理制度使制定统一、协调的全国性教育政策非常困难。尽管 1944 年法案授权教育部全面负责英格兰和威尔士的教育,地方当局"处于其控制和指导之下",但是地方自治传统和地方与中央之间的合作伙伴关系意味着真正决定地方教育事务的是地方当局。在这种情况下,英国难以建立统一协调的教育和培训制度。其次,11 岁考试的选拔被认为是不公平的、不合理的③。此外,技术中学和现代中学与高等教育之间缺乏衔接,使这些学生很少有接受继续教育的机会,必然制约这些职业技术教育机构的发展。

二、《产业培训法》和共识模式的初步确立

60 年代前,英国政府在产业培训方面始终沿袭放任主义模式。当然,它似乎也不完全排斥必要的"干预"。"一战"期间,战争的爆发极大地刺激了军工产业的发展,相关的技能劳动力明显不足,而漫长的学徒培训无法满足这样的要求,英国政府制定了为期三个月以内的短期培训计划并由劳工部负责管理,职业学校也均配备了最新的机器设备。不过,战争结束以后,随之而来的经济衰退使政府承诺的大部分培训计划被束之高阁,英国又重新回到了放任主义传

① 李其龙. 战后德国教育研究[M]. 南昌:江西教育出版社,1995:139.

② Derek H. Aldcroft. Education, Training and Economic Performance: 1944 - 1990 [M]. Manchester University Press, 1992,p. 31.

③ 王承绪. 战后英国教育研究[M]. 南昌:江西教育出版社,1990:113、117.

统。"二战"以后,英国政府短暂的繁荣局面使英国还没有真正体会到这种模式的消极影响。工党在40年代和70年代先后掀起的两次国有化高潮使英国制造业等基础产业部门在战后初期经历了一个黄金发展期。迅速的经济增长、技术进步使英国的技能短缺问题日益突出。"二战"以后经济理论的发展使教育制度受到了空前的关注。舒尔茨等人的人力资本理论和卢卡斯等人的新增长理论,都说明了对人力资本的投资和人力资本的积累所形成的人力资本的增长对经济增长的重要推动作用,而教育和培训从此被看作是人力资本投资的主要途径。这些因素使英国政府开始重视教育和培训对经济增长的关键作用。在人力资本理论的影响下,英国政府逐渐强调教育投资的经济价值。在罗伯特·莫尔看来,英国的教育和培训制度开始从"自由人文主义模式"(liberal-humannism paradigm)转向"技术培训模式"(technical training paradigm)。①《罗宾斯报告》认为,"必须把教育开支看成是一种投资。将资源用于青年人的培训可看作是与直接物质生产部门投资一样的投资方式。一个忽视教育的社会正如一个忽视物质积累的社会同样愚昧。"②50年代产业培训没有提供足够数量和质量的技能劳动力,这又被认为是放任主义倾向导致的结果。凯恩斯主义进一步为英国对产业培训的干预提供了注脚。英国政府意识到政府的干预是必要的。③ 总之,在60年代初期,各个政党、主要的企业组织和工会形成了共识:"放任主义培训制度未能有效地发挥作用,技能短缺制约了经济发展。"④

　　不过,对于干预的方式,英国却始终未能达成一致,这显然会影响英国政府"干预"的效果。1958年的卡尔报告(Carr Report)尽管意识到了英国的技能问题,但是主张通过设立技术学院而不是干预产业培训的方式加以解决。TUC也持同样的态度,因为它担心对学徒制的改革会影响技能劳动力的工资水平。⑤ 企业也承认培训不足,不过仍坚持政府干预不是解决问题的答案。对于"干预"问题,英国政府内部也没有形成一致的看法。劳工部认为有必要对企业施加压力以提高培训的数量和质量,并且对法国的培训税制度进行考察以后强烈建议

---

① Andrew Pollaro, June Purvis & Geoffrey Walford. Education, Training and the New Vocationalism: experience and policy[M]. Open University Press, 1988, p.110.

② 王承绪. 战后英国教育研究[M]. 南昌:江西教育出版社,1990:284.

③ Hugh Pemberton. The 1964 Industrial Training Act: a failed revolution[DB/OL]. Bristol, 30 March 2001, [2008-1-6], http://seis. bris. ac. uk/～hihrp/Seminars/2001%20EHS%201964%20ITA. pdf.

④ Ian Finlay, Stuart Niven & Stephanie Young. Changing Vocational Education and Training [M]. Routledge,1998,p.24.

⑤ Hugh Pemberton. The 1964 Industrial Training Act: a failed revolution[DB/OL]. Bristol,30 March 2001, [2008-1-6], http://seis. bris. ac. uk/～hihrp/Seminars/2001%20EHS%201964%20ITA. pdf.

英国制定类似的措施。教育部对此表示反对,它支持通过技术学院提供更多的培训。不过,这种局面很快被打破了。一方面是由于财政部对培训税制度的支持,资金问题得到解决。另一方面,麦克米兰于 1962 年提出将培训作为一揽子社会经济措施的一部分。在这种情况下,1962 年政府发表了《产业训练》白皮书,指出"'二战'以来,英国产业一直缺乏有技术的劳动力……技术人才的短缺是经济停滞的重要原因……没有技术人力的增加,就不可能保证经济持续、稳定、迅速地增长。"白皮书认为英国的产业训练缺乏统一的规划和管理,这是技能短缺问题持续存在的关键。① 过去英国职业培训的利益相关者之间缺乏合作,工会和企业之间的冲突尤其明显。当然,在某些工会和企业组织影响较大的产业部门,工会和企业之间也存在合作,不过这种合作是自愿的,而且是为了其他的目的,比如工资协商。② 职业教育和培训并不受关注。此外,职业培训更多地被看作是企业的"内部事务",企业之间缺乏协调和配合,政府对企业培训也没有任何规划和控制,培训的数量和质量都难以得到保证,因此白皮书提出放弃放任主义模式,在企业、政府和教育机构之间建立合作的伙伴关系,共同促进企业培训。"二战"以后英国政治力量格局的变化为这种伙伴关系的确立提供了基础,尤其是工会力量日益壮大,对政府决策的影响不容忽视。这一方面是由于议会通过了诸多法案,给工人就业、工资谈判等提供了各种制度和法律化的权利,另一方面,工党政府推行大规模国有化措施,使工会会员数量大幅度增长。在劳资关系中,"资方的权力向劳工一方转移"③。战后历届政府推行的法团主义政策进一步使工会成为举足轻重的一支力量。从某种意义上说,各届政府的有关政策能否顺利执行,乃至执政党本身能否在大选中取得胜利,都有赖于工会的支持与合作。这也是战后工党和保守党对待工会的态度都一致的原因。这种力量对比也使工会"已经不愿意使用罢工作为要求增加工资的手段"④。工会准备承担更多的产业方面的责任,尤其是劳动力的技能问题和教育与培训政策。在 80 年代之前,工会的身影频繁出现在一系列的教育改革过程中。从 60 年代到 70 年代初,英国政府开始致力于构建职业教育和培训的共识模式。在劳工部看来,白皮书"兼具渐进性和革命性"⑤。渐进性表现在政府

① 王承绪. 战后英国教育研究[M]. 南昌:江西教育出版社,1990:203.

② Ian Finlay, Stuart Niven & Stephanie Young. Changing Vocational Education and Training [M]. Routledge,1998,p. 24.

③ 赵建民,毛锐. 战后英国工会问题的形成与 1971 年劳资关系法案[J]. 工会论坛(山东省工会管理干部学院学报),2007(4):57-58.

④ 王皖强. 国家与市场——撒切尔主义研究[M]. 长沙:湖南教育出版社,1999:243.

⑤ Hugh Pemberton. The 1964 Industrial Training Act:a failed revolution[DB/OL]. Bristol,30 March 2001,[2008-1-6], http://seis. bris. ac. uk/~hihrp/Seminars/2001%20EHS%201964%20ITA. pdf.

坚持现有的培训制度仍然在产业层面进行,革命性表现在政府史无前例地规定企业更公平地分担培训成本。总之,白皮书第一次确认了政府在培训方面的利益和责任。

1964 年工党上台以后,在白皮书基础上颁布了《产业培训法》。该法案的颁布标志着英国第一次背离传统的自由放任模式①,拉开了战后英国政府干预产业培训的序幕。该法有重要的历史意义,一方面对国家干预职业训练的责任做了法律上的规定,另一方面提出职业培训不再是企业自身的事情。该法案有三个目标:扩大培训规模以满足经济发展和技术革命的需求;提高产业培训的质量和效率,确立最低质量标准;在企业之间建立更加公平的培训成本分担机制。② 不过,由于工会和企业的强烈反对,劳工部最终放弃了制定统一的培训标准和改革学徒制的设想。最终,1964 年产业培训法制定了两项存在争议的措施:

1. 该法授权劳工部设立了中央培训委员会(CTC)和产业培训委员会(ITB),两者均由政府和教育机构、工会和企业三方的代表组成,工会、政府和企业在国家权力结构中呈现"三足鼎立"之势。这种"三分制"(tripartism)的组织机构从制度上保证了各个利益相关者的沟通、合作。比如,大部分包括 9 名工会代表、9 名企业代表以及 6 名来自政府和教育部门的代表。教育部门主要是提供建议,政府部门的责任是对培训进行评估,而对培训起决定作用的则是两个主要的合作者——工会和企业。70 年代初期,英国政府曾经打算撤销 ITB,不过最终在 TUC(工会)和 CBI(企业)的压力下放弃了这个计划。ITB 和 CTC成为政府实施工党和保守党都支持的"法团主义"(corporatism)政策措施的一部分。③ 按照西方学者施密特的界定,法团主义是以非政府组织形式组织起来的民间社会的利益同国家决策结构联系起来的制度安排,是对国家和社会之间常规性互动体系的概括。这个体系包括:一是有国家参与,社会参与则以功能团体的形式出现,它们互相承认对方的合法资格和权力;二是这个建制的中心任务是把社会利益组织整合到国家决策体制之中,因而它代表着国家与社会的一种结构联系;三是进入决策过程的社会团体,对相关的公共事务有建议、咨询责任;四是社会团体之间是非竞争的关系;五是进入决策过程的社会团体数量

---

① Ian Finlay, Stuart Niven & Stephanie Young. Changing Vocational Education and Training: An international comparative perspective[M]. Routledge,1998,p. 24.

② Hugh Pemberton. The 1964 Industrial Training Act: a failed revolution[DB/OL]. Bristol, 30 March 2001,[2008-1-6], http://seis. bris. ac. uk/~hihrp/Seminars/2001%20EHS%201964%20ITA. pdf.

③ Office of Technology Assessment, Occupational Training for Young People in the United Kingdom[DB/OL]. September 1995 OTA-BP-EHR-175,[2007-2-15], http:www. princeton. edu/~ota/disk1/1995/9559/9559. pdf.

有限度性；六是在体系内，各社会团体组织以层级秩序排列；七是社会团体在自己的功能领域中享有垄断性的代表地位；八是作为交换，对这些团体的领袖选举、利益诉求和组织支持等事项，国家有一定程序的管制。[①] 综上所述，法团主义强调通过政府对非政府组织活动的干预将不同利益群体整合在一起，使利益群体接受公共利益的价值，而不是仅仅把眼光放在自我利益上。利益群体与国家之间建立起制度化的沟通渠道，这样就解决了多元主义利益表达的弊端：通过利益表达的制度化，使每一种利益都有了平等有效的表达机制；在不同利益群体之间达成的协议在特定范围内具有普遍的约束力。从这个意义上说，法团主义完全摈弃了以个人主义为基本特征的自由主义，意味着国家干预向前迈进了一大步，国家在社会经济生活中不仅发挥支持和促进的作用，还扮演了直接指导者的角色。[②] 显然，英国政府试图通过 CTC 和 ITB 进行劳动力的供给管理以解决技能短缺问题，发挥宏观调控的作用。CTC 的主要工作是协调各个 ITB 的关系，促进跨行业技能的培养。不过，CTC 实际的作用显然远不及 ITB。这也说明了英国政府的"干预"是有限的。ITB 是非政府机构，负责监督本产业的培训活动、确定标准并为企业提供建议。ITB 的运行机制具有明显的"共识"性质，英国政府试图通过非政府组织的参与使培训决策过程更加透明，在培训问题上和企业、工会不断地进行协商，以使政策的实施得到它们的支持。不过，问题是，ITB 和 CTC 的"共识模式"更多地表现在组织结构，各个利益相关者之间的貌合神离制约了英国培训政策的有效性。

2. 规定实施"税收拨款制度"（Levy-grant scheme）。正如前文所述，短期主义倾向使企业对培训缺乏兴趣，英国也没有对企业培训行为作出要求和规范，在放任主义的前提下，企业容易逃避培训的责任。这使英国企业往往通过"搭便车"的方式满足自己的技能需求，这意味着一些企业进行了培训投资却存在难以获得收益的风险。这进一步弱化了企业提供培训的兴趣。不过要求所有企业都进行培训也是不实际的，尤其是对于资金有限的中小企业更是如此。因此，该法规定，所有企业都必须向所属的 ITB 交纳培训税，然后将培训税以拨款的方式提供给承担 ITB 认可的培训计划并达到规定标准的企业，同时政府也提供部分补助。而未提供培训的企业则不能得到拨款。各个 ITB 培训标准各不相同，培训税的税率也由 ITB 根据本部门的培训成本自行确定。最初培训税的税率为工资额的 0.5% 到 1.5%，工程业 ITB 的税率甚至高达 2.5%。到 1969

① 范明林，程金. 政府主导下的非政府组织运作研究——一项基于法团主义视角的解释和分析[J]. 上海大学学报（社会科学版），2006(7)：73-77.
② 王皖强. 从法团主义到撒切尔主义——战后英国保守党在国家干预问题上的转变[J]. 湘潭大学社会科学学报，2001(4)：36-41.

年,企业缴纳培训税大约为 1.95 亿英镑。"培训税实际上是培训成本在部门内部的再分配机制。其基本假设是产业部门从总体上投入了充足的培训经费,问题在于要在企业间实现比较公平的培训成本分担并提高培训质量。"①英国政府试图通过培训税调动企业提供训练的积极性。政府试图通过这项措施让所有从培训中受益的企业分担培训费用以解决劳动力市场技能供给不足和企业普遍的"搭便车"(poaching)问题。②《产业培训法》的目的在于提高产业培训的数量和质量,更公平地分担成本。通过培训税制度,所有企业分担培训成本。这个制度提高了培训的数量,但是《产业培训法》和 ITB 受到了批评。1974 年产业培训法被选择性税收拨款制度取代,小企业以及提供了充分培训的企业被免除了这个义务。

尽管《产业培训法》在英国教育史上具有举足轻重的地位,但是这种地位似乎更多地是象征性的,因为从措施到实施的效果,都很难说英国政府对职业培训的干预是成功的。从具体的措施看,政府对产业培训的干预总体上是有限的。③ 英国并没有建立起统一的国家培训制度。政府最初通过拨款干预产业培训的设想也没有实现。劳工部与企业、工会在许多具体问题上还存在分歧,彼此之间甚至缺乏应有的信任感,这使《产业培训法》确立的培训模式是一种"准法团主义"(quasi-corporatism)④。这种貌合神离的心态必然影响培训政策的效果。这在 CTC 和 ITB 的性质上十分明显。CTC 实际上是政府对企业和工会妥协的产物——它无权管理培训税制度,其职责仅限于提供有限的咨询,"CTC 缺乏足够的权力以满足企业所忽视的长期的经济需要"⑤。产业培训的标准是由独立于政府的 ITB 自行确定的,缺乏一个强有力的核心组织进行协调,尽管各个产业部门内部的培训行为有了统一的协调,但是 ITB 各自为政,彼此之间缺乏协调,因此,人们批评 1964 年法并没有使英国形成全国性的人力政策。肖德雷克和维克塔夫认为 ITB 的自治性是 1964 年法未能解决培训问题的主要原因。政府并不提供直接的财政支持,培训经费来源于企业并由 ITB 支

① David Atkinson. The financing of vocational education and training in the United Kindgom: financing portrait[DB/OL]. [2008-10-2],http://www. eric. ed. gov/PDFS/ED435795. pdf.

② Alison L. Booth & Dennis J. Snower. Acquiring skills: market failures, their symptoms and policy responses[M]. Cambridge University Press, 1996. p. 21.

③ Keith Watson. Youth, Education Employment—International Perspectives[M]. Croom Helm, 1983,p. 53.

④ Hugh Pemberton. The 1964 Industrial Training Act: a failed revolution[DB/OL]. Bristol, 30 March 2001,[2008-1-6], http://seis. bris. ac. uk/~hihrp/Seminars/2001%20EHS%201964%20ITA. pdf.

⑤ Mike Flude and Sandy Sieminki. Education, Training and the Future of Work Ⅱ:Developments in vocational education and training[M]. London: Routledge & Open University Press, 1999, p. 14.

配,培训的控制权仍然保留在企业和工会手中,避免了直接的政府干预。政府主要发挥"催化剂"的作用。① 这一点从 ITBs 的人员构成中可以明显看到。ITBs 成员主要来自企业和工会,一个较大的 ITBs 通常有 9 名工会代表、9 名企业代表和 6 名其他代表。企业和工会代表人数相同,还有一些成员来自教育部门和政府部门,教育部门代表提供咨询和建议,而政府代表则负责进行评估。这种构成明显加强了工会在职业教育和培训政策制定和实施过程中的作用。ITBs 的工作机制就是"共识",相关的决策必须获得企业和工会的认可,加上 ITB 的经费也来自企业而不是政府,因此企业和工会左右了英国的职业教育政策。"企业在确定培训数量和类型上仍然享有特权。"② 英国政府一方面通过立法手段确认了企业在培训方面的责任和义务,另一方面仍然延续了企业本位的职业教育模式,只不过以往的企业培训是分散的,而现在通过 ITB 在产业部门范围内进行统一的协调,而 ITB 在很大程度上受制于企业和工会,限制了其对企业培训的影响力。此外,企业对培训税的批评不绝于耳,认为税率太高,给企业尤其是小企业造成很大的经济压力,而且"先缴纳培训税,然后再申请拨款"的做法使培训企业浪费了大量的时间和精力。③ 此外一些经济学者认为 ITB 扭曲了培训市场和劳动力市场的运行。70 年代初,政府对 ITBs 的工作进行了评估,评估报告认为,尽管 ITB 有效地促进了培训的发展并缓解了"搭便车"现象,不过也存在许多问题,例如官僚主义色彩比较突出,跨行业的技能培训缺乏协调,因此建议取消培训税和 ITB,设立新的国家培训机构。ITB 似乎已经到了生死存亡的边缘。

从相关措施的实施效果看,ITB 似乎没有能够解决英国长期存在的培训问题。从数量上,产业培训的规模逐渐缩小,尤其是学徒的数量急剧下降。传统产业部门(如制造业)的衰落是主要原因,而学徒培训主要集中在这些行业。④ 从 60 年代中期开始,制造业的受训人数呈现急剧下降的趋势。70 年代的经济危机又起了推波助澜的作用,迫使许多企业不得不削减培训规模。表 4-1 的数

① Office of Technology Assessment. Occupational Training for Young People in the United Kingdom[DB/OL]. September 1995 OTA-BP-EHR-175,[2007-2-15],http:www. princeton. edu/~ota/disk1/1995/9559/9559. pdf.

② Derek Bsoworth, Pat Dutton & Jackie Lewis. Skill Shortages:Causes and Consequences[M]. Avebury,1992,p. 198.

③ Office of Technology Assessment. Occupational Training for Young People in the United Kingdom[DB/OL]. September 1995 OTA-BP-EHR-175,[2007-2-15],http:www. princeton. edu/~ota/disk1/1995/9559/9559. pdf.

④ Hubert Ertl. Modularisation of Vocational Education in Europe:NVQs and GNVQs as a model for the reform of initial training provisions in Germany? [J/OL]. p. 47, [2007-8-22], http://www. symposium-books. co. uk/books/bookdetails. asp? bid=22.

据表明英国的学徒人数和比例都显著下降。

表 4-1　英国学徒人数和比例的变化

	人数（千人）			占就业人数的比例（%）		
	1964	1979	1989	1964	1979	1989
学徒	240.4	155.0	53.6	3.0	2.2	1.0
其他受训者	148.9	111.3	34.7	1.8	1.6	0.7
受训者总数	389.3	266.3	88.3	4.8	3.8	1.7

资料来源：Richard Layard，Ken Mayhew & Geoffrey Owen. Britain's Training Deficit：The Centre for Economic Performance Report. Avebury，1994，p.76

　　从培训质量上看，培训税制度使培训经费得到了一定的保障，调动了企业提供训练的积极性，同时，ITB 将拨款与培训标准相联系并对培训进行专业化管理和评估，使职业培训的质量在一定程度上得到了保证。但是对于学徒培训来说，显然是积重难返，CTC 的先天不足、ITB 的产业主导性都使短期主义依然左右着学徒制的发展。学徒培养模式几乎原封未动，培训计划缺乏基础性。①这自然不利于提高劳动力的一般技能和适应性。中央政策研究室（CPRS）批评固守传统的学徒培训，"僵化、保守以及对新产业需求的反应迟钝"。格鲁德·威廉姆斯认为学徒制"从总体上看……是用和 800 多年前完全相同的方法为一个完全不同的经济制度培养劳动力。"②这注定了传统学徒制逐渐没落的结局。

三、人力服务委员会和供给导向模式

　　1973 年就业培训法（Employment and Training Act）的颁布使英国培训政策进入一个新的阶段，这标志着英国政府进一步加强了对职业教育的干预力度。该法削弱了 ITB 的权力，加强了中央政府的协调和规划机制。过去 ITB 的经费来源于企业缴纳的培训税，而 1973 年法规定由政府直接为 ITB 提供经费，拨款机制的改革使 ITB 在企业心目中的地位发生了变化，一些企业甚至将 ITB 看作是政府机构而不是独立的企业组织。③ 此外，政府对培训税制度进行调整，将"税收/拨款"改为"税收/免除"，免除了那些提供充足培训的企业"先缴纳培

---

　　① Hugh Pemberton. The 1964 Industrial Training Act：a failed revolution[DB/OL]. Bristol，30 March 2001，[2008-1-6]，http://seis. bris. ac. uk/～hihrp/Seminars/2001%20EHS%201964%20ITA. pdf.

　　② Derek H. Aldcroft. Education，Training and Economic Performance：1944 − 1990 [M]. Manchester University Press，1992，p.55.

　　③ Ian Finlay，Stuart Niven & Stephanie Young. Changing Vocational Education and Training [M]. Routledge，1998，p.26.

训税,然后再申请拨款"的烦琐过程,并且使许多小企业从 ITB 的管理中解放出来。这在某种程度上可以看作是对企业的妥协,也为以后培训税的取消奠定了基础。尽管 ITB 保留了下来,不过在此后的教育改革中变得无足轻重,尤其是人力服务委员会(MSC)成立以后,ITB 更是黯然失色。

1973 年就业培训法最重要的措施是设立 MSC。英国政府认为刺激需求并不能降低失业率,转而通过培训和劳动力市场政策加强和协调技能劳动力的供给。MSC 的前身是根据 1973 年法在劳动就业部下设的培训服务局(TSA),1974 年改为 MSC,之前仅仅提供咨询服务的 CTC 被撤销。由于人们更多地指责教育和培训未能满足产业的技能需求,并将这一问题归因于政府和产业部门缺乏合作,英国政府开始强化以合作为基础的社团主义模式,MSC 就是最主要的措施。[①] MSC 同样是以三分制组织原则建立起来的,包括来自企业、工会、地方政府和教育部门的代表,随着 MSC 向失业主导职业教育培训政策的倾斜,其成员还包括了志愿部门的代表,使更多的利益相关者能够参与职业教育和训练的决策规划,这表明社会合作机制仍然左右英国的培训政策。不过,MSC 体现的社会合作性质是有限的。尽管 MSC 的成员包括教育部门的代表,但是却从来没有认真对待他们的意见,这实际上是由于教育部门对职业教育的地位不以为然,从而使政府对其采取了排斥态度。这明显地影响了 MSC 的政策导向。也正是英国政府的这种态度,教育部从 1944 年成立到 1988 年长达 40 多年的时间内在职业教育和培训方面几乎没有发言权,而把工作的重心主要放在普通教育上。MSC 成立以后,和 DES 形成鼎足而立的局面,在某种程度上进一步加剧了教育和培训的对立,而这恰恰是英国政府一直试图解决的问题。建立统一的义务后教育和培训制度的目标似乎更加难以实现。

60 年代技术进步和产业结构的调整使英国技能劳动力的数量相对不足、非技能劳动力却严重过剩。针对企业培训普遍存在的短期主义倾向,工党政府试图通过各个利益群体的通力合作制定长期的人力规划以满足当前和未来的技能需求,因此仿效瑞典人力规划制度建立的 MSC 就承担起了英国人力规划决策的重任,以此来促进全面的国家培训制度的建立。"MSC 在政策制定和培训计划设计方面是高度集权化的。"[②]这使英国政府在 70 年代到 80 年代的教育改革上始终保持较高的工作效率。MSC 的设立体现了政府倾向于"供给导向"的教育和培训模式,通过加强对技能供给的规划来满足产业的技能需求。从 1973

---

① Colin Crouch, David Finegold & Mari Sako. Are skills the answer? The Political Economy of Skill Creation in Advanced Industrial Countries[M]. Oxford University Press, 1999, p. 127.

② Ian Finlay, Stuart Niven & Stephanie Young. Changing Vocational Education and Training: An international comparative perspective[M]. Routledge, 1998, p. 28.

年设立到 1988 年撤销之前,MSC 一直是英国技能政策的主要机构,只是在保守党上台以后,MSC 和政府的关系发生了变化。政府用于职业教育和培训计划的经费主要通过 MSC 进行分配。通过对大量的公共资金的支配,MSC 对职业教育和培训发挥了决定性的影响。在培训计划的实施和拨款机制上,MSC 开创了准市场(quasi-market)模式。① 它建立了职业培训机构体系,与培训机构签定合同,培训机构根据合同为受训者提供 MSC 的培训计划,而 MSC 根据合同对培训机构进行管理并提供经费。MSC 鼓励培训机构之间开展竞争,降低培训成本、提高效益。MSC 意味着一种新的政策制定和评价模式的形成。② 到了 80 年代末,大约有 5000 个管理代理机构(managing agents)通过这种方式实施 MSC 的培训计划。在成本意识日益浓厚的 80 年代,MSC 的经验得到了政府的认可,并将这种做法推而广之,高等拨款机制的变化就是典型的体现。这种模式被认为能够迅速地对职业教育和培训的供给进行调整。可以说,从 MSC 开始,英国的职业教育已经开始了市场化进程。MSC 的社团主义特征使所有相关力量都可以充分参与英国的培训政策制定过程,集权化、市场化的管理模式使 MSC 的政策制定和实施都表现出很高的效率,相应的经费支持又进一步强化了其政策影响力。"MSC 为政府进行迅速的教育和训练改革提供了灵活的新机制。"③这也使 MSC 在 70 年代到 80 年代中期的教育改革中占尽风光,几乎所有的教育和培训计划都由 MSC 负责。随着 MSC 的成立,英国政府第一次有能力实施面向青年人的积极的劳动力市场政策。④ 此外,就业服务机制的建设也是英国政府人力规划政策的一方面,以此促进劳动力市场的灵活性、降低失业率。70 年代,英国政府设立了就业服务中心(Job Centres),强调自我就业服务,其主要职责是提供职业介绍、职业咨询、推荐和安排培训机会、协助发放求职津贴,同时还为企业提供咨询与服务。

不过 MSC 的人力规划职责很快随着失业率的迅速上升而发生了改变。在 70 年代的经济危机中,与其他发达国家相比,英国的失业问题显得尤为严重。这一方面和英国产业革命以来形成的以纺织、煤炭、造船和钢铁等重工业为主的产业结构有直接的关系。这些产业部门使英国赢得了国际贸易中的霸主地

① Ian Finlay, Stuart Niven & Stephanie Young. Changing Vocational Education and Training [M]. Routledge,1998,p. 29.

② Mike Flude & Sandy Sieminki. Education, Training and the Future of Work Ⅱ: Developments in vocational education and training[M]. London: Routledge & Open University Press,1999, p. 61.

③ Alison L. Booth & Dennis J. Snower. Acquiring skills: market failures, their symptoms and policy responses[M]. Cambridge University Press, 1996,p. 245.

④ Office of Technology Assessment. Occupational Training for Young People in the United Kingdom[DB/OL]. September 1995 OTA-BP-EHR-175,[2007-2-15],http:www. princeton. edu/~ota/disk1/1995/9559/9559. pdf.

位,同时也成为英国经济进一步发展的潜在障碍。60 年代的新技术革命使英国不得不面临产业结构的调整,逐渐从采矿业、制造业向新技术产业、服务业转变,这种转变显然比其他后起的发达国家更为艰巨。这必然使传统产业深受影响。例如在钢铁和机械制造业密集的西米德兰地区,1951 年失业率只有0.4%,而 70 年代经济危机之后,传统产业迅速衰退,失业率急剧增加,1979 年失业人数达到 12 万,1985 年失业率为 15.5%。另一方面,正如前文所述,英国的失业救济金等社会福利政策的广泛实施,在削弱人们技能培训需求的同时,也影响了许多人工作的积极性,进一步延长了失业的时间。①

失业率的急剧上升对 MSC 的工作产生了消极影响。尽管 70 年代初的希思政府对综合人力规划模式也产生了兴趣,但是 1973 年中东石油危机引发的经济衰退和失业率急剧上升使 MSC 根本来不及制定综合人力规划政策。1974年工党政府再次执政,改变了教育和培训改革的目标,MSC 不得不抛弃了以前为满足经济的长期需要制定全面的高质量的技能培训计划的目标,致力于实施就业和再就业"应急计划",采取这些应急计划的目的是为了减轻大量失业所带来的负面影响,其职能从提供高效的公共服务转变为为失业人员提供补救性的培训机会。② 正如安利和康尼所指出的,MSC 已经抛弃了其综合人力规划的历史使命,转而承担起了"救火队员"的角色,解决青年失业问题带来的社会问题。③ 1976 年,大约有 80 万青年人进行了失业登记,青年失业率提高的速度是劳动力人口失业率的 3 倍。为此,MSC 制定并实施了一系列培训计划,目的都是为失业者尤其是青年人提供就业准备、工作实践以及职业咨询的机会,帮助他们就业或再就业,缓解失业率急剧上升的局面。如颇具影响的"培训机会计划"(TOS)和颇有争议的"青年机会项目"(YOP);前者主要是为失业者提供技能培训,使他们可以重返劳动力市场并获得就业机会;后者为所有 16~18 岁的青年提供技能培训和工作实践的机会。这些培训计划基本上属于低水平的技能培训。在 MSC 的影响下,继续教育学院也更多地关注与青年失业率急剧上升相关的低水平的职业教育和培训。④ 尽管如此,MSC 还是让英国职业培训提高到了前所未有的水平。这一点可以从 YOP 的实施情况体现出来。YOP 为大部分失业青年提供了培训机会。1978/1979 年,该计划提供了 16.2 万个培训

① 李强. 失业下岗问题对比研究[M]. 北京:清华大学出版社,2001:197.

② Colin Crouch, David Finegold & Mari Sako. Are skills the answer? The Political Economy of Skill Creation in Advanced Industrial Countries[M]. Oxford University Press,1999,p. 128.

③ John Ahier & Geoff Esland. Education, Training and the Future of Work Ⅰ[M]. Routledge, 1999,p. 18.

④ Terry Hyland & Barbara Merrill. The Changing Face of Further Education, Lifelong learning, inclusion and community values in further education[M]. Routladge Falmer,2003,pp. 12-13.

岗位,1981/1982 年,这个数字达到了 55.3 万。① 总之,MSC 体现了英国政府对教育和培训改革前所未有的干预力度。MSC 的使命是通过全面的人力规划来解决英国教育和培训的短期主义倾向,ITB 也带有同样的性质。这实际上是凯恩斯主义需求管理模式在教育和培训方面的反映。② 这种"供给导向"的技能培训模式过分依赖全面的人力规划,它是建立在这样一种假设之上的:"企业能够并且愿意利用它们可以获得的高技能劳动力"③。却忽视了技能需求的不确定性和动态性。事实表明,由于许多企业满足于低成本竞争,技能需求不足,造成教育和培训计划培养的技能劳动力并没有得到充分的利用。因此,70 年代英国存在大量青年失业的同时,也存在明显的"过度教育"(overeducated)问题,技能供给和需求存在失衡问题。此外,特定的社会环境也制约了这些政策的实施。由于"生不逢时"、经济危机和失业问题使 MSC 也被卷入短期主义的旋涡,对于此刻的英国政府来说,缓解失业问题、保持社会的稳定显然是当务之急,因此培训计划在多大程度上提高了劳动力的技能水平是次要的。这势必会影响英国技能短缺问题的解决。盖·斯坦丁认为,MSC 的培训计划除了降低青年失业率以外,在技能培养方面几乎没有进展。④ 这一点在 YOP 的实施过程中非常明显。政府最初将 YOP 作为帮助青年人就业的途径。为了提高青年人参与的积极性、缓解失业压力,YOP 对受训者几乎没有任何要求,从而削弱了其在企业心目中的地位。研究表明,YOP 在促进青年人就业上的效果并不理想。随着 YOP 规模的扩大,受训者的就业率却不断下降。最初,70% 以上的受训者能够获得就业机会,到了 1981 年,这个比例只有 44%。⑤ 这极大地削弱了其对公众的吸引力。TUC 反对将受训者看作廉价劳动力。而一项调查发现,60% 以上的在职劳动力和 70% 以上的青年失业者认为 YOP 仅仅是为企业提供廉价劳动力,一半以上的青年人认为 YOP 并不能帮助他们获得就业机会。因此,青年人参与率逐渐下降。1981 年,1/15 的青年人因为 YOP 无法提供理想的工资水平和就业前景而拒绝了 YOP 的培训机会。这使政府培训机会的就业效应也受到影响。

---

① Mike Flude & Sandy Sieminki. Education, Training and the Future of Work Ⅱ: Developments in vocational education and training[M]. London: Routledge & Open University Press, 1999, p. 89.

② Ann Hodgson & Ken Spours. New Labour's Education Agenda: Issues and Policies for Education and Training from 14+[M]. Kogan Page, 1999, p. 14.

③ John Ahier & Geoff Esland. Education, Training and the Future of Work Ⅰ[M]. Routledge, 1999, p. 4.

④ Andrew Pollaro, June Purvis & Geoffrey Walford. Education, Training and the New Vocationalism: experience and policy[M]. Open University Press, 1988, p. 126.

⑤ Dan Finn. Training Without Jobs: New Deals and Broken Promises: From Raising the School Leaving Age to the Youth Training Scheme[M]. Macmillan Education, 1987, pp. 144-145.

第二节　撒切尔主义:技能供求的市场化

20世纪70年代的经济危机动摇了凯恩斯主义的地位。凯恩斯主义的核心理论是通货膨胀不可能与大规模失业同时发生。而70年代经济的滞胀状态却与此恰恰相反:在经济衰退的情况下,失业率和通货膨胀都不断加剧。英国出现了经济停滞不前、而通货膨胀和失业率却居高不下的"滞涨"局面。1974年到1980年间,英国经济年平均增长率仅为0.19%。1980年甚至出现-1.18%的负增长。1979年失业人数高达170万,失业率达到5.16%。而通货膨胀率在1980年更是高达21.19%。这使人们对凯恩斯理论产生了怀疑,甚至指责凯恩斯主义是造成英国经济"滞胀"状态的"罪魁祸首"。Reich指出,"经济全球化、技术进步和社会转型动摇了战后凯恩斯主义共识的结构和社会基础。"[①]自此,凯恩斯主义及其"大政府"(big government)主张开始衰落。这种态度上的转变也出现在工党内部。曾任英国首相的工党领袖詹姆斯·卡拉汉在工党的一场演讲中宣布了凯恩斯主义的终结:"过去我们认为我们努力消费,增加政府财政支出,就能摆脱萧条,增加就业。我很诚实地告诉你们,现在这项选择已经不复存在了。"看来,在对待凯恩斯主义的态度上,两党不谋而合。

凯恩斯的国家干预主义思想遭到了新自由主义学派的激烈批评。新自由主义和传统自由主义不同。传统自由主义关心市场的内在价值,市场赋予了个人自由选择的权利和机会,"市场过程(独一无二地)体现或满足了自由主义所主张的个人自由或个人自由选择的'核心价值'的要求。"[②]显然,传统自由主义反对一切形式的政府干预。新自由主义一方面批评凯恩斯主义低估了国家干预过多产生的负面消极作用,强调市场机制在实现资源配置最优化中的作用,着眼于政府干预的负效应,另一方面,新自由主义反对绝对的自由放任,而是主张自由竞争和国家有限的、有效的干预有机结合。"市场是增进人们的'物质'幸福(大概地讲,就是'消费品')和种种人类利益(human goods)的最有效的方法。"不过,"如果经验能够证明市场失灵的地方,将'自动地'放弃市场的解决方案。"转而依靠政府干预来实现所有人的共同目标。因此,新自由主义与传统自由主义最大的区别是"它已经由彻底的自由放任转向承认政府部分干预的合理

① Ann Hodgson & Ken Spours. New Labour's Education Agenda: Issues and Policies for Education and Training from 14+[M]. Kogan Page, 1999,p.7.

② 何秉孟,姜辉. 阶级结构与第三条道路——与英国学者对话实录[M]. 北京:社会科学文献出版社,2005:218-221.

性。"①国家的责任是"创造条件使市场'自由'运行。"②与凯恩斯主义不同,他们认为国家对市场的干预应有严格的限制,国家应当把自己的活动仅仅限于保障经济活动的基本条件与框架内,他们的口号是尽可能多地利用市场,只有在绝对必要的时候才允许国家进行干预。政府只应扮演秩序监护人的角色。哈耶克主张重建自由市场来达到高度而稳定的就业水平。政府必须削减公共开支,尤其是社会福利,这样就可以刺激人们就业的积极性。新右派力图减少政府的干预,使公共部门活动私有化,建立低税收、低支出的自由放任的国家。③ 哈耶克认为经济自由主义并不意味着仅仅要求政府不应该干什么,还得要求政府采取各种积极的行动。国家不再扮演袖手旁观的角色,而是创立和维护一种有效的竞争制度的积极参与者。

货币主义学派的代表弗里德曼从另一个角度对凯恩斯主义进行了批评。根据凯恩斯的观点,尽管失业普遍存在,但是通过政府的干预,失业是可以消除的。这也是英国 70 年代培训政策的依据。在 70 年代,英国政府认为,"失业不过是一种暂时现象,随着经济复苏失业问题会迎刃而解。"④当时教育和训练政策的主要目的也是通过劳动力技能的培养来解决失业问题。而弗里德曼认为,经济活动中存在"自然失业率",在任何情况下,失业都是不可避免的,靠扩大政府开支、增加财政赤字来消灭失业是办不到的。不过,自然失业率并非固定不变的,在各种客观经济条件和制度性因素的影响下,自然失业率会发生波动。因此,政府可以通过使用劳动力供给管理政策,改善劳动力市场,减少自然失业率。只有保证自由市场经济机制的作用,让经济从国家干预造成的破坏中恢复起来,经济本身才能产生自动吸收就业的力量,除那些实在没有就业能力的人外,一部分失业者总会找到工作。供应学派也对凯恩斯主义提出了批评,主张实行供给管理,生产的增长始终取决于劳动和资本等生产要素的供给和有效利用,而生产要素的供应和利用取决于自由市场的调节。供给学派全盘否定凯恩斯"需求决定供给"的需求管理这个核心命题,认为它是导致产生"滞胀"的根本原因,因为增长与刺激需求将导致货币供给数量的增长,由此必然导致通货膨胀;认为鼓励刺激需求无疑等于抑制储蓄,从而导致投资率和劳动率的下降,进而降低了积累在促进经济增长中的作用。供给学派主张全面恢复新古典经济

①　王皖强. 国家与市场——撒切尔主义研究[M]. 长沙:湖南教育出版社,1999:108.

②　John Ahier & Geoff Esland. Education, Training and the Future of Work Ⅰ[M]. Routledge, 1999,p. 33.

③　Ann Hodgson & Ken Spours. New Labour's Education Agenda: Issues and Policies for Education and Training from 14+[M]. Kogan Page, 1999,p. 7.

④　Ian Finlay, Stuart Niven & Stephanie Young. Changing Vocational Education and Training [M]. Routledge,1998,p. 29.

学的自由主义精神,尤其是恢复萨伊定律,即"供给自行创造需求",反对凯恩斯"需求管理"的国家干预主义,针锋相对地提出了"供给管理",强调财政政策的作用应该影响供给而不是影响需求,政府不应刺激需求,而应把供给放在首位。国家对经济的干预完全没有必要。他们主张经济自由,反对政府的不适当干预,充分发挥市场机制的作用。

1979年撒切尔政府上台以后,进一步加强了对教育和培训的改革。新自由主义在一片指责凯恩斯主义的声浪中,重新占据了主流地位。撒切尔政府政治、经济目标的差异使其教育培训政策的方向与工党背道而驰。撒切尔政府奉行货币主义理论,反对国家过多地干预经济生活,辅之以政府对货币供给量的控制。这种管理模式充分体现在教育和培训政策上。[①] 私有化和市场竞争作为新自由主义的基本原则成为撒切尔进行教育改革的指导方针。在她的影响下,信奉自由市场观点的"新右翼"在撒切尔政府中占据了主导地位,其中包括曾在1981至1986年担任撒切尔内阁教育大臣的约瑟夫·凯以及撒切尔时代教育政策的主要设计师莱特温和塞克斯顿。约瑟夫·凯是撒切尔政府支持货币主义政策的代表。[②] 约瑟夫爵士在1976年说过的一句话,也许最能代表他们的市场主义信念,他说:"盲目的、非计划性的和没有协调的市场智慧完全优越于精心研究、理性的、系统的、善意的、合作的、有科学依据的和尊重数据事实的政府计划。……市场体制是国民财富的最佳发生器,它能够以人类思维不能理解的方式,在没有强制、指导和官僚干预的情况下,协调和满足无数个体的不同需要。"[③]

一、新职业主义和政府主导下的失业培训

新技术革命使产业结构以及劳动力市场运行的性质发生了根本性变化,社会分工的流动性日益显著,工作组织趋于扁平化,这要求劳动力必须具有更强的灵活性、创造性和问题解决能力。以专门技能的传统学徒制显然无法适应这种要求。尽管英国教育的职业化理念至少可以追溯至19世纪80年代的萨缪尔森技术教育委员会时代,当时该委员会指责教育应该为英国经济霸权地位的丧失负责。[④] 然而近一个世纪以后,英国教育的价值取向与经济发展之间仍然

---

① Ann Hodgson & Ken Spours. New Labour's Education Agenda: Issues and Policies for Education and Training from 14+[M]. Kogan Page, 1999, p. 6.

② Andrew Pollaro, June Purvis & Geoffrey Walford. Education, Training and the New Vocationalism: experience and policy[M]. Open University Press, 1988, p. 20.

③ 蒋国华. 西方教育市场化:理论、政策与实践[J]. 全球教育展望,2001(9):58-65.

④ Geoff Hayward. A century of vocationalism[M]. Oxford Review of Education, Vol. 30, No. 1 March 2004.

严重错位。60 年代纽塞姆报告仍然强调学校课程与学生兴趣而不是产业需求的相关性。实际上，不但纽塞姆报告，DES 以及 TUC、CBI 都反对让学校通过明确的职业技能培训提供直接的职业准备。① 在人力资本理论的影响下，人们倾向于认为教育的任务是培养人的一般的可训练性(trainablity)，由企业再提供专门培训、培养职业技能。其次，民主化思潮使人们认为教育应该促进社会的流动性，扩展学生的选择机会，让他们为专门的工作做准备显然与这种理想相背离。不过，缺乏必要联系的教育和产业制度难以承担这样的责任。"当这种体系所授予的资格和技能不能满足社会的要求时，这些社会便拒绝接受这些毕业生。"70 年代中期开始的经济衰退和严重的失业问题使教育对经济和社会的促进作用再次受到质疑。工党、保守党以及产业界都将英国经济的衰退归因于教育的不相关性和职业培训的不足。尤其是卡拉汉演讲引发的"教育大辩论"使人们更多地关注英国教育和培训制度方面存在的问题。

卡拉汉在演讲中指出，造成青年失业率上升和经济衰退是英国教育制度没有培养具备一般技能的劳动力。② 他认为教育应该重视社会目的和职业目的，反对学术性教育的"个人目的"。英国政府认为青年失业问题主要表现为结构性失业，"青年之所以面临严重的失业问题是由于他们缺乏技能。"③这被称为失业的"技能短缺"模式。④ 因此，每个人都必须具备一系列"相关"或"必要"的技能，从而提高就业能力。"职业教育的成功，不在于其根据能力指标的评价结果，而在于学生是否充分就业。他接受职业教育，是为职业而准备的"。新职业主义强调个人必须通过教育和培训选择自己的命运。因此，斯蒂芬·波尔认为，"新职业主义和新自由主义理论存在某种联系，尤其是两者都强调个人努力的重要性。"⑤同时，在英国政府看来，"技能供给存在不足，这是青年失业的原因，而不是缺乏需求。"⑥只要提高人们的技能、培养合适的态度和习惯，经济复苏的目标就可以实现。许多学者认为，这种推论显然过于简单。人们普遍认

①　Mike Flude and Sandy Sieminki. Education，Training and the Future of Work Ⅱ：Developments in vocational education and training[M]. London：Routledge & Open University Press，1999，p. 47.

②　Geoff Hayward & Rosa M. Fernandez. From core skills to key skills：fast forward or back to the future？[J]. Oxford Review of Education，Vol. 30，No. 1，2004，pp. 117-145.

③　Guy Standing. Unemployment and Labour Market Flexibility：The United Kingdom. Inernational Labour Office，Gneva，1986，94.

④　Weelington JJ. The rise of pre-vocational education and the needs of employers[J]. Vocational Aspect of Education，Vol. 38，No. 99，1986，pp. 12-22.

⑤　Mike Flude and Sandy Sieminki. Education，Training and the Future of Work Ⅱ：Developments in vocational education and training[M]. London：Routledge & Open University Press，1999，p. 60.

⑥　Andrew Pollaro，June Purvis & Geoffrey Walford. Education，training & the new vocationalism：experience and policy[M]. Open University Presss，1988，p. 90.

为,70年代的失业问题主要表现为由于技术革命和产业结构调整造成的结构性失业,而经济衰退又使传统产业(尤其是制造业)迅速衰退,而这些部门却容纳了大部分的劳动力。这些观点确有合理之处,但是当时英国政府并没有接受,这可能有两方面的原因:①将失业问题归因于失业者自身,从而暗示任何有一般技能的人最终都能获得合适的职业,以使人们忽略英国资本主义存在的结构性问题。②英国政府认为干预资本市场的运行或改变企业的发展战略和培训政策是困难的,而对于公共教育和培训制度,政府至少可以施加部分影响。尽管政府对失业的解释并不让人信服,但仍成为此后许多训练计划的出发点。英国政府开始着手实施一系列旨在促进技能供给而解决就业问题的培训计划。通过这些培训计划一方面可以使青年人加强职业准备,提高就业能力,另一方面还可以延缓青年人进入劳动力市场的时间以减轻失业问题的压力。此后上台的撒切尔政府也接受了这种观点,将失业归因于个人技能而非经济制度的缺陷。① 80年代的培训计划也是建立在这种假设基础之上的。

撒切尔政府放弃了60年代以来教育和培训改革的两个基本前提:"共识"和"干预"②。所谓"共识"被看作是"抛弃了所有信仰、原则、价值观和政策"。而"干预"则与自由市场机制相矛盾。当然,撒切尔政府也没有打算再回到过去的放任主义模式。"撒切尔政府带有自由主义色彩的改革并不是要完全放弃国家对社会经济生活的干预,而是要把国家的干预限制在一个适当的范围之内,是对国家过度干预经济趋势的一个根本性纠正。"③它主张"自由",但是也强调"不能把自由和放任混为一谈","政府必须善于干那些只有政府才能干的事情"④。撒切尔政府还改变了干预方法。撒切尔政府改变了战后形成的"国家——企业"式的国家直接干预方式,转而采取"国家——市场——企业"式的间接干预方式。经过撒切尔政府的改革,英国形成了新的国家与市场模式,即以市场竞争为主,国家干预为辅的模式。这一点在其近20年的教育改革中随处可见。

MSC的法团主义性质及其与工会的密切关系恰恰是撒切尔政府所反对的,它的干预主义战略也背离了货币主义崇尚的自由市场机制。撒切尔夫人希望将培训重新交给市场,因此上台伊始就打算撤销"共识"原则指导下的MSC。不过不断攀升的失业率挽救了MSC的命运,同时也在一定程度上改变了政府

---

① 周涛.英国积极的就业政策研究 [D].华东师范大学硕士学位论文,2004:23.

② Dan Finn. Training Without Jobs: New Deals and Broken Promises[M]. Macmillan Education LTD,1987. p. 131.

③ 陈建平. 撒切尔政府经济政策浅析[J]. 历史教学问题,2003(1):46-49.

④ 陈乐民. 撒切尔夫人[M]. 杭州:浙江人民出版社,1997:114.

对市场机制的态度。[①] 1979 年到 1981 年,仅仅两年的时间,英国失业人数增加了一倍,占劳动力总数的 11.3%,达到"二战"以来的最高水平。青年人的失业情况更为严重,1973 年,15 岁到 25 岁青年失业人数占相应年龄组劳动力的比例为 3.2%,而 1983 年达到了 23.2%。严重的失业问题使许多城市还出现了骚乱。这对撒切尔政府产生了极大威胁,甚至支持者也普遍表示忧虑。失业已经成为一个影响未来大选的关键的政治问题。撒切尔夫人曾多次声称"失业问题并非政府的当务之急"、"高失业率是为经济改革所付出的代价",现在也不得不认真对待这个问题。80 年代初,撒切尔政府之所以热衷于教育和培训改革,除了劳动力的技能问题外,居高不下的失业率是更为直接和重要的原因。在这种情况下,撒切尔政府试图通过各种再就业培训计划以应对青年失业问题。它不再将 MSC 看作是市场机制的障碍,而是把它作为"缓解大规模失业造成的政治后果的主要政府机构"[②]。不过,MSC 的法团主义性质却发生了变化,作为 MSC 基础的"共识"原则开始瓦解,工会被排除在外。对工会力量的削弱是撒切尔政府市场化改革的主要内容。它认为,在工会的影响下,过高的实际工资水平是造成高失业率和高通货膨胀率的主要原因。[③] 更重要的是,工会对工资的控制背离了市场机制,使工资无法充分发挥市场信号的调节作用,导致技能供求的失衡。工会在教育和培训政策方面失去了发言权。相反,企业代表在 MSC 中占了大多数。政府的培训计划也主要是在企业的支持下实施的。这意味着撒切尔政府开始背弃过去的"共识"模式,转向以企业为主导的教育培训模式。

值得注意的是,在 1988 年以前,几乎所有的教育和培训改革都是通过隶属于就业部的 MSC 实施的,教育和科学部(DES)在此期间对英国教育和训练改革的影响却微乎其微。其原因主要有三方面:①DES 缺乏必要的控制权。DES 与地方教育当局以及教师组织是通过讨论和协商的方式行使其教育管理职责的,它无法左右学校课程和考试,也不能干预地方教育当局对中央拨款的使用。对 DES 持有偏见的撒切尔形容其"一只手放在 LEA 的口袋里,另一只手放在教师的口袋里"。因此,DES 在撒切尔政府上台后备受冷落。②DES 对职业教育问题始终持不以为然的态度。它"实际上并不支持技术和职业教育",人们指责 DES"过于保守和谨慎"。英国的文官制度使 DES 的工作人员大多出身于学

---

① Dan Finn. Training Without Jobs: New Deals and Broken Promises: From Raising the School Leaving Age to the Youth Training Scheme[M]. Macmillan Education, 1987, p. 133.

② Dan Finn. Training Without Jobs: New Deals and Broken Promises: From Raising the School Leaving Age to the Youth Training Scheme[M]. Macmillan Education, 1987, p. 154.

③ Guy Standing. Unemployment and Labour Market Flexibility: The United Kingdom [M]. Gneva, ILO, 1986, p. 47.

术传统,对职业教育知之甚少,DES 的一位官员也承认,在 DES,没有人真正了解继续教育。[1] 其他政府部门同样如此。这在一定程度上可以解释英国政府对职业教育和培训的态度。由一个不了解并且轻视职业教育的机构负责教育改革,对职业教育的影响是显而易见的。事实上,DES 在开发和推行职业课程以及扩大低成绩学生(low achievers)的教育机会方面的成效是有限的。[2] [3]DES的性质制约了其对产业培训的影响力。DES 是一个根据结构化、官僚化、程序化模式运行的政府机构,而 MSC 是一个由代表不同群体(尤其是劳资双方)利益组成的法人组织。[3] 这种性质上的差异使 MSC 可以比 DfES 更加迅速而有效地对产业需求作出反应。在这种情况下,MSC 取代了 DES 的角色而风光一时,其影响不仅仅局限于各种职业培训计划的实施,而且还将触角延伸到全日制学校教育。不过,MSC 的独立性被大大削弱了。撒切尔政府通过加强对MSC 的直接控制表现了某种程度的强硬姿态,将 MSC 作为应对失业危机的补救性行动和实行集权化教育和培训政策的手段。MSC 实际上已经成为一个政策执行机构而不是独立的决策机构。

撒切尔政府对教育和培训的经费投入也体现了这种政策变化。控制财政支出是撒切尔夫人减少政府干预的主要方式。1979 年,MSC 的失业培训计划的预算比上年度减少了 1.72 亿英镑。不过,随着失业率的上升,政府调整了经费政策,转而增加对失业培训计划的拨款,仅 1980 年增加了 2.5 亿英镑。MSC的工作重心也发生了相应的变化。MSC 用于传统培训的支出不断减少,而用于就业培训的经费比例却在迅速提高,1979 年占 MSC 预算的 29%,1981 年就增加到了 44%。[4] 这些数字说明,英国政府所谓的"职业准备"主要是针对青年失业者的就业培训。因此,盖·斯坦丁指出,"与过去历届政府相比,英国政府更倾向于建立自由劳动力市场,减少对它的干预,然而当失业率达到 30 年代以来最严重的程度时,政府不得不通过 MSC 将大量经费用于具有干预主义性质的培训计划。"[5]MSC 通过对拨款的支配将干预的触角延伸到培训制度的方方面面,甚至还指向全日制学校教育课程——而这历来不是政府干预的势力范

---

① Mike Flude & Sandy Sieminki. Education, Training and the Future of Work Ⅱ: Developments in vocational education and training[M]. London: Routledge & Open University Press, 1999, p. 82.

② John Ahier & Geoff Esland. Education, Training and the Future of Work Ⅰ[M]. Routledge, 1999, pp. 82-83.

③ Roger Dale. Education, Training and Employment: towards a new vocationalism [M]. Pergamon Press,1986,p. 51.

④ Dan Finn. Training Without Jobs: New Deals and Broken Promises: From Raising the School Leaving Age to the Youth Training Scheme[M]. Macmillan Education,1987,p. 135.

⑤ Guy Standing. Unemployment and labour market flexbility: The United Kindgom [M]. Geneva, ILO, 1986, p. 77.

围。格林认为，80 年代英国政府对职业教育和训练的干预也许是"有史以来最多的"①。由此看出，撒切尔所谓的自由市场理念和政府的干预并不矛盾。"新自由主义并非要减少政府的干预或采取地方分权的形式。恰恰相反，新自由主义改革还体现了集权化的趋势，政府干预的程度在加强。"②不过，MSC 在政策制定和实施方面的高度的集权化也受到企业、志愿部门和地方当局的批评，它们认为"职业教育培训计划必须适合当地劳动力市场的具体情况，全国统一的培训计划是无效的。"③这种反对的声音无疑对培训计划的实施产生了消极影响，也说明各个利益群体之间协调与合作的必要性。

MSC 关注的问题有两方面：一是使青年失业者摆脱失业状态，降低失业率；二是弥补学校教育的缺陷，为青年人提供某些与就业有关的内容，使教育和培训与工作领域之间建立某种形式的更为密切的联系。因此，MSC 一方面致力于制订和实施各种就业培训计划，另一方面还试图对全日制学校教育进行干预。1981 年 MSC 在其咨询文件《新训练革新》(A New Training Initiative) 中确定了培训体系改革的三个主要目标：改革青年的技能训练计划，包括传统学徒制的现代化；发展面向所有不满 18 岁的青年人的全日制教育或者训练；向需要就业和再就业的成年人提供充分的训练机会。这份白皮书指出要为不同年龄不同教育目标的青年人提供机会，使他们达到国家认可的满足工作需要的技能标准，并为他们进一步学习提供基础。

在 MSC 的培训政策中，青年培训计划（YTS）无疑是最引人注目的。由于 YOP 存在的问题，1983 年，英国政府用 YTS 取而代之。政府按照受训者人数为培训企业提供人均 1850 英镑的补助以提高企业提供培训岗位的积极性。同时，对培训补贴的限制（每周 15 英镑以内）也是政府为了提高企业培训的积极性采取的主要措施。大卫·扬还把这一点作为 MSC 决策的核心。他坚定地站在了企业的一方，认为"英国青年工资率过高"，"青年人应该作为廉价劳动力的源泉"④。不过，此刻这个目标不是通过自由的集体协商或市场机制实现的，而是直接的政府干预的结果。为了刺激青年人的培训需求，政府还规定 16 岁的离校青年将无权申请福利补贴，而是为他们提供基础性培训计划。这些措施对

① Mike Flude & Sandy Sieminki. Education，Training and the Future of Work Ⅱ：Developments in vocational education and training[M]. London：Routledge & Open University Press，1999，p. 19.

② Colin Crouch，David Finegold & Mari Sako. Are skills the answer？ The Political Economy of Skill Creation in Advanced Industrial Countries[M]. Oxford University Press，1999，p. 134-135.

③ Ian Finlay，Stuart Niven & Stephanie Young. Changing Vocational Education and Training [M]. Routledge，1998，pp. 28-29.

④ Dan Finn. Training Without Jobs：New Deals and Broken Promises：From Raising the School Leaving Age to the Youth Training Scheme[M]. Macmillan Education，1987，p. 156.

于企业和个人起到了一定的积极作用。从表 4-2 的数据看,YTS 明显地提高了 16～18 岁离校青年中参加教育和培训计划人数的比例,70 年代初期这个比例为 40%,80 年代中期达到了 64%。需要注意的是,培训计划参与率的增长主要集中在 16 岁青年,17 到 18 岁青年的培训参与率却有明显的下降,其主要原因是政府补助的对象仅仅是为 16 岁青年提供培训的企业,17 岁或 18 岁青年获得的培训机会就相应减少。总体上,YTS 在降低失业率上的效果是显著的。YTS 实施以前,16～19 岁的青年失业率几乎是 20～24 岁青年失业率的两倍,1988 年 16～19 岁和 20～24 岁青年失业率分别为 10.3% 和 12.9%。

表 4-2　英国青年失业人数和比例的变化

	16 岁		17～18 岁	
	人数(千人)	占 16 岁青年的比例(%)	人数(千人)	占 17～18 岁青年的比例(%)
1980	52	6	28	2
1981	96	10	52	3
1982	129	14	69	4
1983	170	19	91	5
1984	227	25	30	2

资料来源:Guy Standing. Unemployment and labour market flexbility: The United Kindgom. International Labour Orgnisation,1986,p. 91.

　　然而,YTS 的培训质量却颇受指责。这一方面体现在 YTS 的流失率"相当高"。技术评估办公室(OTA)在调查中发现,1988 年只有 1/7～1/5 的受训者完成培训。[①]苏塞克斯大学的研究小组发现,脱产学习缺乏相关的工作实践机会或者培训内容贫乏,而且,小企业提供的工作实践往往不能满足 YTS 的培训要求。培训内容贫乏、缺乏工作实践、相关性不足,导致青年人从培训中几乎一无所获。1988 年,2/3 的劳动力仍然没有职业资格,与 70 年代的情况没有明显的变化。只有 26% 的劳动力具备中级水平职业资格,明显低于其他国家的水平(法国和德国分别为 40% 和 64%)。影响 YTS 质量的因素有以下几个方面:

(一)就业导向的培训政策使英国政府关注的是培训数量而非质量

　　尽管技能短缺困扰英国已久,但是相比之下,失业问题对于保守党的执政来说显得更为迫切,而且技能劳动力的培养需要相对较长的周期,而失业政策的短期效果更为明显。布朗和劳德指出,"英国教育和培训政策适合许多目标

---

　　① Office of Technology Assessment. Occupational Training for Young People in the United Kingdom[DB/OL]. September 1995 OTA-BP-EHR-175,[2007-2-15]. http:www. princeton. edu/~ota/disk1/1995/9559/9559. pdf.

（比如减少失业人数），惟独不适于技能培养。"①芬格德和索斯凯认为，它们的吸引力可能不利于英国的技能需求。政府的青年培训计划受到很多批评，"这些计划可能吸引青年离开学校，却没有为他们提供有价值的培训"②。雷夫根据苏格兰离校青年的调查结果，认为政府的青年培训计划并没有提高受训者的技能，而是为他们提供了一个进入内部劳动力市场的机会。培训计划"基本上被看作是一种阻止青年人进入劳动力市场的方式"③。表 4-3 数据明显地说明，80年代初英国的技能培训主要是为了解决失业问题，失业培训的比例远远高于其他国家。④

表 4-3　各国职业教育和培训体系的构成

国别	全日制职业教育	学徒制	失业培训	其他	总计
比利时	36	4	4	1	100
丹麦	13	30	31	3	100
西德	19	50	9	1	100
法国	40	14	19	—	100
爱尔兰	10	5	29		100
意大利	50	4	23	3	100
卢森堡	31	23	15	—	100
荷兰	29	9	26	1	100
英国	10	14	44		100

资料来源：Keith Watson. Youth，Education Employment—International Perspectives [M]. Croom Helm，1983，p. 51-52.

在这种政策导向下，MSC 的工作主要是达到预期的培训人数，基本上不关心培训的质量。⑤ 这一点也突出地体现在 YTS 上。YTS 主要集中在基础培训而不是高技能劳动力的培养。对 YTS 来说，"降低失业率仍然是最主要的政策

---

① John Ahier & Geoff Esland. Education，Training and the Future of Work I [M]. Routledge，1999，p. 39.

② Winch Christopher & Linda Clarke. "Front-loaded" Vocational Education versus Lifelong Learning. A Critique of Current UK Government Policy[J]. Oxford Review of Education，Vol. 29，No. 2，2003，pp. 239-252.

③ John Ahier & Geoff Esland. Education, Training and the Future of Work I [M]. Routledge，1999，p. 5.

④ Keith Watson. Youth，Education Employment—International Perspectives[M]. Croom Helm，1983，pp. 51-52.

⑤ Guy Standing. Unemployment and Labour Market Flexibility：The United Kingdom [M]. Gneva，ILO，1986，p. 92.

目标,培训质量是次要的。"①这种政策导向的培训政策必然造成了大量低水平的培训,难以解决英国中级技能劳动力不足的问题。CBI 对这一点颇为不满,指责政府过多地关注失业培训,而不是提升和更新现有劳动力的技能,而后者对地方和国家经济的积极作用更加明显。②

(二)政府缺乏有效的管理机制

这主要基于两方面的原因。首先,自由市场理念使政府认为培训主要是企业的内部事务而不需要过多的外部干预,而 CBI(企业)也明确要求政府对工作实践不能进行干预或管理。政府对工作实践的监督措施主要是要求培训企业保存相关的实践记录,但是企业很少认真对待并执行这个规定。其次,YTS 的实施主要依靠企业,在政府看来,质量控制将削减许多低水平的培训机会,而这些培训岗位对于实现 YTS 的就业目标却是至关重要的。以上原因使英国政府对培训过程缺乏有效的外部监管机制,这一点在 80 年代其他的培训政策上也十分明显。由于缺乏明确的规范和质量标准,企业培训的短期行为非常明显。

(三)政府的资助不足

政府认为企业是培训产品——劳动力的主要"消费者"和教育服务的"受益者",因此应该承担部分经费。政府在为企业提供培训补助的同时也要求企业必须为受训者提供每周 25 英镑的生活补贴,这使企业实际上可以支配的经费所剩无几。质量控制的缺乏也意味着企业往往倾向于提供低成本、低技能培训,而不是高成本、中级水平技能培训,培训需求就受到了限制。政府预先支付补助的方式也使企业缺乏提高培训质量的积极性。一些人认为,YTS 仅仅促使职业培训在低技能型行业(如零售业)规模的扩大。

(四)企业对培训持漫不经心的态度

企业忽视技能培训的重要性。培训在企业心目中仍然是随意性的开支而不是投资。③ 除了少数大企业能够为青年人提供良好的培训机会以外,许多企业并不将 YTS 看作是提高劳动力技能水平的途径。一些企业甚至把 YTS 是一个社会计划而不是为了满足企业的技能需求。④ 这种漫不经心的态度使企业关心的是通过提供更多的培训岗位以便从政府手里获得更多的经费或者通过

---

① Derek H. Aldcroft. Education, Training and Economic Performance: 1944-1990 [M]. Manchester University Press, 1992, p. 68.

② Theresa Crowley-Bainton. United Kingdom: Encouraging employer investment [DB/OL]. December 1997, [2007-12-10] http://www.ilo.org/public/english/employment/skills/training/publ/uk.htm.

③ Dan Finn. Training Without Jobs: New Deals and Broken Promises: From Raising the School Leaving Age to the Youth Training Scheme[M]. Macmillan Education, 1987, p. 136.

④ Derek Bsoworth, Pat Dutton & Jackie Lewis. Skill Shortages: Causes and Consequences[M]. Avebury, 1992, p. 198.

培训筛选未来的员工。在一项调查中，当培训企业被问及实施 YTS 的有利之处时，最多的是"筛选新员工"（42%）和"节约劳动力成本"（32%），却没有企业提及"提高技能水平"或"促进工作组织的变革"①。这种倾向对受训者的就业产生了消极影响。如果受训者完成培训并在劳动力市场寻找就业机会，这实际上意味着他们在企业的"筛选"中被认为不能满足企业的需要而遭到淘汰，这无疑会对他们的就业前景产生不利影响。YTS 的目的是培养青年某个职业领域内的一系列广泛的技能，而事实上企业在培训中却偏重针对自身的专门性技能，这也就限制了受训者的就业机会。怀特菲尔德等人认为，政府的培训计划的就业效应更多地局限在培训企业内部而不是在外部劳动力市场。由于培训没有提供必要的技能或就业保证，青年人的培训需求也出现下降的趋势。总之，YTS 没有摆脱低质量培训的误区，对解决技能短缺问题的作用很有限。这些问题同样出现在其他的培训计划上。

　　职业技术教育试点（TVEI）是英国政府对中等教育课程一次最直接的干预。从某种意义上，TVEI 体现了国家干预和教师专业自主性的冲突。在英国，20 世纪 50 年代到 70 年代，"许可式自主"（licensedautonomy）使教师在教育制度改革方面发挥着相当大的影响力，不但影响着教育改革的过程，而且还影响了改革的内容。在杰夫·惠蒂看来，这个时期成为"教师控制的黄金时代"，国家从来不主动去干预教师的工作。而 70 年代的经济状况和青年失业问题使人们认识到教师的专业利益与更广泛的社会利益（尤其是产业利益）之间存在张力，专业利益造成过分强调学术性而忽视学校教育的职业性。② 卡拉汉责成 DES 对教育质量和学校课程进行调查。他在演讲中也批评学校教育使学生缺乏就业所需的态度和技能，加剧了失业的严重性。保守党上台以后，其智囊团之一——政策研究咨询中心（CPRS）在 1980 年的一份报告中要求在学校教育中增加工作实践的内容。1981 年，MSC 白皮书《新培训计划》（A Training Initiative）也强调"在最初的全日制教育过程中使学生为职业生活做好更充分的准备"③。这些问题历来被视为学校和教师的个人领地，现在第一次出现在政府的改革议案中。尽管人们将矛头纷纷指向学校教育对产业的漠视，然而从 1977 年到 1982 年，英国学校教育却几乎没有任何变化，主要原因有以下两方

---

　　① Office of Technology Assessment, Occupational Training for Young People in the United Kingdom[DB/OL]. September 1995 OTA-BP-EHR-175,[2007-2-15], http:www. princeton. edu/～ota/disk1/1995/9559/9559. pdf.

　　② Roger Dale. Education, Training and Employment: towards a new vocationalism [M]. Pergamon Press,1986,p. 46.

　　③ Wellington JJ. The Rise of Pre-Vocational Education and the Needs of Employers[J]. Vocational Aspect of Education(April 1986),Vol. 38,No. 99. 1986,pp. 17-22.

面:①DES 主张通过建议和协商而不是强力干预的方式改革学校课程,同时它认为 MSC 的培训模式并不适于学校教育;②学校和教师对就业导向的改革措施持抵制态度,他们并不认可人们的批评,而是认为这不过是把学校教育当作经济衰退的替罪羊。不过,80 年代初青年失业率的持续上升使英国政府越来越支持学校教育的"职业准备"观。

1983 年,TVEI 开始实施。MSC 认为,TVEI 可以"扩大和丰富学校课程,帮助青年为职业生活做好准备,培养技能和兴趣,使他们的生活更充实,并有能力为社会做出更多的贡献"①。该计划的具体实施由 LEA 负责,LEA 需要提出申请,并与 MSC 就计划的实施签定合同;MSC 为参与该计划的 LEA 提供拨款,同时要求 LEA 设计的课程必须得到 MSC 的批准并且达到其规定的标准。因此,"通过对地方当局的控制,TVEI 体现了一定的集权化趋势"②。这种间接的干预使 MSC 可以对学校课程施加影响,使之具有更多的产业相关性。在 80 年代经费严重不足的情况下,有附加条件的拨款作为一种经济杠杆无疑是非常有效的干预方式。这一点在 TVEI 的实施中也很明显。尽管该计划削弱了 LEA 的自治权,大部分 LEA 还是申请参与该计划的实施,MSC 提供的拨款无疑是一个主要原因。罗格·戴尔认为,如果没有经费的刺激,LEA 不可能自愿地放弃其对学校的部分控制权。③ MSC 对 TEVI 的实施并没有具体的要求和指导,LEA 一般根据当地的实际情况做出安排的,因此各个 LEA 的具体做法存在相当大的差异。

尽管政府对 TVEI 寄予了很高的期望,许多学者却对 TVEI 能否实现预期目标持怀疑的态度。TVEI 的实施情况也表明,职业教育课程显然对学生来说仍然是缺乏吸引力的。这和计划本身的问题有直接关系。首先,TVEI 仍然带有明显的"目标群体"的偏向。撒切尔政府仍然坚持劳动力的分工,因此其教育政策的哲学基础是为不同群体的学生提供各自相应的课程。这也体现在 TVEI 上。学校教育职业化的目的使低能力者和弱势群体的学习更具有产业相关性。④ 在 MSC 看来,TVEI 并不是为所谓的"有能力的学生"准备的。这种定位实际上已经贬低了职业学习的地位。这在很大程度上弱化了个人对职业教育

---

① Roger Dale. Education, Training and Employment: towards a new vocationalism [M]. Pergamon Press,1986,p. 46.

② Guy Standing. Unemployment and Labour Market Flexibility: The United Kingdom [M]. Gneva,ILO,1986,p. 94.

③ Roger Dale. Education, Training and Employment: towards a new vocationalism [M]. Pergamon Press,1986,p. 53.

④ Geoff Hayward,A century of vocationalism[J]. Oxford Review of Education, Vol. 30, No. 1, March 2004,pp. 3-12.

和技能培训的积极性。"学校偏爱学术教育,歧视职业教育和培训,因此学生不愿意学习职业或技术课程。"①其次,TVEI 与英国学校教育存在制度上的矛盾。TVEI 是面向 14～18 岁青年的四年制课程计划,而学校教育在 16 岁被划分为两个阶段,大部分学生在学习 TVEI 课程两年以后面临毕业,因此为 14 岁到 18 岁青年提供连贯的职业课程目标就难以实现。在最早实施该计划的埃克塞特,只有 1/3 学生在义务教育结束以后进入地区学院继续学习 TVEI 课程。这使 16～18 岁年龄组试点计划不得不重新招收新学生。这对 TVEI"职业准备"目标的实现显然是不利的。此外,TVEI 还面临一些难以控制的外部因素。例如,大学和企业对 TVEI 的资格并不认可,这意味着学校教育中的职业课程仍然无法和传统的学术课程相提并论;缺乏相关的师资使 TVEI 的实施受到限制;与TVEI 相比,为学生提供生活津贴甚至工作岗位的 YTS 显然对学生更具吸引力,这也使 TVEI 计划的流失率较高。英国政府对 TVEI 的评估也没有发现证据能够说明 TVEI 对学生的学习或就业准备有积极作用。1988 年教育改革法进一步对 TVEI 产生了消极的影响,该法削弱了 LEA 对学校的控制权,这显然不利于 TVEI 的实施,而国家课程对传统课程的偏重也对 TVEI 的地位造成了威胁。

二、从"合作"到"竞争":教育和培训的市场化

(一)从 MSC 到 TEC:需求导向(demand-led)模式的确立

正如前文所述,撒切尔政府在上台伊始着力通过 MSC 的集权式的干预缓解失业问题带来的压力。不过,撒切尔夫人并没有放弃市场化的想法,而且这种尝试从 80 年代初就开始了。1981 年教育法的颁布拉开了职业培训回归"放任主义"的序幕。② 该法允许企业向就业部提交自愿性的职业教育培训计划,而且鼓励用新的放任主义性质的机构取代 ITB。在英国教育培训改革中,1988 年是举足轻重的一年。此刻,英国培训政策发生了根本性转折。短暂的经济复苏和失业问题的缓解使英国政府终于有机会在教育培训方面推行市场政策。撒切尔政府认为,依靠技能供给并不能解决技能短缺问题。技能的供给取决于市场对技能的需求,供过于求或供小于求都会造成技能失衡现象。因此,必须根据市场需求确定技能供给的规模和类型。企业作为市场需求的载体,对人才类型的需求水平和结构"指挥"着职业教育的发展,在英国政府看来,培训的"消费

---

①　Mike Flude and Sandy Sieminki. Education,Training and the Future of Work Ⅱ:Developments in vocational education and training[M]. London:Routledge & Open University Press,1999,p. 58.

②　Ian Finlay,Stuart Niven & Stephanie Young. Changing Vocational Education and Training[M]. Routledge,1998,p. 27.

者"主要是企业,而不是受训者。① 同时,企业通过培训对技能供给也的确发挥着不可替代的作用,因此,英国政府强调了企业对解决技能问题的重要性。撒切尔政府反复强调企业在教育和培训中的关键作用,这也是其教育和训练政策的出发点。② 市场导向的培训制度将私人部门尤其是企业推向舞台的中央。1988 年就业法的颁布改变了不同利益相关者之间的平衡,将更多的责任赋予私有企业。格林认为,英国"恢复了 1964 年以前的放任主义倾向"③。克瑞斯·爱德华甚至指出,"二战"以后到 90 年代英国职业培训实际上经历了"从放任主义到放任主义"的过程。④ 当然,撒切尔政府没有、也不可能回归完全的"自由放任"传统,只是其在技能培训方面的干预的程度和角色发生了变化,从培训的管理和投资转向为企业和个人积极地投资和参与培训创造一个良好的环境。⑤ "市场为主、政府为辅"的技能供给模式成为英国教育和培训政策的主要特征。

这种政策重心的变化突出地体现在政府机构的调整上。随着失业率的下降,MSC 在失业培训上的历史使命似乎已经完成。此外,MSC 的集权化也不断受到批评。越来越多的企业、志愿部门和地方政府认为职业教育和失业培训必须适应地方劳动力市场的具体情况,MSC 推行的统一的国家培训计划是无效的。⑥ 1988 年,撒切尔政府撤销了 MSC,将其就业培训的职责(即 YTS)移交给就业部。风光一时的 MSC 从此退出历史舞台。这意味着英国政府放弃了 70 年代以来政府主导下的失业培训模式,开始将技能培训的责任让渡给市场,依靠市场机制来保证满足经济需求的培训规模。⑦ 与此同时,DES 在英国的教育改革中赢得了主导地位,尤其是在 1988 年教育改革法的颁布将 DES 从政治舞台的边缘推到了中央。该法一方面加强了教育的市场化,另一方面也具有明显的政府干预的痕迹。不过,该法对英国技能短缺问题的消极影响是显而易见

---

① John Ahier & Geoff Esland. Education, Training and the Future of Work Ⅱ[M]. Routledge, 1999, p. 204.

② Geoff Harward. An Overview of Vocatonal Education and Training in Britain: 1690-1970[J]. The Vocational Aspect of Education, Vol. 45, No. 2, 1993, pp. 32-55.

③ John Ahier & Geoff Esland. Education, Training and the Future of Work Ⅱ[M]. Routledge, 1999, p. 20.

④ Martin Godfrey. Skill Develpoment for International Competitiveness[M]. Edward Elgar, 1997. p. 189.

⑤ Theresa Crowley-Bainton. United Kingdom: Encouraging employer investment[DB/OL]. December 1997, [2007-12-10] http://www. ilo. org/public/english/employment/skills/training/publ/uk. htm.

⑥ Ian Finlay, Stuart Niven & Stephanie Young. Changing Vocational Education and Training: An international comparative perspective[M]. Routledge, 1998, pp. 28-29.

⑦ John Twining. Vocational Education and Training in the United Kindgom[M]. Thessaloniki, 1999, p. 51.

的，无论国家课程还是 GCSE 都具有浓厚的学术性。1995 年，就业部并入教育部，更名为教育和就业部，这对于教育的市场化无疑具有历史性意义。教育部和就业部长期以来彼此独立、缺乏沟通的状况造成英国教育制度培养的毕业生不能满足劳动力市场的需求。而教育和就业部的成立标志着英国政府试图进一步加强教育和劳动力市场之间的联系，促进技能供给和需求的平衡。DfEE为自己确定的目标是"通过提高教育质量标准和技能水平、培养灵活的技能劳动力以保持经济增长、加强国家的竞争力。"对此，人们普遍持肯定的态度。全国教师联合会主席道格·迈克维认为："教育和培训的对立造成了人为的障碍，导致培训的地位低下。将教育和培训归并起来有利于促进职业教育和终身教育与培训的发展。"①

　　不过，教育和就业部的成立在英国技能短缺问题的对策中并不是最重要的。英国政府认为不同地区实现经济增长目标的最佳路径是不一样的，各个地区应该根据自身的实际情况选择最有效的政策方案。② 因此，它将技能培训的权力和责任更多地交给地方。1989 年政府在白皮书《面向 90 年代的就业》(Employment for 1990s)中指出，政府将建立新的教育培训制度以满足 90 年代对教育和培训的需求，而这个培训制度的核心是企业主导的地方性机构，由这个机构负责当地培训计划的有效实施，并在企业支持下负责确定培训标准。按照英国政府的观点，这实际上是"将培训制度的控制权还给本应属于它的企业"③。这个机构就是仿效美国私人培训委员会(PIC)④设立的培训和企业委员会(TEC)。英格兰和威尔士共设立了 82 个 TEC。⑤ TEC 被英国政府认为是"本世纪最关键和重要的措施之一"。政府撤销具有集权性质的 MSC 并将培训政策的责任下放给地方性 TEC，明显地体现了保守党政府恢复过去放任主义培训传统的愿望。⑥ TEC 并非政府部门，而是具有企业性质的培训决策机构，其目的是更好地适应市场的需要。TEC 的执行委员会包括 9～16 名不等的成员，来自地方的企业、教育机构、地方当局、工会和自愿机构以及公共部门。不过，TEC 是企业主导的机构，而不是建立在合作机制基础之上的，其中 2/3 是企业

---

①　Richard Aldrich. Lessons from Histroy of Education, the Selected works of Rechard Aldrich [C]. Routledge, 2006, p. 69.

②　Derek Bsoworth, Pat Dutton & Jackie Lewis. Skill Shortages: Causes and Consequences[M]. Avebury, 1992, p. 157.

③　John Ahier & Geoff Esland. Education, Training and the Future of Work Ⅱ[M]. Routledge, 1999, p. 20.

④　私人培训委员会成立于 1983 年，是企业主导的地方组织，负责实施培训计划。

⑤　在苏格兰，相应机构是 20 个地方企业委员会(LEC)，其职责和人员结构与 TEC 是一致的。

⑥　Alison L. Booth & Dennis J. Snower. Acquiring skills: market failures, their symptoms and policy responses[M]. Cambridge University Press，1996. p. 245.

代表,其目的是鼓励地方企业积极参与确定培训需要并提供培训机会。因此,企业在 TEC 的技能培训政策中发挥了决定性作用,其他的利益相关者基本被排除在外,尤其是工会和地方当局的影响被大大削弱,尤其是工会的影响受到越来越多的限制,工会是否参与培训决策过程由企业来决定。[①] LEA 的代表同样很少,尤其是 1992 年继续和高等教育法"剥夺"了 LEA 在非学术性的义务后教育方面的大部分权利和责任,使大部分公共部分的高等教育机构脱离 LEA。作为其管理机构,多科技术学院与其他学院基金委员会取代了原来由 LEA 代表占多数的全国地方高等教育咨询委员会,其成员中也是由地方企业人士占多数。这些措施都体现了中央政府对地方政府和工会干预的反感态度,同时也意味着政府彻底放弃了法团主义的"共识"模式。TEC 的成立标志着英国的教育和培训制度从供给导向(supply-led)模式转向以市场需求为导向(demand-led)模式。[②]

DfEE 取消了 YTS,开始代之以新的"青年培训"(YT)计划。YT 旨在为所有 16 到 17 岁以上的青年提供获得技能和资格的机会。与 YTS 相比,YT 更加灵活,没有规定的培训期限,甚至几乎没有关于培训方式的具体规定。政府认为这种"松散"的培训模式可以更好地满足受训者和地方劳动力市场的需要。[③] TEC 负责这些培训计划在本地的制定和实施。英国政府在 TEC 的运行机制上继续采用了 MSC 的做法。TEC 的培训经费来自教育和就业部,不过前提条件是 TEC 的培训计划必须得到 DfEE 的批准并与之签定合同,合同中规定了双方的责任和义务,TEC 根据合同实施培训计划并支配政府的拨款。TEC 本身并不提供培训,它们实际上在政府和培训机构之间扮演了"中介"的作用。值得注意的是,TEC 对公共经费的分配机制体现了浓厚的市场色彩。它们向包括继续教育学院、志愿组织、私人培训机构以及企业在内的培训机构提供拨款是建立在以"产出"(output)为基础的竞争之上的,在竞争中"脱颖而出"的培训机构必须和 TEC 签定合同,负责根据 TEC 的要求提供培训机会,保证其承担的培训满足 TEC 规定的培训标准。因此,TEC 与培训机构之间实际上构成了"消费者"和"供给者"的关系。同时,TEC 也负责收集当地劳动力市场的技能需求信息和就业状况,为这些培训机构提供咨询服务。TEC 通过一系列措施将培训责

① Office of Technology Assessment. Occupational Training for Young People in the United Kingdom[DB/OL]. September 1995,p. 25, http://www. princeton. edu/~ota/disk1/1995/9559/9559. pdf.

② John Ahier & Geoff Esland. Education,Training and the Future of Work Ⅱ[M]. Routledge, 1999,p. 20.

③ Derek H. Aldcroft. Education, Training and Economic Performance: 1944 — 1990 [M]. Manchester University Press,1992,p. 70.

任转移到企业和个人,使企业和个人在技能投资方面发挥更多的作用。首先,通过"学习门户"(gateway to learning)和"技能选择"(skills choice)等计划,为青年人和成人提供各种就业指导机会。其次,在义务后教育和培训进一步推行市场模式。1990 年在 11 个地区实施了"培训凭证"(training credits)试点计划,1996 年在全国范围内推广。该计划与义务教育阶段的教育凭证计划在性质上是一样的,旨在鼓励个人承担更多的责任,扩大他们的选择机会,促进教育和培训机构的竞争。[①] 其次,通过"人力投资者"(IiP)计划、现代学徒制(modern apprenticeship)的实施,使企业承担更多的培训责任,尤其是 IiP 计划产生了明显的效果。

80 年代末,一份调查报告指出英国企业培训不足,该报告还发现积极参与培训的企业往往将员工培训与企业的发展联系在一起。针对这份报告的结果,教育和就业部部长 James Paice 批评许多企业仍然没有认识到员工培训的重要性,而且,他还指出"这不是投资多少的问题,而是如何投资的问题"。这表明英国政府更加关注培训的质量问题。这种观点成为"人力投资者"计划的指导思想。1990 年,国家培训工作委员会(NTTF)与 CBI、TUC 等机构合作开发了这项计划。IiP 最初由 TEC 负责实施。1993 年,IiP 公司成立,这是一个行政法人机构,经费由 DfES 提供。IiP 实际上是一个人力资源管理和开发的评估机制,鼓励企业将人力投资和企业目标系统地结合起来,促进企业的培训投资以提高员工的技能和企业的生产力。IiP 具有自愿性质,任何企业都可以申请接受评估。相关的评估信息是由外部评估者自己收集而不是企业主动提交的,这样是为了保证信息能够客观地反映企业的人力开发情况,同时也减轻了企业的负担。然后评估者根据 IiP 标准对企业进行评定。IiP 标准对企业培训进行了明确的规定,其中包括三个基本原则:①计划——人力投资者必须开发有效的人力发展战略,提高组织绩效。②行动——人力投资者必须建立有效的培训体系,并主动进行以提高绩效为目的的培训。③评估——人力投资者必须客观地评估人力投资对组织绩效的影响。这三个基本原则还包括 10 个具体的指标。如果企业的培训政策和活动符合这些指标的要求,就会获得 IiP 资格。IiP 资格的有效期没有时间限制,但是取决于经常性的每三年一次的评估。IiP 公司每三年会对 IiP 标准重新进行审查和修订以确保其相关性、适用性和吸引力。简而言之,通过 IiP 标准的企业也就有了人力资源开发培训上的信用证。IiP 在英国的影响力与企业的重视程度,可由 IiP 公司发布的 2004/2005 年度公司报告资料见其端倪。76% 的英国企业相信 IiP 有助于企业的决策,80% 的企业认为

---

① Alison L. Booth & Dennis J. Snower. Acquiring skills: market failures, their symptoms and policy responses[M]. Cambridge University Press, 1996. p. 241.

IiP 会帮助员工发展潜力。2004 年,大约 35000 个企业获得了 IiP 资格,员工人数占了英国劳动力的 40%。企业培训水平在过去 10 年中有了很明显的提高。[①] 当然,IiP 也存在不足之处,相关数据表明,大企业往往对 IiP 有浓厚的兴趣,而中小企业的参与率却比较低。英国 90% 的企业员工规模在 50 人以下,而通过人力投资者认证的企业中,50 人以下的小企业只占一半左右。[②] 这进一步说明,中小企业培训的发展需要政府更多的干预和支持。

总体上,TEC 的成就表现在三方面:①TEC 开创了新的、灵活的公共干预模式。TEC 与 MSC 的干预模式不同,MSC 的干预带有更多的中央集权化的特点,而 TECs 则具有明显的市场机制色彩,这种干预是通过地方企业的积极参与和支持实现的,从而使 TEC 的培训计划具有较强的针对性,为当地的企业提供了有价值的服务。②TEC 有效地促使更多的青年提高教育程度,接受继续和高等教育,有利于培养高技能劳动力。③TEC 在某些方面有助于建立或改善企业之间、企业与工会、地方政府之间的联系。所有利益相关者之间形成某种以市场机制为基础的合作竞争(co-operative competition)模式。TEC 使企业不再囿于自己单独的培训计划,加强了彼此以及和教育训练机构的联系。只有把职业教育和训练统一协调起来,才有利于提高培训质量,使之和经济结构及劳动力市场的需要相一致。从这个角度看,TEC 对英国的教育和培训有着不可忽视的积极作用。一些研究表明,诸多措施确实加强了一部分英国企业的培训文化。

不过,人们对 TEC 的批评似乎更为激烈,这主要集中在三个方面:

1. TEC 低技能培训色彩仍然非常明显。首先,80 年代末英国的教育培训改革和失业问题仍然有直接的联系。尽管政府声称 YT 的主要目标是提高职业培训的数量和质量,事实上却偏重失业问题而不是提高技能水平。大约 90% 的拨款用于失业培训。[③] 这也就成为 TEC 的主要工作内容。其次,政府拨款的削减进一步影响了培训质量。1987 年以后,随着市场化进程的推进,政府开始大幅度削减培训经费。

从表 4-4 的数据看,政府对 YTS/YT 拨款的削减尤其明显,如果再考虑物价的因素,英国政府实际用于产业培训的经费是很有限的。这使 TEC 时常感到捉襟见肘。在这种情况下,为了用有限的经费给失业者提供尽可能多的培训

① John Ahier & Geoff Esland. Education, Training and the Future of Work Ⅱ [M]. Routledge, 1999, p. 21.

② Lichia Yiu & Raymond Saner. ISO 10015 and "Investors in People": Two complementary policy instruments for VET [DB/OL]. 2004, [2007-6-18], http://www. adequate. org/page%20files/file/20080731-investors%20in%20people%20uk%20_lsy%202. 1. pdf.

③ Derek H. Aldcroft. Education, Training and Economic Performance: 1944 — 1990 [M]. Manchester University Press, 1992, pp. 70-71.

表 4-4　英国直接的教育和培训公共拨款变化（单位：千英镑）

	地方政府支出	YTS/YT	合计	按 1991 年物价指数折算
1987/1988	1231	235	1497	1944
1988/1989	1400	266	1655	2016
1989/1990	1527	251	1778	2025
1990/1991	1570	211	1781	1905
1991/1992	1644	215	1859	1859

资料来源：Richard Layard, Ken Mayhew & Geoffrey Owen. Britain's Training Deficit：The Centre for Economic Performance Report[M]. Avebury，1994，p. 28.

机会，TEC 往往选择低成本的培训计划和低报价的培训机构。这显然制约了技能培训的水平。第三，结果本位评估模式使 TEC 缺乏摆脱低技能均衡状态的动力。政府是根据受训者获得 NVQ 的情况作为 TEC 工作绩效的评估指标的，而评估结果作为政府为 TEC 提供拨款的依据。在这种情况下，TEC 通过提供低成本、低技能的企业专门培训同样可以达到预期的要求。况且，日常的培训质量控制也由企业或 TEC 负责。因此，出于经济利益的考虑，企业和 TEC 都是"报喜不报忧"。因此这使 NVQ 课程培训面临信任危机。"将 NVQ 作为行为操作指标可能对 TEC 形成负激励，使低技能均衡状态持续下去。"[1]这显然不利于 TEC 开发周期较长的高技能投资战略。表 4-5 的数据说明获得拨款的大部分培训计划都属于 NVQ 水平 1 或水平 2 层次。芬格德指出，TEC 的工作进一步强化了低技能均衡。

表 4-5　英国职业培训的水平结构和拨款比例

	受训人数	拨款比例
青年培训计划（YT）		
NVQ 水平 1	3015	6.35
NVQ 水平 2	34221	72.05
NVQ 水平 3 以上	10262	21.60
就业培训计划（ET）		
NVQ 水平 1 或水平 2	19060	90.68
NVQ 水平 3 或水平 4	1293	6.15
NVQ 水平 2（特殊群体）	555	2.64
NVQ 水平 3/4（特殊群体）	111	0.53

资料来源：J. R. Shackleton. Training for Employment in Wesern Europe and the United States[M]. Edward Elgar，1995，p. 113.

---

① Alison L. Booth & Dennis J. Snower, Acquiring skills：market failures, their symptoms and policy responses[M]. Cambridge University Press，1996. p. 246.

2.企业主导的 TEC 使技能培训的短期性问题仍然非常突出。TEC 体现了英国政府政策的矛盾性。一方面,英国政府教育和培训的目的是为了解决技能短缺问题,满足社会对作为公共物品的技能劳动力的需求;另一方面,企业化的运行模式使 TEC 必然受制于市场机制而不是公共物品的供给机制,这自然会影响培训政策的社会效果。虽然 TEC 的活动很明显属于公共政策的范畴,但是其提供的培训计划主要反映了企业的私人需要,带有明显的专用性特征。其他利益相关者的利益难以得到满足,一些学者甚至指责 TEC 仅仅代表了少数大企业的利益。一些研究和调查结果显示,TEC 的成员中来自中小企业的代表很少。① 这使 TEC 的培训计划难以体现中小企业的需求,而 ESS 的数据恰恰显示,中小企业的技能短缺和培训不足的问题比大企业更为突出。TEC 的培训计划难以真正体现产业的技能需求,这在很大程度上限制了 TEC 培训计划的有效性。这一点在现代学徒制上十分明显。尽管政府提供部分补助,不过现代学徒制的实施主要依靠大企业,许多企业(尤其是中小企业)并没有参与。因此,英国政府确立的“需求导向”的技能供给模式在很大程度上只是满足了部分企业的短期技能需求。此外,现代学徒制尽管名义上延续了理论和实践相结合的模式,不过大部分学徒缺乏普通教育的内容。这就影响了人们对学徒制的态度。培训企业和受训者之间的信息不对称使这种态度通过较低的培训完成率体现出来。尽管平均培训期限缩短到 1 年半,也只有 50% 的受训者完成培训计划并获得 NVQ3。

3.市场驱动的放任主义模式制约了企业技能投资的积极性。安·霍金森等人认为,保守党政府的教育和培训政策一直采取市场驱动的放任主义模式,这使英国教育培训制度缺乏结构上的统一性。② 这成为英国技能培训面临的一个越来越突出的问题。英国始终没有对不同利益相关者的责任和权利作出规定,尤其是对企业规定提供培训机会或经费的义务。尽管技能短缺严重地阻碍了经济增长,英国政府仍然坚持,在技能培训方面对企业主要是“鼓励”而非“强制”。③ 因此,企业的培训行为更多地依靠自我约束。然而,英国劳动力的工资是企业劳资协商的结果,并没有统一的部门工资的约束,因此企业通过支付较高的工资从其他企业“偷猎”技能劳动力显然轻而易举。而 TEC 缺乏有效的方式解决这些问题。它们与 ITB 不同,没有权力向企业征收培训税,也未对企业

---

① Colin Crouch, David Finegold & Mari Sako. Are skills the answer? The Political Economy of Skill Creation in Advanced Industrial Countries[M]. Oxford University Press, 1999, p. 187.

② Ann Hodgson & Ken Spours. New Labour's Education Agenda: Issues and Policies for Education and Training from 14+[M]. Kogan Page, 1999, p. 27.

③ Shackleton JR. Training for Employment in Wesern Europe and the United States[M]. Edward Elgar, 1995, p. 112.

培训的质量和数量作出规定,而是通过公共培训经费的分配对企业培训施加影响。然而政府有限的拨款使这些经费在企业的培训成本中只占很小的一部分,这使 TEC 对企业培训的影响是有限的。多数企业对培训仍然持消极态度。大部分企业对通过培训使员工获得 NVQ 表现消极。2/3 的 YTS 受训者没有获得 NVQ,只有 41% 的青年人达到了 A-Level 或水平 3 的 NVQ/GNVQ,而法国和德国的相应比例为 65% 以上。格林认为,"需求导向或自由放任的模式没能实现英国长期以来迫切需要的技能革命。"① 德里克·博斯沃思也指出,TEC 高度自愿性的培训政策对英国企业培训的刺激作用是有限的。② 从这个角度看,在没有对企业的培训行为作出规定的情况下,过分强调企业在技能供给中的作用显然不利于技能短缺问题的解决。尤其是政府培训经费的削减使企业的负担增加,这就影响了企业对培训的兴趣,许多企业并不愿意提供培训岗位。1987 年,一半以上的劳动力没有接受过系统的培训,只有不到 1/3 的企业有培训计划或培训预算。③ 此外,英国劳动力市场对就业资格几乎没有明确的要求,这也影响了青年人接受培训的兴趣。

(二)"按结果拨款"制度和教育质量管理的市场化

90 年代以后,失业率呈现下降的趋势,这使饱受失业折磨的英国得以解脱,其政策导向逐渐从青年失业转向教育和培训本身的问题。④ 技能短缺问题开始真正进入英国政府的视线。⑤ 鉴于 80 年代低水平培训计划没有能够解决英国的技能问题,"质量"成为 90 年代教育政策的关键词。人们认为,只有提高教育和培训的质量,才能满足英国产业的技能需求。对于撒切尔政府来说,"质量"往往和"责任"、"效率"、"效益"这些经济术语联系在一起。英国 80 年代以来的教育经费非但没有增长,甚至明显减少。1979 年,保守党政府刚刚上台就削减了 3.5% 的教育预算。1984 年 97 个地方教育当局中只有 17 个能够为学校提供足够的资金,这使陛下督学处警告:财政投入的限制使教育质量处于危险之

———————————

　　① 　John Ahier & Geoff Esland. Education, Training and the Future of Work Ⅱ[M]. Routledge, 1999,p. 22.

　　② 　[美]德里克·博斯沃思.劳动市场经济学[M].何璋,张晓丽译.北京:中国经济出版社,2003:577.

　　③ 　Derek H. Aldcroft. Education, Training and Economic Performance:1944 − 1990[M]. Manchester University Press,1992,pp. 72-73.

　　④ 　Christian Bessy. Certification of Occupational Commpetency in the UK:comparison with the Frennch experience[DB/OL]. December 2002.[2007-5-12],http://cee-recherche. fr/fr/.../texte_pdf/bessy/ws2bessy-english. pdf.

　　⑤ 　Steffen Hillmert. Skill formation in Britain and Germany:Recent developments in the context of traditional differences[DB/OL]. Program for the Study of Germany and Europe,Working Paper No. 06. 1.[2008-3-6],http://www.ces. fas. harvard. edu/publications/docs/pdfs/Hillmert. pdf.

中。学校不得不越来越依赖家长的捐助,这加剧了人们经济上的不平等。[1] 在投入没有增加而教育规模不断扩大的情况下,要达到提高教育质量的目标,只有依靠提高有限教育资源使用效益和效率,市场机制自然备受关注。这种观点对于英国的教育和培训政策产生了直接且深远的影响。教育的市场化成为撒切尔政府核心的政策目标。市场被认为是配置资源的最好甚至是唯一的途径,而市场竞争则是降低成本、提高产品和服务质量的最佳或唯一方式。尽管人们对"质量"的理解存在差异,但是多数观点认为质量可以通过结果(outcomes)体现出来。在市场条件下,对教育和培训结果进行测量和"按结果拨款"(payment by results)的机制可以促进英国教育和培训质量的提高。

菲尔·霍金森等人从三方面理论对"按结果拨款"的质量管理模式进行了分析:①理性选择理论。该理论继承了古典经济学家亚当·斯密的"经济人"假设,认为"个人的行为是其理性选择的结果",个人是以理性的行动满足自己的偏好并使效用最大化的。对于教育和培训市场同样如此。消费者总是理性地选择高质量的教育和培训机会,从而对培训机构施加影响。当然这需要政府对消费者提供指导、帮助个人完成理性决策。②市场理论。市场机制是在复杂的社会条件下配置稀缺资源最好的也是唯一的方式,而市场竞争是促进质量最好的也是唯一的方式。③新管理主义。该理论的要点是根据具体的行为指标不断提高质量和效率,这种指标是非常重要的,管理者可以影响质量的基本支出和不影响质量的一般支出,这样可以在提高质量的同时降低成本。[2]

在教育市场化改革中,撒切尔政府认为鼓励教育市场中"消费者"的选择能引进某种竞争机制,使教育处于竞争状态,这样便能提高办学效率和效益。这种教育和培训制度被认为是"竞争模式"(competitive model)。撒切尔政府主张减少政府对教育机构的控制,使其在充满竞争的市场中演变为一个独立自主的市场主体。学生、企业都被视为教育服务的"消费者",而教育机构则是教育服务的"供应商"。把教育作为一种商品提供给顾客,并且还强调教育的提供者和消费者在教育领域中的责任和义务,教育服务的提供必须摹仿市场,把消费者的利益放到首位,作为消费者的学生家长应该是把教育推向市场的一个驱动力。另外,撒切尔夫人还指责了工党控制下的地方教育当局及其专业人员的官僚化阻碍了个人选择与个人自由的实现,是造成公共教育效率低下的根源。这种市场理念通过80年代末开始确立的"按结果拨款"制度得到了典型的体现。

---

① Dan Finn. Training Without Jobs:New Deals and Broken Promises:From Raising the School Leaving Age to the Youth Training Scheme[M]. Macmillan Education,1987,p. 169.

② John Ahier & Geoff Esland. Education,Training and the Future of Work I[M]. Routledge,1999,pp. 216-217.

英国政府认为,在市场条件下,教育和培训的质量可以通过对结果的评估并根据结果拨款的方式实现。因为如果消费者的选择是理性的,提供者就必须提高其教育和培训的质量以赢得消费者的青睐,尤其是在市场竞争激烈的情况下更为明显。

普通教育的质量问题首先进入政府的视线。芬格德认为,"如果义务教育质量得到提高,政府、企业和个人就会有增加技能投资的积极性。"研究也表明,从个人的角度看,普通教育程度越高的人接受继续教育和培训的可能性也越大;从企业的角度看,劳动力具有较高的普通教育将降低对企业提供弥补性培训的需求,同时也降低了"偷猎"的风险,如果教育制度提供了更高水平的迁移性技能,企业可以将更多的精力用于培训专门性技能。正如斯蒂克所指出的那样,提高普通教育和培训的水平事实上可以抑制传统的"偷猎"问题。在市场化中,保守党政府的政策核心是促进学校的差异化。[①] 通过鼓励学校之间的竞争、设立新式学校和根据招生人数分配拨款的制度确立了市场导向机制,至少从理论上扩大了学生和家长对学校的选择权。一些研究者将这种教育的市场化称为"准市场"。教育市场之所以被认为是"准市场",主要表现在教育的供给和需求方面。[②] 学校作为教育服务的"供给者"存在对"消费者"(包括学生、监护人和家长)的竞争,不过与传统市场组织不同,学校是非赢利性的。从需求方面看,教育市场"消费者"的"购买权"不是通过"货币"来实现的,而是由政府提供拨款用于"购买"限定的教育和培训计划。

"按结果拨款制度"在1988年教育改革法中得到了更充分的体现。撒切尔政府根据新自由主义,将市场竞争机制引入全日制学校教育,把学生(家长)和学校(教师)分别作为教育服务的"消费者"和"生产者",在赋予作为消费者的家长更多的选择权的同时,减少政府对学校的干预,以促进作为生产者的学校间展开竞争,从而达到提高教育质量的目的。1988年教育改革法被认为是公共教育私有化的开始,也被认为是"消费者"(学生)对"生产者"(学校)的胜利。[③] 为了使学校对"消费者"的需求作出更灵活的反应,撒切尔政府削减了地方教育当局的权限,扩大了学校的自主管理权,在学校之间建立准市场机制促进分权化,同时允许学生家长通过投票的方式使学校脱离地方教育当局成为直接拨款公立学校——这些学校直接由中央政府拨款并对其负责,同时也给予家长几乎完

①　Dan Finn. Training Without Jobs:New Deals and Broken Promises:From Raising the School Leaving Age to the Youth Training Scheme[M]. Macmillan Education,1987,p. 132.

②　Anne West & Hazel Pennell. How New in New Labour? The Quasi-Market and English Schools 1997−2001[J]. British Journal of Educational Studiea,Vol. 50,No. 2,2002,pp. 206-224.

③　Richard Aldrich. Lessons from History of Education:The selected works of Richard Aldrich [C]. Routledge,2006,p. 67.

全的选择学校的自由。撒切尔政府还极力推行教育私有化,最典型的措施是辅助学额计划,对于因经济原因而不能上私立学校的优秀学生,设立了援助其学费等的公助学额制度。这表明了政府对直接反映消费者需求的私立学校的支持。为了帮助家长进行选择,政府还要求学校提供成绩记录表和学生的其他表现,通过扩大家长的知情权、选择权促进学校的优胜劣汰。而此前英国义务教育阶段内,在 16 岁公共考试之前,没有任何正式的评价制度。为了给家长选择学校提供信息支持,有必要建立全国评价制度。为此,1988 年教育改革法设立了国家课程,制定了明确的成绩目标和统一的考试制度。通过国家课程的实施,英国政府加强了对课程的中央控制,使学校课程的管理趋于集权化。这显然有利于对教育质量的控制。这次教育改革是在 DES 领导下完成的,因此改革的方向也发生了转变,以传统学科为主的国家课程标志着对学术教育传统的回归,使职业课程在学校中几乎没有容身之地。理查德·奥德里希认为,"1988 年教育改革法标志着古典人文主义的学术课程在与新职业主义的对抗中的又一次胜利。"[1]因此,这次教育改革不仅没有加强反而弱化了学校教育的职业化倾向,对职业教育的影响是消极的。从 1988 年教育改革法的措施可以看出,撒切尔政府的教育市场化并不排斥政府的干预,"分权与日益强烈的中央控制有可能在同一系统内同时发生,结果将形成更加紧密结合的系统"[2]。"按结果拨款"就是英国政府通过市场机制对学校教育进行干预的表现。英国学者斯蒂芬·波尔指出,教育市场并非纯粹的市场,而是由政府为了达成特定的社会、经济目的而想出的政治市场,也就是以哈耶克所说的"有节制的竞争"(controlled competition)为基础的市场。戚缦也认为,教育中的市场,只有为消费者提供充分的信息,市场竞争机制才能发挥作用,因此没有国家考试及其结果的公布,消费者的选择也就无从谈起。不过,也有学者指出,市场化和国家化彼此存在矛盾。理查德·阿德里希认为,强调市场机制和消费者选择而忽视对学校或教师的直接责任抑制了中央的集权管理,使一些改革目标没有实现。[3]

90 年代初,撒切尔政府又将"按结果拨款"制度进一步推广到义务后教育和培训阶段。继续教育的发展和传统学徒制的削弱使职业教育和训练的大量经费支出从产业转移给政府。80 年代经费不断削减,为了使有限经费尽可能地发挥效益,政府对职业教育和培训的拨款制度进行了改革。1992 年继续教育和高等教育法使技能培养的主要机构——继续教育学院脱离地方当局的控制,成为

---

① Richard Aldrich. Lessons from Histroy of Education, the Selected works of Rechard Aldrich [C]. Routledge,2006,pp. 67-68.

② 张娜. 教育分权的限度分析[J]. 教育发展研究,2005(6):68-70.

③ Richard Aldrich. Lessons from History of Education:The selected works of Richard Aldrich [C]. Routledge,2006,p. 72.

独立的机构,为获得中央政府的拨款而彼此之间、与私立培训机构之间开展竞争。根据该法建立的继续教育学院基金委员会(FCFC),负责为全国的继续教育学院提供资金,新的拨款制度实行把拨款和学生数额相联系的办法,意味着继续教育学院可用的全部资源中很大一部分将决定于该年度招收的学生的实际人数。这样促使学院充分利用有限的资源提高职业教育和训练的质量,以吸引更多的学生。在 NVQ 制度下,任何培训只要能够使受训者顺利地获得预期的资格就是高质量的。为了保证质量,每个 TEC 都有一个专门的管理部门对培训机构的培训工作进行经常性的检查,如果受训者流失率很高或者很多人没有获得国家职业资格,TEC 将取消培训机构的培训资格。这种拨款模式与其说是关注质量,不如说更注重效率。这种措施也确实起到了明显的成效。从 1993 年到 1997 年,学生人数增长了 1/3 以上,而生均经费下降了 21%。①

英国政府 1995 年实施的"青年账户"(Youth Credits)计划对这种制度做了进一步发展。比如在青年培训计划中,将个人作为培训的消费者,所有 16 岁或 17 岁的青年将获得一个账户,每个青年账户都有一定的面值,不过因相应培训的类型和层次而有差异。青年账户上的经费来源于当地的 TEC,TEC 根据当地的培训成本和青年人的具体需要确定账户面值。青年账户由"消费者"根据自身的需要"购买"企业培训、继续教育学院或者夜校的脱产课程以补偿部分培训成本。此外,部分拨款由继续教育学院基金委员会等机构管理,在培训结束以后根据受训者完成培训或获得资格的情况再行拨付,目的是避免不合理的招生行为,减少因学生流失而造成的浪费,并鼓励培训质量的提高。为了提高学生的选择能力,学校在义务教育阶段为学生提供就业教育和指导,帮助他们在 16 岁之前成为比较成熟的"消费者"。职业指导教师通过课堂让学生了解有关青年账户的情况,并且在学生毕业前,学生和职业指导教师单独交流自己的职业发展计划,讨论各种计划的可行性,在老师的帮助下选择其中最合适的计划,然后,指导教师与学生一起设计行动方案,确定学生以后的职业领域和获得 NVQ 资格的途径。指导教师会向学生说明实现自己的职业目标需要完成的工作,包括如何用青年账户"购买"合适的培训并为学生提供相关的辅助资料。如果学生找到了工作岗位,将和企业讨论自己的培训需求以及培训计划的层次。如果学生无法获得工作岗位,职业服务机构将为他们提供有津贴的培训机会。在培训过程中,企业或其他培训机构要记录受训者的发展情况(包括受训者在培训过程中获得的技能和资格),并将这些资料保存在受训者的国家成绩记录(National Record of Achievement)中。当受训者用账户支付培训费用时,账户

---

① Terry Hyland & Barbara Merrill. The Changing Face of Further Education, Lifelong learning, inclusion and community values in further education[M]. Routledge Falmer,2003,p.15.

会自动扣除已发生的费用。受训者和培训机构每三个月对培训计划进行一次检查。受训者可以根据需要在培训过程中更换培训岗位或培训地点,他们可以使用账户余额完成相应培训课程。培训结束以后,培训机构向受训者提供一份关于其技能、资格和成绩情况的详细记录资料。为了提高培训质量,教育和培训机构的培训活动将根据具体的行为指标进行评估,这些指标对政策目标加以量化,规定了获得具体水平资格的青年人的数量,从而提高培训质量。培训的质量根据一系列明确的行为指标进行评估。英国政府还规定了"国家教育和培训目标"(NETTS),从整个国家层次上强调了培训质量的重要性。这些目标对获得不同资格的青年人数加以量化,以此提高 VET 的质量标准。对于全日制教育和培训,政府通过教育标准办公室(OfSE)和 FEFC 经常性地对教育机构进行检查。不过对于部分时间制职业培训,政府没有同样的检查制度,因为政府认为这种检查是对企业自由的干预。不过,为了保证企业培训的质量,TECs 设有专门机构对其进行监督,如果受训者流失率很高或者没有获得国家职业资格的人太多,TEC 将取消其培训资格。青年账户计划还采取措施提高青年的积极性,比如根据 NVQ 成绩给予一定的奖励,甚至在交通和购物方面提供优惠。在1994 年白皮书《竞争力:促使企业成功》中,政府表示考虑将青年账户制度推广到所有义务后教育和培训。

青年账户计划得到了普遍认可。这种市场化的拨款机制被认为能够有效地促进培训质量的提高。英国产业联合会(CBI)认为青年账户计划有很多优点:①"青年账户"计划将选择权交给青年人,让他们"购买"自己所需要的培训计划,给予他们更多的选择,提高个人参与的积极性和在职业决策时的个人责任感。通过给予青年人选择的权利并且使他们意识到技能对社会和个人的重要性激励他们继续接受教育和训练。②青年账户可以使教育和训练建立密切的联系,提高职业教育和训练的地位。③青年账户还可以促进培训市场的发展,使企业和其他培训机构通过竞争来满足青年的培训需求。④青年账户促进了政府、基金委员会、TEC 和地方教育当局共同管理、培训经费来源渠道多样化的拨款机制。⑤青年账户计划将对尚未提供培训的企业造成压力。⑥企业认识到培训成本将由青年账户进行补偿,这促使企业愿意承担雇佣青年的工资成本。[①] 就业部也认为,青年和企业对青年账户试点计划的评价还是不错的,调查结果显示大多数使用了青年账户的青年认为账户使他们如愿以偿地得到了自己需要的培训。2/3 以上参与青年账户计划的企业能够明确该计划对企业的具

---

① Office of Technology Assessment. Occupational Training for Young People in the United Kingdom[DB/OL]. September 1995, p. 28-29, http://www. princeton. edu/~ota/disk1/1995/9559/9559. pdf.

体利益,1/5 的企业认为青年账户使企业增加了对青年培训的支出。调查也显示,企业提供了更多的多样化的培训机会。不过,青年账户计划的问题还是存在的。青年账户只限本地使用,因此制约了青年选择培训的范围。为了扩大青年的选择范围,各个 TEC 开始加强合作,使青年账户能够在全国范围内通用。

"按结果拨款"制度在一定程度上提高了教育和培训的参与率,同时也确实降低了教育成本。不过,对于这种拨款模式是否真正有利于教育和培训质量的提高,人们一直存在争议。芬格德担心 80 年代以来的教育和培训改革由于强调市场机制,鼓励短期而不是长远决策的考虑,强调竞争而牺牲合作,这将使英国在低技能均衡的泥潭中越陷越深。[①] 艾斯兰等人的态度也比较悲观,"当竞争性市场与以降低单位成本为基础的集中拨款机制联系在一起的时候,就迫使继续和高等教育机构提高招生人数,同时削减课程内容和选择、减少人员配置——这个过程在一些人看来是对学习质量严重的威胁。"[②]此外,市场化条件下的教育机会均等问题也是人们指责的焦点。为了提高拨款的短期成效,TEC 的培训计划偏向于最有潜力的受训者,而大多数更需要培训机会的弱势群体很可能受到忽视。一项调查显示,43％的 TEC 认为,"按结果拨款"制度迫使它们难以顾及大部分弱势群体。[③] 这也是新工党政府不得不面对的一个难题。

(三)能力本位模式:技能培训的困境

能力本位教育和培训(CBET)是 80 年代以来英国政府一项重要的教育政策。英国职业教育和培训的发展过程中存在两种对立的模式:输入(input)模式和输出(output)模式。输入模式强调个人在教育和培训中应该掌握的知识、技能、态度和理解,能力实际上是这些学习内容的整合。输出模式则注重工作角色中以能力操作为基础的结果。输入模式的能力培训是以"任务分析"(task analysis)为基础的。任务分析主要是将特定岗位的职业活动分解为具体的工作任务,并对完成任务应掌握的技能、知识和态度等方面作出较为详细的描述。任务分析的主要目的是为了对生产过程进行有效的外部控制,提高工作效率。在以社会分工为基础的大规模流水线的福特主义模式下,劳动力的工作更多地属于简单的重复性的常规任务,所有人性化特征在生产过程中几乎丧失殆尽,劳动力不需要也没有机会进行思考或者作出选择,这使职业培训主要提供少量的常规技能和知识,诸如问题解决、沟通和合作等社会技能被认为不仅无益反

---

①　Mike Flude and Sandy Sieminki. Education, Training and the Future of Work Ⅱ: Developments in vocational education and training[M]. London: Routledge & Open University Press, 1999, p. 42.

②　John Ahier & Geoff Esland. Education, Training and the Future of Work Ⅰ[M]. Routledge, 1999, p. 6.

③　Shackleton JR. Training for Employment in Wesern Europe and the United States[M]. Edward Elgar, 1995, p. 112.

而是有害的。这一点体现在职业培训的方方面面。英国传统的职业教育和培训具有明显的结构化性质,尤其是传统的继续教育学院模式关注的是对培训课程内容的规定并将其作为评估的基础。英国职业资格制度也存在同样的问题。80 年代以前,英国已经存在了不同层次的资格证书,包括国家文凭和国家证书以及商业和技术教育委员会(BTEC)、伦敦技术学院(CGLI)、皇家艺术学会(RSA)等许多机构授予的证书,不过这些证书的认定以理论知识的书面考试为主,忽视操作技能的实践考核。[①] 对于企业来说,理论知识没有操作技能更实际,因此并不愿意学徒参加继续教育机构的课程学习,也不看重偏重理论知识的职业资格的价值。显然,"输入"模式在某种程度上造成了劳动力的技能不足。不过,长期以来,这些问题并没有引起人们的关注。

70 年代的技术进步和产业革命使劳动力的职业能力需求发生了根本性的变化。复杂的非常规任务在生产过程中的地位越来越突出。许多企业抱怨青年缺乏工作常识和责任感。仅仅关注"输入"而忽视"结果"的职业教育和培训显然已经难以为继。这一点明显地体现在能力观的变化上。继续教育署(FEU)认为能力是"在生活角色中获得成功所需要的充分的技能、知识和合适的态度及经验"。其职业准备计划的目标也体现了"学生中心"(student-centred)的观点,认为这些计划一方面为所有青年提供能力本位的知识、技能和经验,使他们能够承担相应的工作角色,另一方面为他们发展自我意识和潜力并承担更多责任提供基础。因此,FEU 更加注重基本技能,这种技能必须是一般性的、可迁移的。显然,FEU 的能力观还带有更多的"输入"模式的特征,对职业能力的理解也是广义的。随着青年失业率的日趋严重,英国政府越来越倾向于将能力和劳动力的工作角色联系起来。MSC 在白皮书《新培训试点:行动计划》中指出,能力是"运用知识、生产和过程技能有效地达到某个预期目标的特征"[②]。这种能力观也成为 YTS 的指导思想。YTS 强调学习活动的结果而不是课程输入(知识)的具体陈述,而学习的结果不仅仅局限于满足企业即时需求的专门技能,更多地关注迁移性的核心技能,具有"狭隘的职业主义"(narrow vocationlism)倾向的在职培训显然难以承担这个责任,这就需要通过脱产的职业课程的学习为狭隘的在职培训提供补充。YTS 改变了以往继续教育学院偏重理论知识而学徒培训过于狭隘的状况,将脱产学习和在职实践结合在一起。最初 YTS 为 16 岁离校青年提供了为期一年的培训计划,其中至少 13 周为脱产学习时间。1986 年 YTS 延长为 2 年,脱产学习时间增加到 20 周。这种培训

---

① 吴雪萍. 国际职业技术教育研究[M]. 杭州:浙江大学出版社,2004:181.

② Bob Mansfield & Lindsay Mitchell. Towards a Competent Workforce[M]. Gower,1996,p. 31.

模式的目的是"不仅让学生知道什么,而且要让学生知道怎么做"①。理论学习的评估通过 CGLI 以及其他地方性考试机构组织的书面考试进行,实践操作由企业负责组织实施。因此,YTS 具有典型的双元制特征,这也是英国政府的一种有益的政策尝试。1986 年,随着英国政府将职业教育和培训的大部分责任交给企业主导的国家职业资格委员会(NCVQ),以理论和实践为基础的能力观重新为狭义的行为主义能力观所取代。NCVQ 认为,"大部分通过书面考试对相关知识和理解的评估并不一定代表职业能力。能力是完成某个工作岗位和任务中的活动并到达预期的标准的素质。"②显然,这种能力观将知识、理解和态度这些隐性的要素排除在能力的范畴之外,将能力等同于外显的行为操作结果。这意味着以"输入"为基础的"知识本位"模式真正被以"结果"为基础的能力本位模式所取代。这也成为此后英国职业教育和培训改革的方向。

能力本位模式在英国的实施与传统学徒制的衰退也有着直接关系。学徒培训一直是英国技能劳动力最主要的来源,不过,从 60 年代中期开始,英国学徒培训的规模逐渐萎缩,主要原因有以下几方面:①传统产业部门(尤其是制造业)随着产业结构的调整早已风光不再,而学徒培训恰恰集中在这些部门。②学徒制的主要经费来自企业,而经济环境的恶化迫使企业不得不缩减培训的规模。③由于技能劳动力和非技能劳动力之间工资差距缩小使初步培训成本过高,影响了培训的需求和供给的规模。④工会力量的衰落也是学徒人数减少的原因之一。当然,更主要的原因是学徒制本身的缺陷。学徒制固守过去的做法,在许多传统的产业部门,培训模式几乎没有任何改变,依旧强调培训合同规定的期限而不是培训结果——学徒实际的技能水平,这显然影响了企业的积极性和培训的质量。学徒制与专门性的职业训练相联系,培训的技能缺乏可迁移性。培训计划和培训标准一般是企业自行制定的,这使培训缺乏统一的质量标准,学徒在培训结束后也没有市场认可的职业资格,制约了劳动力的自由流动。③"缺乏标准化的课程和资格不利于提高职业培训的地位。"④这迫使英国政府不得不寻找对职业培训进行改革的出路。MSC 和其他的相关机构对业本学习、经验学习以及学习"产出"(outcomes)而不是"输入"(input)评估越来越感

①　Bob Mansfield & Lindsay Mitchell. Towards a Competent Woekforce[M]. Gower,1996,p. 30.

②　Marsh KG. Competencies in Training and Human Resources Development-a philosophy disguised as technology[DB/OL]. October. 2002,[2007-10-12], http://www. som. surrey. ac. uk/TTnet/istanbul. pdf.

③　Micheal F. D. Young. The Curriculum of the Future:From the "New Sosiology of Education" to a Critical Theory of Learning[M]. Falmer Press,1998,p. 71.

④　Derek H. Aldcroft. Education, Training and Economic Performance:1944 — 1990[M]. Manchester University Press, 1992,p. 148.

兴趣。他们希望个人学习者取代官僚主义和无效的教育机构作为教育制度的决定性力量。能力本位模式在为青年人提供就业机会方面似乎更加有效。

MSC 认识到,福特主义的衰落意味着对劳动力的技能和灵活性提出了更高的要求,传统的学徒培训显然不能满足这种需求。一些颇有影响的报告也表明英国劳动力的技能和资格水平处于落后状态。这进一步坚定了 MSC 推动教育和培训改革的决心。70 年代中期,尽管不得不将工作重心转向失业问题,MSC 还是尝试采取措施促使技能和资格的结构化,而能力标准的制定被认为是提高培训质量和劳动力技能水平的基础。1977 年,MSC 就在《技能培训的行动计划》中明确提出了"标准本位"(standard-based)的培训模式,建议对职业培训进行改革,"确定明确的可评估的职业能力标准"①。CPRS 也建议撒切尔政府对"过于保守和僵化"的学徒制进行改革,建议确立能力本位培训制度,取消严格的培训期限,制定客观的职业资格标准,这样学徒只要达到了规定的标准,就可以获得资格,而不考虑培训的期限。1981 年 MSC 在《新培训计划》(New Training Initiative)中进一步强调了能力标准对职业培训的重要性,认为"技能培训(包括学徒制)应该使不同年龄和不同教育程度的青年人掌握的技能达到国家认可的标准"②,并在 YTS 等培训计划中推行这种模式。在 MSC 的影响下,一些产业部门也开始根据标准本位原则改革技能培训计划。当然,劳资关系的变化也是一个主要原因。撒切尔政府一系列的工会立法、工会化程度较高的传统产业部门的衰落和企业规模的缩小促使工会化程度不断下降。③ 工会的组织程度从 1979 年的 55%降到了 1990 年的 35%。④ 随着工会力量的削弱,企业在培训中发挥了决定性作用,而能力本位模式能够更好地满足企业的需要,固定培训期限的学徒制逐渐淡出历史舞台。然而,这也带来了另一个问题:不同的认证机构都是根据各自的标准颁发职业资格的,它们彼此之间缺乏联系,因此令人眼花缭乱的资格证书使企业难以根据其传递的信息对劳动力进行筛选,从而影响了企业对职业资格的态度。在这种情况下,建立统一的职业资格制度就显得尤为重要。

1986 年 MSC 在《英格兰和威尔士职业资格调查》(Review of Vocational

① Peter Raggatt & Lorna Unwin. Changing and Intervention: Vocational Education and Traning [M]. The Falmer Press,1991,p. 62.

② Dan Finn. Training Without Jobs: New Deals and Broken Promises: From Raising the School Leaving Age to the Youth Training Scheme[M]. Macmillan Education,1987,p. 136-137.

③ [美]罗纳德·G. 伊兰伯格、罗伯特·S. 史密斯. 现代劳动经济学:理论与公共政策[M]. 刘昕译. 北京:中国人民大学出版社,2007:301.

④ John Ahier & Geoff Esland. Education,Training and the Future of Work Ⅰ[M]. Routledge,1999,p. 27.

Qualification in England and Wales）中提出设立 NCVQ，以负责制定和实施以个人能力评估为基础的统一的国家职业资格（NVQ）制度。英国政府接受了这项建议，NCVQ 于当年 10 月正式成立，并承担起了在职业教育和培训方面的主要责任，NCVQ 的成员同样以企业代表为主，这使 NCVQ 实际上成为企业的代言人。NCVQ 的主要责任是建立明确的、统一的、综合性的能力本位评估的国家职业资格制度，提高职业资格在企业和个人心目中的地位。国家职业资格制度是以 BTEC、RSA 等机构颁发的职业资格为基础的，不过所有认证机构必须根据统一的能力标准颁发资格才能获得 NCVQ 的认可，成为 NVQ。因此，能力标准的确定是国家职业资格制度的基础。英国政府认为，造成技能短缺的原因之一是缺乏明确的能够满足产业需要的能力标准。[①] 1988 年白皮书《面向 90 年代的就业》（Employment for the 1990s）明确了能力标准的重要性："我们的培训制度必须建立在能力本位的标准和资格基础之上。"为了使能力标准与产业需要相协调，英国政府把制定能力标准的责任交给了企业。白皮书《90 年代的就业状况》明确指出，"这些标准必须由企业来确定，并在全国范围内得到认可，因此我们需要建立一个企业领导的组织系统以确定能力标准并保证标准的认可。"[②]这个组织就是产业主导机构（ILD）。每个产业部门都有相应的 ILD 负责开发该产业领域的能力标准。图 4-1 是职业标准和国家职业资格的开发过程，可以看出企业（ILB）在能力标准和职业资格开发中的重要地位。

　　ILD 通过"功能分析"（functional analysis）的方式将特定岗位的工作角色分解为具体的操作标准，这些操作标准组合成能力要素和模块，成为所有职业资格的基础。而 NVQ 恰恰相反，它注重的是"结果"而不是"过程"。NVQ 主要设计者之一约瑟夫认为"学习活动应当以具体结果为目标"。强调学习结果而不是学习的过程和方式，使每个人可以根据自己的需要和条件来决定如何达到规定的目标，这是开放式教育的一个主要特征，因此他认为，"从输入本位体系向结果本位体系过度，这个转变具有重要意义，无论是对于教育和训练内容的确定，还是扩大不同学习模式的入学机会，结果的具体化都是建立开放性教育和训练体系的关键。"[③]同时，NVQ 课程采取模块的形式，这也是为了促进个人

---

　　① Andrew Erridge & Shayne Perry. The Validity and Value of National Vocational Qualifications：the case of purchasing[J]. The Vocational Aspect of Education，Vol. 46，No. 2，1994，pp. 139-154.

　　② Clyde Chitty. Post-16 Education：Studies in Access and Achievement[M]. Kogan Page，1991，p. 170.

　　③ Mike Flude and Sandy Sieminki. Education，Training and the Future of Work Ⅱ：Developments in vocational education and training[M]. London：Routledge & Open University Press，1999，p. 81.

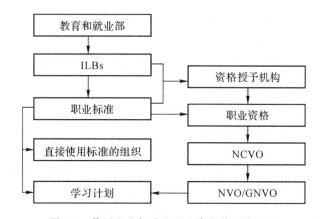

图 4-1　英国职业标准和职业资格的开发过程

资料来源：Bob Mansfield & Lindsay Mitchell. Towards a Competent Workforce[M]. Gower,1996,p. XXV

的灵活选择。NVQ 的实施意味着能力本位模式最终取代了双元制。[1] 1992年,英国政府又实施了 GNVQ。为了推动能力本位培训政策,政府在白皮书《面向 21 世纪的教育和培训》中要求所有继续教育机构提供 NVQ 课程。这些措施都体现了英国政府对能力本位模式的偏爱。因此,英国义务后教育和培训的能力本位运动在很大程度上不是依靠自愿参与,相反,表现出了高度的强制性。[2]

　　能力本位模式是一个存在很大争议的政策。与传统的"知识本位"职业教育模式相比,能力本位模式有其明显的优势。传统的职业教育模式强调学习过程的参与,人们必须在继续教育机构学习规定的课程。实际上有这样的学习机会的人数是有限的,这样就限制了人们获得职业资格的机会;人们能否获得职业资格取决于课程结束后的书面考试,这种考试过于理论化,因此人们即使通过了这种考试并获得了相应的职业资格,也可能由于缺乏实际的工作技能而无法胜任工作岗位的需要。相比之下,能力本位模式关注"结果"而不考虑具体的学习过程,这使人们即使没有接受过正规职业培训也可以获得职业资格;明确的能力标准和资格评定的开放性使教学和评估过程置于公众的监督之下,避免评估的主观性和片面性,同时也可以使受训者有更多的机会达到规定的标准以获得职业资格;灵活的学习模式和对过去学习成果的认可为成年人提供了更多的学习机会,同时可以提高人们的积极性。当然,能力本位模式的这些特征也成为人们批评的焦点。

---

　　① Anne West & Hazel Pennell. How New in New Labour? The Quasi-Market and English Schools 1997—2001[J]. British Journal of Educational Studiea,Vol. 50,No. 2,2002,pp. 206-224.

　　② Mike Flude and Sandy Sieminki. Education, Training and the Future of Work Ⅱ:Developments in vocational education and training[M]. London:Routledge & Open University Press, 1999, p. 105.

首先是能力本位模式关注"结果"而忽视"过程"。这可能存在两方面的问题：一是"结果"过于狭隘，无法充分体现个人必需的技能。许多研究者用现象学和互动理论对这个问题进行了批判，他们认为学习是一个不断建构的过程，学习结果在某程度上是不确定的、难以预期的，而能力本位模式过于强调固定的预期行为结果，教师和学生被看作是消极的参与者，因此难以充分地发挥人的潜力。丹尼斯·格里森和菲尔·霍金森认为，教育和培训的大部分重要内容是无法直接测量的。[①] 鲍维斯和金迪斯等人也同意这种观点，在他们看来，个人的职业行为往往取决于隐性的个性特征而并非通过教育和培训形成的认知技能。[②] 这些个性特征显然难以通过能力标准和行为操作进行评估。二是忽视过程可能对资格的认可度产生影响。沃尔夫指出，人们难以获得培训过程的可靠信息，因此会对 NVQ 的可信度产生疑问。[③] 总之，"过程"的重要性并不亚于"结果"。

其次，企业主导的 ILD 使能力本位模式过分专门化。英国政府试图由企业制定能力标准促使技能供给与产业需求相协调，然而，如果能力标准完全由企业确定，企业行为的短期性必然使这种能力标准更多地满足当前而非未来的技能需求。皮特·拉盖特认为，"企业控制主导机构的状况将造成能力标准过于专门化，缺乏培养有适应性的技能劳动力所必需的迁移性技能"[④]，突出的表现是满足产业长远需要的核心技能却被排除在 NVQ 框架之外。因此，列维斯指出，英国政府试图通过 NVQ 模式提高职业教育的地位没有考虑能力本位模式的内在缺陷。[⑤] 肯尼斯·贝克尔在 1989 年的一次演讲中批评 NVQ 模式对于技能短缺问题几乎没有起到任何积极作用。"我们需要使青年人具备知识和技能，让他们拥有更多的机会。"专门性的 NVQ 并没有扩大反而限制了他们的就业机会。最终英国政府以一种妥协的方式接受了这种观点，在 GNVQ 中增加了基本技能的要素，不过 GNVQ 仍然延续了 NVQ 的模式。灵活的学习模式对个人积极性的影响是复杂的。一些学者认为，学习的开放性和灵活性使学习成

①　John Ahier & Geoff Esland. Education，Training and the Future of Work Ⅰ[M]. Routledge，1999，p. 165.

②　Chris Briggs & Jim Kitay. Vocational Education and Training，Skill Formation and Training and the Labour Market[DB/OL]. NSW Board of Vocational Education Training，October 2000. [2008－3－2]，http://www. bvet. nsw. gov. au/pdf/vetsklllabourmarket. pdf.

③　Colin Crouch，David Finegold & Mari Sako. Are skills the answer? The Political Economy of Skill Creation in Advanced Industrial Countries[M]. Oxford University Press，1999，p. 130.

④　Peter Raggatt & Lorna Unwin. Changing and Intervention：Vocational Education and Traning [M]. The Falmer Press，1991，p. xvi.

⑤　Terry Hyland. Vocational Reconstruction and Deway's Instrumentalism[J]. Oxford Review of Education，Vol. 19，No. 1，1993，pp. 89-100.

效取决于个人的独立学习能力,而这种能力与个人的社会和家庭背景而不是教学有密切的联系。因此,英格·贝蒂斯认为,应该慎重对待能力本位模式对个人学习积极性的影响,需要更多地关注广泛的社会和文化因素。

第三,能力本位模式对理论知识的忽视。YTS 的实施使英国职业教育(至少在形式上)采取了"双元制"模式。不过双元制在英国面临许多困境。80 年代经济的持续衰退使企业希望削减直接和间接的培训投入。许多企业对中级水平的受训者是否需要学习大量的理论知识也表示怀疑,一些企业甚至认为普通教育内容对于专门培训是没有必要的。这使 NCVQ 对理论教学的价值不以为然。在吉尔伯特·约瑟夫看来,"如果知识的学习远离了工作实践,知识本身就成为学习的目的,结果造成知识和实践之间没有建立密切的联系。"根据他的观点,课堂上的理论学习对于中级水平劳动力的技能发展没有什么价值,"当个人在完成工作过程中遇到实际问题的时候,对于工作行为必要的知识和理论主要是通过经验以某种专门的方式获得的。"①这种观点主导了英国职业教育政策的方向。取代 YTS 的"青年培训"(YT)计划取消了对脱产学习的规定,这表明职业培训的重心从一般性技能转向提供专门性技能。② 相比之下,理论学习被减少到最低限度,只有那些与"操作"直接相关的理论被保留下来。布朗和劳德指出,"双元制在英国的终结实际上是右翼政府为了满足泰勒主义产业文化下企业低成本培训的需求采取的措施。"③在企业主导的培训文化下,这种结果是显而易见的。这一点也是人们对能力本位模式的批评最为集中的问题。史密斯、希兰等人认为,让受训者仅仅掌握工作技能而不理解相关的基本原理,这种做法并非明智之举。普利斯对英国和德国劳动力技能状况进行了比较研究,认为德国劳动力较高的生产率正是由于其双元制培训在培养学生操作技能的同时,也重视学生对相关理论的掌握。④ 这使德国的技能供给能够同时满足企业的当前需求和长远需求,双元制也成为德国青年就业的主要途径。50 年代大约一半的青年人接受双元制培训,而到了 90 年代这个比例达到了 70%。普利斯认为,对理论知识的忽视是英国职业培训在满足企业的当前需求的同时却牺牲了长

---

① Nick Boreham. Work Process Knowledge, Curriculum Control and the Work-based Route to Vocational Qualifications[J]. British Journal of Educational Studies, Vol. 50, No. 2, June 2002, pp 225-237.

② Shackleton JR. Training for Employment in Wesern Europe and the United States[J]. Edward Elgar, 1995, p. 112.

③ Nick Boreham. Work Process Knowledge, Curriculum Control and the Work-based Route to Vocational Qualification[J]. British Journal of Education Studies, Vol. 50, No. 2, June 2002, pp, 225-237.

④ Colin Crouch, David Finegold & Mari Sako. Are skills the answer? The Political Economy of Skill Creation in Advanced Industrial Countries[M]. Oxford University Press, 1999, p. 140.

远需求和灵活性。这种能力本位模式被认为只能培训低技能劳动力，最终造成英国教育和培训制度的技能供给呈现两极化状态：一方面是高等教育机构培养的高技能劳动力，另一方面是能力本位培训提供的低水平技能。[①]

新工党上台以后开始反思能力本位政策。1998 年国家技能工作委员会（NSTF）在一份报告中指出，"德国具有中级水平资格劳动力比例较高，这使他们能够具有较高的生产率水平，这个结论是令人信服的。获得这些资格的正规培训使员工可以承担多方面的工作任务、更有效和迅速地对新的工作需求作出反应……其原因是作为德国职业资格特征之一的广泛的理解和技术知识。"这个结论和普利斯的研究是一致的。英国政府接受了 NSTF 报告的观点，着手推行新的政策。"在未来，针对青年人的职业学习将包含两个主要途径：学校形式的广泛的职业学习以及对知识、理解和能力的在职学徒培训。"[②]许多人认为这表明英国政府最终承认了过去政策存在的问题。不过新工党在制定具体措施之前，有两个问题迫切需要解决：如何理解培养灵活的技能劳动力所必需的"知识和理解"？如何在利益相关者之间划分技能培训方面的权力？而前者的答案又取决于对后者的回答。80 年代到 90 年代的能力本位培训政策是新右派将对技能培训的控制权交给企业的结果，如果企业继续"垄断"这方面的权力，新工党的技能培训政策很可能会重蹈能力本位模式的覆辙。

（四）资格制度：普通教育和职业教育统一的必由之路

戴维·雷夫等人将义务后教育和训练制度分为三种模式：分轨模式（tracked system），即学术教育和职业教育彼此独立；关联模式（linked system），即独立的两轨之间存在某些共同的要素；统一模式（unified system），即两轨没有明确的界限，可以提供灵活的结构和尽可能多的选择机会。他认为，从某种意义上，这三种模式可以看作是处于教育培训制度统一化过程中的不同位置。[③] 80 年代以前，英国义务后教育培训制度属于典型的分轨模式，普通教育和职业教育彼此几乎没有联系，两者在管理制度、课程、教学和评估等方面都存在明显的差异，各轨之间的流动性很低。这和英国教育制度独特的发展过程密切相关。在英国，技工的培养几乎完全是通过学徒制进行的，与基础教育的发展没

---

① John Ahier & Geoff Esland. Education, Training and the Future of Work Ⅰ[M]. Routledge, 1999, p. 5.

② Nick Boreham. Work Process Knowledge, Curriculum Control and the Work-based Route to Vocational Qualifications[J]. British Journal of Educational Studies, Vol. 50, No. 2, June 2002, pp. 225-237.

③ David Raffe, Karen Brannen, Joan Fairgrieve, et al. Participation, Inclusiveness, Academic Drift and Parity of Esteem: acomparision of post-compulsory education and training in England, Wales, Scoland and Northern Ireland[J]. Oxford Review of Education, Vol. 27, No. 2, 2001, pp. 173-203.

有什么关系。因此彼此独立的普通教育和职业教育从开始就走上了完全不同的发展路径:一方面是学科教学为基础的普通教育,另一方面则是以学徒培训为主的职业教育。[①] 绅士教育传统使接受普通教育的学生不愿意选择职业课程,而职业学生一般没有机会接受普通教育的内容。[②] 这种对立的直接后果就是劳动力缺乏适应能力,不能满足现代经济所需要的技能需求。这也是英国政府近年来试图解决的核心问题。大量研究指出英国义务后教育和培训落后于其他发达国家,既没有为大多数青年人提供机会,也没有满足英国的技能需求。芬格德等人认为,"问题的根源在于备受重视的学术课程和地位低下的职业课程之间的长期对立。"[③]这成为英国技能供给不足的一个主要原因。

当前各国教育政策的最重要的一个内容就是统一义务后教育和训练制度。这成为大多数国家教育发展的战略决策。[④] 一些国家已经采取措施在普通教育和职业教育之间建立更密切的联系,不过改革措施各不相同,一般包括以下几个方面:促进普通教育和职业教育之间的转换;建立资格制度并确定普通资格和职业资格共同的水平、程序和术语;开发统一的课程;在普通教育和职业教育之间建立核心技能和其他一些共同的课程要素;通过容纳所有普通教育和职业教育内容的单一的证书、课程或制度框架建立统一的教育和训练制度。英国义务后教育和训练的分轨模式也面临何去何从的问题。早在60年代,怀特海就指出,"技术教育和自由教育之间的对立是错误的。"[⑤]布劳格也认为,"学术性教育和职业性教育的这种区分,以及认为只有后者适合于劳动市场的需要这种看法错误地推导出教育的许多内容(如果不是绝大部分内容)是与经济无关的结论。"[⑥]不过,他们的观点并没有引起人们的关注。80年代以后,越来越多的学者对这种分轨制进行了批判。戴维·雷夫等人指出,"义务后教育和训练的功能和范围日益复杂,必须满足越来越多样化和复杂的需要,而这种需求的变化

---

① Micheal F. D. Young. The Curriculum of the Future: From the "New Sosiology of Education" to a Critical Theory of Learning[M]. Falmer Press, 1998, pp. 66-67.

② Philip Brown, Andy Green & Hugh Lauder. High Skills: Globalization, Competetiveness, and Skill Formation[M]. Oxford University Press, 2001, p. 127.

③ John Ahier & Geoff Esland. Education, Training and the Future of Work Ⅰ[M]. Routledge, 1999, p. 158.

④ David Raffe & Cathy Howieson. The Unification of Post-compulsory Education: towards a Conceptual framework[J]. British Journal of Education Studies, Vol. 46, No. 2, June 1998, pp. 169-187.

⑤ Terry Hyland. Vocational Reconstraction and Deway's Instrumentalism[J]. Oxford Review of Education, Vol. 19, No. 1, 1993, pp. 89-100.

⑥ 瞿保奎. 瞿保奎教育文集——英国教育改革[C]. 北京:人民教育出版社,1993:503.

是以往针对服务于不同目的和对象的分轨制教育制度无法满足的。"①罗格·戴尔的批评更是毫不客气，"职业性和普通性、理论性和实践性必须成为各个层次教育的共同基础，课程的两极化，即一部分学生接受学术教育，另外的学生选择职业课程，这只能导致社会的进一步分化和技术的畸形发展。"②在这种情况下，这些观点促使英国政府重新审视学术教育和职业教育的关系。1990 年公共政策研究院提交了一份报告《英国学士学位》(British Baccalaureate)，分析了英国双轨制度的六方面的不足之处：①英国普通教育和职业教育的对立是建立在 19世纪劳动分工理念基础之上的，而经济发展使劳动力的分工越来越灵活，从而削弱了分轨制的这种经济和社会基础。②英国教育制度强调选拔，而目前和未来的问题是如何使 16 岁以上学生在质量和数量上都得到提高；③由于将学生分流到职业教育和学术教育，使两轨之间的流动和转换非常困难，因此英国教育制度是僵化的；④这种制度制约了学术教育和职业教育之间理论学习和应用学习的结合；⑤强化了不同地位的教育机构和计划之间的差异和教育分层的过程，造成职业教育和培训在英国地位低下；⑥在英国独特的劳动力市场结构的影响下，双轨使英国卷入低技能均衡状态。③这些结论为英国政府改革分轨制提供了依据。

实际上，将普通教育和职业教育置于平等地位的设想在 40 年代的三类学校制度上就体现出来了，当然这也仅仅是"设想"而已，两者之间的鸿沟没有任何改变。直到 80 年代，在新职业主义影响下，学术教育逐渐具有了越来越多的传统上只和职业教育相关的工具性。TVEI 就明显地体现了英国政府力图使普通学校课程职业化的倾向，不过其特定的目标群体性质强化了学术教育和职业教育的差异。1988 年英国国家课程又第一次把技术列为核心课程之一。不过，特瑞·希兰认为，1988 年教育法非但没有解决义务后教育技能培训不足的问题，反而通过严格的学科课程加剧这一问题。④ 与此同时，英国政府在改革职业教育时还强调了普通课程的必要性，这一点体现在新设立的城市技术学院中。这些措施在一定程度上加强了普通教育和产业的联系，同时也缩小了职业教育和普通教育的差距，但是两者之间的关系仍然没有根本的触动。

在这种情况下，英国政府试图通过资格制度改变这种局面。资格改革始终

①　David Raffe & Cathy Howieson. The Unification of Post-Compulsory Education：Towards a conceptual framework[J]. British Journal of Education，Vol. 46，No. 2，June 1998，pp. 169-187.

②　Ruth Jonathan. Skill and Vocationalism[M]. Open University Press，1989. p. 40.

③　Micheal F. D. Young. The Curriculum of the Future：From the "New Sosiology of Education" to a Critical Theory of Learning[M]. Falmer Press，1998，pp. 66-67.

④　Terry Hyland. Vocational Reconstraction and Deway's Instrumentalism[J]. Oxford Review of Education，Vol. 19，No. 1，1993，pp. 89-100.

是英国教育改革的主要内容，这是因为课程是资格（尤其是公共考试）决定的。迪林报告就明显地体现了英国"资格导向"（qualification-led）的改革模式。安·霍金森等人认为目前英国教育制度属于"资格主义"（credentialist）模式。[1] 80年代初英国政府为了应对青年失业问题，曾对资格制度进行改革，并没有建立统一的资格制度。英国政府反复强调将 NVQ 作为提高职业教育地位的主要措施之一，以实现职业资格和学术资格（尤其是 A-Level 和 AS-Level）的平等地位。80年代末，英国政府在 A-Level 之外设立了 NVQ，建立了两轨制的国家资格制度，结果发现过于专门化的 NVQ 备受冷落，青年人更愿意选择传统上作为大学入学资格的学术性资格——A-Level。90年代，50%的青年人具有 A-Level 水平以上资格。沃尔夫认为，"青年人选择普通教育的愿望是很理性的，因为很少有人在 16 岁就能够清楚自己的需要，但是，有一点却是确定无疑的，那就是他们面对的劳动力市场越来越不稳定，因此，对于他们来说，最好的选择就是学习能够有助于培养一般技能的课程。"[2]此外，NVQ 和 A-Level 实际上强化了职业教育和学术教育双足鼎立的状况。随着 80 年代后期全日制学校教育入学率的提高，这种状况的消极作用愈加明显。NCVQ 也认识到，NVQ 并没有为青年人提供广泛的职业基础。因此，1992 年英国实施了 GNVQ。芬格德认为 GNVQ 的设立能够使企业不再关注狭隘的专用性培训。[3] GNVQ 主要"为希望继续接受全日制教育而难以应付严格的 A-Level 课程的青年提供的学习计划"，作为学术资格以外的一种选择，为他们提供就业和升学的双重准备。[4]这样英国就形成了三种资格制度并存的格局：学术性资格（A-Level）、普通职业资格（GNVQ）和专门性职业资格（NVQ）。在格林看来，这种资格制度实际上是一种新的三轨制。[5] A-Level 的目的是为青年升学做准备；GNVQ 则为青年提供就业和升学的双重选择；NVQ 的目的是帮助青年就业。不同的资格体系之间通过共同的水平标准和模块化结构加强联系，一方面是将职业资格和学术资格置于相同水平之上，以期实现两者价值上的平等；同时通过模块化促进个人在学习计划中将学术资格和职业资格融合在一起。实际上，这种三轨制结构

① Ann Hodgson & Ken Spours. Dearing and Beyond: 14-19 Qualifications, Frameworks ans Systems[M]. Kogan Page Limited,1997,p. 8.

② Wim J. Nijhof & Jan N. Streumer. Key Qualifications in Work and Education[M]. Kluwer Academic Publishers, 1998, p. 215.

③ Alison L. Booth & Dennis J. Snower. Acquiring skills: market failures, their symptoms and policy responses[M]. Cambridge University Press, 1996. p. 249.

④ John Ahier & Geoff Esland. Education, Training and the Future of Work Ⅰ[M]. Routledge, 1999,p. 158.

⑤ Martin Dyke. The Qualifications Framework: towards post-Fordist reform? [J]International Journal of Lifelong Education, Vol. 15,No. 4,1996,pp. 266-275.

和过去的三类学校制度并没有本质的区别。在斯蒂芬·希尔默特看来,只不过过去学校类型的差异现在由教育资格的差异所取代。[①] 这个结构延续了学术教育和职业教育之间的差异:A-Level 提供学术教育,GNVQ 提供职业教育,NVQ 提供培训。因此,希兰认为英国政府将学术资格与职业资格明确区分实际上是一种"危险的两极化倾向"。

英国政府的这些改革措施实际上已经偏离了最初的弥合学术教育和职业教育差异的目标。首先,学术资格和职业资格的课程实施和评估机制是不同的,使两者的融合面临制度上的障碍。A-Level 实行全国统一的外部考试,而NVQ 则采取以产业部门为范围的能力本位的操作评估。这种矛盾性也体现在GNVQ 上。英国政府设立 GNVQ 是为了提供一种与 A-Level 等值的进入大学的另一种途径。然而,GNVQ 却采取了与 NVQ 相同的评估模式,这使人们更容易将其等同于职业资格,而忽视其"普通性"的特点,因此,无论对于学生还是大学,GNVQ 都很难和 A-Level 划上等号。GNVQ 作为就业资格的价值也存在问题。由于其培训课程的一般性,资格持有人在走上工作岗位之后还需要接受专门的岗位培训,这削弱了其对部分企业的吸引力,从而使 GNVQ 处境尴尬:学术性不如 A-Level,职业性不如 NVQ。这在一定程度上影响了其双重目标的实现,人们担心它可能被陷入学术课程和职业培训课程的夹缝之中。"学术漂移"也是 GNVQ 可能面临的风险。哈尔塞认为,如果 GNVQ 为了追求 A-Level 的平等地位而仿效其课程模式,就会逐渐失去职业性。[②] 他的担心不幸言中:柏斯梅克的研究表明介于学术资格和职业资格之间的 GNVQ 虽然自成体系,但在实施中却具有了越来越多的学术资格而不是职业资格的性质,背离了就业和升学的双重目标。[③] 无论如何,学术漂移在许多决策者心目中是不希望看到的。其次,英国政府一方面希望藉此提高职业资格的地位,淡化其与学术资格在人们心目中的差距,与此同时却又有意无意地在强调学术资格所谓的"黄金标准"。1988 年,希金森报告批评 A-Level 过于专门化,提出用五门课程的 A-Level 代替三门课程的 A-Level。不过英国政府认为这种过于激进的建议将影响 A-Level 的质量而断然拒绝。此外。随着义务后教育和培训入学率的

---

① Steffen Hillmert. Skill formation in Britain and Germany:Recent developments in the context of traditional differences [DB/OL]. Program for the Study of Germany and Europe,Working Paper No. 06.1,[2007-2-15],http://www.ces.fas.harvard.edu/publications/docs/pdfs/Hillmert.pdf.

② Mike Flude and Sandy Sieminki. Education,Training and the Future of Work Ⅱ:Developments in vocational education and training[M]. London:Routledge & Open University Press,1999,p.165.

③ Ann-Marie Bathmaker. Hanging in or shaping a future:defining a role for vocationally related learning in a "konwledge" society[J]. Journal of Education Policy,Vol. 20,No. 1,Jaunuary 2005,pp. 81-100.

提高,学习 A-Level 课程的青年比例越来越高,达到了同龄青年的 35%。而英国政府认为"学习 A-Level 课程的人太多了"[1],担心这会影响 A-Level 的质量,造成学术标准的下降,因此试图限制 A-Levels 课程的参与率,为那些希望接受全日制义务后教育的学生提供另一种选择——GNVQ。[2] 1990 年公共政策研究院报告建议设立包含学术和职业要素的"英国学士学位"(British Baccalaureate)证书,不过这个具有明显统一性的建议也遭到了拒绝。这些让人难以理解的做法实际上反映了英国政府的矛盾心态:一方面希望对学术教育和职业教育一视同仁,另一方面又试图维持学术教育高高在上的优越性。这种自相矛盾的态度在 1997 年的迪林报告中也体现出来。迪林报告指出,"从国家层次上,应用教育和职业教育的成绩应该和学术教育得到同样的地位,否则对青年人会造成深远的消极影响。国家需要同样给予高级技师和大学毕业生同样的态度。许多最有才能的青年人应该选择应用教育和职业教育,确信他们能够得到社会平等的尊重。"[3]该报告认为,英国资格多种多样,彼此术语都不同,缺乏共同的衡量标准,这使对教育和培训不熟悉的人难以理解,这使建立统一的以现有资格为基础的国家资格制度显得非常必要。第一步是将现有的学术资格和职业资格纳入共同的资格框架,使 A-Level 或 GCSE、GNVQ 和 NVQ 彼此之间相互等值,这可以使人们了解它们之间的关系。不过迪林报告还建议将高级 GNVQ 改为应用性 A-Level,同时,为学术资格和职业资格建立二元制的认可和管理制度。这些都说明了英国教育政策的"妥协性"——某些方面具有明显的统一性,而其他一些方面仍然具有分轨性质。

英国政府的这种倾向实际上也反映了人们对资格改革的三种不同观点。第一种观点以西蒙·普雷斯和阿兰·史密斯为代表,他们认为应该保持三轨不同的资格制度,强调资格之间的差异。在他们看来,这种三轨制度适合于不同能力的学生,认为学术资格和职业资格的目的不同。这种观点在新右派中比较普遍。他们认为应该保持 A-Level 的地位,这是保证英国教育质量的关键,职业教育也要有自己的特性和地位,即学术教育和职业教育彼此独立,因此,他们反对在普通学校提供职业课程的做法。第二种观点以霍金森和斯普尔为代表,他们支持包容性的资格框架(overarching framework),主张通过模块化方式建立灵活的资格制度,从而为当前资格制度的结构化提供了一种机制。第三种观

---

① Mike Flude & Sandy Sieminki. Education, Training and the Future of Work Ⅱ: Developments in vocational education and training[M]. London: Routledge & Open University Press, 1999, p. 163.

② Ann Hodgson & Ken Spours. Dearing and Beyond: 14-19 Qualifications, Frameworks ans Systems[M]. Kogan Page Limited, 1997, p. 11.

③ Ron Dearing. Review of Qualifications for 16-19 Year Olds: Summary Report[R/OL], March 1996, p. 4, [2007-7-6], http://eric.ed.gov/PDFS/ED403388.pdf.

点以芬格德和理查森为代表，他们认为，英国教育的在学率如此之低，正是分轨造成的，不同的学生在不同的学校采用不同的学习模式，学习不同的课程，最终获得不同的资格。这对于大多数学生而言无异于制度上的障碍，使他们难以获得适当的教育培训机会，因此他们希望"统一模式"直接取代"分轨模式"。格里森和霍金森也支持统一的课程结构、严格的三轨制。① 不过，这种观点对于保守党政府来说显然过于激进。米切尔·扬认为，这种观点之所以被拒绝，是因为它没有从更广泛的角度去考虑，忽视了实施过程中的技术因素以外的障碍。② 从传统的分轨制转型为统一的模式而没有必要的过渡，对于英国来说也实在是勉为其难。英国政府更倾向于采取渐进的方式（steps and stages）达到统一的目标，这显然更为现实，即通过折中的方式，一方面保持职业教育和普通教育的分轨状况，另一方面逐渐加强两轨之间的联系，使职业教育和普通教育在结构以及课程体系等方面具有一定的相通性，以便提供在两轨之间结合或转换的机会。

从 90 年代以来对职业教育和学术教育关系的调整来看，英国政府实际上也是在这种框架之下进行资格改革的。1991 年白皮书《21 世纪的教育和训练》中明确地表达了政府的这个倾向，尽管首相约翰·梅杰在前言中提出，"我们将结束学术性资格和职业性资格的人为划分"，但是正文却将改革目的界定为"促进对学术性资格和职业性资格的同等尊重，开辟两种资格之间更为明确和更易沟通的渠道"③。新工党上台以后基本上延续了保守党政府的做法，其实施的"课程 2000"（Curriculum 2000）也是为了"使青年人获得更多的各种高级资格课程的机会，并对这些资格一视同仁，从而使学习者在不同资格之间的转换更加灵活，建立以不同资格为基础的学习计划。"尽管 2004 年汤姆林森报告建议改革 14～19 岁课程和资格，取消现有资格的独立地位，建立一个统一的、包容性的的文凭制度。不过，这个建议遭到了政府的拒绝。2005 年，英国新任教育部长鲁思·凯利一方面要求提高接受义务后教育的青年的比例，另一方面坚持所有 14 岁青年都必须在三条道路（学术、职业或混合模式）中进行选择。这说明，无论是保守党还是新工党都没有打算（至少是现在）改变两种资格共存的现状，而仅仅是"同等尊重"和"加强沟通"而已。因此，用"统一"来界定英国的义务后教育改革是不准确的。英国政府——尤其是保守党政府——在对资格制

---

① Mike Flude & Sandy Sieminki. Education，Training and the Future of Work Ⅱ：Developments in vocational education and training[M]. London：Routledge & Open University Press，1999，p. 163.

② Micheal Young & Kenspours，*et al*. Unification academic and vocational learning and the idea of a learning society[J]. Journal of Education Policy，Vol. 12，No. 6，1997，pp. 527-537.

③ Andrew Pollaro，June Purvis & Geoffrey Walford. Education，Training and the New Vocationalism：experience and policy[M]. Open University Press，1988，p. 25.

度改革问题上表现出了非常矛盾的心态,一方面希望使职业资格获得和学术资格同样的地位;另一方面又极力维护学术资格的所谓"黄金标准"(golden standard),反复强调改革的前提是不能有损于学术资格在人们心目中的地位。政府的相关政策文件也体现了对职业教育和职业资格的"歧视"——职业教育是为那些"学术失败者"就业而准备的。[1] 这种心态是造成英国资格制度改革难以取得实质性进展的根本原因。因此,英国资格制度目前仅仅是用关联模式取代分轨模式。[2] 戴维·瑞夫等人认为,分轨模式是以多元主义价值观为基础的,"关联模式"会减少两轨的差异,多元价值观随之被破坏,职业教育将丧失其独特性,成为学术教育的翻版。GNVQ 体现的"学术漂移"现象就说明了这一点。因此,他认为关联模式从本质上是不稳定的,改革的压力势必使教育和训练制度趋向统一模式。[3] 他的观点有一定道理,但是对于英国这种学术传统色彩浓厚的国家,"统一"的实现显然遥遥无期。

实际上,任何试图"统一"学术教育和职业教育的战略都是以对统一制度的构想为基础的。然而,"统一"是一个模棱两可的概念,人们的理解并不一致。在米切尔·扬看来,"统一"意味着教育制度没有学术和职业的对立,不应该根据"学生是否有能力接受理论学习或应用学习"对他们进行区分,也不应该将强调理论学习或应用学习的职业资格和学术资格区别开来。[4] 戴维·瑞夫和凯西·霍维森认为教育和训练制度的统一包括所有内容和过程、制度构成、实施和管理等四个层次,因此"统一"应该视为一个相当广泛的过程,而不仅仅是资格的统一。尽管资格的改革很重要,却不是唯一的维度,其他方面如课程、组织机构的改革可能更为关键。英国政府虽然提出要"统一"职业教育和普通教育,也并没有对"统一"给一个明确的界定。不过,在有关统一制度的争论中,这种理解的不确定性被资格制度的关键作用所掩盖。90 年代以来,许多观点都将统一制度理念几乎等同于统一的资格制度。这种倾向也由于过于强调资格而忽视

---

① David Raffe & Cathy Howieson. The Unification of Post-compulsory Education: towards a Conceptual framework[J]. British Journal of Education Studies, Vol. 46, No. 2, June, 1998, pp. 169-187.

② David Raffe, Karen Brannen, Joan Fairgrieve, *et al*. Participation, Inclusiveness, Academic Drift and Parity of Esteem: acomparision of post-compulsory education and training in England, Wales, Scoland and Northern Ireland[J]. Oxford Review of Education, Vol. 27, No. 2, 2001, pp. 173-203.

③ David Raffe & Cathy Howieson. The Unification of Post-Compulsory Education: Towards a conceptual framework[J]. British Journal of Education, Vol. 46, No. 2, June 1998, pp. 169-187.

④ Michael Young, Kenspours *et al*. Unifying academic and Vocational learning and the idea of a learning society[J]. Journal of Education Policy, Vol. 12, No. 6, 1997, pp. 527-573.

了义务后教育和训练制度的其他方面。① 迪林报告也明显地表现了这种资格导向(qualification-led)的政策模式。其主要原因是资格改革的可操作性是最明显的,而差异性的教育目的、课程和教育机构等方面是英国政府很难并且在某种程度上也不愿意改变的。值得注意的是,英国职业培训和普通教育长期以来分别属于劳动就业部门和教育部门的"势力范围",极少协调和沟通,这在80年代的教育培训政策中非常明显,甚至英国政府在尝试解决学术和职业的对立关系时,这种情况一直没有改变。工党在80年代曾提出设立教育和培训部负责统一的全国和地方的教育和培训制度②,直到1995年才将教育部和就业部合并在一起,由教育与就业部统一进行管理。1997年资格与课程委员会(QCA)取代NCVQ和负责义务教育课程的学校课程与评估委员会(SCAA),对教育和培训的课程、评价及资格认证进行统一管理,进一步促进教育和培训的协调。这种管理机构改革的滞后性对政策问题的消极影响是显而易见的。

英国政府通过资格改革使职业资格第一次得到了制度上的认可,并且与学术资格建立了某种联系。③ 这无疑对教育和训练的发展有积极的意义,也成为进一步改革的基础。不过,其改革措施也是有限的,体现了典型的英国妥协主义倾向——即资格的改革以不"损害"学术教育的地位为前提;"结果管理"的集权化和过程的自由化也说明了英国政府干预的温和性。英国的教育传统使职业教育和普通教育的一体化不可能很快实现。统一的教育体系必须有统一的理论观念做基础,必须有某种高于外在结构的东西把两者紧密联系在一起,否则无论从何种意义上,这种统一都不是完全的,即便是在全国范围内形成一种单一的结构也是如此。普通教育和职业教育在基本目的和价值观层面上必须具有一致性,才能为统一提供坚实的基础。这与统一模式目的的多样性并不矛盾,这种多样化目的是建立在学生的不同需要和选择基础上的,这与分轨模式中两种目的的对立存在本质的区别,后者只是相对于两种不同类型的教育才有意义,无论学生是否接受或认同,都是客观存在的。只有某种根植于两种教育中的共同的文化观念才能实现这种作用,这种观念并不先天地把教育加以区分,而是认为由于人的不同理想才出现了不同的教育目的。英国必须把这样的认识渗透到教育实践之中,否则,任何统一课程计划都不过是技术性措施,不能

①　Micheal Young, Kenspours *et al*. Unification academic and vocational learning and the idea of a learning society[J]. Journal of Education Policy, Vol. 12, No. 6, 1997, pp. 527-537.

②　Ann Hodgson & Ken Spours. New Labour's Education Agenda: Issues and Policies for Education and Training from 14+[M]. Kogan Page, 1999, p. 15.

③　Colin Crouch, David Finegold & Mari Sako. Are skills the answer? The Political Economy of Skill Creation in Advanced Industrial Countries[M]. Oxford University Press, 1999, p. 131.

从根本上解决分轨这个阻碍职业教育发展的关键问题。① 两者的对立不仅仅是教育问题,还是一个社会问题。② 米切尔·扬认为学术与职业的对立反映了高成就者和低成就者之间的社会等级分化,因为学术教育是进入高等教育的主要途径,从而使人更容易获得较高的地位和声望,学术资格和职业资格的平等问题不可能仅仅依靠课程、评估方法或者资格体系的改革得到解决。③ NVQ 并不受学生和企业的欢迎,在一定程度上是因为人们的头脑中还存留着对职业教育的偏见。罗伯·克林斯认为,"职业化运动仅仅增加了职业资格的供给,从而加剧了'证书膨胀'(credential inflation)问题。"④资格证书数量的迅速膨胀削弱了人们对职业资格以及教育和培训的信心。尽管政府采取措施把它提高到与学术资格同等的地位,但是大多数学生还是倾向于在 16 岁后选择学术课程,他们对职业资格是否可以成为进入大学的"通行证"表示怀疑。当然,70 年代末以来义务后培训计划的质量低下也是他们不愿意选择职业资格的一个重要原因。⑤ 传统观念的印记也明显地体现在撒切尔政府充满矛盾性的改革措施上,其原因在于政府关注的仍然是通过教育改革以稳定的方式实现等级和社会关系的再生产。⑥ 这使英国政府本身都没有摒弃对职业教育的偏见,从"目标群体"明确的 TVEI 到 GNVQ,政府的相关政策措施都暗示了对职业教育和职业资格的"歧视"——职业教育是为那些"学术失败者"就业而准备的。⑦ LSC 也承认,"尽管 90 年代政府反复强调学术资格和职业资格之间的平等地位,但实际上所有的资格结果并没有被一视同仁。"⑧这种心态是造成英国资格制度改革难以取得实质性进展的根本原因。可见,如果观念没有改变,任何单纯的技术性措施都无能为力。塞德罗·列维斯认为,"学术教育和职业教育的对立不仅

---

① Cathy Howieson. Parity of Academic and Vocational Awards: the experence of modularisation in Scoland[J]. European Journal of Education, Vol. 28, No. 2, 1993, pp. 177-187.

② Theodore Lewis. Towards a Liberal Vocational Education [J]. Journal of Philosophy of Education, Vol. 31, No. 3, 1997, pp. 1-15.

③ Cathy Howieson. Parity of Academic and Vocational Awards: the experence of modularisation in Scoland[J]. European Journal of Education, Vol. 28, No. 2, 1993, pp. 177-187.

④ John Ahier & Geoff Esland. Education, Training and the Future of Work Ⅰ[M]. Routledge, 1999, p. 54.

⑤ John Ahier & Geoff Esland. Education, Training and the Future of Work Ⅰ[M]. Routledge, 1999, p. 5.

⑥ Dan Finn. Training Without Jobs: New Deals and Broken Promises[M]. Macmillan Education LTD, 1987. p. 171.

⑦ Micheal F. D. Young. The Curriculum of the Future: From the 'New Sosiology of Education' to a Critical Theory of Learning[M]. Falmer Press, 1998, p. 76.

⑧ Ann-Marie Bathmaker. Hanging in or shaping a future: defining a role for vocationally related learning in a 'konwledge' society[J]. Journal of Education Policy, Vol. 20, No. 1, Jaunuary 2005, pp. 81-100.

仅是一个需要解决的课程问题,还是一个社会问题和政治问题。因此在很大程度上需要综合性的社会改革。"①由此可见,要实现职业教育和学术教育的真正统一实际上是一个相当复杂的过程。新工党政府在 2003 年的一份白皮书中指出,"我们不应该再用'职业性'或'学术性'来界定 GCSE 或 A-Level。"②然而,理想和现实的巨大差距远不是术语上的变化所能弥补的,尤其对于英国这样保守的国家来说,这个任务更为艰巨。有人认为这两种教育的作用就在于它们可以使社会等级结构合理化。实际上,英国典型的等级分化传统也就体现在这两种教育的相互排斥的作用中,正是由于这种教育体制符合英国政治上的需要,这也使两轨的真正统一决非易事。

近年来,义务后教育规模的扩大更多地表现在学术教育而不是职业教育。对此,人们有不同的观点。一种观点认为普通教育不仅可以提供更好的教育基础,同时也能培养现代社会所需要的一般能力;如果学生和企业选择学术教育而不是职业教育,他们的选择将受到尊重。另一种相反的观点认为,这种选择被学历主义和学术资格的地位扭曲了。实际上许多选择学术教育的学生本来可以从职业课程中获得更多的教育、社会和经济收益,不过他们对职业教育的价值估计不足。这显然会对英国社会和经济带来消极的后果。职业教育没有获得与学术教育平等的地位,促使学生根据它们的相对地位而不仅仅是内在价值进行选择。社会分层问题对人们的资格选择产生了直接的影响,选择职业教育的学生社会地位较低。③ 英国工党政府的教育政策目的是促进学术教育和职业教育的平等地位。"然而试图通过改革职业教育的内容促进两者平等的政策可能没有什么效果,除非这可以改变青年人对职业教育的基本看法。"④

第三节　第三条道路和市场社会主义

1997 年新工党上台以后,技能战略一直是工党政策的核心问题。正如布莱

①　Theodore Lewis. Towards a Liberal Vocational Education [J]. Journal of Philosophy of Education, Vol. 31, No. 3, 1997, pp. 1-15.

②　John Halliday. Distributive Justice and Vocational Education[J]. British Journal of Educational Studies, Vol. 52, N. 2, 2004, pp. 151-165.

③　David Raffe, Karen Brannen, Joan Fairgrieve & Chris Martin. Participation, Inclusiveness, Academic Drift and Parity of Esteem: acomparision of post-compulsory education and training in England, Wales, Scoland and Northern Ireland[J]. Oxford Review of Education, Vol. 27, No. 2, 2001, pp. 173-203.

④　David Raffe, Karen Brannen, Joan Fairgrieve & Chris Martin. Participation, Inclusiveness, Academic Drift and Parity of Esteem: acomparision of post-compulsory education and training in England, Wales, Scoland and Northern Ireland[J]. Oxford Review of Education, Vol. 27, No. 2, 2001, pp. 173-203.

尔根据人力资本理论指出的,"教育是最好的经济政策"[①]。新工党认识到,一方面,"在瞬息万变、技术不断进步而且竞争日益激烈的全球化经济中,不断地提高技能和知识水平是维持和提高生产率以及国际地位的基本条件。"[②]另一方面,发展中国家的廉价劳动力的竞争使发达国家只有依靠高技能、高附加值市场才能继续保持竞争优势,以价格而不是质量为基础的竞争不可能使英国实现持续的繁荣。在这种情况下,教育和培训制度被看作是英国摆脱低技能均衡、进入高技能均衡状态的基本途径。后福特主义战略得到越来越多的支持。[③] 进入 21 世纪以后失业率的下降也使英国政府有更多的精力和条件改变政策的取向。新工党关注的是劳动力技能水平的提高,而不再仅仅停留在低水平的就业培训上。"教育是经济增长、社会融合和积极公民的关键。英国未来的繁荣取决于国民的技能。在迅速变化、技术进步和竞争日益激烈的全球化经济中,英国需要世界一流的教育和培训制度。技能和知识的不断更新是保持和提高生产力的基础。"[④] 2001 年工党政府将教育和就业部更名为"教育与技能部"(DfES),这实际上也反映了英国政府教育政策取向的调整。

尽管工党在 80 年代仍然坚持激进的社会主义模式,强调对教育的统一规划[⑤],但是进入 90 年代以后,尤其是布莱尔当选工党领袖以后,工党的许多政治纲领发生了变化,布莱尔也以冠之"新工党"来和原来的工党相区别。在教育和培训政策上,保守党的许多教育市场化措施被新工党所接受。市场原则仍然是新工党教育改革的指导思想。[⑥] 不过新工党也注意到就 60 年代到 80 年代的供给导向模式和 80 年代末以来放任主义的需求导向模式都没有能够解决技能短缺问题。造成这种情况的原因除了经济衰退和失业问题以外,技能供求的不协调也是一个重要因素。因此,人们对政府和市场在技能政策中的角色开始提出新的观点。应该如何把握政府干预的程度?自由市场在何种程度上控制教育和培训?尽管人们的意见并不统一,但是有一点是一致的:过度的政府干预和完全的放任主义都是无法解决英国长期以来的技能短缺问题的。此外,新工党

① Richard Talor. Lifelong learning and the Labour goverments 1997－2004[J]. Oxford Review of Education, Vol. 31, No. 1, March 2005, pp. 101-118.

② Ann Hodgson & Ken Spours. New Labour's Education Agenda: Issues and Policies for Education and Training from 14＋[M]. Kogan Page, 1999, p. 8.

③ Phillip Brown & Hugh Lauder. Education, globalization and economic development, in: John Ahier & Geoff Esland, Education, Training and the Future of Work Ⅰ[M]. Routledge, 1999, p. 31.

④ Clyde Chitty. Education Policy in Brittain[M]. Palgrave Macmillan, 2004, p. 174.

⑤ Ann Hodgson & Ken Spours. New Labour's Education Agenda: Issues and Policies for Education and Training from 14＋[M]. Kogan Page, 1999, p. 14-15.

⑥ Anne West & Hazel Pennell. How New in New Labour? The Quasi-Market and English Schools 1997－2001[J]. British Journal of Educational Studiea, Vol. 50, No. 2, 2002, pp. 206-224.

也认识到完全依靠需求管理带来的弊端。[①]"第三条道路"对英国的教育和培训改革产生了深刻的影响。市场导向的技能政策开始强调供给(教育和培训)与需求(劳动力市场)的平衡。NSTF 在其一份报告中指出,英国技能政策的一个基本问题是"贯穿于两个不同却彼此相关的市场(劳动力市场和教育培训市场)的技能供给和需求之间的联系。"[②]在劳动力市场,企业希望获得自身所需要的技能劳动力;在教育和培训市场,个人希望从教育和培训机构获得技能培训的机会。而这两个市场往往是相互影响的。劳动力市场的激励性因素(包括收入、就业条件、工作发展机会等)在一定程度上影响了个人的技能需求,而个人通过教育和培训制度获得的技能影响了劳动力市场的技能供给以及技能供求之间的平衡。在这种情况下,布莱尔政府一方面加强技能劳动力的培养,另一方面采取措施刺激社会的技能需求,试图以此来实现技能供求的均衡。英国新工党开始背离社会民主的传统。

90 年代,整个欧洲社会民主党重新获得了权力。随着大选的成功,从 1994 年开始,布莱尔不断强调需要对社会民主政策纲领的现代化,他和施罗德在 1999 年倡导"坚持我们的价值观,同时也需要改变我们过去的模式和传统政策手段"[③]。新工党的宏观经济政策关注的是经济的稳定性,把控制通货膨胀和促进就业作为优先考虑。这有政治和经济上的原因。人们普遍认为 1979 年工党在大选中落败是经济管理的失误。1999 年英国政府在财政预算报告中指出,"在过去 30 年,英国经济在产出和膨胀方面表现出高度的脆弱性……政府从宏观经济政策上进行了改革以促进经济的稳定性……稳定性是高增长率和就业率的基础。"

1997 年,以布莱尔为首的工党政府上台执政,这也标志着英国教育改革进入一个全新的阶段。第三条道路(Third Way)成为新工党的执政理念。根据吉登斯的观点,第一条道路是指凯恩斯主义的经济政策和福利国家模式,第二条道路是指撒切尔政府实行的大规模的私有化和市场化改革。这两条道路基本上代表了两党执政理念上的对立以及对政府和市场作用认识上的差异。而对第三条道路则是界于国家社会主义和新自由主义之间的市场社会主义。[④] 这意

---

① Ann Hodgson & Ken Spours. New Labour's Education Agenda:Issues and Policies for Education and Training from 14+[M]. Kogan Page,1999,p. 8.

② National Skills Task Force,Towards a national skills agenda : first report of the National Skills Task Force [DB/OL], p. 16, [2008-4-26], http://dera. ioe. ac. uk/15089/1/Towards% 20a% 20national%20skills%20agenda. pdf.

③ Andrew Glyn & Stewart Wood. New Labour's Economic Policy[DB/OL]. [2007-12-10], http://www. economics. ox. ac. uk/Members/andrew. glyn/GlynandWood. pdf.

④ Ann Hodgson & Ken Spours. New Labour's Education Agenda:Issues and Policies for Education and Training from 14+[M]. Kogan Page,1999,p. 8.

味着工党对其传统的"背叛"。当然这种背叛有其社会背景。50年代工党内部的修正主义思潮促进了工党对社会民主主义的质疑和反思。70年代新自由主义取代凯恩斯主义获得了人们的支持,这种转变也表现在工党内部。1976年卡拉汉担任工党政府首相以后逐渐采取了一些背离凯恩斯主义需求管理的措施。1983年6月英国工党再次在大选中失利。面对大行其道的新自由主义经济政策,工党难以固守传统的国有化理论。此时的"共识政治"表现为工党向保守党的政策趋同。工党领袖金诺克指出,"过去的那种'公'与'私'的严格界限已不存在,没有必要也不可能再将两者截然分开。"①工党放弃了国有化的目标,强调公有制只是获得自由和平等的一种手段。在这样的背景下,戴维·米勒提出"市场社会主义"的概念,成为工党经济纲领的核心思想。所谓市场社会主义,就是"用市场来实现社会主义的目的"。此外,资本主义社会结构的变化也为"第三条道路"的形成提供了社会基础。中产阶级队伍不断扩大,成为社会阶层的主体力量,工党丧失了原来的社会基础。"工党传统的阶级基础,即有组织的工人阶级已经不存在了。工党在连续的大选失败中,如果想要再次赢得选举胜利的话,就必须吸引其他的选民。"②作为一个寻求在大选中获胜的党,必须重建自己的社会基础,尽力拓展可以争取的选民空间。因此,工党开始寻求中产阶级的支持。③ 第三条道路理论在很大程度上是对这种深刻的社会力量对比变化的反应。

1992年,布莱尔出任英国工党领袖后开始逐步以"第三条道路"的思想主张影响工党。这也是工党为了赢得多数中间选民的支持而采取的竞选策略。④ 他对"老左派"(old left)主张的以"高度中央集权的社会民主主义"为特征的"第一条道路"进行了批评,而且官僚主义作风使公共服务的效率和质量过于低下,最突出的是教育和培训制度造成了技能供给不足。对于"新右派"(new right)所倡导自由市场哲学的"第二条道路",他认为其某些改革是"现代化的必要措施",但也存在问题,主要表现为新自由主义对政府干预的反感使教育培训等公共服务受到损害,同时过分强调效率也漠视社会公正。此外,新自由主义忽视了自由市场带来的社会问题。⑤ 鉴于以上两条道路的局限性,布莱尔开始以"第

---

① 程美.英国工党"第三条道路"述评[D].山东师范大学硕士学位论文,2004:9.

② 何秉孟,姜辉. 阶级结构与第三条道路——与英国学者对话实录[M].北京:社会科学文献出版社,2005:145.

③ Lindsay Paterson. The Three Education Ideologies of the British Labour Party,1997-2001[J]. Oxford Review of Education,Vol.29,No.2,2003,pp.165-186.

④ 何秉孟,姜辉. 阶级结构与第三条道路——与英国学者对话实录[M]. 北京:社会科学文献出版社,2005:15.

⑤ [英]安东尼·吉登斯. 第三条道路及其批评[M]. 孙相东译.北京:中共中央党校出版社,2002:4.

三条道路"对工党进行改革以实现"新工党、新英国"的政治理想。根据吉登斯的观点,第三条道路是界于新自由模式和国家资本主义模式之间的观念或是全新的社会民主模式。①"第三条道路"体现了新工党从左右两派的思想和政策中汲取积极因素的努力,因此第三条道路实际上是一种市场社会主义的模式,但在社会民主主义和新自由主义的结合中,显然更多的是前者向后者靠拢。② 第三条道路对政府和市场的关系的认识明显地体现了这一点,这体现在以下三个方面:

1. 政府和市场的互补

协调政府干预和自由市场的关系是新工党的基本问题。70 年代以前英国经济受到过多非市场因素的干预,效率受到严重影响。撒切尔主义自由放任也暴露出市场资本主义模式的弊端。各国的经验也表明,国家的积极干预反而更有利于经济发展。因此,布莱尔认为有必要重新界定国家的责任。新右派"把国家当作敌人",而左派"认为国家是答案",布莱尔对于这两种极端的态度都进行了批判,认为过分的政府干预不利于实现经济效率,不过这并不意味着政府放弃自己的责任,这也是由于自由市场存在的内在缺陷决定的。"市场符合公众利益,但并不等同于公众利益。"③"市场失灵"现象普遍存在,仅仅依靠市场本身并不能实现经济效率和社会公平的最大化。因此积极的政府干预是必要的。"单方面"(go-it-alone)的需求管理模式已经不合时宜。④ 不过这并不意味着政府放弃自己的责任。在市场和政府的作用方面,工党强调市场效率与政府控制的平衡。不主张简单的国家干预和自由放任主义,提出建立新的混合经济(指实现管制与解除管制社会生活的经济方面与非经济方面之间的平衡),强调政府的作用在于促进宏观经济的稳定,政府的角色是"授权"(enabling)而非"管理"。⑤"政府要为经济提供条件而不是指挥经济,并要利用市场的力量服务于公共利益。"⑥因此,新工党力图消除不必要的政府干预,让市场发挥最大效率。根据"第三条道路",新工党在教育和培训政策方面吸收了许多自由主义的积极

---

① Ann Hodgson & Ken Spours. New Labour's Education Agenda: Issues and Policies for Education and Training from 14+[M]. Kogan Page, 1999, p. 8.

② 裘元伦. 欧洲新"第三条道路"的经济含义[J]. 世界经济,2000(8):3-7.

③ [英]托尼·布莱尔. 新英国:我对一个年轻国家的展望[M]. 曹振赛译. 北京:世界知识出版社,1998:132.

④ Ann Hodgson & Ken Spours. New Labour's Education Agenda: Issues and Policies for Education and Training from 14+[M]. Kogan Page, 1999,p. 8.

⑤ Ann Hodgson & Ken Spours. New Labour's Education Agenda: Issues and Policies for Education and Training from 14+[M]. Kogan Page, 1999,p. 23.

⑥ [英]安东尼·吉登斯. 第三条道路:社会民主主义的复兴[M]. 郑戈译. 北京:北京大学出版社,2000:107.

成分,以此纠正传统工党政策中简单的国家干预主义倾向。

2.权利与责任的统一

布莱尔强调"不承担责任就没有权利"。任何人在享受权利的同时必须承担相应的责任。在社会民主主义影响下,工党强调的是国家或政府的责任,却很少谈到个人回报社会的责任。1942年发表的贝弗里奇报告指出,社会福利是社会集体应尽的责任,是每个公民应享受的权利。这也成为战后工党政府福利政策的指导思想。这种注重"分配财富"、"保证权利"而忽视"创造财富"、"承担责任"的倾向在加重政府财政负担的同时,也削弱了个人技能投资的积极性,滋生了人们的"福利依赖"情绪。相反,新自由主义弱化了国家的责任,转而强调个人的责任,个人会做出理性的选择并对自己负责,不过对其社会责任避而不谈。个人的理性选择往往会导致集体或社会的非理性结果,这是集体行动中非合作博弈的结果。这使英国经济陷入低技能均衡而难以自拔。新工党认为责任是社会存在的基础,这种责任既是国家的,同时也是个人的。社会行动的目的不是要用社会或国家的行为代替个人的责任,而是要通过改善社会来促进公民个人自我完善的实现。新工党尤其重视个人的责任,反复强调"利益相关者"的概念,认为个人是社会风险的共担者,为社会和他人承担义务,真正实现权利共享,责任共担。

3. 公平和效率的平衡

第三条道路仍然将"民主"和"公正"作为其核心的价值理念。布莱尔指出,"我们必须毫不动摇地坚持我们的基本价值:团结、公正、自由、宽容及机会均等,坚信强大的社区和社会是个人发展的必要手段"。"自由市场下的保守党断定社会公正是经济成功的障碍,是它造成了经济下降和社会衰退,而工党则相信是社会不公平阻碍着我们取得经济繁荣。"[①]不过,第三条道路背离了欧洲社会民主的传统核心价值。法国社会党和瑞典社会党仍明确地主张平等,德国社会民主党还强调财富的再分配。而第三条道路用"公正"取代了"平等",同时也回避承诺财富的再分配。"与社会民主不同,它不是平均主义者。它虽然也承诺社会正义,但它所承诺的社会正义是确保最低标准和机会均等,而不是再分配和结果的均等"[②]。

建立包容性社会成为第三条道路的政策目标。"包容性意味着公民资格,意味着一个社会的所有成员不仅在形式上、而且在其生活的现实中所拥有的民

---

① 钱箭星. 资本、劳动力和国家的重新定位——第三条道路在西欧的改革实践[J]. 社会主义研究,2004(2):103-106.

② 史志钦. 英国新工党与社会民主党:政策趋同与差异[J]. 清华大学学报(哲社版),2004(1):65-71,78.

事权利、政治权利以及相应的义务。"此外,包容性也意味着所有成员获得均等的机会。对个人来说,机会首先是工作,"在一个工作对于维持自尊和生活水准而言处于至关重要地位的社会中,获得工作的可能性就是'机会'的一项重要含义。"[1]随着技术的进步和产业结构的变化,个人的知识技能可能因为无法满足社会的需要而面临失业的处境。而教育为他们提供了摆脱这种困境的另一种机会,使其不至于被社会所淘汰。在追求社会公正的同时,新工党也强调利用市场竞争机制使公共服务的效率最大化。新工党批评福利国家培养了人们依赖国家救济的习惯。"以往那种把能作更大贡献的人的钱交给穷人的做法会产生新的不公。"[2]这会压制双方的积极性,削弱社会发展动力。因此通过市场机制提高效率成为实现其所谓的社会公正的途径。"第二代福利是要给人扶持,而不是施舍。"提供更多的就业机会和教育培训机会改变弱势群体的不利处境,同时解决失业问题。

一、社会合作模式:利益相关者的力量均衡?

英国政府、企业、工会等利益相关者在技能培训方面始终缺乏合作机制。这种情况的存在有其历史原因:一方面,自由市场理念下的放任主义倾向使英国政府对于干预技能培训持消极甚至反对态度,政府与企业、企业与企业之间的合作缺乏有利的政策环境,这显然不利于技能培训的协调发展,"搭便车"现象的普遍存在使英国企业对培训持消极态度,而英国先天不足的企业组织难以影响企业的培训和"搭便车"行为。即使作为分别代表企业和劳动力利益的全国性机构,CBI 和 TUC 也缺乏权力确保其成员的合作,而这恰恰是法团主义模式的必要条件。80 年代的撒切尔政府没有促进两者的合作,相反,还试图依赖放任主义模式或者通过市场确保充足的培训供给,在某种程度上还强化了企业和工会之间的低信任关系。而德国、瑞典等大陆国家强大的法团主义企业组织保证了培训质量和规模的提高,另一方面,企业和工会的"对立"传统影响了两者在技能培训方面的合作。英国工会从产生开始就是作为与企业对抗的力量存在的,其主要任务就是为了维护作为工会成员的工人的利益,劳资合作不符合工会和企业的利益,因此英国的劳资关系始终是在企业和以工会为代表的工人之间对立和妥协的过程中发展的,这就决定了企业对工会的反感态度。因此80 年代,撒切尔政府对工会的限制得到了企业的普遍支持。不过,对工会的限

---

① Steffen Hillmert. Skill formation in Britain and Germany: Recent developments in the context of traditional differences [DB/OL]. Program for the Study of Germany and Europe, Working Paper No. 06.1, http://www.ces.fas.harvard.edu/publications/docs/pdfs/Hillmert.pdf.

② Colin Crouch, David Finegold & Mari Sako. Are skills the answer? The Political Economy of Skill Creation in Advanced Industrial Countries[M]. Oxford University Press,1999,p.187.

制和对企业作用的强化进一步弱化了英国技能培训的合作机制的形成。

实际上,从 60 年代开始,工党政府就认识到了这种情况对英国技能短缺问题的影响并试图改变这种局面。1964 年职业培训法为这种合作机制提供了法律框架,社会合作性质的法团主义倾向在 ITB 上初露端倪,这使政府、企业、工会以及教育机构等社会力量有机会促使教育和培训市场的技能供给与劳动力市场的技能需求相协调。然而,英国的法团主义改革措施"生不逢时",70 年代的经济危机使工党政府不得不改弦更张,与劳动力的技能问题相比,缓解急剧上升的失业率显然是当务之急。在这种情况下,ITB 已经变得无关紧要。仿效瑞典人力规划模式设立的 MSC 也没有能够实现预期的政策目标。对于撒切尔主义来说,这种合作机制更是无法容忍的。到 90 年代中期,ITB 基本上被产业培训组织(ITO)所取代,仅有建筑业 ITB 和工程建设 ITB 保留下来并继续推行培训税制度。"大部分 ITO 完全代表企业的利益,只有少数几个 ITO 与工会和教育机构保持着联系。"[1]这在某种程度上标志着 60 年代工党政府确立的教育和培训的合作模式的消亡。保守党在为期 18 年的执政期间,所有的教育和培训改革措施都强调了企业的关键作用,包括政府在内的其他利益相关者的作用则受到限制,尤其是工会对教育和培训政策的影响被大大削弱。即使谈到技能的"需求",也主要是针对企业,而不是其他的消费者,包括学生和家长。

新工党政府意识到了社会合作机制的缺失、不同利益相关者各自为政对于解决技能问题的负面影响。技能培训是一个复杂的过程,承担了多元化功能,关系到不同利益相关者的切身利益,需要不同利益相关者的投资和参与以使技能培训的效率最大化,这些都需要多元决策机制和组织结构。因此,政府、企业、工会、教育机构以及个人等利益相关者都必须积极地参与,教育和培训制度才能获得良性发展。没有企业的参与,教育和培训必然会失去其应有的产业相关性;没有政府和教育部门的参与,教育和培训的技能往往过于狭隘,只能满足企业的当前需要,从而缺乏灵活性,这不符合个人和经济制度的长远需要;没有工会的积极参与,政府就难以制定和有效地实施教育培训政策,培训质量也会受到影响,因为工会在促进企业提供更多的培训机会、制订培训标准、监督培训质量方面发挥着不可或缺的作用。此外,劳动力市场和就业政策也难以有效地实施。这说明,在技能培训中,不同的社会力量都具有不可替代的作用,仅仅强调某些因素而忽视其他因素的影响都会对技能培训造成消极的影响。"如果仅仅由政府制订培训计划,个人可能无法获得企业所需要的技能。如果完全由企业负责培训计划的实施,个人可能无法获得自身所需要的技能。这是政府、企

---

① Ian Finlay, Stuart Niven & Stephanie Young. Changing Vocational Education and Training: An international comparative perspective[M]. Routledge, 1998, p. 27.

业和个人共同承担各自的责任,发挥自身作用的原因。"①

　　一些学者对合作机制的必要性提供了理论依据。格林强调了社会合作者在职业教育和培训的有效实施中合作的基础作用。"这种合作只有在政府从国家和地方层次上干预协调不同社会合作者的角色和责任的情况下才是有效的。放任主义政策尽可能地减少了政府的干预,一般来说是不成功的。"②这是由于市场作为培训供求方式的根本缺陷决定的。培训是一种所有利益相关者都可以获益的公共物品。然而,任何一方常常作出理性的选择而不提供或参与培训。企业常常"偷猎"而不是进行培训投资,尤其是在缺乏培训文化和相关的立法实践的英国尤其如此。此外,提供狭隘的、专门性的培训以降低丧失培训投资和受训员工的风险也符合企业的利益,即使从长远来看,这并不利于企业的发展,更不用说对个人或国家经济了。企业倾向于从短期角度看待自身的培训需求,将培训看作是消费而不是未来的投资。这种情况在英国更为明显。企业所有制结构和合并的威胁助长了短期主义利益倾向。在市场制度下,培训供给在数量和质量上往往都不足,培训成本在企业之间没有公平地分担。同样,青年人可能也不会接受培训,因为他们没有充分的信息和生活经验以预期长期的利益,或者他们认为技能培训的收益并不能成为培训期间的机会成本的理由。低技能劳动力相对较高的工资率以及与技能劳动力之间较小的差距弱化了人们接受培训的积极性,使英国培训水平一直不高。这都说明了自由放任培训政策的局限性。因此,他指出,"社会力量之间的合作对于教育和培训的发展是关键。只有在政府通过干预协调不同社会力量的责任时,这种合作才能有效地发挥作用。放任主义政策将政府干预减少到最低限度,往往难以取得良好的效果,这是因为市场在调节培训的供给与需求时存在根本的缺陷。"③芬格德指出,对于技能投入而言,竞争条件下的合作是必要的,这是因为技能投资具有公共物品性质。④ 非合作博弈下的集体行动可能导致公共物品的供给短缺。技能培训就属于这种公共物品。技能投资不是某个企业或个人的事情,而是关系到各个社会力量的共同利益。"在任何时候,这些利益群体的权力和影响都可能是不均等的,经过一定时期,某些利益群体的权力和影响会加强,而其他利益群体

　　① John Ahier & Geoff Esland. Education, Training and the Future of Work Ⅰ[M]. Routledge, 1999,p. 23.

　　② Mike Flude & Sandy Sieminki. Education, Training and the Future of Work Ⅱ: Developments in vocational education and training[M]. London: Routledge & Open University Press, 1999, p. 27.

　　③ John Ahier & Geoff Esland. Education, Training and the Future of Work Ⅰ[M]. Routledge, 1999,p. 27.

　　④ John Ahier & Geoff Esland. Education, Training and the Future of Work Ⅰ[M]. Routledge, 1999,p. 39.

的地位将减弱。"[①]因此在多元利益群体驱动的政策制定过程中,弱势群体的利益需求就无法充分体现出来。这种趋势在英国教育和培训的发展中得到了验证,过分强调企业的主导地位造成了对其他利益相关者的忽视,培训的短期主义倾向就是鲜明的表现。技能培训的公共属性使政府的干预尤为重要,一方面可以协调技能供给和需求的关系,避免教育不足和教育过度的情况,另一方面也使所有人都获得均等的机会,普遍提高劳动力的技能水平并避免因教育机会不均等所造成的贫富差距的代际继承与不平等状况的进一步扩大,实现社会公平。

在这种情况下,英国教育培训政策逐渐从企业主导的放任主义模式转向合作模式。法团主义重新成为工党教育政策的指导思想。[②] 布莱尔认为,利益相关者原则无论对于建立新工党还是对于建立新英国都有着普遍的指导意义。不同利益相关者的合作与战略联盟被认为是教育和培训的相关性、效率、效果、质量和稳定性的关键措施。通过合作,各个利益相关者分担责任并使各自的优势得到最大程度的利用。1997 年,英国政府发表了肯尼迪报告。这份报告强调了教育和培训的合作模式,认为"过去对市场竞争的过分关注制约了合作"[③]。因此,英国政府希望在地方当局、继续教育学院和其他教育培训机构之间建立有效的合作关系,减少不必要的竞争所造成的浪费,确保教育和培训更好地满足未来的需要。新工党一方面延续了市场导向的教育培训制度,承认企业的关键作用;另一方面,鉴于自由市场在技能供给方面的"失灵",职业教育和培训的社会合作模式必须建立在政府的协调和控制之下,政府需要确定其他利益相关者的责任以及职业教育制度的整体结构,社会合作本位的制度才能有效地运行。[④] 鉴于政府干预和自由市场在技能短缺问题上存在"失灵",新工党对政府和市场的作用进行重新审视和界定,认为教育和培训是政府在全球化市场经济中必须承担的主要责任。布莱尔政府在大力削减各项福利开支的过程中,对教育的投资却在大幅增加。1999—2003 年新工党政府的阶段性教育支出年均增长达创记录的 6%,2004—2005 年度英国的教育支出达 630 亿英镑,占 GDP 的

---

① Ian Finlay, Stuart Niven & Stephanie Young. Changing Vocational Education and Training [M]. Routledge,1998,p. 6-7.

② Lindsay Paterson. The Three Education Ideologies of the British Labour Party,1997－2001[J]. Oxford Review of Education,Vol. 29,No. 2,2003,pp. 165-186.

③ DfEE. Further Education for the New Millennium[DB/OL]. 25 February 1998. p. 9,[2008-2-1],http://www. lifelonglearning. co. uk/kennedy/kennedy. pdf.

④ Mike Flude & Sandy Sieminki. Education, Training and the Future of Work Ⅱ:Developments in vocational education and training[M]. London:Routledge & Open University Press, 1999, p. 29.

5.4%,是仅次于国民医疗保障的第二大公共支出。① 这也体现了新工党"社会投资国家"的理念。

不同利益相关者对教育和培训的参与不能偏离统一的协调和控制。② 因此,"对于教育的发展来说,需要的政府干预更多而不是更少。"③尤其是在教育和培训的质量控制上,政府的责任是义不容辞的。在这一点上,新工党显然继承了撒切尔政府的观点。戴维·布莱克意识到英国在劳动力市场供给方面的干预始终不充分。④ "在英国过去的 25 年里,政府在尝试解决制约经济增长、生产和竞争力的管理、市场和制度失灵中不断加强对教育和培训的干预。"⑤政府的干预是全方位的。过去历届工党政府和保守党政府都过于强调技能的供给而忽视了技能需求。如前文所述,技能需求不足也是导致技能短缺的主要原因和表现。在这种情况下,新工党意识到,除了加强对技能供给的干预、保证充足的技能供给以外,还需要建立灵活的劳动力市场和刺激技能需求、为企业和个人积极地投资和参与培训创造一个良好的环境。新工党尤其重视个人作为"利益相关者"即享有权利同时也要承担责任,这一点在英国教育政策以及福利政策上随处可见。

这种政策干预有多种形式,不过都关注技能的培养,特别是一般技能。经济的技能需求是英国职业主义政策的动力。英国政府认为劳动力一般技能的需求超过供给,而教育和培训制度没有培养具备所需技能的足够的劳动力,因此在学校课程中增加一般技能。1997 年,DfEE 设立了标准工作委员会(STF)和标准绩效处(Standard and Effectiveness Unit),体现了对教育质量的重视程度。为了提高质量标准,首先需要对标准有明确的界定,其次是设立一系列达到这些标准的青年人的比例目标。而标准是与教育目的相联系的。对社会包容的追求意味着教育目的的性质也发生了变化,教育目的具有更多的职业性,这就需要不同的质量标准。英国政府设立了质量保证局(QCA)承担制定质量标准的工作,为不同的资格确定各自的标准,同时实现不同资格之间的"对等"。

布莱尔把提高教育质量作为执政的首要任务,不同利益相关者的合作对于

① 杨立雄,李星瑶,李超. 从对立到妥协:民主社会主义和新保守主义福利思想的演进[J]. 当代世界社会主义问题,2007(1):14-23.

② Geoff Hayward & Rosa M. Fernandez. From core skills to key skills: fast forward or back to the future? [J] Oxford Review of Education, Vol. 30, No. 1, 2004, pp. 117-145.

③ Lindsay Paterson. The Three Education Ideologies of the British Labour Party,1997－2001[J]. Oxford Review of Education,Vol. 29,No. 2,2003,pp. 165-186.

④ Lindsay Paterson. The Three Education Ideologies of the British Labour Party,1997－2001[J]. Oxford Review of Education,Vol. 29,No. 2,2003,pp. 165-186.

⑤ Geoff Hayward & Rosa M. Fernandez. From core skills to key skills: fast forward or back to the future? [J]Oxford Review of Education,Vol. 30,No. 1,March 2004,pp. 117-145.

教育质量的提高显然至关重要。这一点明显地体现在"教育行动区"计划之中。保守党的市场化政策强化了英国各个学校在办学条件和教育质量上的差距,存在相当数量的薄弱学校。这种状况有悖于布莱尔"为多数人而不是少数人提供优质的教育"的理想。1997年,工党政府成立仅两个月后,就公布了教育白皮书《追求更优质的学校》(Excellence in Schools),宣布今后的教育改革将着眼于大多数学生,而不是少数学生,并将学生学业表现不良的教育薄弱地区和薄弱学校作为改革的突破口,这说明了新工党政府试图在公平与效率之间寻求平衡。为了实现这个目标,DfEE提出了"教育行动区"计划,该计划是英国政府为提高教育薄弱地区的教育质量而采取的一项措施,即将这些地区一批学校的管理权向社会公开招标,由工商企业、学校、家长、地方教育当局和当地其他机构、部门组成一个联合体,向中央教育主管大臣(教育与技能部部长)提出申请,接管学生学业表现不良的这批学校。"教育行动区"计划的目的是通过管理权的转移,吸引教育以外的社会力量参与教育薄弱地区学校的管理和运作,从而为薄弱学校带来新的管理思路、经验和资金,迅速扭转这些学校的办学质量。很明显,"教育行动区"计划也是基于不同利益相关者合作的框架之上的,学校、地方教育当局、家长、企业和社区密切配合,建立合作伙伴关系。新工党的技能政策并不是促进市场竞争,而是通过技能战略促进社会融合。[①] 不同利益相关者之间的合作成为新工党义务后教育政策的主要特征。[②]

从1997年工党上台以来,其教育政策与撒切尔政府相比,具有更明显的干预主义性质。不过,布莱尔政府与撒切尔政府之间的差异并不是实质性的,反而存在明显的连续性和一致性。这不但体现在其对人力资本理论的坚持,同时也体现在从利益相关者、责任标准的视角建立终身学习的术语和理论框架上。"市场导向"的教育培训制度使企业仍然承担主要责任。工党似乎并不愿意采取措施削弱企业在劳动力教育和培训方面的自由,坚持自由策略(voluntary strategies)促进企业的培训投资。尽管事实证明相当多(大约有1/3)的企业对于员工的教育和培训比较消极,"政府仍然是鼓励而不是强迫企业进行培训投资。"[③]这一点也体现在对培训税的态度上。英国国家就业委员会(National Employment Panel)主席利奇爵士明确反对向企业征收强制性的培训税。因

---

① Ann Hodgson & Ken Spours. New Labour's Education Agenda: Issues and Policies for Education and Training from 14+[M]. Kogan Page, 1999, p. 69.

② Terry Hyland & Barbara Merrill. The Changing Face of Further Education, Lifelong learning, inclusion and community values in further education[M]. Routladge Falmer, 2003, p. 5.

③ Richard Taylor. Lifelong learning and the Labour goverments 1997-2004[J]. Oxford Review of Education, Vol. 29, No. 2, 2003, pp. 101-118.

此,对于关注培训问题的人来说,布莱尔主义是一种"温和"的干预。[①] 当然,这种政策导向与更多的政治目的相关而不仅仅是教育。新工党出于选举策略和第三条道路的考虑,协调和企业的关系,背离了80年代工党高税收、工会主导的官僚政党的设想。布莱尔声称工党是代表"企业界和商业界的党"。政府的责任是建立灵活的劳动力市场和刺激技能需求、为企业和个人积极地投资和参与培训创造一个良好的环境。[②] 这种倾向体现在一系列的政策措施中,比如个人学习账户、产业大学等。这些措施体现了新工党与保守党在义务后教育和培训政策上的连续性,尽管它出于政治上的目的在大选之前对保守党政府的市场化政策进行了激烈的批评。[③] 新工党政府在政策文件中反复强调"技能革命"(skills revolution),通过教育和培训制度改革培养更多的技能劳动力。2003年英国政府发表了白皮书《21世纪技能:实现我们的潜力》(21st centry skills: realizing our potential),其基本内容就是"技能革命"——确保更多的人能够获得相关技能。白皮书在前言中指出,"人们的技能是至关重要的国家财富。技能有助于促进竞争所必需的生产率、革新和赢利能力。它们有助于促使公共服务部门提供人们需要的更高质量、更多选择的服务。它们有助于提高个人的就业能力,实现其自身、家庭和社区的目标。如果不能缩小技能劳动力和低技能劳动力的差距,英国将无法建立更平等的包容性社会。"[④]技能战略白皮书第一次提出了全面地提高成人(尤其是低技能劳动力)技能水平的建议。技能战略将初等教育到成人教育各种学习方式结合在一起,提供就业相关技能,目的就是使企业拥有合适的技能劳动力以促进企业的成功,个人也拥有就业和个人实现所需要的技能。在技能战略的实施中,教育机构发挥着关键作用,不过这种作用必须体现在与企业、地方发展局(RDA)、部门技能委员会(SSC)和学习技能委员会(LSC)的广泛合作之中。[⑤] RDA在技能战略中发挥着关键作用,负责确定经济发展的技能需求,保证地方的技能培训机构(继续教育学院、私人培训机构、企业)有充足的资源和人员开展培训。SSC是政府拨款的企业主导性质

　　① Lindsay Paterson. The Three Education Ideologies of the British Labour Party, 1997－2001[J]. Oxford Review of Education, Vol. 29, No. 2, 2003, 165-186.

　　② Theresa Crowley-Bainton. United Kingdom: Encouraging employer investment [DB/OL]. December 1997, [2007-12-10] http://www. ilo. org/public/english/employment/skills/training/publ/uk. htm.

　　③ Ann Hodgson & Ken Spours. New Labour's Education Agenda: Issues and Policies for Education and Training from 14＋[M]. Kogan Page, 1999, p. 12.

　　④ Richard Pring. The skills revolution[J]. Oxford Review of Education, Vol. 30, No. 1, March 2004, pp. 105-116.

　　⑤ Wolf-Dietrich Greinert & Georg Hanf, Towards a history of vocational education and training (VET) in Europe in a comparative perspective[DB/OL]. Cedefop, October 2002, Florence, Volume I, p. 30. [2007-2-16], http://trainingvillage. gr/etv/publication/download/panorama/5153_2_en. pdf.

的组织。其主要目标之一就是缓解技能短缺问题。SSC取代ILD负责国家职业标准的开发,并确立部门技能发展战略。到2008年,英国建立了25个SSC,涉及英国劳动力总数的85%。SSC是本部门企业和员工的主要代言人,无论是在全国还是地方,SSC都承担了技能培训的主要责任。英国技能战略实施的方式是:首先确定不同地区和工作岗位对不同层次和种类技能的具体需求;第二,将技能需求与教育和培训的技能供给相一致;第三,在学校、继续教育学院、大学、企业和私人培训机构、拨款机构之间建立合作关系,以便最有效地促进所需技能的培养。"技能战略的顺利实施取决于实施机构之间强有力的合作,政府在协调负责技能培训的部门和机构方面发挥领导作用。"[①]这成为英国技能战略实施的指导原则。其中最主要的措施就是设立技能联盟(skills alliance),这个机构充分体现了布莱尔所谓的"利益相关者原则"。技能联盟由包括教育技能部(DfES)、贸易产业部(DTI)、财政部(HM Treasury)、劳动保障部(DWP)在内的政府部门、CBI、TUC以及学习技能委员会(LSC)、就业服务中心(Jobcentre Plus)等技能政策执行机构的成员共同组成。其中三个政府部门发挥着核心作用,它们各负其责,DTI负责确定与提高生产率相关的技能目标,DfES负责制定资格框架,DWP负责促使获得资格的技能劳动力的就业,从而将技能与创新、就业等相关因素结合在一起,形成一种多层次、全方位的需求导向的技能培训体系。技能联盟负责监督和评估技能战略的执行情况,确保技能的供给与需求之间的平衡。政府将支持部门技能协议的发展,为提升每个部门的生产力、国际竞争力确立长期的议程,支持企业在自愿基础上对所需技能进行投资合作。与此同时,有关机构加强了与地区发展机构之间的合作,力使学习及技能战略贯彻至全国每个公民及所有地区。2008年4月,英国政府设立了部门技能委员会联盟(ASSC),该联盟由原来的25个SSC组成,因此也是企业主导的组织机构。其主要工作是在企业驱动的技能供给模式下提高SSC工作的有效性以强化其在解决英国技能问题中的地位,同时协调各个SSC和不同利益相关者在技能战略中的关系。这些措施都充分体现了英国政府试图通过利益相关者的合作解决技能问题的决心。英国政府希望通过技能战略的实施使教育培训投资增加的同时使投资回报最大化,同时满足长远的技能需求而不仅仅是关注当前的技能短缺问题。

新工党的合作模式明显地促进了不同利益群体对教育和培训的参与,技能短缺问题得到了一定程度的缓解。这在英国企业近年来的技能调查数据中得到了印证。不过,一些人对新工党的政策提出了不同的意见。对英国职业教育

---

① DfES. 21st Century Skills: Realising Our Potential—Individuals, Employers, Nation[DB/OL]. July 2003,p. 11. [2008-1-15]. http://www.lsda.org.uk/files/pdf/Resp21stcentskills.pdf.

和培训政策的指责主要集中在政府始终没有建立必要的激励和惩罚机制促使企业认真地对待职业教育和培训质量。[①] 理查德·泰勒认为,新工党并没有采取任何措施减少企业在劳动力教育和培训方面的自由,尽管许多企业在员工教育和培训方面无所作为。[②] 阿兰·塔齐特认为,政府依旧强调鼓励而不是强制企业进行培训投资。"政府坚持过去 10 多年来已经证明失败的确保企业投入的放任主义策略……我们不能再纵容企业对劳动力技能投资的漠视了。"[③]2003年白皮书计划使劳动力的培训水平有显著的提高,同时确立企业培训文化。不过在放任主义策略下,这些目标是否能够实现值得怀疑。大部分低技能劳动力仍然缺乏学习的积极性。[④]

二、"责任分担"机制和终身学习政策

随着社会经济的发展,社会分工日益精细,劳动者的职业技能日益专门化,众多职业对劳动者的专业素质要求越来越高,必须经过专门培训。因此职业教育成为教育体系中不可替代的一个重要组成部分。与此同时,职业教育必须关注个体的终身发展,培养个体可持续发展的能力,这是当前世界职业教育改革的趋势。1999 年 4 月在韩国首都汉城召开的第二届国际技术职业教育大会的主题就是"终身学习与培训:通向未来的桥梁",此次大会在人类即将进入 21 世纪之时,在经济和其他社会活动全球化,信息和科学技术飞快进步以及从业流动人口不断增加的形势下,为了研究职业技术教育所面临的挑战及如何回应而召开。联合国教科文组织总干事科林·鲍尔在会议上作了"联合国教科文组织21 世纪前 10 年计划"的报告,指出"技术和职业教育与培训不应该仅仅是'需求驱动',而应该由'发展需要'来驱动。技术和职业教育与培训应是人的整体教育的一个组成部分。技术和职业教育与培训应能使社会所有群体的人都能入学,所有年龄层的人都能入学,它应该为全民提供终身学习的机会"

终身学习是 90 年代尤其是新工党上台以来义务后教育和培训政策中的一个关键词。终身学习的根本目的是提高继续教育和高等教育的入学率,促进社

---

① Lorna Unwin. Growing beans with Thoreau: rescuing skills and vocational education from the UK's defict approach[J]. Oxford Review of Education, Vol. 30, No. 1, 2004, pp. 147-160.

② Richard Taylor. Lifelong learning and the Labour goverments 1997-2004[J]. Oxford Review of Education, Vol. 31, No. 1, March 2005, pp. 101-118.

③ Richard Taylor. Lifelong learning and the Labour goverments 1997-2004[J]. Oxford Review of Education, Vol. 31, No. 1, March 2005, pp. 101-118.

④ Richard Taylor. Lifelong learning and the Labour goverments 1997-2004[J]. Oxford Review of Education, Vol. 31, No. 1, March 2005, pp. 101-118.

会融合并提高劳动力的技能水平以加强英国经济的竞争力。① 终身学习强调学习者而不是提供者的核心地位;强调连续的部分时间制学习而不是短期的全日制基础教育和培训。教育和培训的核心作用使终身学习逐渐成为工党政府的政治、经济和社会政策的核心。新工党不仅将终身学习作为实现经济增长的主要途径,同时也是解决平等和社会融合问题的战略措施。新工党认为,知识和技能投资将为个人的就业能力和高附加值经济的竞争力提供关键的基础;其次,提高劳动力市场的灵活性可以使英国经济为解决社会排斥问题创造充足的就业岗位。最后,对福利国家的改革可以促使政府的福利支出成为帮助人们重新就业的动力,而不是强化福利依赖和社会排斥。社会投资国家理论试图通过终身学习进行人力资本投资。② 60 年代,终身学习理念开始成为许多国际组织关注的焦点,从此越来越多地成为个人、企业和国家积极地应对日益激烈的竞争的一种途径。而技术进步和全球化使技能无论对于个人还是社会都越来越重要,社会环境的瞬息万变使人们的知识、技能和态度需要持续地更新和提高。这也就是说知识和技能的学习将是持续一生的过程。

实际上,保守党政府在 1991 年白皮书《面向 21 世纪的教育和培训》中就明确提出要提高英国劳动力(尤其是青年人)的技能水平,通过终身学习政策使青年人在整个职业生涯中积极地发展自身的技能。不过真正将终身学习作为政策实施则是在新工党上台以后。从 1997 年开始,新工党就强调终身学习在变革中的全球化经济中的核心作用。此外,工党不仅将终身学习作为应对技能短缺、技术进步和全球化的途径,同时还是解决平等和社会融合问题的战略措施。终身学习是建立包容性社会的关键。新工党认为技能、知识和认知能力是个人生活机会以及个人、企业和社会关系的决定性因素。学习必须体现平等主义哲学、有助于促进社会公平。随着对教育和培训的需求的增长,劳动力市场和社会中由于缺乏知识和技能造成的社会排除更加尖锐。此外,这种边缘化(marginalization)随着人们年龄的增长更加复杂,没有合适的机会解决技能缺陷、提高教育水平,缺乏知识和技能的人将可能面临更加严重的社会排斥。在用工党的政治哲学对当前的社会排斥模式进行分析的时候,戈登·布朗提出了马克思主义式的"机会平等"的概念。他反对所谓的"结果平等",认为这是社会所不希望的,同时政治上也是不可行的。他发展了机会平等的概念,试图通过国家一系列干预解决不平等和社会排斥加剧的问题。社会公平仍然是新工党

---

① Terry Hyland & Barbara Merrill. The Changing Face of Further Education, Lifelong learning, inclusion and community values in further education[M]. Routladge Falmer, 2003, p. 5.

② Ann Hodgson & Ken Spours. New Labour's Education Agenda: Issues and Policies for Education and Training from 14+[M]. Kogan Page, 1999, p. 9.

的使命,但不再是通过提高税收和社会福利支出消除贫困和缩小收入差距,其最主要的途径是通过教育和培训为个人毕生提供平等的学习和工作的机会,提高其就业的稳定性。"对于那些有劳动能力的人来说,就业是摆脱贫困的最好的途径。就业给每个人提供了发挥其潜力的机会。就业给人以力量,让人自尊、独立和自信,使个人和家庭受益,并惠及整个社会。""为所有人提供就业机会是公正社会的前提。"①过去保守党强调学习对个人竞争力的作用,而新工党则关注学习对平等和社会融合的影响,强调教育和培训在公民培养和技能形成、经济竞争力方面的责任。

过去人们往往将个人的实现和社会公正与同情对立起来。布莱尔认为,这种对立显然已经过时了,"个人潜力的发挥——面向所有人而不是少数特权的人——是当前经济和社会进步的关键。从经济学的角度看,人力资本是一个国家最大的资源。"②大卫•布朗克在 1998 年教育与就业部(DFEE)发表绿皮书《学习时代:新英国的复兴》(The Learning Age:A renaissance for a new Britain)的序言中表达了同样的观点,"学习是繁荣的关键——无论对于每个人还是整个国家。人力资本投资是 21 世纪全球化知识经济中成功的基础。这是英国政府将学习作为其蓝图核心的原因。……为了实现稳定的、持续的发展,我们需要具有良好素质和适应性的劳动力。"③肯尼迪报告也指出,政府的责任是建立一个学习社会,为所有人提供学习和成功的机会,这被看作是社会融合和经济繁荣的关键。④ 尽管战后工党义务后教育政策就强调人力资本的重要性,但是目前的关注程度是前所未有的。人们普遍认为,发达国家逐渐进入知识社会,需要劳动力具备高水平的迁移性技能,这对于日益全球化的经济竞争是至关重要的。"英国需要培养一种新的学习文化——针对所有人的终身学习文化。这有助于帮助每个人应对进入 21 世纪后他们所面对的挑战。"⑤该报告尤其强调了终身学习对于实现社会公平的重要性。技能、知识和人力资本决定了个人的发展机会以及个人、企业与社会的关系,因此学习必须以平等主义哲学为基础。随着教育和培训需求的增长,劳动力市场和社会对非技能劳动力的

①　HM Treasury. Full employment in every region. [R/OL],[2005-6-6],http://www.dwp.gov.uk/publications/dwp/2003/full_employ/every_region.pdf.

②　Richard Taylor. Lifelong learning and the Labour goverments 1997－2004[J]. Oxford Review of Education,Vol.29,No.2,2003,pp.101-118.

③　Richard Taylor. Lifelong learning and the Labour goverments 1997－2004[J]. Oxford Review of Education,Vol.31,No.1,March 2005,pp.101-118.

④　DfEE. Further Education for the New Millennium[DB/OL],25 February 1998. p.9,[2008-2-1],http://www.lifelonglearning.co.uk/kennedy/kennedy.pdf.

⑤　DfEE. The learning age a renaissance for a new Britain[DB/OL].[2008-3-1],http:// www.lifelonglearning.co.uk/greenpaper/summary.pdf.

排斥问题也日益尖锐。此外,随着年龄的增长,劳动力也逐渐边缘化,如果没有合适的教育培训机会弥补其技能缺陷,那么他们将面临更加严峻的社会排斥。因此从社会公平的角度看,学习机会变得更加重要。戈登·布朗认为,解决不平等和社会排斥最有效的途径不是通过税收制度和分配性福利支出消除贫困、缩小收入差距,而是为个人毕生提供平等的学习和工作的机会。新工党政府在努力提高义务后教育和培训的质量的同时,不断拓宽课程的范围,提高教育和培训的参与率。布莱尔指出,"一种观点支持教育对经济增长和个人自我实现的作用,另一种观点支持教育促进社会公平和包容。这种争论已经结束。现在,对所有人(而不仅仅是少数强势群体)来说,个人潜力的发挥是经济发展和社会进步的关键。从经济学角度看,人力资本是一个国家最重要的资源。"他认为,教育既要实现经济目的,同时也要促进自由、社会公正。对人力资本理论的重视成为"二战"以后工党义务后教育政策的主要特征。[①] 尽管如此,新工党对其强调的程度仍然是前所未有的。

保守党政府的一系列措施并没有明显改善培训不足和技能短缺问题。1996年,英国政府的"技能调查"(skills audit)结果表明,英国中级技能水平以下的劳动力获得的培训机会明显少于德国和美国等主要发达国家。一些英国企业的"偷猎"行为使培训短缺问题进一步恶化。80年代以来英国教育和培训投资不足的原因有两方面:保守党政府对教育经费投入的削减和投资责任不明确。拨款机制的改革一直被看作促进企业和个人的培训投资、刺激技能的供给和需求的根本途径。新工党政府也清楚地意识到,仅仅依靠政府或企业都不能解决培训不足的问题,必须明确各个利益相关者在教育和培训投资方面的责任,建立"责任分担"机制。新工党政府的许多终身学习政策措施都体现了这种责任分担原则。布朗克在《学习的时代》绿皮书中指出,制约人们参与终身学习的不仅仅是缺乏合适的学习机会,还包括缺乏享有这些机会的条件,比如金钱、时间等,这需要通过合作解决。2006年雷切尔报告明确指出,英国终身学习政策的一个基本原则就是"责任分担":"企业、个人和政府必须积极参与和投资。如果企业和个人获得培训的大部分收益,它们就应该承担培训的主要责任。政府投资必须针对市场失灵,保证所有人具有基本技能。"[②]新工党认为,政府、个人和企业应该在学习投资方面形成新的合作关系,都应该以直接或间接的方式承担学习成本,因为它们都可以从投资中获益:个人可以提高就业能力和技能;

---

① Richard Taylor. Lifelong learning and the Labour goverments 1997－2004[J]. Oxford Review of Education，Vol. 31，No. 1，March 2005，pp. 101-118.

② Sandy Leitch. Prosperity for all in the global economy-world class skills；Final Report[DB/OL].p. 3，December 2006，[2008-8-2]，http：www. hm-treasury. gov. uk/d/leitch_finalreport051206. pdf.

企业可以提高生产率水平;政府也可以获得更多的社会和经济收益。不过来自政府的公共经费和来自个人与企业的私人投资在配置上有差异。政府公共经费应该主要用于扩大社会收益较多的不同水平教育和培训的规模、提高学习质量,比如通过对研究生教育的投资提高英国的竞争力,并采取社会和教育包容的平等主义模式,目的在于为边缘群体提供帮助,对继续教育增加拨款以提高教育和培训的参与率。而企业和个人的投资更多地用于私人收益较多的教育和培训活动。"学习者应该负担相应的学习成本。"[①]新工党政府鼓励个人进行自我投资、承担提高社会所需技能的责任。"政府的责任是为个人学习提供机会,消除他们获得这些机会的障碍。我们不能强迫人们学习——个人必须自己承担责任——但是我们能够为那些渴求知识的人提供机会。我们能够建立一种自我发展和热爱学习的文化,使人们在需要的时候,首先想到的是提高其技能和教育。"[②]同时鼓励企业积极参与员工的终身教育,运用其设备和资源为各种形式的学习和专业发展(不仅仅是专门培训)提供支持,成为一个学习化的企业,增强其在全球市场中的竞争力。新工党的这种倾向实际上是建立在人力资本理论基础之上的。[③] 海切尔指出,工党的教育政策体现了人力资本理论的变化。[④] 人力资本理论强调教育和经济增长存在密切的联系,因此60年代的教育政策强调人力资本的公共投资,而现在人力资本理论更多地关注投资回报的分析,认为个人、企业和政府都能够从人力资本投资中受益,因此鼓励私人投资而不是公共投资。[⑤]

新工党的终身学习政策明显地体现了第三条道路的妥协性。政府在教育质量方面强调干预主义,而在终身学习方面实行放任主义。[⑥] 这也体现在对政府角色的认识上。《学习时代》认为政府的角色是"授权"(enabling)而非"管理"[⑦]。2000年,英国政府制定并实施了《学习与技能法》。该法批评了二元制的拨款机制效率低下——无论是企业和政府主导的TEC,还是学生和政府主导

① Richard Taylor. Lifelong learning and the Labour goverments 1997－2004[J]. Oxford Review of Education，Vol. 29，No. 2，2003，pp. 101-118.

② DfEE. The Learning Age a renaissance for a new Britain[DB/OL]. [2008-3-1]，http:// www. lifelonglearning. co. uk/greenpaper/summary. pdf.

③ Clyde Chitty. Education Policy in Brittain[M]. Palgrave Macmillan，2004，p. 175.

④ Lindsay Paterson. The Three Education Ideologies of the British Labour Party，1997－2001[J]. Oxford Review of Education，Vol. 29，No. 2，2003，pp. 165-186.

⑤ Malcolm Tight. Key Concept in Adult Education and Training (2nd)[M]. Routledge Falmer，2002，pp. 77-78.

⑥ Ann Hodgson & Ken Spours. New Labour's Education Agenda：Issues and Policies for Education and Training from 14＋[M]. Kogan Page，1999，p. 17.

⑦ Ann Hodgson & Ken Spours. New Labour's Education Agenda：Issues and Policies for Education and Training from 14＋[M]. Kogan Page，1999，p. 23.

的继续教育基金委员会(FEFC),而新成立的学习和技能委员会(LSC)将协调企业、学生和政府三者的关系。LSC 是一个教育和技能部的分支机构。其主要职责是为 16 岁以上的青年和成人提供教育和培训机会,并鼓励企业和个人积极参与,此外还负责英国义务后教育和培训(高等教育除外)的规划和拨款。它取代 TEC 和 FEFC,全面负责高等教育之外的公共义务后教育和培训。80%的 LSC 成员来自原来的 TECs。尽管 LSC 中的企业代表并不是主体,但是所占比例(40%)仍然是最大的,这使它们对继续教育学院和私立培训机构的政策产生了相当大的影响。此外还设立了 47 个地方 LSCs 以实施其决策。无论是古典经济学还是新古典经济理论,市场均被看作是传递信息的机制,使供给者和消费者获得相关的市场信息并根据市场价格进行交易。LSCs 的一个重要功能就是代替市场实现信息的交流,确定企业需求的变化(即技能短缺)并对供给进行相应的调整,从而使技能的供求相协调。从某种意义上,LSC 为促进技能供求信息的透明度发挥了积极作用。不过仅仅依靠信息的提供并不能解决技能劳动力的短缺问题。在很大程度上,企业陷入低技能均衡并非是由于缺乏充分的信息,而是其追求对自身来说是理性的却不利于员工培训的发展战略的结果,尤其是在技能劳动力成为一种稀缺资源的情况下,这种状况更加明显。因此,温齐和琳达·克拉克认为,不同利益相关者必须分担培训成本,以避免企业在培训中承担过多的投资风险。[1]

终身学习强调学习者的权利而不是提供者。从 90 年代初,工党就开始强调个性化的"消费者导向"(consumer-oriented)的学习模式。[2] 企业和个人在学习社会中应该被看作是"消费者"。DfEE 在《学习时代》白皮书中进一步明确了这一点。2000 年成立的产业大学明显地体现了这种理念。产业大学并不是真正意义上的大学,而是一种开发和推行开放和远距离学习的组织。它不是自己提供学习产品和服务,而是和各级各类的教育产品提供者和服务者(如学院、大学等各类学校教育机构,图书馆、俱乐部等地方学习中心,各种私营性质的教育提供者等)结成密切的合作伙伴关系,运用现代信息技术为个人和企业提供订单式教育和培训课程。产业大学通过自己的服务使学习者可以根据自己的实际情况和需要采取不同的学习形式和内容。此外,政府鼓励企业运用自身的设备和资源为各种学习和连续的专业发展(不仅仅是专门岗位培训)提供支持和帮助。由此可见,产业大学采取了"消费者本位"的运行模式,为消费者(个人和

① Christopher Winch & Linda Clarke. "Front-loaded" Vocational Education Versus Lifelong Learning. A Critique of Current UK Government[J]. Oxford Review of Education, Vol. 29, No. 2, 2003, pp. 239-252.

② Ann Hodgson & Ken Spours. New Labour's Education Agenda: Issues and Policies for Education and Training from 14+[M]. Kogan Page, 1999, pp. 15-16.

企业)与教育培训机构之间建立了一个平台,为消费者提供灵活选择的机会。同时,新工党的一些文件弱化了市场在刺激学习需要的作用而强调了战略性地区规划和协调的重要性,政府通过资格制度和培训计划以及福利和拨款制度的改革,激励不同年龄和社会背景的人们积极参与教育和培训,从而建立更加平等和繁荣的社会。

"责任分担"理念充分体现了权利和责任的统一性。"消费者"在享受选择权的同时,也必须承担相应的责任。这种义务主要表现在对学习活动的积极参与上。保守党政府的一系列措施并没有使人们获得平等的学习机会。1996 年,英国政府的"技能调查"(skills audit)结果表明,英国中级技能水平以下的劳动力获得的培训机会明显少于德国和美国等主要发达国家。一些英国企业的"偷猎"行为使培训短缺问题进一步恶化。新工党政府也很清楚这一点,并且将促进教育和培训以解决技能短缺问题作为政府议案最重要的内容,而提高企业和个人的培训参与和投资、刺激技能的供给和需求被看作是实现这个目标的根本途径。新工党的这种态度实际上是建立在人力资本理论基础之上的。[①] 海切尔指出,工党的教育政策是由人力资本理论决定的。[②] 人力资本理论对各国的教育政策产生了深刻的影响,随着人力资本理论的发展,对教育政策影响的性质也在发生变化。人力资本理论强调教育和经济增长存在密切的联系,因此 60 年代的教育政策强调人力资本的公共投资,而现在人力资本理论更多地关注投资回报的分析,认为个人、企业和政府都能够从人力资本投资中受益,因此鼓励私人投资而不是公共投资。[③]"责任分担"原则在拨款机制上尤其明显。

那么,如何促进企业和个人的培训投资呢? 在这个问题上,新工党延续了保守党政府的传统:"鼓励"而不是"强制"。1997 年新工党上台伊始,英国两个最大的工会组织英国运输与普通工人工会(TGWU)和英国总工会(GMB)即要求政府以工资额的 2% 向企业征收强制性的培训税以提高劳动力的技能水平。2002 年,英国 Amicus 工会指出,放任主义是造成技能和培训投资不足的主要原因,建议重新实施培训税以促进企业培训的开展。不过,新工党政府并没有接受这些建议,一方面继续推行"人力投资者"计划,另一方面实施了"个人学习账户"。

个人学习账户就是为满足个人终身学习的需要而设立的,由政府、个人和企业共同负担,为个人提供学习费用的专门账户,目的是在公共部门、私人机构

①　Clyde Chitty. Education Policy in Brittain[M]. Palgrave Macmillan,2004,p. 175.

②　Lindsay Paterson. The Three Education Ideologies of the British Labour Party,1997－2001[J]. Oxford Review of Education,Vol. 29,No. 2,2003,pp. 165-186.

③　Malcolm Tight. Key Concept in Adult Education and Training (2nd)[M]. Routledge Falmer, 2002,pp. 77-78.

和个人之间建立合作关系。政府试图通过这个措施刺激个人和企业的技能需求和投资,通过个人的市场化选择提高教育培训的质量。1999 年《为成功而学习:义务后教育的框架》(Learning to Succeed:A New Framework for Post-16 Learning)对"个人学习账户"计划进行了具体的叙述。TEC 负责实施个人学习账户计划,尽管不同 TEC 在具体实施个人学习账户方面有所不同,但是它们都有一些共同的特点。霍金森和斯普尔认为,个人学习账户是一种"温和的干预主义"(weak intervenism)。《学习时代》认为需要个人和政府在负担学习成本方面实现更好的平衡,这被作为终身学习的主要问题。个人学习账户也体现了这种倾向,即个人投资和政府补助的匹配。个人学习账户强调通过学习者而不是通过制度安排拨款,使学习者发挥作为消费者的选择作用,这样可以使教育和培训机构根据消费者的需求提供学习计划。

个人学习账户被看作是个人有机会为自己选择的教育和培训计划承担费用的方式,同时也体现了新工党对个人作为消费者在学习方式和地点方面的选择权的态度。[1] 政府也相信,承担学习成本的学习者将会对学习持更加积极的态度,从而提高其责任感。DfES 希望通过个人学习账户鼓励个人进行技能投资,成为技能投资的个人利益相关者。[2] 实施个人学习账户有两个主要原则:一是学习内容和学习方式更加满足个人需要;二是投资学习的责任是共同承担的,学习的费用由个人、企业和政府分担。[3] 个人学习账户资金主要包括政府投资、个人投资和企业投资三个部分。学习账户适应于所有人,包括自我雇佣者。政府在个人开设学习账户的第一年提供 150 英镑的拨款,TEC 提供 150 英镑的经费,账户持有者支付 25 英镑的费用。最初启动的 100 万个学习账户均可以获得政府 150 英镑的补助。以后的账户申请人则可以得到不同程度的学费优惠。如果企业支持员工开设个人学习账户,企业将得到减税的优惠。新工党政府出台的一系列终身学习政策中,都积极吸引企业参与教育与培训工作。个人学习账户的经费来源通过"合作"提供的方式,为个人的终身学习提供了经费上的切实保障。个人学习账户在发展对学习的公共投资与个人、企业投资之间的新型伙伴关系中发挥着重要作用。它对个人承担自己学习的责任及刺激学习

---

① Richard Taylor. Lifelong learning and the Labour goverments 1997−2004[J]. Oxford Review of Education, Vol. 31, No. 1, March 2005, pp. 101-118.

② Michael Fletcher. Individual learning accounts: Lessons learned from the English experience [DB/OL]. 24-26 June 2003, [2008-1-6], http://dissertations. ub. rug. nl/ FILES/faculties/.../a. g. renkema/13_thesis. pdf.

③ Albert Renkema. Individual Learning Accounts: a strategy for lifelong learning? [DB/OL]. CINOP's-Hertogenbosch, May 2006, p. 20. [2008-3-8], http://www. dissertations. ub. rug. nl/FILES/faculties/.../a. g. renkema/13_thesis. pdf.

机构反映个人需求方面也将产生深刻的影响,既可以增加个人的选择,又可以通过刺激个人和企业与政府一起投资学习而增加投资的总量。个人学习账户使人们在政府和企业的帮助下,对自己的学习承担责任,发挥个人的积极作用,分担创造共同财富的责任。工党政府认为个人学习账户对教育和培训的发展非常重要,这被看作个人为自己选择的教育和培训承担经费的途径,在新工党看来,这是个人作为"消费者"选择学习形式和地点的象征。[①]

从 2000 年 9 月开始在全国实施仅仅一年多的时间,开户的个人学习账户总数达到了 260 万,政府原计划 18 个月开户 100 万的目标用了 8 个月就实现了。此外,个人学习账户受到了学习者和提供者的支持。2001 年约克郡的咨询报告显示账户持有者对个人学习账户表现出了很高的满意度。91％的人认为学习计划达到甚至超过了他们的预期,85％的人认为个人学习账户增加了他们的学习机会,54％的人指出个人学习账户提高了他们对学习的兴趣。此外,个人学习账户在一定程度上提高了人们的学习需求和参与率。学习和技能发展委员会(LSDA)的报告说明个人学习账户也得到了供给者的认可。尽管如此,个人学习账户也存在许多问题,主要表现在以下几个方面:①个人学习账户计划本身的缺陷使任何注册的教育培训机构都可以在账户持有人不知情的情况下进入其账户并随意划拨经费,甚至通过为虚构的个人申请账户以骗取政府的补助。[②] 由于大约一半的账户启动后并没有被使用,这就为教育和培训机构套取经费而不被发现提供了良好的机会。②个人学习账户计划对教育培训机构提供的学习计划以及费用没有任何规定,因此教育机构会尽可能降低学习计划的质量、提高课程的收费水平,由于学习费用主要由政府支付,所以个人往往对此漠不关心。为了激励培训机构的参与,政府对培训机构缺乏质量监督机制,更进一步强化了这种情况。③个人学习账户计划没有体现应有的公平性。新工党政府最初的设想是刺激人们的学习需求,尤其是提高弱势群体的参与率。不过从实施的情况来看,大部分账户持有人已经有过技能培训的经历。2001年,84％的账户持有人至少具备一种资格,其中 39％的人拥有高等教育资格。[③]这显然已经背离了政府预期的目标。其原因可能有两方面:首先,低技能劳动

①　Richard Taylor. Lifelong learning and the Labour goverments 1997－2004[J]. Oxford Review of Education, Vol. 31, No. 1, March 2005, pp. 101-118.

②　Michael Fletcher, Individual learning accounts: Lessons learned from the English experience [DB/OL]. 24-26 June 2003, [2008-1-6], http://dissertations. ub. rug. nl/ FILES/faculties/. . ./a. g. renkema/13_thesis. pdf.

③　Michael Fletcher. Individual learning accounts: Lessons learned from the English experience, International Policy Seminar Co-organised by Iiep/Unesco And Krivet On Making Lifelong Learning a Reality Seoul, 24-26 June 2003, http://dissertations. ub. rug. nl/FILES/faculties/. . ./a. g. renkema/13_thesis. pdf.

力参与学习的积极性较低。一些研究也说明,经济状况较好、教育程度较高的人参与学习的可能性较高。米切尔·弗莱切特认为个人学习账户一方面面向边缘和弱势群体,另一方面又要求账户持有人承担学习费用,这显然是矛盾的。总体上,作为弱势群体的低技能劳动力从公共拨款中获得的收益反而较少。其次,资源的市场化使私人和公共培训机构更愿意接受技能学习者。因此个人学习账户计划并没有能够起到促进社会公平、帮助弱势群体的目的。这些问题以及账户持有人的迅速增加带来的财政压力使英国政府不得不"以戏剧性的方式终止了近年来英国终身学习经费制度中最富有想象力的改革措施。"①尽管如此,许多人仍然支持个人学习账户,政府对这个政策似乎也充满期待,"新的个人学习账户始终是终身学习战略的一部分。"

三、积极的技能政策:社会投资国家模式

在过去的 20 多年中,英国政府一直相信技能供给不足是其经济问题的根源,这也成为英国教育和培训改革的基础。实际上,技能供给仅仅是问题的一个方面。芬格德认为,尽管个人教育和培训水平的提高有助于改变其他利益相关者的积极性,但是仅仅增加技能供给而技能需求没有相应的变化,这不可能使英国摆脱低技能均衡状态。②安·霍金森等人认为,"虽然终身学习对于促进英国的繁荣和平等发挥着关键作用,但是仅仅依靠教育供给措施难以使终身学习目标实现。尽管这些政策使学习机会对于个人具有吸引力并能够带来收益,不过如果没有配套的相关劳动力市场措施,这些政策从长远来看是不可能成功的。"③齐普认为技能战略是必要的,但是并不足以解决英国面临的技能问题。新工党政府也认识到仅仅依靠技能的供给是无法解决英国的技能问题的。弗罗埃德和佩恩认为,这"应该是值得庆贺的时刻,即使这一刻的到来如此缓慢。"④通过社会福利制度的改革刺激个人的技能需求成为新工党的主要政策之一。

曾经让其他国家羡慕不已的福利制度从 70 年代以后使英国卷入"福利枷锁"(welfare shackle)而无法自拔。传统福利国家引起的一系列社会问题违背

---

① Michael Fletcher, Individual learning accounts: Lessons learned from the English experience [DB/OL]. 24-26 June 2003, [2008-1-6], http://dissertations. ub. rug. nl/ FILES/faculties/.../a. g. renkema/13_thesis. pdf.

② Mike Flude and Sandy Sieminki. Education, Training and the Future of Work Ⅱ: Developments in vocational education and training[M]. London: Routledge & Open University Press, 1999, p. 42.

③ Ann Hodgson & Ken Spours. New Labour's Education Agenda: Issues and Policies for Education and Training from 14+[M]. Kogan Page, 1999,p. 24.

④ Frank Coffield. Alternative routes out of the low skills equilibrium: a rejoinder to Lloyd & Payne[J]. Journal of Education Policy, Vol. 19, No. 6,November 2004,pp. 733-739.

了创立福利国家的初衷,这使英国福利制度处于危机之中。从 70 年代开始,英国进入"新福利国家"或"后福利国家"时代。① 撒切尔政府对英国的福利制度进行了激烈的批判,将其看作是一切罪恶的源泉,"它削弱了个人的进取和自立精神,并且在我们这个自由社会的基础之下酝酿出某种一触即发的怨恨"②。保守党政府将高失业率也归因于福利国家政策。一般来说,失业者寻找更好工作的愿望和能力部分地取决于失业福利金的可获得性。失业福利金越高,这种可能性越大。"失业福利金的增加将导致自然失业率的增加。"③他们认为福利不应当是国家的救济,在社会福利政策上,也同样强调以市场自由为主导,希望尽可能地减少政府责任,提倡社会保障的市场化,将普遍性福利转变为选择性福利,大幅度削减福利支出,将有限的资源向最需要的群体倾斜,采取严格的措施限制"不积极寻找工作"的人申请失业补助。这样被认为可以缓解失业现象。撒切尔政府激进的改革使当时迅速膨胀的社会福利支出得到了一定的遏制。不过这种改革使一部分人陷入困境,加剧了社会的不平等和贫富差距问题。因此,撒切尔政府的"消极"的福利改革引起人们的强烈不满,这也成为撒切尔政府下台的重要原因之一。

从 90 年代中期开始,西方国家开始进行福利改革,重视社会福利支出的人力资本投资功能。吉登斯认为,政府的指导理念应该是"人力资本投资而不是直接提供经济帮助。我们应该抛弃福利国家,建立社会投资国家,在这种背景下形成积极的福利社会。"④他的观点得到了新工党的支持。在新工党看来,传统的福利制度从供求两方面阻碍了技能和就业问题的解决。"第三条道路"倡导者们没有放弃传统左派社会公正的价值原则,但是又吸收了新右派的效率原则,并试图通过对社会福利制度的改革使两者结合起来。他们承认新自由主义对福利制度的批评,但又指出新自由主义那种毫不客气地把人简单推向市场的做法是不可取的。折衷的办法是为人们提供教育和培训的机会,提高他们进入市场的能力,帮助他们适应就业。传统的福利制度弱化了人们对技能和就业的需求,在很大程度上加剧了技能短缺问题,而在新的福利制度下,福利支出则成为一种积极的投资,有助于解决技能劳动力不足的问题。这种福利社会被吉登斯称为"社会投资国家"模式。几乎所有"社会投资国家"模式的研究者都指出,这意味着英国福利政策由提供保障向提供技能转变。吉登斯认为,我们应该对

---

① Patrick Ainley. The new "market-state" and education[J]. Journal of Education Policy, Vol. 19, No. 4, July 2004, pp. 491-514.

② [英]安东尼·吉登斯. 第三条道路:社会民主主义的复兴[M]. 张戈译. 北京:北京大学出版社, 2000:11.

③ [美]多恩布什,费希尔. 宏观经济学[M]. 李庆元译. 北京:中国人民大学出版社,2003:438.

④ Clyde Chitty. Education Policy in Brittain[M]. Palgrave Macmillan,2004,p. 175.

政府的角色有新的理解:"指导原则是尽可能地投资于人力资本,而不是提供直接的经济援助。我们应该用社会投资国家取代福利国家,建立一种积极福利(即个人福利)的社会。"①

吉登斯的理论成为新工党解决就业和技能问题的指导思想。新工党政府试图用社会投资国家来改变传统福利国家模式。对于政府和个人责任的划分,布莱尔强调,"未来政府的角色不必是提供所有的社会保护,而是为其提供组织和规范。"政府有责任制定相应的政策,以及提高公共教育的质量,但个人也必须履行相应的义务。失业者必须努力寻找工作,争取获得胜任新工作的技能。如果失业者积极地寻找工作岗位,将会促进劳动力市场的竞争,可能降低工资水平,从而创造更多的就业机会。这既能够解决就业问题而又不引起通货膨胀。新工党的福利改革充分体现了"无责任即无权利"的指导思想,一方面认为政府对公民负有保障其基本生活的责任;另一方面个人权利不断扩张的同时,个人义务也应不断延伸。"第三条道路"下的福利政策是一种责任福利,要求个人在享有权利的同时也要承担相应的责任和义务。培养公民对社会的责任感仅靠责任意识是不够的,对社会和个人负责的技能才是这种责任担负的基础。缺乏必要的技能是个人在知识经济时代所面临的最大风险,消极的社会保障非但不足以消除个人风险,反而使这种风险进一步加剧,因此福利制度的现代化日益迫切。工党认识到,"必须对福利国家进行改革以确保福利支出成为重新就业的基础而不是造成依赖和强化社会排斥。"②新工党认为知识和技能投资将为个人的就业能力和高附加值经济模式的竞争力提供基础,强调了教育和培训在使人们摆脱福利依赖和就业中的重要性。布莱尔曾说:"从一个受过教育的年轻人身上,人们看到了他取得成功的希望,而从那些未取得资格证书的辍学者——可悲的是,他们几乎占了 16 岁人口的 1/10 ——身上,人们看到的是不断地艰难挣扎而无保障的生活。"因此,为了减少公民对福利国家的依赖,适应经济发展的技能需求,福利国家把原来的消极被动的保障服务变为通过教育和培训提供积极的技能服务。这是减少失业、减轻财政负担、提高公民责任能力并解决技能短缺问题最经济、最有效的手段。这种社会投资型国家既适应了新经济对人才的需求,也适应了个人希望提高和塑造自身生活能力的个人需求。

在"社会投资国家"的理念下,新工党开始以"工作福利"(welfare-to-work)代替"社会福利",该计划最充分地反映了社会福利改革的趋势。1997 年工党上

① Ann Hodgson & Ken Spours. New Labour's Education Agenda: Issues and Policies for Education and Training from 14+[M]. Kogan Page, 1999, p. 9.

② Ann Hodgson & Ken Spours. New Labour's Education Agenda: Issues and Policies for Education and Training from 14+[M]. Kogan Page, 1999, p. 10.

台以后即起草了一份以减少贫困和福利依赖、增加工作激励为目标的改革计划。1998年新工党政府发表了绿皮书《英国的新蓝图：一个新福利契约》(New ambitions for our country：A New Contract For Welfare)，明确指出英国福利改革的方向是"使能工作者工作，使不能工作者有保障"。由此看出，英国政府的目的是使人们摆脱对福利的依赖，将工作作为大多数人获得福利的唯一途径。英国政府认为"对于那些有劳动能力的人来说，就业是摆脱贫困的最好的途径。就业给每个人提供了发挥其潜力的机会。就业给人以力量，让人自尊、独立和自信，使个人和家庭受益，并惠及整个社会。"同时，"为所有人提供就业机会是公正社会的前提。"[1]为了鼓励人们积极就业，从1996年开始，工党政府将过去的失业救济和收入补贴改为求职者津贴(jobseeker's allowence regime)，为积极寻求就业机会的人提供补助，申请求职者津贴的人必须和就业服务机构签定求职合同，规定了对求职者的要求。

为了解决失业问题，新工党政府从1998年开始实施一系列"新政"(new deal)计划。这是突出的"供给取向"的就业计划[2]，目的是提高失业者的就业能力，摆脱对福利的依赖。该项计划由各区就业中心负责实施。新工党的"新政"计划体现了"第三条道路"的理念，主要目的是帮助人们摆脱对福利的依赖，转而积极就业，同时也强调个人的责任感和就业能力，使之能够在灵活的劳动力市场立足和发展。[3] 新政计划共有六个，其中，"青年新政"干预最多。青年新政计划针对18~24岁连续领取失业救济金6个月以上的失业者。如果失业者不参加该计划，失业救济金将终止发放。从这个意义上，该计划具有明显的强制性。"青年新政"计划的实施过程分为三个阶段[4]：第一阶段被称为"入门"阶段(gateway)。失业者在"就业中心"工作人员帮助下积极寻找工作或参加短期技能培训，期限为4个月。专门的就业服务顾问为失业者提供包括就业指导和咨询、教育和培训的选择等多方面的帮助，帮其恢复就业自信心。如果失业者仍然接受教育或者就业，将进入第二阶段：选择阶段。在这个阶段，失业者可以从四个计划中自愿选择：①补助性就业。失业者接受由自愿参加"新政"计划的企业提供的为期6个月的工作。在此期间，参与者可领取工资或相当于求职津贴

① HM Treasury. Full employment in every region. [R/OL]，[2005-6-6]，http://www.dwp.gov.uk/publications/dwp/2003/full_employ/every_region.pdf.

② Lindsay Paterson. The Three Education Ideologies of the British Labour Party，1997－2001[J]. Oxford Review of Education，Vol.29，No.2，2003，pp.165-186.

③ Ann Hodgson & Ken Spours. New Labour's Education Agenda：Issues and Policies for Education and Training from 14＋[M]. Kogan Page，1999，p.50.

④ Ann Hodgson & Ken Spours. New Labour's Education Agenda：Issues and Policies for Education and Training from 14＋[M]. Kogan Page，1999，pp.52-54.

的工资补贴,并由就业中心向企业支付每周 60 英镑的全日制(每周 30 小时以上)工作的工资补贴,或 40 英镑的半日制(每周 24～29 小时)工作的工资补贴;此外,就业中心还向该企业支付一笔一次性的 750 英镑培训补贴费。企业则需保证每周向该失业者提供一天的培训,并确保他取得职业培训资格证书。期满后,如企业对其工作态度和技能表示满意,便可将其接收为正式员工。②全日制教育和培训,主要学习基础知识和技能,一年后需达到国家职业资格证书二级的水平。培训期间,学员可继续领取相当于求职津贴的培训津贴,培训费免交,书本费及住地和学校间的路费由培训机构负责报销,其他待遇不变。③志愿工作队或环保工作队计划。该项目也是为期 6 个月。参与者在这期间除可领取求职津贴外,还可领取 400 英镑的一次性补贴和每周至少 4 英镑的交通津贴,所享受的其他待遇不变。这期间,志愿组织有时也以工资的形式来取代求职津贴,另外每周还要安排一天的培训。④补助性自雇计划。参加该项目的人员可得到免费开办企业培训和一定数量的小额开办资助费。在开办小企业半年内,除照旧领取相当于求职津贴的创业津贴外,还可另外领取 400 英镑的一次性补贴。如果第二阶段结束之前参加者还无法实现就业或退出各选择项目,则自动进入"后续"(follow-through strategy)阶段,该阶段与第一阶段相似,为期 13 周,此时失业青年可以申请领取失业津贴,但仍需在"就业中心"的协助下努力寻找工作。凡是不按规定做出选择或中途退出"新政"计划者都会受到减免福利待遇的制裁。

"青年新政"通过全方位的就业指导、教育、培训和政府补贴性就业,不仅提高了失业者的就业能力和技能水平,更增强了他们的自信心和责任心,有利于从整体上提高国家劳动力市场的竞争力,促进经济发展,体现了国家福利支出作为人力资本投资的积极意义。该计划取得了很大成功,到 2000 年基本上实现了布莱尔于 1997 年承诺的使 25 万年轻人脱离失业福利,走上工作岗位的目标。截至 2004 年 9 月,共有 437000 多人通过该计划实现了非补贴就业。为了提高失业者的就业动力,确保就业收入具有充分的激励作用,工党政府的"工作福利"计划还包括"工作税额抵免"(working tax credit)和国家最低工资标准政策,对低收入者提供税收减免或补贴,确保就业收入水平。保守党政府曾实施过类似"新政"的"就业中心"计划,要求失业者必须到"就业中心"登记并积极寻求就业,才能享受失业金。但由于缺少必要的就业指导和监督,也没有进行相关的税收、福利政策改革和实行最低工资标准来确保就业者的收入水平,计划没有取得显著促进就业的效果。新工党"工作福利"政策的实施,加之良好的经济环境,使英国的就业率达到了 30 多年以来的最高水平。胡格维特和弗朗斯认为,"新政计划促进了青年人的培训需求"①。不过,"新政"计划是否能够缓解技能短缺问题尚需拭目以待。对于新工党政府来说,"劳动力市场政策的主要目标始终是就业能力而不是技能"②。

布莱尔工党政府的社会政策改革的成功之处在于推进了英国从"福利国家"向"社会投资国家"模式的转型。"旧工党"的社会福利政策追求物质财富的再分配和结果平等;保守党政府则提倡"国家后撤",主要通过市场机制实现财富的再分配。实践结果证明,前者付出了降低经济效率的代价,而后者则牺牲了社会公平。新工党政府的"社会投资国家"模式则更好地平衡了经济效率与社会公平的关系。新工党的工作福利政策体现了典型的社会投资特征。理查德·泰勒认为新工党的政策是"市场化的福利主义"(Marketised Welfarism)。③

6.结论

全球化、技术进步和市场的自由化使各国的竞争日趋激烈,同时也改变了工作和工作组织的性质。高素质的劳动力被普遍看作是决定企业以及整个国家的经济竞争力的主要因素。事实上,不仅仅英国面临技能短缺问题,这也是其他发达国家面临的普遍性问题。在过去的20多年中,持续的技能短缺问题引起大多数发达国家的关注,并将技能培训作为解决高失业率和国际竞争、社会贫富分化的一个必要的机制。④ 此外,技能短缺问题在越来越多的发展中国家同样突显出来。在经济和技术变革瞬息万变的时代,发展中国家要想在与发达国家的竞争中立足,更需要提高其生产力水平。这不但要求物质资本投入,而且需要具有灵活的适应经济结构和技术变革的高技能劳动力。世界银行指出,"在发展中国家,技术限制是企业面临的一个共同问题,这种限制对那些计划创新和扩张的企业特别严重。"⑤根据其对企业的调查数据,在发展中国家,20%以上的企业认为劳动力技能不足是其发展过程中的主要障碍。⑥ 而且这种制约效应会越来越明显,因为技能短缺不同于物质资本短缺,后者可以较快地

① Lindsay Paterson. The Three Education Ideologies of the British Labour Party,1997—2001[J]. Oxford Review of Education,Vol. 29,No. 2,2003,pp. 165-186.

② Steffen Hillmert. Skill formation in Britain and Germany:Recent developments in the context of traditional differences [DB/OL],Program for the Study of Germany and Europe,Working Paper No. 06. 1,[2007-2-15],http://www. ces. fas. harvard. edu/publications/docs/pdfs/Hillmert. pdf.

③ Richard Taylor. Lifelong learning and the Labour goverments 1997—2004[J]. Oxford Review of Education,Vol. 31,No. 1,March 2005,pp. 101-118.

④ Chris Briggs & Jim Kitay. Vocational Education and Training,Skill Formation and Training and the Labour Market[M]. NSW Board of Vocational Education Training,October 2000.

⑤ 世界银行《2006 年全球经济展望》编写组. 2006 年全球经济展望:移民及其汇款的经济影响[M]. 中国财政经济出版社组译. 中国财政经济出版社,2006:138.

⑥ 世界银行. 2005 年世界发展报告——改善投资环境,促使人人受益[R]. 中国科学院、清华大学国情研究中心译. 北京:清华大学出版社,2005:136.

解决,而劳动力技能的缺陷则需要很长的时间才能弥补。[①] 因此,尽管不同国家的具体情况存在差异,但是人们对技能的态度是一致的,"在后凯恩斯经济中,对于实现充分就业的目标而言,知识和技能的获得越来越被视为挑战,同时也是关键的机会。"[②]如果说技术进步还是会产生排斥劳动力的现象,那也只是一种结构性失业。正如英国经济学家罗伯逊所分析的那样,技术进步减少的主要是非技能劳动力和低技能劳动力,但对高技能劳动力的需求则会增加。[③] 在这种情况下,80 年代以来,包括英国在内的许多发达国家普遍将技能问题作为政策的核心。如何平衡政府和市场的关系成为政府和学者关注的焦点。本文限于篇幅,仅对一些带有普遍性的问题进行了进一步的分析。

[①] Derek H. Aldcroft. Education, Training and Economic Performance: 1944 − 1990 [M]. Manchester University Press, 1992, p. 128.

[②] Colin Crouch, David Finegold & Mari Sako. Are skills the answer? The Political Economy of Skill Creation in Advanced Industrial Countries[M]. Oxford University Press,1999,p. 1.

[③] 李俊. 失业及其替代关系选择——我国失业的对策[J]. 海南大学学报(社会科学版),1997(1): 30-36.

第五章 技能短缺和政府、市场的平衡

第一节 英国技能短缺：市场失灵还是政府失灵

一、放任与干预：市场和政府的角色变迁

政府和市场是英国教育和培训政策的关键词。如何处理市场和政府的关系是包括英国在内的所有国家都要面对的一个基本问题。英国职业教育发展史实际上是自由放任和政府干预两种倾向交替占据主导地位的过程。这种关系的演变可以划分为四个阶段：

(一)"自由放任主义"阶段(1964 年以前)

纵观英国教育发展史,英国政府很少对教育制度进行干预。从 19 世纪 70 年代,随着经济和社会发展的需要,英国政府开始涉足普通教育,不过这种干预却具有明显的妥协性。在精英主义传统的影响下,英国职业教育和培训更是完全处于自由放任的发展状态。在 20 世纪 60 年代之前,英国仅有的少数职业教育机构也主要是作为慈善事业由民间组织开办的,缺乏系统化的职业教育制度。传统学徒制一直是培养技能劳动力的主要途径。在英国政府看来,企业作为经济人,必然会根据"自身利益最大化"的原则培养自己所需要的劳动力,进而实现整个社会层次上的市场均衡,而政府的干预反而会破坏这种均衡状态。因此,长期以来,企业培训完全是分散的、自愿的个体行为。职业培训常常被看作是企业的"内部事务",政府对企业培训也没有任何规划和管理。这种自由放任的职业培训模式显然无法为英国提供充足的技能劳动力。一方面,来自企业和个人的技能需求不足。技术上的保守主义和价格竞争战略抑制了企业的技能需求水平,而传统文化观念和低水平的职业培训也使人们的技能需求不足。另一方面,由于缺乏有效的约束机制,许多企业不愿意进行培训投资,而是选择通过"搭便车"的方式满足自身的技能需求,这种做法无疑造成培训企业的投资损失,从而进一步强化了企业对培训的消极态度和培训不足的问题。总之,仅

仅依靠市场显然也无法解决技能供给不足的问题。

(二)"大政府、小市场"阶段(1964—1979)

20世纪初,人们开始关注教育和培训方面的市场失灵问题。30年代的经济危机使市场的内在局限性暴露无疑,人们进一步怀疑市场的有效性,转而寻求通过政府干预克服市场失灵问题。凯恩斯主义为政府干预的必要性提供了理论支持。这也成为英国战后教育和培训改革的指导思想。工党政府抛弃了自由放任的技能供给模式,试图依靠对教育和培训的干预满足迅速增长的技能需求。英国进入所谓的"大政府"时期。政府一方面依靠公共拨款开办一些技术学院,并且在中央和地方设立统一协调职业技术教育的相关机构;另一方面加强了对企业培训的干预。尤其是1964年产业培训法明确了企业的培训责任,并且通过强制性的培训税刺激企业的培训需求。这标志着19世纪初以来的放任主义培训模式的终结。70年代以后英国政府进一步加强了干预的力度,试图通过对培训和职业资格的宏观规划、增加经费投入等措施刺激人们的技能需求,从而扩大技能供给的规模。在凯恩斯主义的影响下,英国政府认为人们的需求不足是造成技能短缺和失业问题的根本原因。因此在教育培训方面运用了扩张性政策,大大增加了对培训的财政拨款。尤其是在70年代中后期,充分就业的政策目标和日益扩大的失业队伍使工党政府在失业培训计划上的支出急剧膨胀。英国政府试图依靠自身的力量解决技能和就业问题,但是最终还是没有实现预期的目标,其直接的原因在于政府"不适当的干预"①。

(三)"小政府、大市场"阶段(1979—1997)

70年代后期,西方各国纷纷强化市场机制,降低政府的干预程度,试图弥补凯恩斯主义带来的政府失灵问题,英国也是如此。撒切尔政府认为工党的教育政策之所以失败是因为政府的过度干预扭曲了市场的正常运行所致,因此采取了一系列措施促进教育和培训制度的市场化。在吉登斯看来,撒切尔主义实际上是以"小政府"取代了工党时期的"大政府"。政府不再垄断技能供给,而是将市场竞争引入教育和培训领域,刺激竞争,鼓励教育的私有化。"效率"成为这个时期教育和培训改革的关键词。在培训政策中,企业取代政府占据了主导地位。值得注意的是,撒切尔政府尽管强调市场机制的重要性,但是也没有放弃国家对教育培训制度的干预,而是"把政府的干预限制在一个适当的范围之内,是对国家过度干预经济趋势的一个根本性纠正"②。一方面降低了干预的程度,另一方面还改变了干预的方式,从战后形成的"政府—教育培训机构/企业"式

---

① John Ahier & Geoff Esland. Education, Training and the Future of Work Ⅰ[M]. Routledge, 1999, pp. 37-38.

② 陈建平. 撒切尔政府经济政策浅析[J]. 历史教学问题, 2003(1):46-49.

的国家直接干预方式,转而采取"政府—市场—教育培训机构/企业"式的间接干预方式。这种干预也主要是通过市场化的方式实现的,这一点在拨款制度的改革上非常明显,其目的是为了使市场机制更好地发挥作用。经过撒切尔政府的改革,英国教育培训制度形成了新的国家与市场模式,即"以市场竞争为主、政府干预为辅"的模式。如果说80年代以前过于注重政府干预的数量,那80年代之后更强调干预的效果。同时,撒切尔政府还试图通过劳动力市场的去管制化创造就业机会、刺激人们的技能需求和投资。去管制化的劳动力市场政策使英国技能劳动力和非技能劳动力的工资差距扩大。1980年技能劳动力的相对工资率为1.306,1985年为1.365,到了1990年提高到了1.499。[①] 当然,技能偏好技术进步也是造成工资差距扩大的重要原因。"在制度因素对工资变化产生的抑制作用很小的情况下,技能劳动力的工资出现了相对于非技能劳动力上升的情况。"[②]总之,不同技能劳动力工资差距的扩大提高了教育收益率,有助于提高人们参与教育和培训的积极性。不过,撒切尔政府的改革措施表现出了明显的短期性。政府将主要精力放在失业培训上,而劳动力的技能问题却没有受到应有的重视。芬格德指出,"80年代以来,英国进行了无休止的改革,却没有关注于制定高技能政策所必需的长期规划和发展。"[③]总之,撒切尔政府的市场化改革有两个根本问题:"关注效率而忽视公平"、"关注短期目标而忽视长期目标"。这些问题都影响了英国劳动力技能水平的提高。

(四)"市场社会主义"阶段(1997至今)

20世纪90年代以来,面对自由市场非理性因素,西方各国政府不得不对市场进行干预,于是新凯恩斯主义应运而生。新凯恩斯主义继承了凯恩斯主义有关市场失灵的理论,认为"看不见的手"并不能引导以利益最大化为目标的经济主体最大程度地促进社会利益,恰恰相反,造成了长期的市场非均衡和社会福利的巨大损失,因此需要通过政府干预来纠正市场失灵。不过,与传统凯恩斯主义不同,新凯恩斯主义在承认政府干预经济、克服市场失灵的积极作用的同时,也强调了政府干预的不足之处和公共失灵现象,主张"温和的、适度的干预"。同时,新凯恩斯主义接受了新增长理论的观点,认为长期的经济增长取决于内生的技术进步,人力资本尤为重要。而教育和培训作为人力资本积累的主

---

① Chris Briggs & Jim Kitay, Vocational Education and Training, Skill Formation and Training and the Labour Market[DB/OL]. NSW Board of Vocational Education Training, October 2000. [2008-3-2],http://www.bvet.nsw.gov.au/pdf/vetsklllabourmarket.pdf.

② Richard Layard, Ken Mayhew & Geoffrey Owen. Britain's Training Deficit: The Centre for Economic Performance Report[M]. Avebury, 1994,p. 270.

③ Richard Layard, Ken Mayhew & Geoffrey Owen. Britain's Training Deficit: The Centre for Economic Performance Report [M]. Avebury, 1994,p. 51.

要途径受到前所未有的重视。由于知识和技能作为公共物品存在溢出效应（这种溢出效应恰恰是经济增长的必要条件），依靠私人部门将会出现供给不足。因此，政府有责任通过提供教育和培训机会或公共拨款解决知识和技能供给不足的问题。新工党的"第三条道路"充分体现了新凯恩斯主义的观点。① 新工党政府试图将政府干预和自由市场更好地结合在一起，一方面反对大政府、高税收、高福利的政策，要求约束政府的干预行为，促使人们走向工作而不是依赖福利，更多地发挥市场的作用；也拒绝过分依赖市场，强调保持政府部门的有效性。布莱尔说："自由市场需要强有力的政府。"新工党放弃了过去工党偏重"公平"的普遍性福利，也拒绝保守党政府以"效率"为核心的选择性福利，试图在效率和公平之间取得平衡，即通过市场机制提高效率，通过政府干预实现公平。实现这一目标的主要途径就是为所有人提供教育和培训机会，提高他们的基本技能。

二、市场失灵还是政府失灵

从英国教育培训改革的过程看，无论是放任主义还是干预主义都没有能够帮助英国走出技能短缺的困境。市场失灵和政府失灵是两个频繁出现的关键词。正如伯顿·克拉克所说：一种形式的失败使人们转向另一种形式，"国家的失败"促使人们转向市场，"市场的失败"又导致对国家权力的加强。实际上，技能短缺问题既是市场失灵的结果，也存在政府失灵的因素。

(一)英国技能短缺和市场失灵问题

首先是技能的外部性造成英国教育和培训不足。英国政府一直相信通过企业主导的培训模式可以满足市场的技能需求。这显然是不切实际的。任何的教育和培训形式都存在不同程度的外部性，这意味着投资者获得的私人收益低于社会收益。而市场对存在外部性的物品的配置是缺乏效率的。这一点在企业培训方面尤其明显。企业提供的培训主要满足自身的利益需求，但是却存在某种程度的外部效应，也就是说非培训可以无偿地获得部分培训收益，而自己却要承受投资的损失而无法得到补偿，从而使培训投资存在风险。这种外部效应对英国企业本位培训模式的消极影响尤其明显。由于人力资本是附属于个人的不可分割的一部分，企业只能通过雇佣"使用"而无法"占有"个人的人力资本，因此人力资本会随着劳动力的流动而发生转移，这意味着企业培训收益存在不确定性。从利益最大化的角度看，企业为了规避投资风险，可能有两种

---

① Philip Arestis & Malcolm Sawyer. "New Consensus"，New Keynesianism，and the Economics of the "Third Way"，[DB/OL] Working Paper No. 364，[2008-1-16]，http://www. levy. org/pubs/wp/364. pdf.

选择:①提供专门性培训。一般性和迁移性培训往往会提高受训者流失的可能性,而外部效应不明显的专门性培训则可以大大降低这种风险。英国的一次企业培训调查结果显示,如果企业提供的是专门性培训,37%的人表示培训结束以后不会到其他企业求职,只有 6%的人有求职的欲望;相反,如果是一般性培训,选择求职的人就大大增加,达到了 22%,表示不会求职的人则减少到了13%。① 这说明培训性质和劳动力的流动性有密切的相关性。英国企业更愿意投资于迁移性较低的专门性技能培训。②通过"搭便车"的方式直接从其他培训企业获得技能劳动力。对于企业来说,这种做法成本较低而且没有风险,英国自由放任的市场环境也为这种行为提供了一个适合的土壤。不过,这也使培训成为企业之间的非合作博弈问题,这样做的企业越多,培训企业失去培训收益的风险也就越大,收益率的下降会进一步强化企业对培训的消极态度,形成一种恶性循环。而它们丧失培训收益的风险也就越大,结果造成企业更多地依赖外部劳动力的供给而不是内部员工的培训满足自身的技能需求。这种行为对企业来说是理性的,但是对整个社会和企业的长远发展来说却会带来非理性的结果——总体的技能供给不足。60 年代 ITB 和培训税制度对于抑制企业的"搭便车"行为产生了明显的积极作用,不过撒切尔政府为了削弱对企业的干预,撤销了培训税制度,大部分 ITB 也被企业主导的 TEC 所取代,而 TEC 却没有相应的措施遏制企业的"搭便车"问题。瑞伯德认为,这意味着英国失去了有助于克服与低技能投资相关的外部效应的机制。② 撒切尔政府的市场化措施无疑助长了企业的"搭便车"行为。1989 年 MSC 的调查发现,企业技能劳动力最主要的来源是"其他企业",80%的企业将其作为技能劳动力的来源之一,其次是青年培训计划(48%)和失业人群(44%),大学和继续教育学院为 24%,中学毕业生为 24%。③ 这对企业的培训投资产生了显著的消极影响。1989 年培训委员会(TA)的一次大规模调查的结果显示,在提供某种培训的企业中,38%的企业认为受训员工的流失对企业培训来说是一个严重的障碍。④ 从图 5-1 可以明显看出,德国企业关注内部劳动力技能的培养,而英国企业由于担心"搭便

① Alan Felstead, Francis Green, Ken Mayhew & Alan Pack. The Impact of Training on Labour Mobility: Individual and Firm-level Evidence from Britain[J]. British Journal of Industrial Relations, 38: 2, June 2000, pp. 261-275.

② Derek Bsoworth, Pat Dutton & Jackie Lewis. Skill Shortages: Causes and Consequences[M]. Avebury,1992,p. 204.

③ Dan A. Black, Brett J. Noel, Zheng Wang. On-the-job training, establishment size, and firm size: evidence for economies of scale in the production of human capital[J]. Southern Economic Journal, Vol. 66, No. 1,1999, pp. 82-100.

④ Alison L. Booth & Dennis J. Snower. Acquiring skills: market failures, their symptoms and policy responses[M]. Cambridge University Press,1996,p. 23.

车"带来的投资风险,更倾向于通过外部劳动力市场满足自身的技能需求。① 新工党政府也缺乏有效的政策措施以解决这个问题,这主要是因为新工党对企业培训的态度仍然带有明显的放任主义倾向。② 理查德·泰勒指出,新工党并没有采取任何措施减少企业在劳动力教育和培训方面的自由,尽管许多企业在员工教育和培训方面无所作为。③ 阿兰·图克特也指出,"政府坚持过去 10 多年来已经证明失败的确保企业投入的放任主义策略……我们不能再纵容企业对劳动力技能投资的漠视了。"④总之,对于新工党来说,如果要确立企业培训文化,放任主义策略无疑是一个不可忽视的障碍。

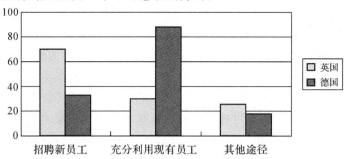

图 5-1　英德企业满足自身技能需求的途径

资料来源:罗纳德·G.伊兰伯格、罗伯特·S.史密斯.现代劳动经济学[M].北京:中国人民大学出版社,2007:159

其次,英国劳动力市场信息的不对称性和不完全性影响了社会的技能需求水平。80 年代之前,缺乏统一的资格认证制度是英国职业教育面临的一个困境,往往是由教育和培训机构自行颁发证书。此外,还有许多负责颁发职业资格的专门机构,包括伦敦技术学院、皇家艺术学会、商业和技术教育委员会以及地方性的考试机构等,这些认证机构都是根据各自的标准颁发职业资格的,它们彼此之间缺乏相关性和系统性,因此难以为企业提供有关资格持有者技能状况的准确信息,从而影响了这些资格在劳动力市场的价值和认可度。而传统学徒培训甚至是根据固定的培训时间而不是受训者的技能来颁发技师资格,事实

---

①　[美]罗纳德·G.伊兰伯格,罗伯特·S.史密斯.现代劳动经济学:理论与公共政策[M].刘昕译.北京:中国人民大学出版社,2007:159.

②　Nicholas Foskett & Jane Hemsley-Brown. Choosing Future: Young People's Decision-Making in Education, Training and Careers Markets[M]. Rouledge Falmer, 2001, p.126.

③　Hilary Steedman, Howard Gospel & Paul Ryan. Apprenticeship: A Strategy for Growth[R/OL]. The Centre for Economic Performance, October 1998, [2006-10-12], http://cep.lse.ac.uk/pubs/download/special/apprenticeship.pdf.

④　Nicholas Foskett & Jane Hemsley-Brown. Choosing Future: Young People's Decision-Making in Education, Training and Careers Markets[M]. Rouledge Falmer, 2001, p.125.

上,学徒经过相同时间的培训以后却形成了不同水平的技能,这种差异无法在相应的资格上体现出来。这使英国劳动力市场出现了"逆向选择"的情况,企业和个人的技能需求和投资愿望受到抑制。信息的不完全性对技能需求的影响也不容忽视。人力资本理论认为,教育和培训是一种可以为投资者带来积极收益的投资行为,因此应该树立"自我投资"的观念。人力资本理论的结论是以这样的假设为基础的:企业和个人对教育和培训的成本和收益具有充分的信息。人力资本理论的前提是市场主体对技能投资的成本和收益具有充分的信息并对技能的供求关系有理性的判断。① 事实并非如此。培训成本比较明确,而收益却具有不确定性。随着劳动力市场流动性的不断加强,对培训的成本收益率的准确评估更加困难。在英国,大多数人对接受全日制职业教育持消极态度,这主要是因为职业教育的收益率低于普通教育的收益率。而企业培训的过分专门化限制了个人的选择机会,使个人更加缺乏接受培训的积极性。总之,教育和培训收益的不确定性使个人和企业往往关注短期利益而不是长期利益,从而影响技能的供求关系。根据格林的观点,企业和个人的技能需求不足都是市场失灵的表现,这说明了放任主义培训政策的局限性。② 芬格德和索斯凯也指出,对于英国所面临的"低技能均衡"问题,市场并不能提供答案。③ 戴维·李等人认为,"利用市场机制调节青年培训造成了培训不足、技能短缺和人才浪费。"④

第三,"效率优先"的市场机制加剧了社会的不平等和基本技能的不足。80年代以来,"市场化"成为各国教育培训改革的主要方向。这不但表现在职业教育上,而且也表现在普通教育上。"效率"成为这个时期的关键词。当然,一些学者对教育市场化进行了批评。芬格德认为,教育培训机构不同于企业,两者的根本区别在于教育供给的刚性。这使教育机构不能随意地扩大规模以满足需求的增长,否则将对教育质量造成消极影响。由于教育供给的刚性,鼓励教育机构之间的竞争也许并不能促进教育质量的提高。⑤ 英国政府80年代到90年代的教育改革过于强调市场的"效率",这也是保守党政府执政时期人们的基

---

①　Richard Layard, Ken Mayhew & Geoffrey Owen. Britain's Training Deficit: The Centre for Economic Performance Report[M]. Avebury, 1994, p. 151.

②　Mike Flude & Sandy Sieminki. Education, Training and the Future of Work Ⅱ: Developments in vocational education and training[M]. London: Routledge & Open University Press, 1999, p. 28.

③　Mike Flude and Sandy Sieminki. Education, Training and the Future of Work Ⅱ: Developments in vocational education and training[M]. London: Routledge & Open University Press, 1999, p. 28.

④　John Ahier & Geoff Esland. Education, Training and the Future of Work Ⅰ[M]. Routledge, 1999, p. 171.

⑤　Alison L. Booth & Dennis J. Snower. Acquiring skills: market failures, their symptoms and policy responses[M]. Cambridge University Press, 1996, pp. 247-248.

本技能没有得到显著改善的主要原因。从某种意义上,保守党政府关心的仍然是精英主义倾向的学术教育,对面向多数人的职业教育并不在意。科林斯从社会公平的角度进行了分析。他认为,并非所有的社会群体都可以平等地进入教育市场。社会文化和物质资本在不同阶层之间的分配是不均衡的,中间阶级有更多的机会和条件为子女选择合适的教育机会,因此,所谓的市场竞争实际上是一种隐性的根据社会地位进行教育选拔的过程,使不同阶层的儿童接受不同的教育。"市场导向的教育改革并不像其支持者所宣扬的那样更为公平,相反,它在许多方面是不公正的,因为它使强者更强,弱者更弱。'好'学校可以选拔那些在学术和社会地位都处于强势的'好'学生,从而维护或提高自己的'好'学校地位;而'差'学校和'差'学生则不能摆脱相反的恶性循环局面。"①从实际情况看,撒切尔政府的市场化措施也确实带来教育机会方面的"马太效应"。"按结果拨款"制度的目的是通过竞争提高拨款的效率和培训质量,然而这种拨款制度却不利于实现机会均等的目标。培训机构获得拨款的前提是受训者顺利完成培训并达到规定的标准,因此,培训机构为了提高培训的效果,往往选择可能满足这些目标、从而使其获得拨款的受训者。在这种情况下,最需要提高技能水平的低技能劳动力反而获得培训的机会最少。这是市场失灵的典型表现。因此,弗里德曼认为,政府的主要职能除了提供公共产品,还要为社会弱势群体提供基本保障。② 不过,这一点并没有引起保守党政府的足够重视,这也是促使保守党下台的一个直接原因。

(二)英国技能政策中的政府失灵问题

事实表明,市场并没有为英国的技能短缺问题提供正确的答案,完全排斥政府干预的市场机制会造成技能供求的失衡。这就需要借助凌驾于市场之上的力量——政府这只"看得见的手"来纠补市场失灵。应该说政府对教育培训市场的干预是市场经济的必然要求。由于市场的内在缺陷,它的运行需要政府的保障,而且市场越发达,越需要一个强有力的高效的政府。市场失灵是英国60年代以来教育和培训政策演变的关键,也是政府对教育和培训制度进行更多的干预和公共补助的主要原因。③ 历届英国政府都试图通过不同程度的干预克服技能市场的失灵问题。不过,政府的干预似乎并没有起到预期的效果。这也

---

① [英]杰夫·惠迪,萨莉·鲍尔,大卫·哈尔平. 教育中的放权与择校——学校、政府和市场[M]. 马忠虎译. 北京:教育科学出版社,2003:3.

② Claudio de Moura Castro. Training policies for the end of the century[DB/OL]. UNESCO: International Institute for Educational Planning, October 1995, [2008-1-16], http://www. unesco. org/education/pdf/23_95. pdf.

③ Alison L. Booth & Dennis J. Snower. Acquiring skills: market failures, their symptoms and policy responses[M]. Cambridge University Press, 1996, p. 244.

就是所谓的"政府失灵"。

政府失灵首先表现为过度干预。20 世纪 60 年代以后,英国政府对教育制度的干预大大加强了,这不仅表现在普通教育、高等教育上,还将职业教育纳入干预的视野之中。总之,政府的干预前所未有地渗透到了教育制度的所有角落。这种全面的干预是以凯恩斯式的扩张性财政政策为基础的。工党试图通过扩大政府支出提供更多的教育培训机会以刺激社会需求,实现社会充分就业。不过,理想和现实总是有差距的。教育机会的增长并不必然促进社会需求。经济增长和技术进步才是社会需求的决定性因素。当经济衰退和技术进步引起企业的技能需求减少时,教育供给过剩才充分暴露出来。技能供求失衡引起的"过度教育"问题逐渐为人们所关注。事实表明,工党政府的教育扩张政策非但没有促进就业,反而使失业问题进一步恶化。此外,英国政府的某些产业政策对教育和培训产生了消极影响,比如撒切尔政府的私有化措施对企业培训的影响就十分明显。撒切尔夫人认为英国企业过分国有化是英国工业日趋衰落的根源之一,因此着手对国有企业进行私有化。私有化一方面有助于刺激竞争和提高效率,另一方面也使企业更多地考虑自身利益和短期利益。事实表明,一些高度垄断性行业在私有化后,关注长远投资的企业很少,大多注重利用现有设备、降低成本,用于技术改造和员工培训的资金大幅度减少,影响了企业的长期发展。"私有化恶化了英国的教育和职业培训水平。技术工人的短缺在 1987—1988 年达到高潮。"①撒切尔政府的教育拨款制度在一定程度上影响了教育和培训的质量。政府往往是根据受训者的平均培训成本、资格获得的数量和受训者在培训结束以后就业的情况评估培训活动的效果的。这些评价指标促使培训机构倾向于提供"成本最低而不是最合适"的培训以提高受训者的数量,提供"最低水平而不是最高水平"的培训以提高通过率。如果可能的话,培训机构还会对受训者进行选拔——根据年龄、性别、教育程度等因素选择那些就业可能性最大的个人。这种教育机会的不平等是市场自身无法避免的。

在"政府失灵"问题上,政府干预的内部性和权力寻租现象也非常突出,这直接影响了教育培训政策的效果。政党政治是造成英国政府干预失灵的主要制度因素。这种制度特性使执政党对教育和培训政策的长期效应态度并不积极。② 目前英国采取保守党和工党轮流执政的方式,在议会中占多数席位的政党即成为执政党。从以往的情况看,每届政府的任期都不长,平均为 4 年左右。

---

① 杨国彪,谢剑琳. 80 年代以来英国的私有化政策[J]. 世界经济研究,1997(4):27-30.

② Alison L. Booth & Dennis J. Snower. Acquiring skills:market failures, their symptoms and policy responses[M]. Cambridge University Press, 1996,p. 250.

在有限的任期内,执政党往往利用政府权力追求短期的政策目标而不是长远规划。① 政府实际上成为执政党个人利益的代言人,其公共政策倾向于追求"立竿见影"的效果,从而偏离应然的理想目标。这种追求短期效应的倾向在英国的教育培训政策上得到了集中体现。执政党往往不愿意进行大幅度的教育和培训改革,因为在有限的执政时期内这种改革难以取得显著的效果。这在一定程度上可以解释英国政府对激进或收效缓慢的技能政策持消极甚至抵制的态度。因为失业政策的短期效果更为明显。这种政府失灵显然不利于解决劳动力的技能问题。撒切尔政府的培训计划主要针对就业问题而不是技能问题,这是因为技能劳动力的培养需要相对较长的周期,而失业政策的短期效果比较明显。德国、法国和荷兰等国都慎重地将失业培训和高水平技能的职业教育和培训区分开,而在英国,在整个 80 年代,培训和失业问题密切联系在一起。"这种做法使政府过多关注受训者的数量而不是教育和培训活动的质量,也影响了以后提高培训标准的努力。在个人和企业看来,'培训'概念本身与低技能、低工资岗位以及临时性计划联系在一起。"②正如约翰·阿尔和杰夫·艾兰所说的,"英国教育和培训政策适合许多目标(比如减少失业人数),惟独不适于技能培养。"③这种做法实际上是"以牺牲长期需要为代价来关注短期利益"④。80 年代英国的培训计划大多带有这样的特征。这些旨在解决失业问题的培训计划显然对青年人是缺乏吸引力的。实际上,习惯于价格竞争战略的英国政府还没有真正认识到技能问题的重要性。芬格德认为英国教育和训练政策之所以难以解决低技能均衡问题,一个难以克服的原因是提高劳动力技能在政策目标中是次要的。⑤ 包括教育和就业部在内的各个政府部门都没有真正认识到技能问题的重要性,尤其是控制公共支出的财政部关心的是控制支出的规模,"其提供的培训拨款往往针对为失业人群提供的低成本培训计划而并非真正打算提高劳动力的技能水平。"⑥

---

① Alison L. Booth & Dennis J. Snower. Acquiring skills: market failures, their symptoms and policy responses[M]. Cambridge University Press, 1996, p. 244.

② Richard Layard, Ken Mayhew & Geoffrey Owen. Britain's Training Deficit: The Centre for Economic Performance Report [M]. Avebury, 1994, p. 93.

③ John Ahier & Geoff Esland. Education, Training and the Future of Work Ⅰ[M]. Routledge, 1999, p. 39.

④ John Ahier & Geoff Esland. Education, Training and the Future of Work Ⅰ[M]. Routledge, 1999, p. 23.

⑤ Richard Layard, Ken Mayhew & Geoffrey Owen. Britain's Training Deficit: The Centre for Economic Performance Report [M]. Avebury, 1994, p. 13.

⑥ Richard Layard, Ken Mayhew & Geoffrey Owen. Britain's Training Deficit: The Centre for Economic Performance Report [M]. Avebury, 1994, p. 14.

保守党和工党在轮流执政的过程中,往往从各自的利益出发提出一些相左的主张。在某种意义上,英国教育培训政策是两党政治参与和斗争的结果。随着保守党政府和工党政府的交替更迭,英国的教育政策不断地变化,缺乏连贯性,这明显地制约了政策的实施效果。① 政府部门之间、政府与其他社会组织之间的竞争和冲突造成英国教育和培训政策的制定和实施缺乏协调性,这也是政府干预失灵的表现之一。这一点尤其体现在分别负责普通教育和产业培训的教育部和就业部之间。各个政府部门制定和实施了大量相互重叠甚至矛盾的改革措施,造成了"政策过度"(initiative overload)现象。② 许多政策方案甚至还来不及进行充分的咨询和论证就匆忙实施。齐普和马修指出,"迄今为止,英国改革职业教育和培训制度的尝试的特征是一系列零散的、狭隘的不断增多的改革措施,却几乎没有试图从整体的角度对教育和培训进行评价,或进行全面的结构调整,结果促使各个组织机构实施了许多不协调的、彼此重叠的计划。在教育和培训政策制定过程中缺乏统一的核心,英国政府有很多各自为政的机构和部门参与,包括培训委员会、NEDO、DTI 和 DES 和财政部。"③因此,尽管英国政府在 80 年代的改革措施数量空前,但是对技能短缺问题没有明显的积极作用。1989 年国际竞争力报告(The World Competiveness Report for 1989)的数据显示,英国在技能劳动力指标方面在 22 个 OECD 国家中处于落后地位。④ 罗伯特·卡森和乔治·马罗塔斯认为,缺乏对政府角色有效性的评估是造成很多情况下公共教育和培训效果欠佳的关键因素——没有相应的评估机制,公共教育和培训就难以对需求的变化作出灵活的反映。⑤ 芬格德指出,为了减少政府失灵的情况,英国政府应该放弃其鲜明政治性的、不连续的教育培训政策模式,由一个非党派机构负责教育培训的改革。这个机构应该具有一个半独立性的研究力量,能够对改革进行长期评估并提供有关教育和培训制度的全面资料。⑥

---

① Hugh Pemberton. The 1964 Industrial Training Act: a failed revolution [DB/OL]. Bristol, 30 March 2001, [2008-1-6], http://seis. bris. ac. uk/~hihrp/Seminars/2001%20EHS%201964%20ITA. pdf.

② Lorna Unwin. Growing beans with Thoreau: rescuing skills and vocational education from the UK's defict approach[J]. Oxford Review of Education, Vol. 30, No. 1, 2004, pp. 147-160.

③ John Ahier & Geoff Esland. Education, Training and the Future of Work Ⅰ [M]. Routledge, 1999, p. 39.

④ Alison L. Booth & Dennis J. Snower. Acquiring skills: market failures, their symptoms and policy responses[M]. Cambridge University Press, 1996, p. 245.

⑤ Richard Layard, Ken Mayhew & Geoffrey Owen. Britain's Training Deficit: The Centre for Economic Performance Report [M]. Avebury, 1994, p. 15.

⑥ Robert Mcnabb & Keith Whitefield. The Market for Training: Inernational perspectives on theory, methodology and policy [M]. Avebury, 1994, p. 29.

第二节　政府和市场：从对立到互补

从市场经济的发展历程看，市场这只"手"确实具有其他任何机制和手段不可替代的功能优势：经济利益的刺激性；市场决策的灵活性；市场信息的有效性。总之，市场和效率有密切的联系。不过市场失灵是自由市场的内在缺陷，其根本原因就在于"看不见"的市场运行过程。各种市场信息在市场黑箱中传递时会发生不同程度的扭曲、变形、失真和时滞，从而对市场主体的决策行为产生误导。应该说政府的干预是市场经济的必然要求。由于市场的内在缺陷，它的运行需要政府的保障，而且市场越发达，越需要一个强有力的高效的政府。在弗里德曼看来，"自由市场存在当然不排除对政府的需要，相反，政府的必要性在于：它是'竞争规则'的制定者，又是这些已被决定的规则的解释者和执行者，市场所做的是大大减少必须通过政治手段来决定的问题范围，从而缩小政府直接参与的程度。"①

对于技能短缺问题来说，仅仅依靠市场机制是无能为力的。英国已经提供了反面的例证。政府在教育培训方面应该承担主要责任，这有以下四方面的原因：①教育产品具有公共物品的性质，完全由自由市场调节必然会造成供给不足，因此必须借助国家的力量。教育市场实际上是一些"准市场"——既受政府控制，同时又受市场制约，是政府和市场共同作用的结果。"准市场"机制是政府干预与市场机制的"中间道路"②。②政府的公共性质。政府是公共利益的代表，这决定了政府的任务是满足社会的公共需要，在公共利益和私人利益之间寻求妥协和平衡。市场关心的是效率而非公平。"市场导向的教育改革并不像其支持者所宣扬的那样更为公平，相反，它在许多方面是不公正的，因为它使强者更强，弱者更弱。'好'学校可以选拔那些在学术和社会地位都处于强势的'好'学生，从而维护或提高自己的'好'学校地位；而'差'学校和'差'学生则不能摆脱相反的恶性循环局面。"③因此，如果完全由市场来调节教育的供求，就会使一部分人的利益以至整个社会的利益受到损失。③政府的权威性和强制性在于为技能供给提供了一种制度环境，这使得它能够更为有效地供给公共物品。由于政府建立的外在制度可能易于被认识，从而节约人们的信息成本。同

---

①　Derek H. Aldcroft. Education, Training and Economic Performance：1944 − 1990［M］. Manchester University Press，1992，p. 148.

②　Walford G. School Choice and Quasi-market［M］. Oxfordshire：Triangle，1996：131.

③　［英］杰夫·惠迪，萨莉·鲍尔，大卫·哈尔平. 教育中的放权与择校——学校、政府和市场［M］. 马忠虎译. 北京：教育科学出版社，2003：3.

时,政府对权力的垄断性运用使其作为第三方能够使契约承诺具有可信赖性和约束力,从而克服公共物品供给中的外部效应和"囚徒困境"。世界银行发现,政府对教育和培训的支持影响个人的预期以及企业进入一个新市场和采用新技术的能力。① 这也就是说,政府的干预有利于提高个人和企业的技能需求水平。④政府拥有任何组织和个人所不具备的公共资源和依法对教育和培训进行宏观调控的职能和手段。而且,政府提供教育和培训具有规模经济效应,可以有效地降低成本。在克里斯托夫·温齐看来,仅仅依靠市场机制无法确立高技能均衡状态,政府干预是实现高技能均衡的必要条件。

我们也注意到,政府在技能供给方面也存在着先天不足。正如前文所述,由于技能本身的复杂性以及政府机构的本性,使政府在提供技能培训时难以达到应有的效率。技能供给的垄断性往往使政府不关注成本和投入,造成资源浪费;此外,政府对市场需求信息的掌握程度直接影响了供给的结构和规模,当政府以片面的或错误的信息决定技能供给时,必然造成技能供求的错位。此外,社会对技能需求的多样性也决定了单一的政府供给渠道的不足。政府作为技能的唯一供给者已经失去了合法性的依据。世界银行的一项研究结论指出,60年代以来,政府角色的扩张带来了严重的消极后果,这在公共物品供给问题上尤为明显。② 人们开始倾向于以多样化的公共物品提供方式取代单一的政府供给公共物品的方式。新公共管理理论提出在政府与市场建立新的关系,主张打破政府对"公共供给"的垄断,以竞争代替垄断,允许其他市场主体的参与以打破政府对公共物品的垄断局面,从而提高整个社会公共物品的供给效率。同时,公共物品供给方式的多样化也可以为公众提供更多的选择机会。这种趋势也体现在教育改革之中。目前各国的改革普遍的趋势是,政府逐渐从单一的公共教育培训制度转向为企业和个人积极参与和投资培训提供有利的环境。

在英国的教育培训改革过程中,政府和市场呈现出此消彼涨的对立关系,如同钟摆的运动。一旦出现市场失灵,就要求政府干预;政府干预出现问题以后,又重新代之以市场。实际上,"政府控制和市场经济并非一定是零和博弈的关系,即一方受益另一方受损。"③政府与市场是相互补充的。因此,市场失灵是客观存在的,政府不干预或干预不足、干预过度都是要避免的。有效地平衡市场与政府的关系,将市场失灵和政府失灵方面的负面效应降至最小化,这是应

---

① 世界银行. 2005 年世界发展报告——改善投资环境,促使人人受益[R]. 北京:清华大学出版社,2005:136.

② Richard O. Zerbe, Jr. Howard E. Mccurdy. The Failure Of Market Failure [DB/OL]. February, 2005, [2008-5-12], http://www. theworldbuilders. com/v372/zerbe the failure of market failure. pdf.

③ 蒋国华. 西方教育市场化:理论、政策与实践[J]. 全球教育展望,2001(9):58-65.

对技能短缺问题的关键,这一点不仅对英国的教育和培训改革非常重要,对于正处于深化市场经济制度创新的社会转型期的中国也是必须考虑的问题。

一、从供给驱动到需求驱动:教育培训制度的选择

教育和培训制度是技能供给的基本途径。从历史的角度来看,技能市场有两种驱动方式:一是基于政府调节的供给驱动;二是基于市场调节的需求驱动。这两种模式代表了支配教育和培训的两种相反方向。实际上,这两种调节模式在任何一个教育培训制度中都不同程度地存在。① 英国教育和培训制度的改革趋势是从供给驱动转向需求驱动。这也是其他国家存在的普遍趋势。

(一)供给驱动模式:教育和培训的扩张

"二战"之前,各国普遍没有建立正式的教育和培训制度。这主要是因为在最初的产业发展阶段,市场对技能劳动力的需求较少,甚至还存在"技术排斥技能"的现象,因此,政府很少涉足技能培训。企业对技能劳动力的需求往往通过传统的学徒培训来满足,这也是个人进入技能性工作岗位的必要条件。这种非正式的学徒培训制,由行会或企业依靠传统和习惯进行管理,政府并没有发挥主要作用。即使存在一些职业学校,也大多是民间团体设立的,主要面向贫困儿童——他们没有能力支付接受普通教育的费用。职业教育更多地是作为一种慈善事业而存在的。这种状况也造成职业教育在人们心目中地位低下。从19世纪中期到20世纪上半期,各国政策的焦点主要是普通教育问题。20世纪50年代以后,世界经济进入了一个高速发展的黄金时期。技术进步极大地促进了经济增长。据统计,西方发达国家"二战"以来经济增长的70%～80%依靠科学技术创新。此外,产业结构也开始升级。从50年代到60年代,各个发达国家相继完成了工业化过程,工业成为主导的产业部门。工业化过程创造了大量技术性工作岗位,对技能劳动力的需求急剧增加。分散的、效率低下的学徒培训显然无法满足这种急剧增长的技能需求。人口因素也是各国建立正规职业教育制度的一个主要推动力。"二战"以后,欧美各国的人口出生率大幅上升,40年代后期出现了"婴儿潮",这造成60年代青年人数迅速膨胀,他们需要就业或继续接受义务后教育。人力资本理论也使各国政府相信人力资本的积累可以加速经济增长。在这种情况下,依靠政府的力量提供更多的教育培训机会成为必然的趋势。

---

① Pascaline Descy & Mansfred Tessaring, Traning and Learning for Competence: Second report on vocational training research in Europe (executive summary) [R/OL]. Luxebourg: Office for Official Publications of the European Communities, 2001, [2004-2-6], http://www. fetac. ie/PDF/det_stands_policy_doc_280905. pdf.

从 60 年代，几乎所有发达国家在教育和培训改革过程采取了以人力规划为基础的供给驱动模式。根据英国经济学家巴洛夫的观点，经济发展和相应的人力需求都是可以"预测"和"规划"的，通过教育和培训可以满足这种"预期"的人力需求。这也成为供给驱动模式的基本思路：根据政府的经济发展规划进行"人才预测"，根据所预测的结果制订出"人力发展规划"，然后要求职业教育机构按"人力规划"提前培训人才，以形成一定数量的"人力储备"；职业教育则通过这种主动的"人力供应"来促进经济发展。该模式的基本特征是由政府根据未来人力需求的预测对教育和培训的发展做出规划以确保技能供给和需求相协调。1945 年英国珀西报告就指出，英国职业教育长期以来存在的一个问题是"缺乏一个统一协调的中心"。根据该报告的建议，在英格兰和威尔士各个地区成立了地方咨询委员会，1948 年又设立了中央的协调和咨询机构——国家产业和商业教育咨询委员会。当然，最典型的措施还是效仿瑞典人力规划制度建立的 MSC，其职责是对英国的技能需求进行预测并据此来规划教育和培训的规模。这种人力需求预测之所以能够得到人们的认可，主要有两方面的理由：①市场失灵使劳动力市场难以解决技能供给不足和过剩的问题。②虽然技能劳动力之间存在替代，但替代的可能性是有限的。[①] 因此，政府应该并且能够准确地评估未来的技能需求的规模、类型和水平，处于政府管理之下的公共教育和培训机构根据预测设置相应的专业、课程计划并确定招生人数。当然，在不同经济体制下，政府所发挥的作用是有差异的。在计划经济条件下，政府的规划是指令性的，而在市场经济条件下，政府往往通过其他的方式（比如拨款）间接地发挥指导作用。从这个意义上看，目前我国教育制度也具有明显的供给驱动模式的特征。供给驱动的教育培训模式可以用图 5-2 表示。

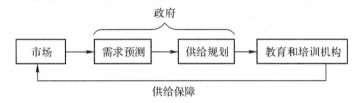

图 5-2　供给驱动模式的运行机制

由此看出，供给驱动模式是一种政府主导的教育培训模式，政府根据对未来技能需求的数量、种类和层次进行预测，在预测的基础上确定相应的培养计划，然后通过直接或间接的方式控制或影响技能的供给。这种模式有利于政府对教育和培训的管理和控制，而且公共经费在一定程度上能够弥补私人技能投

---

① 毛建青. 职业需求与教育资格的转换：人力需求预测在教育规划中应用的关键环节[J]. 教育科学，2007(1)：41.

资不足的问题。此外,克里斯·爱德华认为,"供给驱动模式可以发挥培训的规模效益,并通过技能需求的预测明确培训的方向。"①不过,这种模式可能造成技能供给与需求不匹配。在供给驱动的模式下,政府和教育培训机构更多地关注供给问题,却很少考虑市场是否"需要"。尤其是培训机构往往并不关心学生的就业问题,因为它们认为自己的责任是为更多的人提供教育和培训机会,而不是帮助他们就业,而且战后的经济繁荣也创造了大量的就业机会。"教育培训机构需要做的是根据政府的规划培养劳动力而不是对需求的变化作出灵活的反应。"②因此,供给驱动模式的主要问题是刚性的规划和管理与动态的市场需求之间的错位。政府预测的准确性直接决定了技能供给和需求的匹配程度。英国国家审计办公室(NAO)曾经指出,负责培训规划责任的 MSC 却缺乏有关企业技能需求和失业者技能状况的全面资料。③ 在这种情况下,技能需求的预测准确性是可想而知的。此外,客观存在的"政府失灵"现象往往直接制约了这种人力预测和规划的可行性。实际上,福斯特早在 60 年代就对这种供给驱动的人力规划模式提出了异议。首先,"人力预测"的准确性很值得怀疑。市场的动态性使经济增长对劳动力的需求难以估计;其次,根据这种假设的人力需求所建立的"大规模人力培训计划"往往脱离实际的就业状况,一旦经济增长不足以消化和吸收"人力规划"所提供的劳动力,就会造成严重的人力和物力浪费,而且会加重失业问题。④ 因此,根据他的观点,技能供给只能是对技能需求的被动反映,而不可能面向未来的尚未存在的技能需求。他认为,经济发展的技能需求是通过劳动力市场反映出来的,职业教育只能根据劳动力市场已经出现的技能需要尽快培养出劳动力。因此,福斯特在否定以"供应"为目标的"人力规划"的同时,也否定了"人力储备说"。不过,在 60 年代,他的观点并没有引起各国政府的关注和重视。其主要原因除了对技能劳动力的数量需求之外,还表现在从战后到 60 年代末,资本主义生产还是以福特主义经济模式为主,这不仅创造出一种大规模、标准化的生产体系,而且也带来了产品及大众消费方式的标准化。供给驱动模式的标准化、规模化恰恰可以适应这种需要。不过人们并没有意识到这种规模化供给模式潜在的消极后果。

① Alison L. Booth & Dennis J. Snower. Acquiring skills: market failures, their symptoms and policy responses[M]. Cambridge University Press, 1996, p. 245.

② Cabinet Office. In Demand: Adult Skills in the 21st Century, A Performance and Innovation Unit Report[DB/OL]. December 2001, [2006-6-12], http:// cabinetoffice. gov. uk/strategy/work_ areas/.../su adult skills pdf. ashx.

③ Andrew Pollaro, June Purvis & Geoffrey Walford. Education, Training and the New Vocationalism: experience and policy [M]. Open University Press, 1988, p. 26.

④ 石伟平. 比较职业技术教育[M]. 上海:华东师范大学出版社,2001:329.

(二)需求驱动模式:没有需求就没有培训

1973 年爆发的席卷全球的经济危机带来了严重的社会问题,整个资本主义社会处于通货膨胀和经济停滞、高失业率并存的困境中。资本主义生产模式从福特主义时代进入后福特主义时代。在供大于求的过剩经济时代,企业只有不断地满足消费者的个性化需求才能获得竞争优势,生产过程和社会分工的弹性加强,这使企业的技能需求表现出了明显的不稳定性。在这种情况下,对未来的技能需求进行准确的预测更加困难。企业组织的扁平化也要求劳动力具有较强的灵活性和主动性。在过分专业化的供给驱动模式下,受训者显然缺乏这种能力,因此一旦技能需求和社会分工出现变化,他就会面临失业的处境。这也就是说,通过静态的技能供给来满足未来的动态的技能需求是不切实际的。"社会正在开始拒绝制度化教育所产生的成果,这在历史上也是第一次。""这个教育体系难以适应日益发展的社会需要。它所教育出来的人并没有受到恰当的训练,因而不能适应社会的变化。当这种体系所授予的资格和技术不能满足社会的要求时,这些社会便拒绝接受这些毕业生。"60 年代的"教育大爆炸"造成的辍学率居高不下,并非是因为教育的内在缺陷,而是根据规划改革的教育实际上并不能真正满足具体需求。①

70 年代后期,"人力规划"和"教育扩张说"逐渐失去市场。公共物品供给领域中"政府失灵"使政府作为公共物品的唯一供给者已经失去了合法性的依据。世界银行也发现,在过去 50 年中,政府角色的扩展带来了严重的消极后果,规模庞大且角色日益扩张的政府被证明是无效的。"教育和培训作为公共服务由公共机构作为垄断性的提供者来提供不可能产生好的结果"②。面对日益恶化的失业问题,备受危机困扰的西方国家所面临的问题不再是"供给不足",而是"如何供给"。政府自然更不会对威胁自身政治前途的失业问题等闲视之,普遍表现出一种强烈的倾向:"将提供培训作为解决失业问题的一种途径。"③它们相信培训将创造就业机会,这种观点在相当长的时间里影响了教育培训政策的目标。从 70 年代到 90 年代初,英国保守党政府试图用各种各样的培训计划来解决失业问题。不过,这种就业导向的培训政策是以牺牲质量为代价来扩大培训规模以缓解失业问题的,无法真正满足企业的技能需求,从而使企业对这些培

---

① Colin Crouch, David Finegold & Mari Sako. Are skills the answer? The Political Economy of Skill Creation in Advanced Industrial Countries[M]. Oxford University Press,1999,p. 219.

② Robert Mcnabb & Keith Whitefield. The Market for Training:Inernational perspectives on theory, methodology and policy[M]. Avebury,1994, p. 59.

③ Claudio de Moura Castro. Training policies for the end of the century[DB/OL]. UNESCO: International Institute for Educational Planning, October 1995, [2008-1-16], http://www.unesco.org/education/pdf/23_95.pdf.

训政策产生消极的态度,这种倾向反过来并没有明显地提高受训者的技能水平,这使企业难以通过这些培训措施满足自身的技能需求,从而影响了人们接受培训的积极性,形成一种恶性循环。在失业率居高不下的情况下,各个国家的技能政策都不同程度地存在这个问题。一些相关研究也认为,"通过培训计划以解决失业问题并非可取的措施。"①一方面是培训的成本较高,另一方面这还会造成培训的"贬值",不利于为受训者创造就业机会。提供高质量的、满足市场需求的教育和培训成为许多国家不得不面对的挑战。

由于失业培训和市场需求错位,许多人在培训结束以后仍然处于非自愿的失业状态,技能短缺问题依然很严重。各国政府不得不寻找新的出路。从 80 年代后期,一种新理念——需求驱动(demand-driven)模式逐渐引起人们的兴趣。简而言之,这种模式的基本思想是"没有需求就没有培训"。换句话说,政府和培训机构应该根据市场需求提供相应的培训,保证技能供求的协调。需求驱动模式的始作俑者是世界银行。从 60 年代以来,世界银行为各国的教育和培训政策提供了大量贷款,但是却发现这些措施并没有使人们得到合适的就业机会。因此,世界银行开始调整贷款政策。1991 年,世界银行发表了《20 世纪末的培训政策》(Vocational and Technical Education and Training),推动了"需求驱动运动"(demand-driven movement)。在该报告中,世界银行认为,"以需求为动力的职业教育能满足市场需要,而以供应为其目标的职业教育则较少有成效。"主要原因有以下几个方面:①无论在市场经济还是计划经济条件下,经济增长都具有不确定性。②人力需求预测模式认为一定的经济或产出增长目标需要相应的技能投入。事实上,企业对不同技能劳动力的价格是很敏感的,很可能为了降低生产成本而降低技能需求。③人力需求预测的假设是一定的工作需要相应的类型和层次的劳动力。事实并非如此,不同技能水平和结构的劳动力很可能从事同样的工作。④人力规划强调依靠公共培训应该可以满足预期的技能短缺,而不考虑成本和其他的技能供给的途径(比如私人培训机构),这也是有问题的。② 相比之下,"与以公共培训机构为主的供给驱动模式相比,依靠私人培训机构的需求驱动培训模式的效果更好。"③与此同时,国际劳工

---

① Claudio de Moura Castro. Training policies for the end of the century[DB/OL]. UNESCO:International Institute for Educational Planning, October 1995, [2008-1-16], http://www. unesco. org/education/pdf/23_95. pdf.

② The World Bank. Vocational and Technical Education and Training:A World Bank Policy Paper[R]. Washington, D. C. May 1991.

③ Paul Bennell & Jan Segertrom. Vocational Education and Training in Developing Countries:Has the World Bank got it right? [J]. International Journal of Education Deveopment, Vol. 18, No. 4, 1998,pp. 271-287.

组织(ILO)也在相关文件中指出各国应该提供符合市场需求的技能培训。许多学者也从理论上对"需求预测"和"人力规划"进行了批判。克罗斯等人认为，"教育和培训政策的关键问题是使技能供给与劳动力市场的技能需求保持一致。"[①]在这种状况下，"需求"成为各国教育和培训改革的主要动力。

从80年代末，英国政府开始放弃供给驱动模式，试图建立一种需求导向的教育培训制度。当然，需求驱动模式与"规划"并不矛盾。其本质的区别在于"谁来承担规划的责任"。在供给驱动模式下，政府根据对市场的预测确定技能供给。在英国，MSC代表政府负责人力规划，尤其是在撒切尔政府上台以后，MSC甚至成为公共政策的执行机构，失去了独立的地位。企业在80年代的培训计划中也仅仅是"参与者"。个人和企业的技能需求并没有受到关注。直到80年代末TEC取代MSC，才真正使技能的消费者——企业——成为培训改革的主导力量。企业主导下的TEC通过市场化的方式直接地影响了技能劳动力的培养。从某种程度上，TEC承担起了技能供给的"规划"责任。当然，与政府的规划相比，这种规划更加灵活，能够较好地促进技能供给和需求的协调。新工党政府延续并进一步强化了这种倾向。2006年雷切尔报告的核心建议就是建立"彻底"的需求驱动模式。"人力预测和规划不能有效地满足企业、个人和整个经济增长的需求"，"建立需求导向的教育培训制度是促进企业和个人技能投资、保证更多的投资有效地提供市场需要的技能的唯一途径。"[②]该报告建议加强企业在技能培训方面的作用。企业通过SSC在资格的管理方面承担更多的责任。需求导向的拨款制度也是雷切尔报告的主要内容。教育培训机构必须满足消费者的需求，才可以获得公共拨款。图5-3表示"需求驱动模式"的基本运行机制。政府对劳动力市场起宏观的调控作用，不过不再对技能供给进行具体的干预，而是加强市场(需求)和教育培训机构(供给)之间的联系，使教育培训机构针对市场需求的变化作出灵活、及时的反应，有效地促进技能供给和需求的平衡。

政府管理规划和市场驱动需求导向是教育和培训制度的两个极端。政府管理主要体现在通过集权规划来控制教育供给。教育和培训不能完全由国家制度控制，因为预测需求的变化是不可能的。如果依靠劳动力市场需求来控制教育和培训，必须采取以下原则：分权化、去管制化。市场管理建立在教育和培训的消费者的反馈基础上。教育和劳动力市场相互依赖。"市场—国家"

---

①　Chris Briggs & Jim Kitay. Vocational Education and Training, Skill Formation and Training and the Labour Market[DB/OL]. NSW Board of Vocational Education Training, October 2000. [2008-3-2], http://www.bvet.nsw.gov.au/pdf/vetsklllabourmarket.pdf.

②　DfES & LSC. Delivering World-class Skills in a Demand-led System[DB/OL]. January 2007, [2008-6-10], http://readingroom.lsc.gov.uk/lsc/National/nat-deliveringworldclassskills-jan07.pdf.

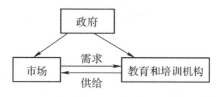

图 5-3　需求驱动模式的运行机制

(market-state)二分法一直被看作是认识教育和培训之间关系的基本的方法论。市场和政府两种协调模式都存在不足。最佳的状态是既使教育和培训体现市场需求,同时避免过度的官僚化,允许选择性方案的运用。比如法团主义管理或网络(将不同利益的相关者团结在一起),使教育和培训更加灵活,提高其应变性。专业性组织和社会合作者通过将有共同利益的相关者集合在一起发挥协调作用,从而在中观和宏观层次在教育和培训的需求与供给、劳动力市场技能需求与供给之间建立桥梁。①

(三)技能供给:技能需求的消极反应

"市场"或者"需求"逐渐成为各国教育培训改革的驱动力。不过,如何对待"需求"是一个应该注意的问题。"没有需求就没有培训。"这种观点一方面说明了需求对供给的重要性,另一方面也隐含着这样的结论:供给是对需求的消极反应。从理论上,短缺表现为需求大于供给,如果需求相对不足还有可能造成过剩。然而,劳动力市场和其他市场的特殊之处就在于劳动力的供给往往滞后于需求的变化。在经济发展和技术进步的情况下,各种制约因素使劳动力的供给不能及时地反映市场需求的增长;在经济衰退等因素造成市场需求减少时,一些因素(比如人口因素)又可能造成劳动力供给的刚性,从而带来相应的就业问题。从目前看,各国面临的技能短缺普遍表现为技能供给不能有效地满足经济增长的需要,而技能供给相对不足又是前期的需求不足造成的。英国技能短缺问题产生和存在的原因之一就是企业和个人对技能的需求不足,从而对技能培训采取消极甚至抵制的态度,一旦技能劳动力的替代弹性下降、市场的技能需求增长时,技能供给不足的问题就充分暴露出来。因此,对技能需求应该采取一种积极的态度。

人们对当前的教育和培训缺乏兴趣并非意味着他们的需求不足,而是因为这些教育和培训无法满足他们的需求。目前,人们越来越清楚地意识到技能的重要性,也需要通过教育和培训提高自身的技能水平,但是职业教育显然难以

---

①　Chris Briggs & Jim Kitay. Vocational Education and Training, Skill Formation and Training and the Labour Market[DB/OL]. NSW Board of Vocational Education Training, October 2000. [2008-3-2], http://www.bvet.nsw.gov.au/pdf/vetskllabourmarket.pdf.

实现这个目的,这必然会造成人们对职业教育的消极态度。这种情况在许多国家都普遍存在。本文主要从以下两方面讨论技能需求问题。

1. 技能需求和职业教育的定位

人们对当前的教育和培训缺乏兴趣并非意味着他们的需求不足,而是因为这些教育和培训无法满足他们的需求。传统的职业教育定位是明确的,针对特定的工作岗位培养相应的技能劳动力。这使受教育者的技能和知识范围都很有限,制约了其今后的就业机会。当然,在工业化时代,严格的社会分工和有限的职业流动为这种培养模式提供了必然性。因此职业教育往往以"任务分析"(task analysis)为基础,即将特定岗位的职业活动分解为具体的工作任务,并对完成任务应掌握的技能、知识和态度等方面作出较为详细的描述,根据任务分析的结果制定培养计划。而在后工业化时代,工作岗位更新和变化很快,因此,以工作岗位(而不是个人)为中心的培养模式自然无法适应这种要求。过分强调专门技能的职业教育受到质疑。杜威认为职业教育不能仅仅理解为作为获得将来专门职业的技术的工具,"预先决定一个将来的职业,使教育严格地为这个职业作准备,这种办法要损害现在发展的可能性,从而削弱对将来适当职业的充分准备。"①曼斯菲尔德认为职业教育的教育目的有三个:为人们独立地从事经济活动作准备;使人们在民主社会中充分发挥公民的责任和权利;使每个人最大限度地发展其内在的才能。工具性是职业教育的一个主要功能,但是,这并不是它的本质属性,更不是它的唯一功能。因此曼斯菲尔德认为,职业教育应该包含以上三个目标。② 在他看来,职业教育和整个教育在目的上没有根本上的差异。这种大职教观在英国已经得到普遍认可。从 80 年代以来,英国政府的一系列改革措施都或多或少地体现了这种倾向。英国政府提出,"未来职业教育的主要目的必须是:使青年有很强的适应性。才能、用途的多面性是古典教育的目标,技术教育也应达到类似的目标。"③这也是未来职业教育发展的必然趋势。

世界银行指出,"需求驱动培训并不意味着培训机构消极地等待需求出现。"④这也就是说,职业培训能够满足未来的市场需求。当然这不是如同供给驱动模式那样对未来的技能需求进行"准确的预测和规划"(这恰恰是需求驱动模式所反对的),而是通过提高受训者的适应能力来实现这个目标。从 80 年代

---

① 国家教委职业技术教育中心研究所. 职业技术教育原理[M]. 北京:经济科学出版社,1998:17-18.

② Bob Mansfied & Lindsay Mitchell. Towards A Competent Workforce[M]. Gower, 1996, p. 3.

③ Bob Mansfied & Lindsay Mitchell. Towards A Competent Workforce[M]. Gower, 1996, p. 36.

④ The World Bank. Vocational and Technical Education and Training:A World Bank Policy Paper [R]. Washington, D. C. May 1991,p. 20.

开始,英国劳动力市场出现一个明显的趋势:对普通教育需求的迅速上升,而对专门职业资格的需求停滞不前。① 人们之所以倾向于选择普通教育而不是职业教育,一个主要原因就是企业主导的培训制度下,过分专门化的培训计划针对的是企业的即时需要而不是个人和社会的未来需求。70年代以后就业和技能需求日益明显的不确定性使这种教育培训模式的局限性更加突出。技术进步使产业结构不断变化,劳动力市场的流动性加剧,失业问题日益严重,这就需要个人具有良好的适应性和一般性技能,仅仅掌握针对某个企业或工作岗位的专门技能则随时有可能面临被淘汰的危险。英国70年代以来出现的技能劳动力在技能短缺的情况下"反常"失业的事实说明了以往职业教育培养专门技能的目标已经失去了市场。"技术教育不应只具有过于狭隘的职业性质或局限于一种技能的获得,因为瞬息万变是我们这个时代的特征。"②联合国教科文组织在《学会生存——教育世界的今天和明天》中明确指出,"教育应该帮助青年人在谋求职业时有最适度的流动性,便于他从一个职业转移到另一职业或从一个职业的一部分转移到另一部分。""培养关键能力以增强学生的灵活应变能力已成为各国教育家们的共识。"③这种观点也得到了英国政府的认同。这也成为80年代英国教育培训政策的出发点。YTS的主要目标就是"培养具有多方面才能和适应性、积极性的有能力的劳动者。"不过,这种改革理念并没有真正实现。长期以来,技能供给的主体——企业——关心的是降低生产成本而不是提高培训质量,企业往往把学徒看作是廉价劳动力而不是未来的技能人才。在放任主义模式下,英国一直缺乏对职业培训有效的质量管理,而且低成本竞争战略使英国政府也并不在意劳动力的技能水平,这进一步强化了企业对职业培训的随意性。在企业主导的教育和培训制度下,低水平的培训问题随处可见。在80年代,政府实施的一系列培训计划也存在同样的问题。撒切尔政府的一系列培训计划关注的是"失业"而非"技能",在财政紧缩政策下,如何利用有限的资金提供更多的培训岗位是政府的主要目标。因此,80年代英国职业培训的数量迅速扩大,不过大部分培训是短期性的。通过表5-1的数据,我们可以发现,在20世纪80年代为期一个月以内的短期培训增长幅度是最显著的。

---

① David Raffe, Karen Brannen, Joan Fairgrieve, *et al*. Participation, Inclusiveness, Academic Drift and Parity of Esteem: acomparision of post-compulsory education and training in England, Wales, Scoland and Northern Ireland[J]. Oxford Review of Education, Vol. 27, No. 2, 2001, pp. 173-203.

② 王承绪. 战后英国教育研究[M]. 南昌:江西教育出版社,1990:257.

③ 吴雪萍. 培养关键能力:世界职业教育的新热点[J]. 浙江大学学报(人文社会科学版),2000(6):56-59.

表 5-1　20 世纪 80 年代英国职业培训的期限变化情况

培训期限	男性劳动力			女性劳动力		
	1984	1986	1989	1984	1986	1989
一个月以下	1.8	3.6	4.9	1.5	3.2	4.9
1～12 个月	1.2	2.0	1.8	1.3	2.5	2.7
1～3 年	1.4	2.1	2.2	1.4	2.4	2.5
3 年以上	1.9	2.4	1.6	0.7	1.4	1.0

资料来源：Robert Mcnabb & Keith Whitefield. The Market for Training：Inernational perspectives on theory, methodology and policy. Avebury,1994, p. 41

撒切尔政府追求的是这种短期培训带来的明显的就业效应。不过,这种短缺培训对个人技能的积极作用是有限的。[1] 因此,受训者的就业前景并不乐观。这就削弱了继续教育和培训的吸引力,难以吸引高素质的受训者。德国规定离校青年必须接受一定职业培训,英国则强调人们的选择的自愿性。由于继续教育和培训的收益率明显低于普通教育,英国青年的继续教育和培训的参与率远远低于其他发达国家。直到 80 年代末,英国政府才开始试图通过"按结果拨款制度"加强对教育和培训的质量管理。80 年代末英国政府对企业培训责任和地位的强调反而强化了培训的专门性。NVQ 因其范围过于狭窄而备受批评。图 5-4 表明了青年人对资格类型需求的变化情况。[2]

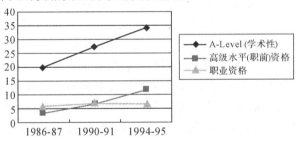

图 5-4　青年人对资格类型需求的变化情况

从变化趋势来看,青年人需求增长较快的不是职业课程,他们更愿意选择传统上作为大学入学资格的学术性资格——A-Level,或者作为接受高等教育途径的半职业性的全日制课程。选修 A-Level 课程的人数在短短的二十年间几乎增长了一倍。而过于专门化的职业课程则备受冷落。沃尔夫认为青年人

---

① Jaclie Lewis. Retraining the unemployed to fill the skills gap. In：Derek Bsoworth, Pat Dutton & Jackie Lewis, Skill Shortages：Causes and Consequences. Avebury,1992,p. 192.

② Wim J. Nijhof & Jan N. Streumer. Key Qualifications in Work and Education[M]. Kluwer Academic Publishers, 1998, p. 216.

选择普通教育的愿望是很理性的,因为很少有人在 16 岁就能够清楚他的未来,但是有一点却是确定的,那就是劳动力市场越来越不稳定,因此,对于他们来说,最好的选择就是学习能够有助于培养一般技能的课程。"就业的不确定性越大,一般技能投资的积极性越高,因为这种技能提供了流动性。"①新工党上台以后,对保守党政府的政策目标进行了调整,其中最重要的内容是对基础知识和基本技能的关注。尤其是 2006 年雷切尔报告更是将提高绝大多数成人的基本技能作为核心内容。从各国的教育改革经验看,技能供给不再是对技能需求的相对滞后的消极反应,而是通过提高个人的适应能力寻求对未来技能需求的积极主动的应变过程。这也是我国职业教育改革中要注意的问题。

2. 学校本位还是企业本位?

职业教育培训到底是采取学校本位模式还是企业本位模式? 这一直是人们争论不休的话题。实际上,19 世纪大多数的职业培训职责开始从企业向学校转移,这是产业革命带来的结果。随着技术的推广,相关的职业技能趋于标准化,对正规培训的需求规模迅速增长,这为职业学校的发展提供了条件。学校本位模式存在以下优点:①通过时间安排和课程选择上的灵活性提高学生的适应能力和选择机会;②有助于实现职业培训的规模效益;③职业学校可以获得企业培训无法获得的公共补助,而且规模效益降低了培训成本;④教学人员的专业化和课程的标准化有利于技能认证。巴洛夫的研究也为学校本位模式提供了注脚,他认为,与普通教育相比,职业教育有更高的投资价值,主张发展中国家应该将投资重点放在学校形态的职业教育上,通过开办职业学校培养经济增长所需的技能劳动力。职业学校成为"人力规划"和"人力供应"的主要途径。他的观点在当时得到了联合国教科文组织和世界银行的支持,世界银行 60 年代到 70 年代教育贷款的重点也倾向于学校形态的职业教育,尤其在非洲资助了许多"多样化的学校课程计划"。这对发展中国家职业教育产生了深远的影响。不过福斯特对学校本位模式提出了质疑,他认为,职业学校的成本远远高于普通教育,而且也没有能够产生预期的效果,许多毕业生选择的职业与其培训无关,造成"技术浪费",因此他强调了企业培训的重要性。英国经济学家布劳格也支持福斯特的观点,认为学校形态的职业教育"毫无意义"。80 年代,世界银行经济学家萨卡巴波洛斯对非洲一些发展中国家学校形态的职业教育进行了研究,结果表明,"学校课程职业化"并没有使学生获得教育和经济上的明显优势,而且"多样化的学校教育"是最昂贵、最难实施的教育形式。因此,他

---

① Chris Briggs & Jim Kitay. Vocational Education and Training, Skill Formation and Training and the Labour Market[DB/OL]. NSW Board of Vocational Education Training, October 2000. [2008-3-2],http://www.bvet.nsw.gov.au/pdf/vetsklllabourmarket.pdf.

认为,世界银行多年来所倡导的"多样化课程计划"是一个"失败的计划"。[①] 这些研究结论促使世界银行改变了对学校本位职业教育的态度,转而支持企业本位职业培训。这一点在 80 年代各国政府对能力本位职业模式的重视上得到了充分的体现。

企业培训也是一种非常重要的人力资本投资方式。"企业对专门技能的需求难以通过正规教育得到满足。"[②]企业培训就成为弥补正规教育不足、满足企业即时需要的基本途径。贝克尔也承认学校和企业的互补关系。多林格和皮埃尔的内部劳动力市场理论从另一个角度强调了企业培训的重要性。他们认为企业内部劳动力市场的形成主要依靠技能专门化和在职培训。[③] 对于企业来说,内部劳动力市场有以下几方面的好处:①降低员工的流失率,提高企业专门培训投资的收益。②节约企业从外部劳动力市场招聘员工需要大量的招聘、筛选和入职培训的费用。③内部劳动力市场为企业提供了大量关于员工素质的信息,可以避免信息不对称问题,有利于劳动力和岗位的匹配。④内部劳动力市场的工作阶梯结构为员工提高技能提供了激励。⑤内部劳动力市场有利于促使员工和企业建立紧密的关系,提高员工对企业的认同感,这可以使其更加努力,提高其劳动生产率。

不过,企业培训并不能孤立地发挥作用,这恰恰是英国企业本位培训制度的根本缺陷。索斯凯认为,英国不能指望通过企业本位培训摆脱低技能均衡状态。英国职业培训历来是以企业培训为主的,而且也相信企业同时作为技能的供给者和需求者可以更好地实现技能供求的平衡。在 60 年代之前,全日制职业学校寥寥无几。因此,企业缺乏和职业学校合作的条件,同时,传统学徒制的特点使企业没有与职业学校共同培养劳动力的动力。英国的职业教育(企业培训)和普通教育之间也长期保持对立的状态,两者都有各自不同的"目标群体"(target group)。人们认为不同的人应该接受不同的教育。从三类学校制度、双重制高等教育到国家资格制度的确立,这些措施都明确了职业教育和普通教育的不同的目标群体性质。杰夫·艾兰和约翰·阿尔认为,70 年代后期以来义务后教育和培训计划实施的效果不佳强化了人们对职业教育的消极看法。[④] 而高

---

① 石伟平. 比较职业技术教育[M]. 上海:华东师范大学出版社,2001:332-335.

② [美]德里克·博斯沃思. 劳动市场经济学[M]. 何璋,张晓丽译. 北京:中国经济出版社,2003:336.

③ Alan Felstead, Francis Green, Ken Mayhew & Alan Pack. The Impact of Training on Labour Mobility[DB/OL]. September 1999, [2008-2-16], http://www. cf. ac. uk/socsi/contactsandpeople/alanfelstead/Green, Felstead, Mayhew&Pack-The_impact_of_training_on_labour_mobility. pdf.

④ Sue Richardson. What is a skill shortage? [DB/OL]. NCVER, 2007, [2008-1-25], http://www. ncver. edu. au/research/proj/nr4022. pdf.

度选拔性的普通教育使大多数青年没有进一步接受高等教育的机会。这样就影响了其在义务教育阶段的学习态度,对义务教育质量无疑会产生消极影响,同时也弱化了他们接受继续教育和培训的积极性。1989/90 年,英国义务后教育和培训的就学率只有 37%,而其他发达国家大多在 60% 以上,其主要原因之一是许多离校青年并没有为继续学习作好准备。"学校在很大程度上不符合青年的自我发展愿望,大部分人希望义务教育结束以后就放弃学习。这与日本和德国青年对自我发展的强烈愿望形成反差。"①教育质量的不足对企业培训产生了直接的影响。NIESR 对英国和荷兰劳动力的技能状况进行了研究,发现荷兰劳动力技能明显高于英国相关产业部门,认为这是因为"荷兰的职业教育和培训体系主要是建立在全日制学校教育基础上的,而荷兰企业从这一职业教育和培训体系中获得了竞争优势。"

根据世界银行的看法,职业教育和普通教育的关系应该由原来的"替代"关系变为"互补关系",采取"普育在前,职教在后"的模式,这是因为高质量的普通教育可以为个人提供良好的适应能力和认知能力。布斯和斯诺的研究结果表明,"企业提供的在职培训的数量主要取决于教育制度的质量。"②萧今等人对我国企业培训的调查结果也证明了这一点。无论在东部地区还是西部地区,普通高中毕业生接受培训的机会是最多的,这"并非是他们的工作技术需要特别的培训,而是雇主发现普通高中毕业生比职业高中毕业生接受能力强,更能向其他同级或者低一级的技术熟练工人传播所学到的技术。因此,多向他们提供培训是合算的。"③同时,他们还发现,"无论什么教育背景的职工都有相当大比例接受在职培训。这表明职业高中的毕业生并不见得比其他教育背景的职工有特别的技术优势,可以不接受在职培训直接上岗。"④这个结论与我国职业教育现状是背道而驰的。目前,我国职业教育仍然以学校本位模式。"企业培训"往往被排斥在职教范畴之外。"我们通常所说的职业教育,主要是指职业技术学校教育。"⑤《职业教育法》对企业的培训责任作出了规定,"企业可以单独举办或者联合举办职业学校、职业培训机构,也可以委托学校、职业培训机构对本单位

① Denis Gleeson & Ewart Keep. Voice without accountability: the changing relation between employers,the State and education in England[J]. Oxford Review of Education, Vol. 30, No. 1, March 2004,pp. 37-63.

② Booth & Snower. Accquiring Skills[M]. Combridge University Press, 1996, p. 2.

③ 萧今,黎万红. 发展经济中的教育与职业——效益、关联性、公平性和多元取向[M]. 天津:天津人民出版社,2003:97.

④ 萧今,黎万红. 发展经济中的教育与职业——效益、关联性、公平性和多元取向[M]. 天津:天津人民出版社,2003:97.

⑤ Derek H. Aldcroft. Education, Training and Economic Performance: 1944 — 1990 [M]. Manchester University Press, 1992,p. 17.

的职工和准备录用的人员实施职业教育。"不过这种规定对企业来说并没有强制性，是否提供职业培训最终还是由企业决定，缺乏法律上的约束力。供给驱动模式的弊端依然很明显，技能供给与社会需求脱节，较高的成本并没有带来相应的收益，造成资源浪费。福斯特发现，在非洲，中等技术教育的毕业生大部分并不在相应的培训职业就业。2004 年，上海市教科院对 700 名中职毕业生的调查说明，一半以上的毕业生初次就业岗位与所学专业不一致。这意味着职业学校并没有发挥预期的效益。人们往往习惯于用"就业率"来说明职业高中的作用，实际上，就业率很难反映问题的全部。随着工作的复杂性和责任性提高，一般理论和认知内容受到越来越多的关注。世界银行指出，技术变革提高了技能性岗位所需要的认知和理论知识，这需要劳动力具有基础能力，使以后的再培训更有效。"依靠公共资源提高劳动力的生产力和灵活性最有效的方式是中小学阶段的普通教育投入。"以扎实的普通教育为基础的专门技能培训有更好的效果。因此，对于我国职业教育的发展来说，在加强企业培训的同时还需要提高普通教育的质量。

二、从竞争到合作：利益相关者的关系

(一)利益相关者：竞争还是合作

利益相关者理论产生于 20 世纪 60 年代，此后许多学者对利益相关者提出了各自的定义。弗里曼认为，"利益相关者是任何能影响组织目标实现或被该目标影响的群体或个人。"[①]这个定义不仅将影响组织目标的个人和群体视为利益相关者，同时还将受组织目标实现过程中所采取的行动影响的个人和群体也看作利益相关者。教育和培训制度对经济增长、社会进步和个人发展都具有非常重要的作用，虽然并非传统的组织实体，但是作为一种政府提供的公共产品，其利益相关者的范围更加广泛，充斥着复杂的利益关系和利益冲突。根据利益相关者理论，所有受教育培训影响的利益相关者都有参与教育决策的权利，教育培训制度的主要管理者——政府——负有服务于所有利益相关者利益的责任，教育培训制度的目标应该是促进所有利益相关者的利益，实现利益相关者整体利益的最大化，而不能以某一部分利益相关者的利益最大化为目标。尽管从长期来看，各个利益相关者之间的根本利益是一致的，但在短期内，各个利益相关者之间仍然存在着不同程度的利益冲突，这是因为不同利益相关者对教育和培训的利益诉求存在差异。如果这种利益冲突没有得到有效的解决，最终会造成所有群体的利益都将受到损害。政府在教育决策过程中必须在诸多利益

---

① Brad L. Rawlins. Prioritizing Stakeholders for Public Relations[DB/OL]. March 2006，[2008-6-2]，http://www. instituteforpr. org/files/uploads/2006_Stakeholders. pdf.

相关者之间寻求一种平衡。在缺乏外部制度约束的情况下,各个利益相关者都是以追求自身利益最大化为目标的,表现为非合作博弈的关系。在教育培训政策上同样如此,相关的利益群体往往不遗余力地影响政府的教育培训政策以满足自身的利益需要,即使这种利益的满足是以牺牲他人利益和社会利益为代价的。而利益相关者之间力量的不均衡性也为强势的利益相关者获得更多的利益提供了条件。不过这种非合作博弈的结果对社会来说并非帕累托最优状态。①

英国的技能短缺问题本质上即是利益相关者之间非合作博弈的结果。在英国,教育培训的利益相关者之间更多的是竞争而不是合作的关系。这可能有三方面的原因。首先是在学徒制和放任主义传统下,职业培训主要是企业的个体行为,尤其是 20 世纪 60 年代之前。企业往往过多地考虑自身利益和眼前利益,却忽视了其他利益相关者以及整个社会的利益。其次,利益相关者长期以来的对立传统。在彼此的对立关系中,工会和企业之间的矛盾尤其明显。作为工人利益的代言人,英国工会在相当长的时期内是作为企业的对立面而存在的,工会和企业的对立表现为"工资和利润的对立",随着"英国病"的深化,工资和利润的对立尖锐起来,这也使工会和企业的冲突不断加剧。尽管在某些产业部门,工会和企业也存在合作,不过这种合作往往出于其他目的(比如工资谈判),培训问题很少受到关注。② 至于英国政府,它首先关心的是资本主义制度的生存,因此在工会和企业的冲突中是作为调整双方关系和避免冲突激化的"第三者"的形式出现的。如果工会力量过大,政府就站在企业一边,与工会相抗衡;如果企业力量过大,政府就会对企业加以制约。"工会、企业界和政府三种力量形成了三足鼎立的新形势。"③因此在企业和工会心目中,政府也并非真正的合作伙伴,尤其是 80 年代到 90 年代,政府和企业更是坚定地站在了工会的对立面。撒切尔政府认为强大的工会力量被认为是造成劳动力市场的"刚性"的原因之一。④ 为了促进劳动力市场的灵活性,英国政府通过了一系列立法以限制工会在工资制度上的垄断权力。在劳资关系的天平上逐渐向企业倾斜。"政府与工会之间的关系不再是共识政治时期的那种平等的'伙伴关系'"⑤。这

---

① 陈潭. 集体行动的困境:理论阐释与实证分析——非合作博弈下的公共管理危机及其克服[J].中国软科学,2003(9):139-144.

② Ian Finlay, Stuart Niven & Stephanie Young. Changing Vocational Education and Training [M]. Routledge,1998,p. 24.

③ 罗志如,厉以宁. 二十世纪的英国经济——英国病研究[M]. 北京:人民出版社,1994:440.

④ Diane-Gabrielle Tremblay & Irène Le Bot. The German Dual Apprenticeship Sysytem Analysis of Its Evolutional and Present Challenges[DB/OL]. Research Note NO 2003-4A, P. 22, [2008-2-2], http://www. teluq. uquebec. ca/chaireecosavoir/pdf/NRC03-04A. pdf.

⑤ 王皖强. 国家与市场——撒切尔主义研究[M]. 长沙:湖南教育出版社,1999:259-260.

使英国劳资关系发生了根本性的变化,重新构建了工会和企业之间的力量对比。第三,英国的政治制度。在英美等国,奉行"胜者为王"的竞选规则,所有政党都需要通过竞争而不是合作赢得大选的胜利,因此对以利益相关者的合作为核心的法团主义缺乏兴趣。因此,60年代的职业培训法以共识模式取代了放任主义模式,试图在企业、工会、政府和教育机构之间建立合作伙伴关系。然而,事实上,英国教育和培训的共识模式更多地是形式或组织上的。各个利益相关者之间的关系是貌合神离的。三方面的因素制约了政府干预和合作机制的有效性。首先是不同利益相关者对政府干预的必要性并没有形成共识。企业尽管承认自身培训不足,但是仍然拒绝政府的干预,强调企业培训应该完全由企业控制,反对通过法律手段对受训者和企业的权利和责任作出详细规定,对合作决策机制的参与也持消极的态度。工会对政府干预的支持也局限于技术学院的脱产培训而不是产业培训,主要是因为担心政府的干预会影响技能劳动力的工资水平。[①]　其次,各个政府部门彼此之间缺乏积极的配合。"1961年和1962年间,英国也出现了明显的政策漂移(policy drift),各个部门都彼此斗争,试图决定政策的方向。"[②]这表明英国政府的政策协调性存在严重的问题。第三,CBI和TUC作为代表企业和工人利益的机构,缺乏必要的约束力以保证其成员之间的合作,而这恰恰是法团主义模式所必需的要素。上述因素都使英国利益相关者的"共识"仅仅表现在组织层面,缺乏必要的制度基础,明显地制约了政策的实施。值得注意的是,60年代产业培训法对企业培训作出了明确要求,规定第一年必须是脱产培训,这样可以将理论学习和实践结合起来,而且脱产学习不允许专门化,所有受训者都必须学习一些共同的课程,一年以后再学习专门技能。[③]　这种措施带有明显的双元制特征,为企业和学校的合作提供了法律基础。但是ITB缺乏必要的强制力对企业的培训行为作出约束和监督。而且产业培训法并没有对职业教育机构作出统一的要求,也就是说,产业培训法并没有真正使双元制制度化。因此,企业和学校之间的合作仍然没有制度支持。在60年代以来的改革中,各个利益相关者都试图对教育培训政策施加影响,却没有真正达成共识,因此英国的教育培训改革过程始终被各种不同的教育观点所困扰,教育分权和中央政府的有限控制进一步加剧了这种状况。这使共识模式形成的许多措施受到了一些利益相关者的批评甚至抵制。撒切尔政

①　Hugh Pemberton. The 1964 Industrial Training Act: a failed revolution[DB/OL]. Bristol, 30 March 2001, [2008-1-6], http://seis. bris. ac. uk/~hihrp/Seminars/2001%20EHS%201964%20ITA. pdf.

②　Alison L. Booth & Dennis J. Snower. Acquiring skills: market failures, their symptoms and policy responses[M]. Cambridge University Press, 1996. p. 250.

③　王承绪. 战后英国教育研究[M]. 南昌:江西教育出版社,1990:206.

府上台以后随即抛弃了工党政府确立的"共识"模式。各个利益相关者之间的合作被竞争性的契约关系所取代。撒切尔政府旨在建立一种"竞争性政府"以提高效率,却忽视了各个利益相关者之间的合作与协调。在企业主导模式下,狭隘的能力标准和职业资格难以满足其他利益相关者(尤其是作为消费者的个人)的需要。一些学者也认识到了这个问题。斯蒂夫·扬认为,英国的教育和训练政策应该"以特定的产业模式为基础,在相关决策者之间达成某种程度的共识。"①

新工党上台以后,认识到"由于技能投资的公共物品属性,利益相关者之间的合作至关重要。"②因此,再次肯定了社会合作机制的必要性。第三条道路的核心就是从"契约"转向"合作",强调利益相关者之间的合作而不是竞争。③ 约翰·阿希尔和吉奥·艾兰德认为英国经济具有明显的"股东资本主义"(shareholder capitalism)的色彩。这种模式过分关注短期的市场目标,造成技能需求和投资不足,相比之下,"利益相关者资本主义"(stakeholder capitalism)模式有利于促进长期的技能投资。④ 布莱尔接受了这种观点,提出以"利益相关者资本主义"经济取代过去的股东资本主义为特征的经济"的"新经济观点"⑤。新工党政府的教育培训政策的核心就是在政府、企业和劳动力之间建立新的高度信任的合作关系,在它看来,只有通过这种合作,才能确立高技能均衡的经济模式。新工党一方面仍然强调企业和个人的责任,另一方面强化了政府的干预角色,建立了政府、企业和个人三方的责任分担机制。英国内阁办公室在《需求之中:21 世纪的成人技能》(In Demand:Adult Skills in the 21st Century)中指出,"在 2010 年,英国将成为政府、企业和个人积极参与技能开发、实现可持续经济增长的社会。"⑥为此,新工党政府积极改善企业和工会的关系。1998 年,布莱尔在工党《工作中的公正》(Fairness at Work)白皮书的序言中指出,"政府的计划是通过促进伙伴关系来代替企业和员工的冲突观念"。随后颁布的

---

① Richard Layard, Ken Mayhew & Geoffrey Owen. Britain's Training Deficit: The Centre for Economic Performance Report[M]. Avebury, 1994, pp. 261-262.

② Mike Flude and Sandy Sieminki. Education, Training and the Future of Work II: Developments in vocational education and training[M]. London: Routledge & Open University Press, 1999, p. 40.

③ Philip Arestis & Malcolm Sawyer. "New Consensus", New Keynesianism, and the Economics of the "Third Way",[DB/OL] Working Paper No. 364,[2008-1-16], http://www.levy.org/pubs/wp/364.pdf.

④ John Ahier & Geoff Esland. Education, Training and the Future of Work I[M]. Routledge, 1999,p.39.

⑤ 卢山冰. 利益相关者基本范式研究[J]. 西北大学学报(哲学社会科学版),2008(3):76-80.

⑥ Cabinet Office. In Demand:Adult Skills in the 21st Century, A Performance and Innovation Unit Report[DB/OL]. December 2001, [2006-6-12], http:// cabinetoffice. gov. uk/strategy/work_areas/.../su adult skills pdf. ashx.

《1999年就业关系法》(Employment Relations Act 1999)明确提出建立劳资之间的伙伴关系。

在新工党的努力下,各个利益相关者逐渐放弃了对立和消极的态度,尤其是企业和工会的关系有了明显的改善。工会开始寻求与企业的对话和合作,共同开展劳动力的技能培训。2006年,TUC在报告《2020年技能展望》(2020 Vision for Skills)中一方面强调企业和政府必须增加技能投资,另一方面也要求工会在政府的技能战略中成为真正的社会合作者。[1] 总之,新工党将利益相关者的合作看作是有效实施技能战略的关键。新工党的合作模式明显地促进了不同利益群体对教育和培训的参与。新工党政府还关注教育政策的稳定性以促进个人和企业的长期技能规划,几乎所有教育文件的关键词都是"技能"。"政府的政策越是多变善变,它就越得不到社会各方面的信任和支持,而它越得不到信任和支持,它就越想再调整一下政策来换取社会上某一方的信任和支持。如此循环下去,政府作为特殊的'平衡力量'所起的作用就会不断减弱。"[2] 政策措施的频繁更迭恰恰是以往的英国教育改革过程存在的一个根本问题。这种变化虽然在一定时期使政府得到了某一方的较大好感或支持,却又在客观上造成了政策多变善变的社会印象,使社会各界感到政策的持久性难以信任。德里克·博斯沃思认为,"英国的长期繁荣在很大程度上取决于一种长期战略,它为技能的生产和利用提供稳定的环境,从而使人们顺利地实现技术和组织变革。"[3]这既是新工党政府的努力方向,也是其他国家在解决技能短缺问题时应该引起注意的。

德国的经验也进一步说明了利益相关者的合作对教育和培训的重要性。与英国相比,德国在实现利益相关者的合作方面有独特的制度优势。德国的选举制度支持不同党派之间的合作,培训政策就具有更多的共识倾向。[4] 德国实行比例代表制与"5%限制"相结合的选举制度。由于德国选民对某一政党在议会中占有绝对多数席位有着明显的警惕性,因此,德国政府是在妥协的基础上,由达成共识的政党共同组成联合政府,其政策取向也就是渐进的而不是全面的

① Richard Layard, Ken Mayhew & Geoffrey Owen. Britain's Training Deficit: The Centre for Economic Performance Report [M]. Avebury, 1994, p. 318.

② 罗志如,厉以宁. 二十世纪的英国经济——英国病研究[M]. 北京:人民出版社,1994:440.

③ 周丽华,李守福. 企业自主与国家调控——德国"双元制"职业教育的社会文化及制度基础解析[J]. 比较教育研究,2004(10):54-58.

④ Theresa Crowley-Bainton. United Kingdom: Encouraging employer investment [DB/OL]. December 1997, [2007-12-10]. http://www.ilo.org/public/english/employment/skills/training/publ/uk.htm.

变革。[1] 这种共识政治为德国利益相关者在教育培训上的合作提供了基础。社会合作力量全方位地参与职业教育和培训的工作,包括培训目标、培训标准的制定和培训的管理、拨款、监督、评估。"培训职业"(training vocation)的确定由主要的利益相关者(联邦、州政府、企业协会和行会)共同负责,规定只有满足下列条件时才会认可新的培训职业:①充分的长期需要,不仅仅是单个企业的需要;②提供连续的职业活动,而不考虑年龄;③提供具有广泛职业基础的培训;④培训期限在 2～3 年;⑤确保持续的培训和职业发展的基础;⑥在应用知识和技能的过程中培养承担个人责任的能力。这样使培训职业具有广泛的适用性。联邦职业教育科学研究所(BIBB)负责为培训职业制定培训条例。不过 BIBB 本身也具有明显的"共识"性质,其中央委员会由相同数量的企业联合会、工会、联邦政府和州政府的代表组成。尽管 BIBB 的经费完全来自联邦政府,却只有 25% 的表决权,而所谓的社会合作者(企业和工会)却拥有 50% 的表决权。由于 BIBB 与四个主要利益相关者保持密切联系,这样使不同的利益相关者的意见都可以在培训条例中体现出来。这也是德国职业教育之所以受到社会重视的主要原因。当然,这种以利益相关者合作为基础的共识模式也并非完美无缺,首先,共识的实现需要较长的时间,难以满足变革的需要。[2] 德国培训条例的修订和实施有时需要 10 多年的时间,这使培训条例缺乏灵活性。其次,共识意味着普遍的认同或一致,这必然使决策本身是对不同利益相关者个体利益的折中和妥协,不一定是高质量的解决方案。[3] 这也是德国政府面临的一个挑战。

(二)服务型政府和利益相关者的合作机制

利益相关者的共识与合作对技能短缺问题仍然至关重要。如何促进各个利益相关者的合作?

1.加强政府的服务职能

仅仅依靠市场或政府都不足以实现社会资源的最佳配置。"治理"(governance)成为弥补市场失灵和政府失灵的主要手段。政府放弃了过去的"统治"(government)角色,转而寻求通过"治理"协调利益相关者的矛盾和利益冲突。治理理论认为,"目标彼此冲突的各种行为主体之间的一种横向互动形式,这些行为体彼此相互独立,因而没有任何一个行为主体能够将自己的决定强加给其他行为主体;同时它们又相互依赖,即如果找不到一个解决问题的方

---

① [德]赫尔穆特·沃尔曼,埃克哈特·施罗德,比较英德公共部门改革——主要传统与现代化的趋势[M].王锋等译.北京:北京大学出版社,2004:3-4.

② Alison L. Booth & Dennis J. Snower. Acquiring skills:market failures, their symptoms and policy responses[M]. Cambridge University Press, 1996,p. 2.

③ Ian Finlay, Stuart Niven & Stephanie Young. Changing Vocational Education and Training:An international comparative perspective[M]. Routledge,1998,p. 89.

案,所有行为主体的利益都要受损。"①而"治理"则提供了解决问题和冲突的机制。在这个过程中,政府和各种非政府行为主体通常通过谈判达成彼此满意和对彼此具有约束力的决定,同时他们要在决定的实施过程中进行合作。"治理"与"统治"的最大不同之处在于,治理需要的权威并非是政府,而统治的权威一定是政府。统治的机构一定是社会的公共机构,其权力来自政府授权,而治理的机构既可以是公共机构,也可以是私人机构,还可以是公共机构和私人机构的合作。治理是政府与公民社会的合作、政府与非政府的合作、公共机构与私人机构的合作、强制与自愿的合作。此外,"治理"与"统治"在管理过程中权力运行方向不同。统治的权力运行方向总是自上而下的,它运用政府的政治权威,通过制定和实施政策,对社会公共事务实行单向管理。治理则是一个上下互动的管理过程,它主要通过合作、协商、建立伙伴关系、确立共同目标等方式实施对公共事务的管理,其权力流向是多元的、相互的,而不是单一的和自上而下的。总之,"治理"理论强调在政府和公民社会之间建立合作互动关系,鼓励公民积极参与政治生活和政府的有关决策。新工党政府的教育培训政策已经明显地体现了这一点。"第三条道路"的基本观点就是实现政府统治向社会治理的转变,建立合作包容的新型社会关系和新型政治中心。为此,布莱尔提出了建立基于伙伴关系和权力下放的"合作政府"(join-up government)。这也是利益相关者合作的前提条件。政府一方面避免对教育培训制度的过度或不适当的干预,另一方面也不再完全求助于市场来解决技能供求失衡的问题,而是通过积极的有限政府的姿态服务于社会的公共利益。

2.整合利益相关者的利益冲突

首先要确定教育和培训的利益相关者。教育和培训作为一种公共产品是为所有利益相关者的公共利益服务的。米切尔认为利益相关者需要具备三方面的性质,即影响力(power)、合法性(legitimacy)、紧迫性(urgency)。② 我们可以用这个框架对教育和培训制度的利益相关者进行分析。影响力是某一群体是否拥有影响教育决策的地位、能力和相应的手段;合法性是指某一群体是否被赋予法律意义上的参与教育决策的权力;紧迫性是指某一群体对教育培训的需求是否立即引起决策者的关注。根据米切尔的观点,教育和培训的利益相关者可以分为以下三类:①潜在型利益相关者。该利益相关者仅具有上述三项性质中的一项。比如,该群体可能拥有作用于教育培训政策的影响力,但是由于不存在合法关系和迫切性要求,它很少或者没有参与教育培训的决策过程,一旦取得合法性或者利益要求比较迫切,将会对教育和培训制度产生很大的影

---

① [美]菲利普·施密特. 民主化、治理和政府能力[J]. 经济社会体制比较,2005(5):40-44.

② 李洋,王辉. 利益相关者理论的动态发展与启示[J]. 现代财经,2004(7):32-35.

响。②预期型利益相关者。它们具有上述三项性质中的两项，与教育培训制度存在比较密切的联系。③确定型利益相关者。它们同时拥有对教育培训问题的合法性、权力性和紧迫性。决策者必须关注并及时回应它们的要求。不过，利益相关者的分类是动态的，比如预期型利益相关者可以通过获得缺乏的另一个属性而成为权威型利益相关者。因此，政府应该而且也可以通过立法和经济手段改变制度结构、明确相关力量的责任，促使确定型利益相关者的构成多样化，从而使教育和培训政策更多地关注其他利益相关者的要求。英国80年代的培训政策使企业成为主要的确定型利益相关者，结果造成其他利益相关者的利益难以得到满足。新工党的政策则是对这一问题的修正。在我国，情况则恰恰相反，企业在职业教育中的利益相关者从来没有受到关注。对于我国面临的技能短缺问题，企业也应该作为主要的利益相关者参与教育培训活动。

其次，协调利益相关者的利益冲突。各个利益相关者之间的利益冲突是客观存在且难以避免的，这种利益冲突将教育和培训制度推向不同的方向，使其偏离社会的公共需求。然而，这些利益相关者分别控制着教育培训所需要的某些资源，因此教育培训制度和这些利益群体之间形成了相互依赖的关系。如何平衡政府与利益相关者以及利益相关者之间的关系是教育决策者的重要挑战。"在某些利益集团的影响下，教育和培训改革过度政治化，从而导致政策的扭曲。"①这一点在英国的教育改革过程中表现十分明显。理查德·盖认为，80年代英国政府提供的培训计划过分关注企业的需要却忽视了个人的需要。② 因此，关键在于以社会的公共利益为标准来协调这些利益冲突，避免以其他群体的个体利益或者社会的公共利益为代价满足某些利益相关者的个体利益。为了解决所有利益相关者之间的矛盾，政府一方面必须根据关键的利益相关者的期望和需要确定教育政策的方向，因为它们的投入和支持是教育培训制度成功的关键；另一方面关注社会弱势群体的利益，因为这些群体难以对公共政策发挥影响，因此也最容易受到忽视。

3. 为各个利益相关者的合作提供制度支持

如何实现利益相关者的参与？弗里曼提出了利益相关者参与的"利益相关者授权法则"。英国政府对各个利益相关者在教育培训方面的权利和义务缺乏明确的规定。英国企业之所以缺乏培训投资的积极性，一个主要原因是英国政府并没有规定企业培训的义务，即使是1964年产业培训法也"没有强迫任何企

---

① Alison L. Booth & Dennis J. Snower. Acquiring skills: market failures, their symptoms and policy responses[M]. Cambridge University Press, 1996, p. 244.

② Jason Heyes. Labour administration in the United Kingdom[DB/OL]. [2008-5-8]. http://www.ilo.org/public/english/dialogue/ifpdial/downloads/gllad/uk.pdf.

业培训工人"①,新工党虽然不再和保守党一样对企业采取放任的态度,也仅仅是"鼓励"而不是"强迫"。这是造成企业对培训投资持消极态度的一个主要原因。此外,企业彼此之间也缺乏合作的制度基础。英国的行业协会先天不足,政府并没有规定企业必须加入行业协会,企业缺乏相互的信任和合作。出于利益最大化的考虑,企业在技能培训问题上更愿意采取"搭便车"的方式,这是规避投资风险的最佳方式,而英国企业组织没有权力制约企业在技能培训中的"搭便车"行为,在很大程度上纵容了使这个问题进一步加剧。② 这个问题现在依然存在。相反,在德国,利益相关者在教育和培训中都具有合法的地位。德国的双元制就体现了包括联邦和州政府、劳资双方以及教育机构的各个利益群体之间高度的共识,并通过联邦和州立法对利益群体的关系加以规范,这也是德国实现高技能均衡状态的关键。1969 年《职业教育法》对培训企业的义务、培训者的资格以及培训的组织程序做了相当具体的规定。人们一般认为德国职业教育之所以成功,是由于企业之间的合作传统。③ 强大的企业组织是德国保持高技能均衡状态的关键。④ 德国商会(Kammern)是企业合作的制度基础。德国法律规定商会是"公法法人",所有企业义务入会。这种规定对商会在职业培训方面角色至关重要:①"公法法人"的地位使商会在职业培训方面具有权威性和约束力。法律授权商会承担职业培训的管理职能,这使商会在执行这些任务的过程中具有间接行政管理的特征,所以商会往往也被归入准行政机构之列。根据《联邦职业教育法》,商会是职业培训的主管机关,负责培训的实施、监督、咨询与考核。商会对职业培训实施监督,具体包括对企业中培训条件的审查以及对培训的定期监督。当企业没有提供培训而是通过"搭便车"的行为从其他培训企业获取所需的技能劳动力时,这种不劳而获的行为将受到商会的制裁,这不仅包括该企业将无法获得培训资格,还包括一些非正式的制裁机制,比如企业无法从商会获得技术转让等。这样在很大程度上抑制了企业在培训方面的投机行为,降低了培训企业的投资风险。企业内的工作委员会(works council)进一步加强了企业组织对"搭便车"行为的制裁能力,这些工作委员会一方面有法定责任监督企业培训的质量,另一方面还负责监督企业的招聘行

---

① 王承绪. 战后英国教育研究[M]. 南昌:江西教育出版社,1990:205.

② Martin Godfrey. Skill Develpoment for International Competitiveness [M]. Edward Elgar, 1997,p. 152.

③ 萧今. 发展经济中的人力资本——企业的策略与三元教育体系[M]. 北京:北京师范大学出版社,2004:80.

④ Pepper D. Culpepper. The Future of the High-Skill Equilibrium in Germany[J]. Oxford Review of Economic Policy,Vol. 15,No. 1,2003,pp. 43-59.

为,禁止企业以提高工资报酬的方式从其他企业获取受训学徒。[①] 这种措施就大大降低了企业培训投资的风险,提高了企业参与培训的积极性。集权化的工资协商制度降低了德国企业通过提高工资水平以招聘受训者的可能性,从而提高了企业提供培训的积极性。值得注意的是,德国商会具有高度的独立性,这种独立性并不因为其承担了政府职能而被削弱。这样使德国商会得以避免官僚主义带来的低效率。[②]强制加入义务使商会具有充分的代表性。商会还通过相应的选举规章避免有共同利益的会员过于集中的现象,以尽可能地实现对全体利益的代表。这对于确保其维护不同利益相关者的利益是十分必要的。在德国,企业培训在某种程度上是一种集体行动,这种合作性的博弈机制使各个利益相关者的利益诉求得到满足和平衡。除了上述强制性义务之外,商会还在法律许可范围内为企业培训提供各类信息和服务。商会和企业之间的信息沟通有利于企业在培训方面的相互学习和借鉴,同时使商会及时了解企业的技能需求,并据此制定和修订培训计划。由于商会充分地反映了所有企业的利益,企业一般都愿意实施其制定的培训计划并接受指导和监督,这使商会组织的培训与考试以及所颁发的证书具有更高的可信度和可接受度。相比之下,英国缺乏对不同利益相关者的责任、权利的规定,在不同的社会合作伙伴之间缺乏有效的合作机制,先天不足的企业组织难以约束企业培训的机会主义倾向。英国不具备双元制所需要的外在的制度环境。[②] 仅仅依靠教育培训政策的调整,显然难以实现利益相关者的真正合作。通过立法赋予企业组织一定的行政职权以强化其在职业培训活动中的权威性是十分必要的。90 年代初,雷亚德等人就曾指出,为了扩大培训规模、提高培训质量,TEC 必须具有更多的权力——鼓励或强制——促进集体行动,通过合作性机制鼓励企业进行技能投资,尤其应该加强 TEC 制裁企业的"搭便车"行为的权力。[③] 不过,这种建议并没有被保守党政府接受。

三、"责任分担":技能投资模式

(一)技能投资的社会收益和政府的投资责任

英国技能短缺的一个主要表现是技能投资不足。英国政府之所以偏爱教育和培训的放任主义模式,是因为它相信市场机制可以带来充分的技能投资。

[①] Pepper D. Culpepper. The Future of the High-Skill Equilibrium in Germany[J]. Oxford Review of Economic Policy, Vol. 15, No. 1, 2003, pp. 43-49.

[②] Robert Mcnabb & Keith Whitefield. The Market for Training: Inernational perspectives on theory, methodology and policy[M]. Avebury, 1994, p. 26.

[③] Richard Layard, Ken Mayhew & Geoffrey Owen. Britain's Training Deficit: The Centre for Economic Performance Report[M]. Avebury, 1994, p. 60.

根据人力资本理论,教育和培训的收益完全由投资者获得,并且培训收益将高于培训成本。这就为作为"经济人"的投资者提供了激励作用。因此,教育和培训不会出现投资不足的现象。在这种情况下,政府的培训投入不仅是无效的,甚至还会造成消极的后果。这种观点使英国政府曾一直将教育和培训看作是企业的自我投资行为。这是英国之所以在培训制度方面采取延续性、渐进性而不是激进的政策措施的根本性原因之一,从某种程度上也可以解释政府不愿意为 16～19 岁青年实施义务性职业教育制度。[①] 事实表明,市场失灵往往使技能投资低于社会的理性水平。在自由放任模式下,政府、企业和个人没有明确各自的投资责任,政府认为培训是企业的责任,而企业认为政府和个人必须承担培训投资,结果造成没有任何一方为技能培训买单。[②] 政府投资责任的"缺位"对造成英国技能短缺问题难辞其纠。

教育和培训是一种人力资本投资。所谓投资是"一种以获取收益为目的的资源支出"[③]。这也就是说只有当支出能够带来超过投资成本的收益时,才会出现投资行为。事实上,劳动力技能的提高对生产力的促进作用一般都超过教育和培训的成本,因此,教育和培训具有积极的收益。不过,教育和培训的积极收益并不能必然导致积极的培训规模,关键问题在于"谁是培训的受益者",这才是决定教育和培训投资行为的关键。英国技能投资不足的根本原因在于技能投资的相对收益较低、投资风险较高。这就弱化了技能投资的积极性。从总体上看,技能投资确实能够带来大于成本的收益,而且这种投资的收益也高于物质资本投资的收益。然而技能投资远比物质资本投资复杂,这主要是因为技能投资的对象是人,而且其投资主体和收益主体都是多元化的,主要包括政府、企业和个人。物质资本投资的收益属于投资者本身,而技能投资却存在外部性,任何单个投资者的技能投资行为都会为其他非投资者带来外部效益,其本身只能获得投资收益的一部分,这造成技能投资的私人收益与社会收益的偏离。技能投资的社会收益成为政府进行技能投资的主要理由。麦克南等人认为教育和培训的社会收益表现在以下几个方面:①受过教育的人比缺乏教育的人失业率低。在失业率较高的情况下,缺乏教育的人更经常地接受失业补助和福利津贴,甚至将犯罪作为可供选择的收入来源。这意味着教育投资可以减少社会福利、犯罪等,即社会可以从教育投资中获益。②人们的教育程度提高可以使社会政治决策进程更有效率,从而给整个社会带来收益。③代际间的收益。其父

---

① [美]曼瑟尔·奥尔森.国家兴衰探源——经济增长、滞胀与社会僵化[M].吕应中译.北京:商务印书馆,1993:121.

② Shackleton JR. Training for Employment in Western Europe and the United States[M]. Edward Elgar,1995,p.16.

③ 范先佐.教育经济学[M].北京:中国人民大学出版社,2008:182.

母受过良好教育的孩子可能在一个更为理想的家庭环境中长大并且得到更好的教育。④受过良好教育的人可能给社会带来更丰厚的收益。① 因此,政府作为社会收益的主要受益人应该为技能投资提供公共经费,尤其是 80 年代以来,教育培训承担起了越来越多的社会责任,这进一步提高了政府投入的必要性。

那么,政府应该承担哪方面的投资责任呢? 亚当·斯密认为普通教育是政府的职责范围,根据他的观点,普通教育对整个社会有积极作用,对个人来说具有外部不经济的特征。无论是从效率角度还是公平角度看,政府都应该承担主要投资责任。这一点也得到了人们的普遍认同,义务教育制度也体现了这种倾向。对于职业教育,人们的意见则存在分歧。马歇尔认为基础教育是公共责任,但是职业培训是企业的义务,职业培训可以提高劳动力的生产率,企业是最主要的受益者。自利性将促使企业提供职业培训。人力资本理论将企业培训区分为一般培训和专门培训,个人和企业应该根据其培训收益的比例分担企业培训的成本。② 在这种观点影响下,撒切尔政府在削减公共教育经费的同时鼓励私人投资。1988 年就业白皮书坚持认为"培训并非主要是政府的责任。作为提供者和消费者,企业在保证劳动力具有维持经济发展必需的技能上应该承担主要责任"。同时,"企业应该负担培训成本,因为它是主要的受益者"③。政府的责任是"为面向青年人和失业者以及残疾人或有特殊需要的人的培训——提供拨款"④。不过,事实表明企业培训也不能完全依靠企业或个人的私人投资,政府也应该承担一定的责任,这主要有三方面原因:

1. 企业培训的外部性

这使培训收益具有不确定性。风险因素在很大程度上削弱了个人和企业投资于培训的积极性。与企业相比,个人的风险规避程度更高。政府无法消除客观的不确定性,但是可以提供培训拨款分担收益的不确定性。虽然培训投资的收益仍然是不确定的,但是投资的风险由所有纳税人共同负担,这样就可以使个人的投资风险降低。⑤ 政府也成为分担风险的投资主体。这种措施使受训者的投资行为更加安全。肖克雷顿的研究指出,市场投资风险的存在使企业培

---

① [美]坎贝尔·R. 麦克南,斯坦利·L. 布鲁,大卫·A. 麦克菲逊. 当代劳动经济学[M]. 刘文,赵成美等译. 北京:人民邮电出版社,2006:79-80.

② Richard Layard, Ken Mayhew & Geoffrey Owen. Britain's Training Deficit:The Centre for Economic Performance Report[M]. Avebury, 1994,pp. 144.

③ [美]曼瑟尔·奥尔森.国家兴衰探源——经济增长、滞胀与社会僵化[M].吕应中译. 北京:商务印书馆,1993:121.

④ Richard Layard, Ken Mayhew & Geoffrey Owen. Britain's Training Deficit:The Centre for Economic Performance Report[M]. Avebury, 1994,pp. 63-64.

⑤ Robert Mcnabb & Keith Whitefield. The Market for Training:Inernational perspectives on theory, methodology and policy[M]. Avebury,1994, p. 58.

训投资难以达到理想的水平,因此政府对企业培训的补助和学校教育一样都是必要的。① 此外,企业培训也存在社会收益。德里克·博斯沃思认为,专门培训提高了个人生产率水平和企业的利润率,不过也增加了政府的税收,这也就是说任何企业培训也都不同程度地存在外部效应,纯粹的专门培训是不存在的。从某种程度上,政府也是专门培训的受益者,因此政府应该对专门培训进行适当的投入。②

2. 企业培训的不平衡性

这主要表现在企业的规模和在职培训的机会之间存在正相关性。③ 表 5-2 的数据是 1999—2002 年英国不同规模企业的培训参与率,明显地说明了上述结论。

表 5-2 1999—2002 年英国不同规模企业的培训参与率

员工人数	培训企业的比例(%)			
	1999	2000	2001	2002
5～24	47	54	49	57
25～99	72	78	75	79
100～199	82	92	87	89
200～499	89	96	85	92
500 以上	91	98	93	93
总计	52	59	55	62

德国学徒培训也存在同样的趋势。1995 年,德国企业中员工在 1～9 人的企业培训率为 17%,10～49 人的企业培训率为 47%,50～499 人的企业培训率为 68%,500 人以上的企业培训率为 94%。④ 萧今的研究结果也说明,在我国中西部地区,企业规模是决定企业提供在职培训的一个重要因素。中部和西部地区大、中型企业为员工提供的培训总量明显多于小型企业:中部地区大、中、

---

① J. R. Shackleton. Training for Employment in Western Europe and the United States[M]. Edward Elgar,1995,p. 235.

② Chris Briggs. Vocational Education and Training, Skill Formation and the Labour Market, Overview of the major contemporary studies, NSW Board of Vocational Education and Training,October 2000.

③ Pepper D. Culpepper. The Future of the High-Skill Equilibrium in Germany[J]. Oxford Review of Economic Policy, Vol. 15,No. 1,2003,pp. 43-59.

④ Alison L. Booth & Dennis J. Snower. Acquiring skills: market failures, their symptoms and policy responses[M]. Cambridge University Press, 1996,p. 308.

小企业提供培训的比例分别为：61％、50.9％和44.1％；西部的分别为51.5％、58.4％和44％。小企业之间的差异尤其明显，东部为64.1％，西部为44％。造成这种规模差异的原因有以下几方面：①中小企业面临的"搭便车"问题较为严重。大企业具有内部劳动力市场，员工接受培训后有较多的发展机会，因此流失率较低；中小企业为员工提供的就业前景是有限的，因此员工的流动性较高，企业的培训投资难以获得收益。②中小企业往往缺乏足够的培训投资所需要的资源。大企业有较强的培训投资的能力。③大企业具有培训的成本优势，单位培训成本较低。小企业员工较少，难以为他们提供脱产学习的机会。④中小企业面临的信息和资源限制往往影响它们对培训的态度。以上因素造成中小企业技能投资不足，而这也使中小企业的技能短缺问题更加突出。这也是各国技能短缺问题的普遍特征。

3.企业培训的短期性

企业培训的规模和经济环境密切相关。当企业面临激烈的竞争和经济衰退时，往往首先将培训投入作为削减的目标。在70年代持续的经济危机中，除了德国以外，其他西方国家的企业培训都出现不同程度的萎缩。英国企业培训的规模随着经济周期波动的趋势更加明显。学徒制的衰落就是突出的表现。这和政府缺乏有效的干预和支持存在直接关系。这种做法从企业自身的角度看是完全合理的，但是从整个社会来看却带来了非理性的后果——培训短缺。此外，小企业的培训行为受经济波动的影响更为明显。英国培训企业的比例变化明显地体现了这一点。1990—995年，经济的不景气使英国不同规模的企业培训率都明显降低，但是变化的程度不同，1990年，1～9人的企业培训率为21％，1995年减少了4％，而500人以上的企业培训率却没有变化。[①]

从总体上看，完全依靠个人和企业是难以达到理想的技能投资规模和水平的。政府应该发挥投资主渠道的作用，对不同形式的职业教育和培训活动提供程度不等的拨款。

政府主导下的公共拨款模式有以下优点：①可以为教育和培训制度提供比较稳定的经费来源；②有助于加强对教育和培训的规模和质量的控制；③有助于为社会弱势群体提供更多的教育培训机会，实现社会公平。不过，这种模式也往往存在一些缺陷，主要表现在两方面：①依靠公共拨款的教育和培训计划效益较低；②公共培训机构缺乏灵活性和对劳动力需求的应变性。鉴于公共拨款模式存在的缺陷，可以通过市场化的方式提高公共拨款的效益。各国也对拨款的方式进行了各种改革措施，最具代表性的做法是个人学习账户或教育凭证

---

① Derek Bosworth, Pat Dutton, Jackie Lewis. Skill Shortages: Causes and Consequences[M]. Avebury,1992,pp.137-141.

制度。政府将教育经费直接拨付给消费者，他们可以根据自己的需要选择学校以"购买"教育培训服务。这种拨款制度有明显的积极作用：①有利于刺激人们的技能需求；②有助于提高教育培训的质量；③有助于对社会弱势群体提供支持。① 这种措施充分地体现了将政府和市场有机结合的倾向。

(二)个人、企业的技能投资和制度激励

政府的投资相对于社会和个人的技能需求是有限的，尤其是经济衰退使各国政府不得不削减教育培训的支出，政府投资显得更加捉襟见肘。来自个人和企业的私人投资被看作是政府投资的必要补充。"责任分担"的拨款机制成为一种普遍的政策趋向。新工党一方面和保守党政府一样鼓励个人和企业的投资，另一方面重新强化了政府投资的重要性。LSC 在"2002 年英国技能状况"调查中指出，无论对个人、企业和国家，技能投资都能产生积极回报，因此三方应该共同承担技能投资的责任。从世界各国的教育投资状况看，几乎无一例外地采取了不同利益群体分担教育投资的方式。欧盟的《终身学习备忘录》(Memorandum on Lifelong Learning)指出，个人、企业和政府都能够从技能培训中获得收益，因此三方应该共同承担终身学习的责任。社会投资国家试图在公共部门和私人部门之间建立新的合作关系以尽可能发挥各自的作用，吸引个人、政府、志愿机构和私人机构建立新的彼此支持的关系并承担各自的责任。②

除了政府投资之外，来自企业和个人的私人投资越来越重要。世界银行认为，"职业教育和培训拨款制度的重要目标是提高受益人(企业和受训者)的承担比例。"③然而，个人和企业的培训投资需要一系列的制度支持。我们首先对个人和企业的技能投资问题进行简单的分析。个人的技能投资受以下因素的影响：①预期的投资收益率。预期的投资收益率越高，个人的技能投资也就越多。②投资风险。由于技能投资的迟效性、间接性和不确定性，个人的投资行为存在一定的风险，投资风险越大，个人的投资会越慎重。③投资能力。这与个人或家庭的经济状况和收入水平存在密切联系，一般情况下，个人或家庭的经济状况越好，个人的投资支出越多。④ 从英国的情况看，不同技能劳动力的工资差距较小，这意味着投资收益是不高的，不过在 80 年代，劳动力工资差距不

① Pascaline Descy & Mansfred Tessaring. Traning and Learning for Competence：Second report on vocational training research in Europe (executive summary), Luxebourg：Office for Official Publications of the European Communities，2001，p. 6.

② Ann Hodgson & Ken Spours. New Labour's Education Agenda：Issues and Policies for Education and Training from 14＋[M]. Kogan Page，1999，p. 9.

③ Theodore Lewis. Vocational Education as General Education[J]. Curriculum Inquiry，Vol. 28，No. 3，1998，pp. 283-309.

④ Derek Bsoworth, Pat Dutton & Jackie Lewis. Skill Shortages：Causes and Consequences[M]. Avebury，1992，p. 191.

断增大,提高了技能投资的收益率,这在一定程度上刺激了人们的技能需求水平。与投资风险直接相关的因素是失业问题。70年代失业率不断攀升,这对个人的技能投资意愿影响是复杂的,一方面可能面临的失业无疑提高了技能投资的风险,另一方面技能投资又为个人的就业机会创造了条件。不过,80年代撒切尔政府的市场化改革和消极福利制度对于低收入群体的技能投资行为却产生了明显的影响。接下来我们再来看企业的技能投资。企业对技能投资的态度同样受以上三方面因素的制约。技能偏好型技术进步从总体上提高了企业的技能需求,不过投资风险仍然是其进行技能投资不得不考虑的问题。对于企业来说,投资风险和劳动力的流动性密切相关。事实证明,"搭便车"问题仍然是困扰英国企业培训的一个难题。总之,由于自由市场必然造成企业和个人的技能投资不足,政府需要通过制度激励刺激企业和个人的培训投资。

1.完善资格证书制度,刺激企业和个人的技能需求

劳动力市场的基本特征是信息不对称和信息不完全。一般说来,企业都希望从众多的求职者中选择满足自身需求的劳动力。不过,对企业来说,对所有求职者的背景进行详细的调查以判断他们的技能以及受训能力的高低,成本会非常高。根据斯宾塞和索洛等人的"筛选理论"(screening theory),降低这种成本的主要方法是在招聘过程中依靠资格证书或信号,而不是对求职者个人的深入调查来作出选择。"筛选理论"的假设是"人的受教育程度或资格与其能力水平是正相关的"。这也就是说能力较高的人可以获得较高的资格,能力较低的人只能获得较低的资格,因此,资格或受教育程度成为反映一个人能力高低的标志。他们认为,在大多数劳动力市场上,企业对潜在劳动力的基本情况并不十分了解,很难对其技能和能力做出直接判断。而教育程度或资格作为一个人基本信息的外在体现,可以作为企业间接地获得求职者技能相关信息的主要途径。一般来说,资格水平较高劳动力生产率也较高,因此企业就可以将资格或学历作为求职者的筛选条件之一。这样企业就不必对所有求职者进行面试和各种测试。当然,这种根据群体特征对个人进行判断的统计性歧视也是有成本的。职业资格和学历与技能水平之间并不存在必然的联系,一方面,某些人虽然资格水平较低,但完全有能力胜任较高资格劳动力所从事的工作;另一方面,一些资格水平较高的劳动力生产率可能并不能达到应有的水平。不过,由于这种信号的使用可以大幅度降低企业的招聘成本,因此对企业来说仍然是有利可图的。值得注意的是,筛选理论反对人力资本理论关于教育能提高个体技能和劳动生产率、促进经济增长的论断,理由是,20世纪50年代和60年代发展中国家的教育扩张并未加速这些国家的经济发展,反而使受教育者大量失业。该理论认为教育不会提高个体的能力,在本质上只是"不完全信息"条件下的反映个

体能力的一种"信号",在某种程度上是劳动力市场的筛选机制。[①] 怀斯等人发现,企业确实根据教育程度筛选新员工,不过教育也确实提高了个人的能力,而不仅仅是作为筛选的工具。[②] 这也就是说,教育程度、资格与个人技能之间是存在相关性的。当然,我们应该慎重对待将资格作为技能的主要或唯一指标的做法,因为资格难以传递有关个人技能的所有信息,比如一般技能以及责任心、纪律性等个性特征对于企业来说十分关键,却无法通过行为操作的方式进行认定。

标准化的的资格证书制度是解决劳动力市场中"逆向选择"问题的主要方式。资格制度为个人和企业提供了对等的相关技能信息:学生通过资格的要求可以明确自己必须掌握的技能和知识;企业也可以根据求职者具有的资格对其技能状况作出较为准确的判断。人们对资格制度普遍持肯定态度。齐普和斯蒂文斯等人认为,国家职业资格制度的实施可以解决培训质量的信息不对称问题,进而提高市场的技能供给和需求。奥克罗夫指出,"缺乏标准化的课程和资格不利于提高职业教育和培训的地位。"[③]因此,从80年代后期,英国政府开始将现有的各种职业资格纳入统一的国家职业资格制度,并为这些资格证书建立了共同的能力标准。不过英国职业资格制度还存在不足之处,首先是英国职业资格的认定对理论知识的忽视。这也是放任主义倾向下企业培训的必然结果,企业很难对与工作岗位没有直接关系的理论学习感兴趣。普利斯认为,"缺乏外部考试机构认可的书面和实践考试的制度将无法确立统一的标准,从而削弱证书的信息价值。"[④]其次是缺乏对培训内容的规定和对培训过程的管理,结果本位评估和以受训者通过率为依据的拨款模式影响了技能培训的质量。此外,企业培训过于专门化、短期化,也影响了资格的信息价值。这也是英国许多企业和个人对NVQ缺乏兴趣的主要原因。与英国相反,德国职业资格的内容是由职业培训法的条文加以规定的,培训标准是全国统一的,考试由地方的产业和商业委员会组织。这种制度上的统一和连续性使受训者有充分的信心相信自己在三年的培训结束时获得的资格能够被认可。标准化的职业资格和制度化的实施过程使各个利益相关者充分信任职业资格的价值,进而提高了个人和

①　Richard Layard, Ken Mayhew & Geoffrey Owen. Britain's Training Deficit: The Centre for Economic Performance Report[M]. Avebury, 1994, p. 57.

②　Derek Bsoworth, Pat Dutton & Jackie Lewis. Skill Shortages: Causes and Consequences[M]. Avebury, 1992, p. 189.

③　Derek H. Aldcroft. Education, Training and Economic Performance: 1944 — 1990 [M]. Manchester University Press, 1992, p. 149.

④　LSC. Skill in England 2001: Research Report[DB/OL]. [2008-7-20]. http://www.dcsf.gov.uk/research/data/uploadfiles/sieo1.pdf.

企业对技能投资的预期收益。在德国,因为信息不完全造成的逆向选择问题远远低于英国。因此,雷亚德等人指出,"通过对培训质量的检查进行的外部认证对企业和员工同样重要。"①对于企业来说,外部认证机构颁发的证书使企业相信证书的拥有者具备企业所需要的技能;对于员工来说,这些证书是其在劳动力市场流动的"通行证"。

当然,对于资格制度的筛选作用,我们也需要注意以下两方面的问题:

首先是"过度教育"现象。过度教育是指劳动者的知识和技能超过自身的工作需要或者劳动者所接受的教育超过社会的吸纳能力而造成知识失业的现象。造成过度教育的主要原因技能供给超过社会对技能的有效需求。技术进步和经济增长与技能需求之间的关系是复杂的,并不必然促进技能需求的规模。"科技的进展将使越来越多的工作实现机械化,并降低工作技能需求。这种分解不仅使企业降低生产成本,而且可以有效地控制生产过程。如果看不清这一点而盲目地制定扩展教育的政策,将可能产生政策性的过度教育现象。"②相关研究表明,1991年,40%的美国工人存在过度教育的情况,在英国,1995年,过度教育的比例也达到了38%。③ 目前在我国,过度教育也逐渐引起人们的关注。对于过度教育问题,人力资本理论认为,在完全竞争的劳动力市场中,工资的变化会使劳动力的供给和需求自动实现均衡,劳动力将会得到充分利用,过度教育不过是一种短期现象。而筛选理论的观点恰恰相反,该理论认为,由于较高水平的资格能够为求职者带来竞争的优势,所以求职者为了更容易获得较好的工作岗位,会不断地提高资格水平。这时,劳动力市场上具有较高水平资格的人越来越多,资格的筛选功能又变得模糊起来。为了再次进行选拔较高素质的劳动力,企业会进一步提高对员工的资格要求,这反过来又促使求职者接受更多的教育和培训,结果造成"过度教育"问题。在信息不对称的情况下,这种"逆向选择"问题尤其突出。在供求双方的博弈活动中,"由于信息不对称,双方都会选择过度教育构成一个纳什均衡,而且过度教育是博弈双方的最优选择。"④如果缺乏统一的资格标准、对教育培训质量和资格的认证没有有效的管理,更容易造成"资格泛滥"和"人才高消费"现象。资格和技能水平缺乏相

---

① Richard Layard, Ken Mayhew & Geoffrey Owen. Britain's Training Deficit: The Centre for Economic Performance Report[M]. Avebury,1994,p. 286.

② Robert Mcnabb & Keith Whitefield. The Market for Training: Inernational perspectives on theory, methodology and policy[M]. Avebury,1994, p. 90.

③ Peter Skott. Wage inequality and overeducation in a model with efficiency wages[J]. Canadian Journal of Economics, Vol. 39, No. 1, 2006,pp.94-123.

④ 周翼翔,王学渊. 过度教育、逆向选择和制度创新[J]. 山西财经大学学报(高等教育版),2006(2):10-13.

关性,直接结果是削弱资格本身的信号价值和筛选功能,变相地降低教育和培训投资的收益率,从而影响人们的技能投资策略。从长期来看,过度教育将造成生产力水平下降。可见,过分依赖资格作为筛选员工的依据也会给个人和社会带来不利的后果。因此,在完善资格制度、减少信息不对称的程度的同时,还需要实施其他相应的教育和产业政策。

其次是资格制度对企业培训的影响。迪尔顿等人对英国的相关资料进行的分析结果表明,大部分资格导向的培训会在一定程度上提高受训者的流动性。这无疑提高了企业培训投资的风险。因此,齐德曼、阿克莫格鲁和皮斯克等人认为,资格制度可能对企业培训(尤其是一般培训)有消极影响。在信息不对称的情况下,企业有可能进行一般培训投资,而资格制度减轻了劳动力市场有关受训者信息的不对称程度,提高了受训者的流失率,这将使企业削减对员工的培训。[1] 齐德曼等人认为,英国政府通过 NVQ 制度授予资格并使技能标准化可能实际上产生了矛盾的结果,抑制了企业在一般培训上的投资,因为这种政策使劳动力的技能状况对其他企业来说更加透明。[2] 齐普的调查也发现,许多英国企业支持短期课程而不是资格导向的长期培训计划。其他研究也表明,英国许多中小企业尽管也参与了各种形式的技能培训活动,不过主要是非正式的、非资格导向的培训。表 5-3 的数字明显地说明了资格导向培训的参与率与企业规模存在着正相关性。因此,加强劳动力市场管理、降低教育培训的投资风险对刺激企业和个人的技能投资的积极性是非常重要的。[3]

表 5-3　提供资格导向脱产培训的企业比例

企业规模	1999 年	2000 年	2001 年	2002 年
5~24	48	51	50	48
25~99	57	64	62	60
100~199	66	73	71	74
200~499	85	82	80	80
500 以上	89	90	84	88

资料来源:Department for Education and Skills, Learning and Training at Work 2002

① Richard Layard, Ken Mayhew & Geoffrey Owen. Britain's Training Deficit: The Centre for Economic Performance Report[M]. Avebury, 1994, p. 56.

② [美]坎贝尔·R. 麦克南,斯坦利·L. 布鲁,大卫·A. 麦克菲逊. 当代劳动经济学[M]. 刘文,赵成美等译. 北京:人民邮电出版社,2006:102-103.

③ Colin Crouch, David Finegold & Mari Sako. Are skills the answer? The Political Economy of Skill Creation in Advanced Industrial Countries[M]. Oxford University Press, 1999, p. 216.

2.实施培训税制度,使企业分担培训成本

克里斯托夫·温齐认为,造成"搭便车"现象的主要原因是"收益共享,而成本却没有分担",因此,如果所有企业都必须承担培训成本,"搭便车"现象就失去了存在的条件,企业的培训投资就会增加。这也就是"培训税"制度的基础。由于培训存在积极的社会收益,庇古提出通过奖励和税收制度刺激企业的培训投资行为,也就是所谓的"庇古税",这样可以实现培训的私人收益和社会收益的平衡,促使培训的溢出效应内在化,从而使企业培训达到理想的水平。目前有 30 多个国家在使用这种制度,要求企业交纳培训税。培训税制度的基本原则是"谁受益,谁负担"——这是人力资本理论的核心。政府依靠其自身的公共权力,以强制性税收的方式解决技能培训的成本分担,从而解决技能供给的收益与成本不对称问题。培训税的目的是对那些没有提供培训或不充分的企业进行惩罚。这些企业被认为从溢出效应中获益,从培训企业的努力中不劳而获。因此,通过实施培训税,非培训企业也会承担培训成本,提高其进行培训的积极性。克里斯·爱德华认为培训税制度具有需求导向模式的特点,企业由于必须支付培训费用,因此对培训文化的形成有积极性,政府可以通过对企业培训的管理和认可确保企业培训的质量。[1] 此外,这种制度能够为政府提供一种稳定的培训经费来源。与其他投资形式相比,培训投资的收益具有较强的不确定性或难以预测性,而"搭便车"现象的普遍存在进一步强化了英国企业"培训消费税"的倾向。[2] 培训企业越多,培训的收益就越高;相反,培训企业越少,其丧失投资的风险就越大。60 年代工党政府曾经实行"税收/拨款制度",不过撒切尔政府认为这种制度违背了自由市场的精神。ITB 的撤销意味着这种旨在克服企业培训外部效应的机制在英国的终结。[3] 新工党政府目前对恢复培训税的态度也很暧昧。从其他一些实施培训税制度的国家来看,这种制度在各个国家尽管采取的具体形式不同,但是都对企业培训发挥了积极的作用。1925 年,法国确立了培训税制度,所有企业都要交纳员工工资额的 0.2% 作为发展职业教育的经费。如果企业自己有培训学校,可以免交。1938 年,法国制定法律,规定允许员工参加职业能力证书考试是企业应尽的义务。1971 年,法国政府开始

① Alison L. Booth & Dennis J. Snower. Acquiring skills: market failures, their symptoms and policy responses[M]. Cambridge University Press, 1996, p. 245.

② Alan Felstead, Francis Green, Ken Mayhew, *et al*. The Impact of Training on Labour Mobility: Individual and Firm-level Evidence from Britain[J]. British Journal of Industrial Relations, Vol. 38, No. 2, June 2000, pp. 261-275.

③ Hugh Pemberton. The 1964 Industrial Training Act: a failed revolution[DB/OL]. Bristol, 30 March 2001, [2008-1-6], http://seis. bris. ac. uk/~hihrp/Seminars/2001%20EHS%201964%20ITA. pdf.

向企业征收强制性的培训税,规定所有企业将员工工资的一定比例用于培训,为了减轻小企业的负担,法国政府规定培训税的比例取决于企业的规模,员工在 10 人以上的企业所交纳的培训税税率为 1.5％,而 10 人以下的企业所交纳的培训税税率为 0.25％。新加坡于 1979 年实施的"技能发展基金"(SDF)也卓有成效。政府规定,企业要为每月工资不满 750 新元的职工向国家交纳相当于其工资收入 4％的金额用于技能培训。现在这个最低工资限额已经提高到 1800 新元,交纳比例则减少到 1％。如果员工工资高于这个标准,企业则不需要为其支付工资税。由于员工的工资水平一般与其技能水平存在密切的联系,新加坡的技能培训基金制度实际上旨在促使企业提高员工的技能水平。这种制度有效地促进了企业建立培训文化。

其次,建立完善的就业保障机制,提高个人和企业的培训收益。个人和企业的技能投资都是以预期收益为基础的。受训者工作期限越长,投资的收益就会越高。如果受训者流动性较低,企业更愿意为内部员工提供培训。造成英国技能投资收益率较低的主要原因是就业关系的不稳定。尤其是 80 年代以来英国政府通过一系列政策促进劳动力市场的灵活性。这些措施对个人和企业的技能需求的影响是复杂的。"去管制化"市场政策一方面扩大了不同技能劳动力的工资差距,无疑刺激了个人的技能需求,另一方面也造成了就业的短期化,提高了收益的不确定性。这使个人和企业往往关注短期利益而不是长期利益,从而影响它们对培训投资的态度。企业倾向于提供风险较低的专门培训或者依靠外部劳动力满足技能需求;而专门培训却制约了个人的就业选择,提高了个人的投资风险。英国培训制度已经陷入一种恶性循环,越来越多的企业依赖外部劳动力市场满足技能需求,而不是开发现有的人力资源。[①] 英国所面临的这种市场失灵在我国也同样存在。由于我国当前的大部分企业,尤其是私营企业,员工与企业的劳动契约不稳定,契约期限过短,因而员工的流动性强,致使企业对培训技能型员工的预期收益无法得到保障。据"广东省人力资源'十一五'规划"课题组在珠三角的一项调查,在 70％的企业里,两年及两年以下合同工数量占员工总数的 60％以上;许多企业反映,工人流动性过高是企业缺乏培训兴趣的最重要原因。[②] 因此,政府通过建立完善的就业保障机制在企业和个人之间建立高度信任的合作关系,这对个人和企业的技能投资非常重要。较高的职业稳定性意味着较高的投资回报,有利于企业和个人长期的技能投资。日

---

① Richard Layard, Ken Mayhew & Geoffrey Owen. Britain's Training Deficit: The Centre for Economic Performance Report[M]. Avebury, 1994, p. 42.

② 何亦名,张炳申. 我国技能型人才供给不足的制度分析[J]. 教育与职业,2008(2):9-12.

本的终身就业制度对个人和企业参与培训投资有明显的积极作用。[1] "终身就业"是企业对员工的承诺,有利于形成员工对企业的认同感并促使员工制定长期的技能规划。同时,这也使企业非常重视对员工的技能培训。企业作为一种学习组织,为员工接受各种教育和培训提供了良好的环境。

第三,确立质量竞争战略,改善技能投资环境。德里克·博斯沃思认为,"英国的长期繁荣在很大程度上取决于一种长期战略,它为技能的生产和利用提供稳定的环境,从而使人们顺利地实现技术和组织变革。"[2]低成本竞争战略弱化了企业的技能需求。而企业之所以采取这种竞争模式也是对外部经济环境进行理性选择的结果。70年代,标准化、规模化的福特主义经济模式陷入危机。新自由主义将福特主义危机归因于工资,认为不断增长的工资提高了产品成本,从而使福特主义经济丧失了竞争力,主张减少政府的干预,提高劳动力市场的弹性,通过降低工资等手段增强企业的竞争力。这样,英国、美国选择了以低成本竞争、标准化的产品和服务为特征的新福特主义模式。德国、新加坡和日本则走上了以技能和高附加值的个性化产品和服务为核心的后福特主义道路。在新福特主义模式下,企业的技能需求被弱化,造成了两个明显的后果:一方面对外部劳动力市场的技能供给产生了消极影响,另一方面,这种技能需求不足也削弱了企业提供培训的积极性,从而进一步加剧了技能短缺的程度。在某种程度上,英国的技能短缺问题也是一个产品市场策略问题。仅仅增加技能劳动力的供给非但不可能从根本上改变这种状况,还有可能造成技能劳动力过剩的状况。因此,齐普认为,"如果政府试图提高企业的技能需求,就需要制定相应的政策鼓励更多的企业改变产品市场策略。"[3]芬格德和索斯凯、齐普和马修等人提出,英国政府"必须将教育培训政策与产业政策结合起来、提高产品和服务的质量、增加高技能工作岗位才能使产业摆脱低技能均衡"[4]。不过,80年代到90年代,产业结构向服务业的调整和劳动力市场的"灵活化"使英国经济趋向于低技能/低技术模式。这就抑制了市场的技能需求。新工党政府上台以后,开始从教育培训制度的管理者转向为个人和企业参与对培训的投资创造一个积极的外部环境。"后福特主义理念作为教育和培训政策的必然选择已经被

---

① Derek Bsoworth, Pat Dutton & Jackie Lewis. Skill Shortages: Causes and Consequences[M]. Avebury,1992,pp.187-188.

② [美]坎贝尔·R.麦克南,斯坦利·L.布鲁,大卫·A.麦克菲逊. 当代劳动经济学[M]. 刘文,赵成美等译. 北京:人民邮电出版社,2006:79-80.

③ Richard Layard, Ken Mayhew & Geoffrey Owen. Britain's Training Deficit: The Centre for Economic Performance Report [M]. Avebury, 1994,p.296.

④ Alan Felstead, Francis Green, Ken Mayhew & Alan Pack. The Impact of Training on Labour Mobility: Individual and Firm-level Evidence from Britain[J]. British Journal of Industrial Relations, Vol.38,No.2, June 2000, pp.261-275.

决策者和各个利益相关者普遍接受了。"①总之,提高企业需求的关键是刺激革新、提高企业的生产技术水平,从而刺激企业对技能的需求。世界银行指出,"政府需要在使教育更具有综合性并更贴近企业的技能要求方面起主导作用,并且为教育和培训服务的提供者创造良好的投资环境。"②这也就是说,一方面通过改善投资环境刺激技能需求,另一方面增加技能供给,这样就可以较好地协调技能的供求关系。对于任何国家都如此。

---

①　Jessop B. Conservative regimes and the transition to post-fordism: the cases of Britain and West Germany, Essex Papers in Politics and Government, No. 47.

②　世界银行. 2005 年世界发展报告——改善投资环境,促使人人受益[M]. 中国科学院,清华大学国情研究中心译. 北京:清华大学出版社,2005:137.

参 考 文 献

一、英文部分

[1]A. H. Halsey, *et al*. Education: Culture, Economy, and Society[M]. Oxford University Press,1997,p. 231.

[2]Alan Felstead, Francis Green, Ken Mayhew & Alan Pack. The Impact of Training on Labour Mobility: Individual and Firm-level Evidence from Britain[J]. British Journal of Industrial Relations, Vol. 38, No. 2, June 2000, pp. 261-275.

[3] Albert Renkema. Individual Learning Accounts: a strategy for lifelong learning? [DB/OL] CINOP's-Hertogenbosch, May 2006, p. 20. http://dissertations. ub. rug. nl/ FILES/faculties/. . . /a. g. renkema/13_thesis. pdf.

[4] Alison L. Booth & Dennis J. Snower. Acquiring skills: market failures, their symptoms and policy responses[M]. Cambridge University Press, 1996:2,21-22,24,39, 130,149-150,238-250,257,305-316,323-327.

[5]Andrew Erridge & Shayne Perry. The Validity and Value of National Qualifications: the case of purchasing [J]. The Vocational Aspect of Education, Vol. 46, No. 2, 1994,pp. 199-217.

[6]Andrew Glyn & Stewart Wood. New Labour's Economic Policy[DB/OL]. [2007-12-10], http://www. economics. ox. ac. uk/Members/andrew. glyn/GlynandWood. pdf.

[7]Andrew Pollaro, June Purvis & Geoffrey Walford. Education, Training and the New Vocationalism: experience and policy[M]. Open University Press, 1988:8,20,25-26,90, 110,126.

[8]Andrew Reid. The Value of Education[J]. Journal of Philosophy of Education, Vol. 32, No. 3, 1998,pp. 319-331.

[9]Anne West & Hazel Pennell. How New in New Labour? The Quasi-Market and English Schools 1997-2001[J]. British Journal of Educational Studiea, Vol. 50, No. 2,2002, pp. 206-224.

[10]Ann Hodgson & Ken Spours. New Labour Educational Agenda [M]. Kogan Page

Limited，1999：315，327.

［11］Ann Hodgson & Ken Spours. New Labour's Education Agenda：Issues and Policies for Education and Training from 14＋［M］. Kogan Page，1999：6-10，12，14-17，23-27，50，52-54，69.

［12］Ann-Marie Bathmaker. Hanging in or shaping a future：defining a role for vocationally related learning in a "konwledge" society［J］. Journal of Education Policy，Vol. 20，No. 1，2005，pp. 81-100.

［13］Bernard Trendle & Jennifer Siu. Investment in training and public policy-a review ［J/OL］. Working Paper No. 35，March 2005，［2005-6-10］，http：//trainandemploy. qld. gov. au/resources/business_employers/pdf/...

［14］Bob Mansfied & Lindsay Mitchell. Towards A Competent Workforce［M］. Gower，1996：xii，3，30-31，36，71.

［15］Booth & Snower. Accquiring Skills［M］. Cambridge University Press，1996：2，337.

［16］Brad L. Rawlins. Prioritizing Stakeholders for Public Relations［DB/OL］. March 2006，［2008-6-2］，http：//www. instituteforpr. org/files/uploads/2006_Stakeholders. pdf.

［17］BTRE. Skill Shortages in Australia's Regions［J/OL］. Working Paper 68，［2007-3-3］，www. bitre. gov. au/publications/19/Files/wp68. pdf.

［18］Burt S. Barnow，John Trutko & Robert Lerman. Skill Mismatches and Worker Shortages：The Problem and Appropriate Responses（Final Report），February 25，1998，［DB/OL］.［2006-8-10］，http：//www. econ. jhu. edu/people/Barnow/short91. pdf.

［19］Cabinet Office. In Demand：Adult Skills In The 21st Century，A Performance And Innovation Unit Report［DB/OL］. December 2001，［2006-6-12］，http：// cabinetoffice. gov. uk/strategy/work_areas/.../su adult skills pdf. ashx.

［20］Cathy Howieson. Parity of Academic and Vocational Awards：the experence of modularisation in Scoland［J］. European Journal of Education，Vol. 28，No. 2，1993，pp. 177-187.

［21］Chandra Shah & Gerald Burke. Skills Shortages：Concepts，Measurement And Implications，Monash University［DB/OL］. Working Paper No. 52，November 2003，［2008-1-16］，http：//www. education. monash. edu. au/ centres/.../workingpapers/wp52nov03 shah. pdf.

［22］Chris Briggs & Jim Kitay. Vocational Education and Training，Skill Formation and Training and the Labour Market［DB/OL］. NSW Board of Vocational Education Training，October 2000.［2008-3-2］，http：//www. bvet. nsw. gov. au/pdf/vetsk‖labourmarket. pdf.

［23］Christian Bessy. Certification of Occupational Commpetency in the UK：comparison with the Frennch experience［DB/OL］. December 2002，［2007-5-12］，http：//cee-recherche. fr/ fr/.../texte_pdf/bessy/ws2bessy-english. pdf.

［24］Christopher Winch & Linda Clarke. "Front-loaded" Vocational Education versus

Lifelong Learning. A Critique of Current UK Government[J]. Oxford Review of Education, Vol. 29,No. 2,2003,pp. 239-252.

[25]Christopher Winch. The Economic Aims of Education[J]. Journal of philosophy of Education, Vol. 3,No. 1,2002,pp. 101-117.

[26]Christopher Winch. Two Rival Conception of Vocational Education: Adam Smith and Friedrich List[J]. Oxford Review of Education, Vol. 24,No. 3,1998,pp. 365-378.

[27]Claudio de Moura Castro. Training policies for the end of the century[DB/OL]. UNESCO: International Institute for Educational Planning, October 1995, [2008-1-16], http://www. unesco. org/education/pdf/23_95. pdf.

[28]Claudio Lucifora & Federica Origo. The economic cost of the skill gap in Europe [DB/OL]. [2006-10-12], http://citeseerx. ist. psu. edu/viewdoc/download? doi=10. 1. 1. 203. 3861&rep=repl&type=pdf.

[29]Clyde Chitty. Education Policy in Brittain[M]. Palgrave Macmillan,2004:174,175.

[30]Clyde Chitty. Post-16 Education: Studies in Access and Achievement[M]. Kogan Page, 1991,p. 170.

[31]Colin Crouch, David Finegold & Mari Sako. Are skills the answer? [M]. Oxford University Press,1999:1,22,28,127-131,134-135,140,187,216,219.

[32]Coopers & Lybrand Associate. A Challenge to complacency: changing attitudes to training: a report to the Manpower Services Commission and the National Economic Development Office [R]. Sheffield: Manpower Services Commission/National Economic Development Office, 1985,p. 10.

[33]Correlli Barnett. The Audit of War,the illusion & reality of Britain as a great nation [M]. PAPERMAC,1987:202-205.

[34]Dan A. Black, Brett J. Noel, Zheng Wang. On-the-job training, establishment size, and firm size: evidence for economies of scale in the production of human capital[J]. Southern Economic Journal,Vol. 66, No. 1,1999, pp. 82-100.

[35]Dan Finn. Training Without Jobs: New Deals and Broken Promises[M]. Macmillan Education LTD,1987:131-137,144-145,154-156,169-171.

[36]Daron Acemoglu. Technical Change, Inequality, and the Labor Market [J]. Journal of Economic Literature, Vol. 40, No. 1, 2002, pp. 7-72.

[37]Daron Acemoglu. Training and Innovation in an Imperfect Labor Market[J]. Review of Economic Studies,Vol. 64, No. 3, 1997, pp. 445-464.

[38]David Atkinson. The financing of vocational education and training in the United Kindgom: financing portrait [DB/OL]. [2008-10-2], http://www. eric. ed. gov/PDFS/ED435795. pdf.

[39]David Finegold & David Soskice. The Failure of Training in Britain: analysis and prescription[J]. Oxford Review Economic Policy, Vol. 4, No. 3, 1988, pp. 21-53.

[40]David G. Blanchflower & Richard B. Freeman. Did the Thatcher Reforms Change

British Labour Market Performance？［EB/OL］．［2004-5-6］，http：//www. dartmouth. edu/
～blnchflr/papers/Thatcher. pdf.

［41］David Raffe &. Cathy Howieson. The Unification of Post-compulsory Education：
towards a Conceptual framework［J］. British Journal of Education Studies，Vol. 46，No. 2，
1998，pp. 169-181.

［42］David Raffe，Karen Brannen，Joan Fairgrieve，*et al*. Participation，Inclusiveness，
Academic Drift and Parity of Esteem：acomparision of post-compulsory education and training
in England，Wales，Scoland and Northern Ireland［J］. Oxford Review of Education，Vol. 27，
No. 2，2001，pp. 173-203.

［43］David Sabourin. Skill Shortages and Advanced Technology Adoption［DB/OL］.
［2007-1-12］，http：//www. statcan. ca/english/research/11f0019mie/11f0019mie2001175. pdf.

［44］Denis Gleeson &. Ewart Keep. Voice without accountability：the changing relation
between employers，the State and education in England［J］. Oxford Review of Education，Vol.
30，No. 1，March 2004，pp. 37-63.

［45］Derek Bosworth，Pat Dutton &. Jackie Lewis. Skill Shortages：Causes and
Consequences［M］. Avebury，1992：2-4，10-14，24-30，70，137-141，157-158，171，184-198，
202-204.

［46］Derek Bosworth，Rhys Davies，Terence Hogarth，*et al*. Employers Skill Survey：
Statistical Report，September 2000［R/OL］.［2006-5-3］，http：www. dcsf. gov. uk/research/
data/uploadfiles/skt40. pdf.

［47］Derek H. Aldcroft. Education，Training and Economic Performance：1944－1990
［M］. Manchester University Press，1992：7，17，30-33，43，53-57，66-73，101，128-135，
140-165.

［48］DfEE. Further Education for the New Millennium［DB/OL］. 25 February 1998. p.
9，［2008-2-1］，http：//www. lifelonglearning. co. uk/kennedy/kennedy. pdf.

［49］DfEE. The Learning Age a renaissance for a new Britain［DB/OL］.［2008-3-1］，
http：// www. lifelonglearning. co. uk/greenpaper/summary. pdf.

［50］DfES. 2005 key skills policy &. practice［R/OL］. 2005，［2006-4-2］，http：//www.
qca. org. uk/qca_6062. aspx.

［51］DfES. 21st Century Skills：Realising Our Potential-Individuals，Employers，Nation
［DB/OL］. July 2003，p. 11.［2008-1-15］www. lsda. org. uk/files/pdf/Resp21stcentskills. pdf.

［52］DfES. 21st Century Skills：Realising Our Potential—Individuals，Employers，
Nation［DB/OL］. July 2003，p. 12.［2006-2-12］http：www. dfes. gov. uk/skillsstrategy/.

［53］DfES. Half Our Future，A Report of the Central Advisory Council for Education
（England）［DB/OL］.［2008-10-26］. http：// www. behaviour2learn. co. uk/download/116/
half_our_future.

［54］DfES &. LSC. Delivering World-class Skills in a Demand-led System［DB/OL］. January
2007，［2008-6-10］，http：//readingroom. lsc. gov. uk/lsc/National/nat-deliveringworldclassskills-

jan07. pdf.

［55］DfES. Understanding The Labour Market：A Basic Guide For Teachers In Secondary Schools In England［DB/OL］. May 2005，［2006-6-9］，Http：// www. princes-trust. org. uk/main site v2/downloads/understanding lmi1. pdf.

［56］Diane-Gabrielle Tremblay &. Irène Le Bot. The German Dual Apprenticeship Sysytem Analysis Of Its Evolutional and Present Challenges［DB/OL］. Research Note NO 2003-4A，P. 22，［2008-2-2］，http://www. teluq. uquebec. ca/chaireecosavoir/pdf/NRC03-04A. pdf.

［57］Duncan Watson, Robert Webb and Steven Johnson. Influence costs and the reporting of skill deficiencies［J/OL］. Human Relations，Volume 59(1)：37 - 59，［2007-8-10］,http：www. swan. ac. uk/sbe/research/papers/Econ0408. pdf.

［58］Elisabeth Dunne, *et al*. Higher education：core Skill in a learning society［J］. Journal Education Policy,Vol. 12,No. 6，1997,pp. 511-525.

［59］Francis Teal. Real wages and the demand for skilled and unskilled male labour in Ghana's manufacturing sector：1991-1995［DB/OL］. October 20，1997. The Centre for the Study of African Economies Working Paper Series. Working Paper 58. ［2006-10-2］，http://www. bepress. com/csae/paper58.

［60］Frank Coffield. Alternative routes out of the low skills equilibrium：a rejoinder to Lloyd &. Payne［J］. Journal of Education Policy，Vol. 19, No. 6,November 2004,pp. 733-739.

［61］Frogner, Mari Lind. Skills shortages：Labour Market Trends［DB/OL］. 2002,p. 18 ［2005-6-11］, http://findarticles. com/p/articles/mi_qa3999/is_200201/ai_n9060670.

［62］Frontier Economics. An Economic Review and Analysis of the Implications of Occupational Licensing［R/OL］. Research Report No 467, August 2003,［2006-5-6］，http://www. dcsf. gov. uk/research/data/uploadfiles/RR467. pdf.

［63］Gavin Wallis. The Effect of Skill Shortages on Unemployment and Real Wage Growth：A Simultaneous Equation Approach［J/OL］. August 2002,［2008-1-5］，http://repec. org/res2003/Wallis. pdf.

［64］G. D. N. Worswick. Unemployment：a problem of policy［M］. Cambridge University Press，1991：19,82.

［65］Geoff Harward. An Overview of Vocatonal Education and Training in Britain：1690－1970［J］. The Vocational Aspect of Education, Vol. 45, No. 2, 1993,pp. 32-55.

［66］Geoff Hayward. A century of vocationalism［J］. Oxford Review of Education, Vol. 30,No. 1 March 2004,pp. 3-12.

［67］Geoff Hayward &. Rosa M. Fernandez. From core skills to key skills：fast forward or back to the future? ［J］. Oxford Review of Education, Vol. 30, No. 1, 2004,pp. 117-145.

［68］Gertrude Williams. Apprenticeship in Europe：The Lesson for Britain［M］. London，Chapman &. Hall, 1963,p. 62.

［69］Giovanni L. Violante. Skill-Biased Technical Change［DB/OL］. ［2007-1-12］, www. econ. nyu. edu/user/violante/Books/sbtc_january16. pdf.

[70]Giuseppe Croce. Imperfect Labour Markets and General Training: A Review of Recent Theoretical Developments, SASE 2002 – Work and Labor in the Global Economy [DB/OL]. [2005-1-16],http:// www. sase. org/oldsite/conf2002/papers/g014. croce. pdf.

[71]Godfrey M. Skill development for international competitiveness[M]. Institute of Development Studies, Brighton, UK, 1997:3,203.

[72]Grahame Peak. Employer Opinion of the Training Gurantee Scheme: preliminary findings[DB/OL]. [2008-1-18] http://www. aare. edu. au/91pap/peakg91187. txt.

[73]Guy Standing. Unemployment and labour market flexbility: The United Kindgom [M]. Geneva, ILO, 1986:47,77,92,94.

[74]G. Walford. School Choice and Quasi-market[M]. Oxfordshire: Triangle, 1996, p. 131.

[75]Harry Tomlinson. Education and Training 14-19: Continunity and diversity in the curriculum[M]. BEMAS,1993,p. 105.

[76]Hilary Steedman, Howard Gospel & Paul Ryan. Apprenticeship: A Strategy for Growth[R/OL]. the Centre for Economic Performance, October 1998, [2006-10-12], http://cep. lse. ac. uk/pubs/download/special/apprenticeship. pdf.

[77]HM Treasury. Full employment in every region[R/OL]. [2005-6-6], http:// www. dwp. gov. uk/publications/dwp/2003/full_employ/every_region. pdf.

[78]HM Treasury. Productivity in the UK: The Evidence and the Governments Approach, November 2000 [R/OL]. [2005-5-25], http://archive. treasury. gov. uk/pdf/ 2000/productivity7_11. pdf.

[79]Hugh Pemberton. The 1964 Industrial Training Act: a failed revolution[DB/OL]. Bristol,30 March 2001, [2008-1-6], http://seis. bris. ac. uk/~ hihrp/Seminars/2001% 20EHS%201964%20ITA. pdf.

[80]Hugo Hollanders, Baster Weel. Technology, Knowledge Spillovers and Changes in Employment Structure: Evidence from six OECD Countries[J]. Labour Economics, Vol. 9, No. 5, 2002,pp. 579-599.

[81]Ian Finlay, Stuart Niven & Stephanie Young. Changing Vocational Education and Training[J]. Routledge,1998:6-7,24-29,89,137.

[82] International Labour Orgnization. Learning and Training for Work in the Knowledge Society[R/OL]. [2004-05-18]. http://www. ilo. org/public/english/employment/ skillshrdrreport/rep_toc. htm.

[83]Irmgard Nübler. Firms'motivation to invest in training: the role of dependency, hostages and cooperation [DB/OL]. [2006-1-20], http://www. isnie. org/isnie01/papers01/ nubler. pdf.

[84]Jackie Lewis. Retraining the unemployed to fill the skills gap. In:Derek Bosworth, Pat Dutton & Jackie Lewis. Skill Shortages: Causes and Consequences. Avebury, 1992,

p. 192.

[85]Jarl Bengtsson. Labour Market of the Future: the Challenge to the education policy makers[J]. European Journal of Education, Vol. 28, No. 2, 1993, pp. 135-157.

[86]Jason Heyes. Labour administration in the United Kingdom[DB/OL]. [2008-5-8] http:// www. ilo. org/public/english/dialogue/ifpdial/downloads/gllad/uk. pdf.

[87]Bob Jessop. Conservative regimes and the transition to post-fordism: the cases of Britain and West Germany. In: Mark Gottdeiner & Nicos Komninos. Capitalist Development and Crisis Theory[C]. New York: St. Martin's Press, 1989, pp. 261-299.

[88]Joe Harkin. Technological Change, Employment and Responsiveness of Education and Train Providers[J]. Compare, Vol. 27, No. 1, 1997, pp. 95-103.

[89]John Ahier & Geoff Esland. Education, Training and the Future of Work Ⅰ[M]. Routledge, 1999:5-6, 13-39, 54, 82-83, 113-114, 158-171, 204, 216-217.

[90]John Forth & Geoff Mason. Do ICT Skill Shortages Hamper Firms' Performance? Evidence from UK Benchmarking Surveys[R/OL]. National Institute of Economic and Social Research, London, September 2006, [2006-6-9], http://www. niesr. ac. uk/pubs/DPS/dp281. pdf.

[91]John Halliday. Distributive Justice and Vocational Education[J]. British Journal Educational Studies, Vol. 52, N. 2 June 2004, pp. 151-165.

[92]John Twining. Vocational Education and Training in the United Kindgom[M]. Thessaloniki, 1999, p. 47, 51.

[93]Jonathan Haskel & Christopher Martin. Do Skill Shortages Reduce Productivity? Theory and Evidence from the United Kingdom[J]. Economic Journal, Vol. 103, No. 417, 1993, pp. 386-394.

[94]Jonathan Haskel & Christopher Martin. Technology, Wages and Skill Shortages: Evidence from UK Micro Data[J]. Oxford Economic Papers, Vol. 53, No. 4, 2001, pp. 642-658.

[95]Jonathan Haskel & Richard Holt. Anticipating Future Skill Needs: Can it be Done? Does it Need to be Done? A Paper for the Skills Task Force[DB/OL]. January 1999[2006-12-2], http://www. dcsf. gov. uk/rsgateway/db/rrp/u013686/index. shtml.

[96]Jonathan Payne. The unbearable lightness of skill: the changing meaning of skill in UK policy discourses and some implications for education and training [J]. Journal of Education Policy, Vol. 15, No. 3, 2000, pp. 353-369.

[97]Jutta Allmendinger. Educational systems and labor market outcomes[J]. European Sociological Review, Vol. 5, No. 3, 1989, pp. 231-250.

[98]Keith Watson. Youth, Education and Employment—International Perspectives [M]. Croom Helm, 1983:2, 7, 51-53.

[99]LSC. Skills in England 2004 Volume 2: Research Report[DB/OL]. July 2005, [2006-9-22] http://readingroom. lsc. gov. uk/lsc/2005/. . . /skills-in-england-2004-vol-

2. pdf.

[100]Lex Borghans & Andries de Grip. The Overeducated Worker? the Economics of Skill Utilization[M]. Edward Elgar, 2000,p. 27-28.

[101] Lichia Yiu & Raymond Saner. ISO 10015 and "Investors in People": Two complementary policy instruments for VET[DB/OL]. 2004, http://www. adequate. org/ page%20files/file/20080731-investors%20in%20people%20uk%20_lsy%202. 1. pdf.

[102]Lindsay Paterson. The Three Education Ideologies of the British Labour Party, 1997—2001[J]. Oxford Review of Education,Vol. 29,No. 2,2003, pp. 165-186.

[103] Lorna Unwin. Growing beans with Thoreau: rescuing skills and vocational education from the UK's defict approach[J]. Oxford Review of Education, Vol. 30, No. 1, 2004,pp. 147-160.

[104]Lorraine Dearden, Steven McIntosh,Michal Myck & Anna Vignoles. The Returns to Academic and Vocational Qualifications in Britain[DB/OL]. November 2000,[2006-12-2], http://cee. lse. ac. uk/cee dps/CEEDP04. pdf.

[105]LSC. Key Messages from Skills in England 2002[DB/OL]. [2007-2-15]. http:// readingroom. lsc. gov. uk/.../skills-in-england-2002-key-messages. pdf.

[106]LSC. Key Messages from Skills in England 2002[R/OL]. [2007-1-16]. http:// readingroom. lsc. gov. uk/.../skills-in-england-2002-key-messages. pdf.

[107]LSC. National Employers Skills Survey 2005:Main Report[R/OL]. 2006,[2008-3-15]. http://readingroom. lsc. gov. uk/Lsc/2006/research/commissioned/nat-national employersskillssurvey2005mainreport-re-june2006. pdf.

[108]LSC. Skill in England 2001: Research Report[DB/OL]. [2008-7-20], http:// www. dcsf. gov. uk/research/data/uploadfiles/sieo1. pdf.

[109]LSC. Skills in England 2004 Volume 1:Key Messages, [DB/OL]. [2005-10-6], http://readingroom. lsc. gov. uk/lsc/2005/.../skills-in-england-2004-vol-1. pdf.

[110]LSC. Skills in England 2004 Volume 2: Research Report[DB/OL]. July 2005, [2007-1-12]. http://readingroom. lsc. gov. uk/lsc/2005/.../skills-in-england-2004-vol-2. pdf.

[111]LSC. Skills in England 2005 Volume 2:Research Report[R/OL]. July 2006, [2007-1-16], http://eadingroom. lsc. gov. uk/.../nat-skillsinengland2005vol2-re-july2006. pdf.

[112] Robert E. Lucas. On the Mechanism of Economic Development[J]. Journal of Monetary Economics, Vol. 22,No. 1,1988, pp. 3-42.

[113]Malcolm S. Cohen & Mahmood A. Zaidi. Global Skill Shortages[M]. Edward Elgar, 2002:1,6-7,16,28.

[114] Malcolm Tight. Key Concept in Adult Education and Training (2nd)[M]. Routledge Falmer,2002,pp. 77-78.

[115]James M. Malcomson, James W. Maw & Barry McCormick. General Training by

Firms, Apprentice Contracts, and Public Policy[DB/OL]. 2000, p. 34,[2006-2-11], http://www. swan. ac. uk/economics/dpapers/2000/wp00-06. pdf.

[116]Margaret Stevens. Should Firms be Required to Pay for Vocational Training? [J/OL]. Oxford January 1999, [2007-3-8], http:// www. nuff. ox. ac. uk/economics/papers/1999/w4/vocational. pdf.

[117] Marsh KG. Competencies in Training and Human Resources Development-a philosophy disguised as technology[DB/OL]. October. 2002,[2007-10-12], http://www. som. surrey. ac. uk/TTnet/istanbul. pdf.

[118]Martin Dyke. The New Qualifications Framework: towards post-Fordist reform? [J]. International Journal of Lifelong Education, Vol. 15, No. 4,1996,pp. 266-275.

[119]Martin Godfrey. Skill Development for International Competitiveness[M]. Edward Elgar,1997:5,152,169,189,204.

[120]Maurice Holt. Skill and Vocationalism: The easy answer? [M]. Open University Press, 1987,p. 26-28.

[121]Michael Fletcher. Individual learning accounts: Lessons learned from the English experience[DB/OL]. 24-26 June 2003, [2008-1-2],http://dissertations. ub. rug. nl/ FILES/faculties/. . ./a. g. renkema/13_thesis. pdf.

[122]Michael T. Kiley. The Supply of Skilled Labor and Skill-Biased Technological Progress[DB/OL]. Disc. Series 97-45. August 15, 1997, [2006-8-2], http://www. federalreserve. gov/pubs/feds/1997/199745/199745pap. pdf.

[123]Micheal F. D. Young. The Curriculum of the Future: From the "New Sosiology of Education" to a Critical Theory of Learning[M]. Falmer Press,1998:20,52,66-67,71,76.

[124]Micheal Young & Kenspours, et al. Unification academic and vocational learning and the idea of a learning society[J]. Journal of Education Policy, Vol. 12, No. 6, 1997,pp. 527-537.

[125]Mike Flude & Sandy Sieminski. Education, Training and Future of Work II[M]. London: Routledge & Open University Press, 1999:14-19, 27-50, 58-61, 81-89, 105, 125, 158-165.

[126]Hubert Ertl. Modularisation of Vocational Education in Europe NVQs and GNVQs as a model for the reform of initial training provisions for Germany? [M] Symposium Books, 2000,p. 47.

[127]National Skills Task Force, Towards a national skills agenda : first report of the National Skills Task Force [DB/OL]. p. 16,[2008-4-26], http://dera. ioe. ac. uk/15089/1/Towards%20a%20national%20skills%20agenda. pdf.

[128] Nicholas Foskett & Jane Hemsley-Brown. Choosing Future: Young People's Decision-Making in Education, Training and Careers Markets[M]. Rouledge Falmer, 2001: 102,125-126.

[129]Nick Boreham. Work Process Knowledge, Curriculum Control and the Work-based

Route to Vocational Qualification[J]. British Journal of Education, Vol. 50, No. 2, June 2002, pp, 225-237.

[130]Office of Technology Assessment, Occupational Training for Young People in the United Kingdom[DB/OL]. September 1995, OTA-BP-EHR-175, [2007-2-15], http: www. princeton. edu/~ota/disk1/1995/9559/9559. pdf.

[131]Pablo Burriel-Llombart & Jonathan Thomas. Skill imbalances in the UK labour market: 1979-99 [DB/OL]. Working Paper No. 145, [2007-3-15], http://www. bankofengland. co. uk/wp/index. html.

[132]Pascaline Descy & Mansfred Tessaring. Traning and Learning for Competence: Second report on vocational training research in Europe (executive summary)[R/OL]. Luxebourg: Office for Official Publications of the European Communities, 2001, [2004-2-6], http://www. fetac. ie/PDF/det_stands_policy_doc_280905. pdf.

[133]Pat Ainley & Jenny Corbett. From Vocationalism to Enterprise: social and life skills become personal and transferable[J]. British Journal of Sociology of Education, Vol. 15, No. 3, 1994,pp. 365-374.

[134]Patrick Ainley. The new "market-state" and education[J]. Journal of Education Policy, Vol. 19,No. 4,July 2004,pp. 491-514.

[135]Paul Bennell & Jan Segertrom. Vocational Education and Training in Developing Countries: Has the World Bank got it right? [J]. International Journal of Education Deveopment, Vol. 18, No. 4, 1998,pp. 271-287.

[136]Pepper D. Culpepper. The Future of the High-Skill Equilibrium in Germany[J]. Oxford Review of Economic Policy, Vol. 15,No. 1,2003,pp. 43-59.

[137]Peter Cappelli. Technology and skill requirements: implications for establishment wage structures-Special Issue: Earnings Inequality[J]. New England Economic Review, May-June, 1996,pp. 139-154.

[138]Peter Raggatt & Lorna Unwin. Changing and Intervention: Vocational Education and Traning[M]. The Falmer Press,1991:xvi,62.

[139]Peter Senker, et al. Working to learn: a holistic approach to young people's education and training[J/OL]. Vocational Training of European Journal. No. 20, [2006-8-12], http://trainingvillage. gr/etv/Upload/. . . /Bookshop/119/20_en_senker. pdf.

[140]Peter Skott. Wage inequality and overeducation in a model with efficiency wages [J]. Canadian Journal of Economics, Vol. 39, No. 1, 2006,pp. 94-123.

[141]Philip Andrew Stevens. Skill Shortages and Firms'Employment Behaviour[DB/OL]. May 2004, [2006-5-8], http://www. niesr. ac. uk/pubs/dps/dp240. pdf.

[142]Philip Arestis & Malcolm Sawyer. "New Consensus," New Keynesianism, and the Economics of the "Third Way"[DB/OL], Working Paper No. 364,[2008-1-16], http:// www. levy. org/pubs/wp/364. pdf.

[143] Philip Brown, Andy Green & Hugh Lauder. High Skills: Globalization,

Competetiveness, and Skill Formation[M]. Oxford University Press, 2001:5,16-17,35,42, 123-131.

[144] Phillip Brown & Hugh Lauder. Education, globalization and economic development, in: John Ahier & Geoff Esland. Education, Training and the Future of Work I[M]. Routledge, 1999,p. 31.

[145] Phil Race. A Education & Training Toolkit for the New Millennium[J]. International Innovations in Education and Training, Vol. 35, No. 3, 1998, pp. 262-271.

[146] Prais SJ. How Europe Would See the New British Initiative for Standardising Vocational Qualifications[J]. National Intitute Economic Review, Vol. 129, No. 1, 1989, pp. 52-54.

[147] Raymond Robertson, Mark Skidmore & Hideki Oya. A Reevaluation of the Effect of Human Capital Accumulation on Economic Growth: Using Natural Disasters as an Instrument[DB/OL]. Working Paper 05-08, [2006-4-21], http:// academics. uww. edu/ business/economics/wpapers/05_08_skidmore. pdf.

[148] Richard Aldrich. Lessons from History of Education: The selected works of Richard Aldrich[C]. Routledge,2006:67-72,195.

[149] Richard Layard, Ken Mayhew & Geoffrey Owen. Britain's Training Deficit: The Centre for Economic Performance Report[M]. Avebury, 1994:13-15,32-33,42,51-64,93-100,144-151,251-270, 286,296,318.

[150] Richard O. Zerbe & Howard E. McCurdy. The Failure of Market Failure[DB/OL]. February, 2005, [2006-10-18], http:// www. theworldbuilders. com/v372/zerbe the failure of market failure. pdf.

[151] Richard Pring. The skills revolution[J]. Oxford Review of Education, Vol. 30, No. 1, March 2004, pp. 105-116.

[152] Richard Taylor. Lifelong learning and the Labour goverments 1997-2004[J]. Oxford Review of Education, Vol. 31, No. 1, March 2005, pp. 101-118.

[153] Robert Mcnabb & Keith Whitefield. The Market for Training: Inernational perspectives on theory, methodology and policy[M]. Avebury, 1994:4-5, 21-34, 58-59, 77-90,257,337.

[154] Rob Wilson & Terence Hogarth. Tackling the Low Skills Equilibrium, A Review of Issues and Some New Evidence[R/OL]. November 2003, p. xiii. [2006-2-11], http:// www. berr. gov. uk/files/file11004. pdf.

[155] Roger Dale. Education, Training and Employment: towards a new vocationalism [M]. Pergamon Press,1986:46-53.

[156] Roger Penn & Micheal Rose, et al. Skill and Occupational Change[M]. Oxford University Press,1994,p. 42-50,134,154.

[157] Ron Dearing. Review of Qualifications for 16－19 Year Olds: Summary Report [R/OL]. March 1996,p. 4,[2007-7-6], http://eric. ed. gov/PDFS/ED403388. pdf.

[158]Ruth Jonathan. Skill and Vocationalism[M]. Open University Press, 1989, p. 40.

[159]Sandy Leitch. Prosperity for all in the global economy-world class skills: Final Report[DB/OL]. p. 3, December 2006,[2008-8-2],http: www. hm-treasury. gov. uk/d/leitch _finalreport051206. pdf.

[160]J. R. Shackleton. Training for Employment in Wesern Europe and the United States[M]. Edward Elgar, 1995:16-17,22-23,38,44,47,112,195,233-235.

[161]Stefan Bornemann. Spillovers in Vocational Training: An Analysis of Incentive Schemes[J/OL]. Discussion paper 2005-15, September 2005, [2007-2-16],http:// edoc. ub. uni-muenchen. de/5737/1/Bornemann_Stefan. pdf.

[162]Steffen Hillmert. Skill formation in Britain and Germany: Recent developments in the context of traditional differences[DB/OL]. Program for the Study of Germany and Europe,Working Paper No. 06. 1,[2007-2-15], http://www. people. fas. harvard. edu/~ces/ publications/docs/pdfs/Hillmert. pdf

[163]Stephen Nickell & Daphne Nicolitsas. Human capital investment and innovation: what are the connections? In: Ray Barrell, Geoff Mason & Mary O'Mahoney. Productivity, innovation and economic performance. (National institute of economic and social research economic and social studies)[M]. Cambridge University Press,2000,pp. 268-280.

[164]Stephen Nickell. Has UK Labour Market Performance Changed? [DB/OL]. May 2001, p. 23, [2006-5-15], http:// www. lancs. ac. uk/staff/ecajt/labour market nickell. pdf.

[165] Steven Kapsos. World and regional trends in labour force participation: Methodologies and key results[DB/OL]. International Labour Office Employment Trends Unit Economic and Labour Market Analysis Department,2007, http://www. ilo. org/public/ english/employment/download/elm/elm07-1. pdf.

[166]Sue Richardson. What is a skill shortage? [DB/OL]. NCVER,2007, [2008-1-25], http://www. ncver. edu. au/research/proj/nr4022. pdf.

[167]Terence Hogarth & Rob Wilson, et al. Skill Shortages, Vacancies and Local Unemployment A Synthesis of the Exploring Local Areas,Skills and Unemployment Analyses [DB/OL]. [2007-2-2],http://www. dcsf. gov. uk/research/data/uploadfiles/RBX02-03. doc.

[168]Terence Hogarth & Rob Wilson. Skills Matter:A Synthesis of Research on the Extent, Causes, and Implications of Skill Deficiencies[DB/OL]. October 2001,[2006-1-16], http://www. dcsf. gov. uk/rsgateway/db/rrp/u013372/index. shtml.

[169] Terry Hyland & Barbara Merrill. The Changing Face of Further Education, Lifelong learning, inclusion and community values in further education [M]. Routladge Falmer,2003;5-7,12-15.

[170] Terry Hyland & Steve Johnson. Of Cabbages and Key Skills: exploding the mythology of core transferable skills in post-school education[J]. Journal of Further and Higher Education, Vol. 22, No. 2, 1998,pp. 163-172.

[171]Terry Hyland. Vocational Reconstruction and Deway's Instrumentalism[J]. Oxford

Review of Education，Vol. 19，No. 1，1993，pp. 89-100.

[172]Theodore Lewis. Bridging the Liberal/Vocational Divide：an examination of recent British and American versions of an old debate[J]. Oxford Review of Education，Vol. 20，No. 2，1994，pp. 199-217.

[173]Theodore Lewis. Difficulties Attending the New Vocationalism in USA[J]. Journal of Philosophy of Education，Vol. 25，No. 1，1991，pp. 95-108.

[174] Theodore Lewis. Towards a Liberal Vocational Education [J]. Journal of Philosophy of Education，Vol. 31，No. 3，1997，pp. 1-15.

[175] Theodore Lewis. Vocational Education as General Education[J]. Curriculum Inquiry，Vol. 28，No. 3，1998，pp. 283-309.

[176] Theresa Crowley-Bainton. United Kingdom：Encouraging employer investment [DB/OL]. December 1997，[2007-12-10] http://www. ilo. org/public/english/employment/ skills/training/publ/uk. htm.

[177]The World Bank. Vocational and Technical Education and Training：A World Bank Policy Paper[R]. Washington，D. C. May 1991，p. 20.

[178] Timothy F. Bresnahan，Erik Brynjolfsson & Lorin M. Hitt. Information Technology，Workplace Organization and the Demand for Skilled Labor：Firm-level Evidence [J]. The Quarterly Journal of Economics，Vol. 117. No. 1，2002，pp. 339-376.

[179] Timothy F. Bresnahan，Erik Brynjolfsson & Lorin M. Hitt. Information Technology，Workplace Organization and the Demand for Skilled Labor：Firm-level Evidence [J]. The Quarterly Journal of Economics，Vol. 117. No. 1，2002，pp. 339-376.

[180]J. J. Weelington. The rise of pre-vocational education and the needs of employers [J]. Vocational Aspect of Education，Vol. 38，No. 99，1986，pp. 12-22.

[181] William Mitchell & Victor Quirk. Skills shortages in Australia：concepts and reality[DB/OL]. Working Paper No. 05-16，November 2005，[2008-5-1]，http://el. newcastle. edu. au/coffee/pubs/wp/2005/05-16. pdf.

[182]Wim J. Nijhof & Jan N. Streumer. Key Qualification in Wor and Education[J]. Kluwer Academic Publishers，1998(31)：215-216.

[183]Winch Christopher & Linda Clarke. "Front-loaded" Vocational Education versus Lifelong Learning. A Critique of Current UK Government Policy[J]. Oxford Review of Education，Vol. 29，No. 2，2003，pp. 239-252.

[184]Wolf-Dietrich Greinert & Georg Hanf. Towards a history of vocational education and training（VET）in Europe in a comparative perspective[DB/OL]. Cedefop，October 2002，Florence，Volume Ⅰ，[2007-2-16]，http://trainingvillage. gr/etv/publication/ download/panorama/5153_2_en. pdf.

二、中文部分

[1][俄]A. K. 拉萨吉娜. 西方发达国家经济中的结构改革（以英国为例）[J]. 司辽，郭才

译.国外财经,2001(3):12-15.

[2][英]F.H.欣利斯.新编剑桥世界近代史(第11卷).中国社会科学院世界历史研究所组译.北京:中国社会科学出版社,1999:502.

[3][英]R.B.沃纳姆.新编剑桥世界近代史(第3卷)[M].中国社会科学院世界历史研究所组译.北京:中国社会科学出版社,1999:565,566.

[4][英]R.B.沃纳姆.新编剑桥世界近代史(第7卷)[M].中国社会科学院世界历史研究所组译.北京:中国社会科学出版社,1999:39,340.

[5][英]安东尼·吉登斯.第三条道路:社会民主主义的复兴[M].郑戈译.北京:北京大学出版社,2000:11,31;107.

[6][英]安东尼·吉登斯.第三条道路及其批评[M].孙相东译.北京:中共中央党校出版社,2002:4.

[7]蔡昉.中国就业统计的一致性:事实和政策涵义[J].中国人口科学,2004(3):2-10.

[8]陈桂生."教育学视界"辨析[M].上海:华东师范大学出版社,1999:22.

[9]陈建平.撒切尔政府经济政策浅析[J].历史教学问题,2003(1):46-49.

[10]陈乐民.撒切尔夫人[M].杭州:浙江人民出版社,1997:114.

[11]陈潭.集体行动的困境:理论阐释与实证分析——非合作博弈下的公共管理危机及其克服[J].中国软科学,2003(9):139-144.

[12]程美.英国工党"第三条道路"述评[D].山东师范大学硕士学位论文,2004:9.

[13][美]德里克·博斯沃思.劳动市场经济学[M].何璋,张晓丽译.北京:中国经济出版社,2003:181,265,266,270—272,336,472,495,520,564,577.

[14]丁大建.高技能人才的短缺与价值评价错位[J].中国高教研究,2004(5):57-58.

[15]丁建定.论撒切尔政府的社会保障制度改革[J].社会保障制度,2002(1):76-82.

[16][美]约翰·杜威.民主主义与教育.王承绪译.北京:人民教育出版社,2001:268,325.

[17][美]多恩布什,费希尔.宏观经济学[M].李庆云译.北京:中国人民大学出版社,2003:438.

[18]范明林,程金.政府主导下的非政府组织运作研究——一项基于法团主义视角的解释和分析[J].上海大学学报(社会科学版),2006(7):73-77.

[19]范先佐.教育经济学[M].北京:中国人民大学出版社,2008:182.

[20]方齐云,王皓,李卫兵,等.增长经济学[M].武汉:湖北人民出版社,2002:126.

[21][美]菲利普·库姆斯.世界教育危机[M].赵宝恒,李环等译.北京:人民教育出版社,2001:34,190.

[22][美]菲利普·施密特.民主化、治理和政府能力[J].经济社会体制比较,2005(5):40-44.

[23]冯子标.经济增长与收入分配变动趋势分析[J].经济学家,2004(4):40-45.

[24][苏]弗斯·阿兰斯基,弗·普拉·普钦斯卡娅.英国的国民教育制度[M].荣卿译.北京:人民教育出版社,1965:71,86.

[25]高丽.英国高技能人才培养政策研究[D].华东师范大学硕士学位论文,2005:8.

[26]顾明远.比较教育导论——教育与国家发展[M].北京:人民教育出版社,199;127.

[27]国家教委职业技术教育中心研究所.职业技术教育原理[M].北京:经济科学出版社,1998:17-18,22.

[28]何秉孟,姜辉.阶级结构与第三条道路——与英国学者对话实录[M].北京:社会科学文献出版社,2005:15,145,218-221.

[29]何亦名,张炳申.我国技能型人才供给不足的制度分析[J].教育与职业,2008(2):9-11.

[30][德]赫尔穆特·沃尔曼,埃克哈特·施罗德.比较英德公共部门改革——主要传统与现代化的趋势[M].王锋等译.北京:北京大学出版社,2004:3-4.

[31]胡鞍钢等.扩大就业与挑战失业[M].北京:中国劳动社会保障出版社,2002:16,84,127.

[32]胡昌宇.兼顾效率与公平:英国新工党政府经济与社会改革的有益尝试[J].世界经济与政治论坛,2006(4):79-86.

[33]胡文国,吴栋.中国经济增长因素的理论与实证分析[J].清华大学学报(哲学社会科学版),2004(4):68-76.

[34]黄安年.评撒切尔夫人治理"英国病"[J].世界历史,1991(2):20-28.

[35]黄日强,黄勇明.核心技能——英国职业教育的新热点[J].比较教育研究,2004(2):82-85.

[36][美]加里·贝克尔.人力资本投资:特别是关于教育的理论与经验分析[M].梁小民译.北京:北京大学出版社,1987:2,33,34.

[37]蒋国华.西方教育市场化:理论、政策与实践[J].全球教育展望,2001(9):58-65.

[38][英]杰夫·惠迪,萨莉·鲍尔,大卫·哈尔平.教育中的放权与择校——学校、政府和市场[M].马忠虎译.北京:教育科学出版社,2003:3.

[39]靳卫东.人力资本需求与工资差距:技术、贸易和收入的影响[J].经济经纬,2007(1):94-96.

[40]瞿保奎.瞿保奎教育文集——英国教育改革[C].北京:人民教育出版社,1993:503.

[41][美]坎贝尔·R.麦克南,斯坦利·L.布鲁,大卫·A.麦克菲逊.当代劳动经济学[M].刘文,赵成美等译.北京:人民邮电出版社,2006:79-80,102-103.

[42]李宝元.人力资本与经济增长[M].北京:北京师范大学出版社,2000:22,90.

[43]李俊.失业及其替代关系选择——我国失业的对策[J].海南大学学报(社会科学版),1997(1):30-36.

[44]李廉.辩证逻辑[M].合肥:安徽人民出版社,1982:156.

[45]李其龙.战后德国教育研究[M].南昌:江西教育出版社,1995:139.

[46]李强.失业下岗问题对比研究[M].北京:清华大学出版社,2001:197.

[47]李新功.欧盟职业培训政策与实践[M].北京:中国经济出版社,2005:1.

[48]李洋,王辉.利益相关者理论的动态发展与启示[J].现代财经,2004(7):32-35.

[49]林成.从市场失灵到政府失灵:外部性理论及其政策的演变[D].辽宁大学博士学位

论文,2007:15-16.

[50]刘波.论英国社会保障制度与社会经济发展的互动关系[J].河南师范大学学报(哲学社会科学版),2005(1):88-91.

[51]刘涤源.凯恩斯革命的内涵与真谛[J].武汉大学学报(哲学社会科学版),1995(4):71-78.

[52]卢山冰.利益相关者基本范式研究[J].西北大学学报(哲学社会科学版),2008(5):76-80.

[53][美]罗纳德·G.伊兰伯格,罗伯特·S.史密斯.现代劳动经济学:理论与公共政策[M].刘昕译.北京:中国人民大学出版社,2007:43-44,106-108,159,166,301,541.

[54]罗志如,厉以宁.二十世纪的英国经济——英国病研究[M].北京:人民出版社,1994:42,81,83,421,440.

[55]骆诺.公共选择理论视角下的政府失灵及对策[J].湖南工程学院学报,2007(3):109-111.

[56]马斌.西方劳动力经济学概论[M].北京:中央编译出版社,1997:188.

[57]马士岭.知识的概念分析与信念[J].山东大学学报(哲学社会科学版),2005(2):90-97.

[58][美]曼瑟尔·奥尔森.国家兴衰探源——经济增长、滞胀与社会僵化[M].吕应中译.北京:商务印书馆,1993:121.

[59]毛建青.职业需求与教育资格的转换:人力需求预测在教育规划中应用的关键环节.教育科学,2007(1):64-67.

[60]苗文龙,万杰.经济运行中的技术进步与选择——基于中国技术发展路径与经济增长、就业关系的实证分析[J].经济评论,2005(3):34-38,50.

[61]彭松建.当代西方经济学前沿问题的审视[J].经济学动态,2004(5):42-43.

[62][美]平狄克,鲁宾费尔德.微观经济学(第3版).高远等译.北京:中国人民大学出版社,1997:195-196.

[63]钱乘旦,陈宵律.在传统与变革的模式之间——英国文化模式溯源[M].杭州:浙江人民出版社,1991:5-29,166,170,364.

[64]钱箭星.资本、劳动力和国家的重新定位——第三条道路在西欧的改革实践[J].社会主义研究,2004(2):103-106.

[65]秦元芳,张亿钧.论人力资本投资对经济增长的作用[J].经济问题探索,2005(10):91-94.

[66]裘元伦.欧洲新"第三条道路"的经济含义[J].世界经济,2000(8):3-7.

[67]曲恒昌.西方教育经济学研究[M].北京:北京师范大学出版社,2000:26.

[68]沈坤荣.人力资本积累与经济持续增长[J].生产力研究,1997(2):17-20.

[69]石伟平.比较职业技术教育[M].上海:华东师范大学出版社,2001:329,332-335.

[70]史志钦.英国新工党与社会民主党:政策趋同与差异[J].清华大学学报(哲学社会科学版),2004(1):65-71,78.

[71]胡代光.西方经济学大词典.北京:经济科学出版社,2000:430,436.

[72]世界银行.2005年世界发展报告——改善投资环境,促使人人受益[R].中国科学院,清华大学国情研究中心译.北京:清华大学出版社,2005:136,137.

[73]世界银行.全球经济展望(2006)[R].北京:中国财政经济出版社,2006:138.

[74][英]托尼·布莱尔.新英国——我对一个年轻国家的展望[M].曹振寰译.北京:世界知识出版社,1998:96,132,142.

[75]汪霞.英国基础教育课程目标的界定[J].全球教育展望,2001(1):36-44.

[76]王波.从教育投资角度研究我国人力资本与经济增长的关系[D].重庆大学硕士学位论文,2005:13.

[77]王承绪.战后英国教育研究[M].南昌:江西教育出版社,1990:5,205,206,257.

[78]王承绪.比较教育学史[M].北京:人民教育出版社,2000:66,100-102.

[79]王初根,丁鹏.论凯恩斯的国家干预主义经济伦理思想[J].江西师范大学学报(哲学社会科学版),2005(7):18-22.

[80]王荣武,曹丹.技能短缺问题的经济学分析[J].山东行政学院山东省经济管理干部学院学报,2006(2):50-52.

[81]王皖强.从法团主义到撒切尔主义——战后英国保守党在国家干预问题上的转变[J].湘潭大学社会科学学报,2001(4):36-41.

[82]王皖强.国家与市场——撒切尔主义研究[M].长沙:湖南教育出版社,1999:24-29,108,259-260.

[83]王皖强.论80年代英国政府的微观经济改革[J].湖南师范大学社会科学学报,1998(5):16-21.

[84]王雁琳.英国技能短缺问题的因素分析[J].比较教育研究,2005(8):50-55.

[85]吴宏洛,姚锡琴.转型期的中国经济增长与就业增长[J].福州大学学报(哲学社会科学版),2004(3):21-24.

[86]吴华.我国教育经费结构性短缺的现状、趋势与对策[J].教育研究,1995(1):23-30.

[87]吴雪萍.国际职业技术教育研究.杭州:浙江大学出版社,2004:181.

[88]吴雪萍.培养关键能力:世界职业教育的新热点[J].浙江大学学报(人文社会科学版),2000(6):56-59.

[89]武士国.从欧洲500家企业最新排序看欧盟各国经济结构及企业格局变动状况[J].欧洲,2000(5):83-87.

[90][美]西奥多·W.舒尔茨.论人力资本投资[J].吴珠华等译.北京:北京经济学院出版社,1990:13,22.

[91]萧今.发展经济中的人力资本——企业的策略与三元教育体系[M].北京:北京师范大学出版社,2004:80,97.

[92]邢克超.战后法国教育研究,南昌:江西教育出版社,1993:27.

[93]熊萍.走进现代学徒制——英国、澳大利亚现代学徒制研究[D].华东师范大学硕士学位论文,2004:4.

[94]徐林清.中国劳动力市场分割问题研究[M].北京:经济科学出版社,2006:31.

[95]徐晓军.当前就业过程中的双重机制:人力资本与社会资本[J].人文杂志,2002(3):68-72.

[96]杨国彪,谢剑琳.80年代以来英国的私有化政策[J].世界经济研究,1997(4):27-30.

[97]杨立雄,李星瑶,李超.从对立到妥协:民主社会主义和新保守主义福利思想的演进[J].当代世界社会主义问题,2007(1):14-23.

[98]姚爱雨,陈祖洲.英美学者关于英国衰落问题的研究[J].世界历史,2002(4):105-110.

[99]姚先国,黎煦.劳动力市场分割:一个文献综述[J].渤海大学学报(哲学社会科学版),2005(1):78-83.

[100]姚先国,周礼.技术进步的就业结构效应研究——一个浙江省制造业技能偏态假说的实证检验[J].中国人口科学,2005(5):47-53.

[101][英]约翰·怀特.再论教育目的.李永宏译.北京:教育科学出版社,1984:70.

[102][英]约翰·伊特韦尔.新帕尔格雷夫经济学大词典.许明月译.北京:经济科学出版社,1996:467.

[103]谌新民.企业内部劳动力市场:一个综合分析框架及其在中国企业的运用[M].北京:中国社会科学出版社,2006:67.

[104]张车伟,吴要武.城镇就业、失业和劳动参与:现状、问题和对策[J].中国人口科学,2003(6):33-40.

[105]张谷.经济开放与产业转型中的"英国病"[J].山西大学学报(哲学社会科学版),1997(1):85-87.

[106]张娜.教育分权的限度分析[J].教育发展研究,2005(11):68-70.

[107]张涛.技术进步与工资差距[D].复旦大学博士学位论文,2003:18.

[108]赵建民,毛锐.战后英国工会问题的形成与1971年劳资关系法案[J].工会论坛(山东省工会管理干部学院学报),2007(4):57-58.

[109]周俊.公共物品供给领域中的"政府失灵"及其规避[D].福建师范大学硕士学位论文,2004:21-22.

[110]周丽华,李守福.企业自主与国家调控——德国"双元制"职业教育的社会文化及制度基础解析[J].比较教育研究,2004(10):56.

[111]周满生.终身学习与培训:通向未来的桥梁——第二届国际职业技术教育大会述评[J].北京成人教育,1999(11):10-12.

[112]周涛.英国积极的就业政策研究[D].华东师范大学硕士学位论文,2004:23、48.

[113]周翼翔,王学渊.过度教育、逆向选择和制度创新[J].山西财经大学学报(高等教育版),2006(2):10-13.

索　引

图书在版编目（CIP）数据

政府和市场的博弈:英国技能短缺问题研究／王雁琳著.
—杭州:浙江大学出版社，2013.5
ISBN 978-7-308-11425-7

Ⅰ.①政…　Ⅱ.①王…　Ⅲ.①人才管理－研究－英国
Ⅳ.①C964.561

中国版本图书馆 CIP 数据核字（2013）第 092919 号

政府和市场的博弈——英国技能短缺问题研究

王雁琳　著

责任编辑	阮海潮（ruanhc@zju.edu.cn）
封面设计	十木米
出版发行	浙江大学出版社
	（杭州市天目山路 148 号　邮政编码 310007）
	（网址：http://www.zjupress.com）
排　　版	杭州中大图文设计有限公司
印　　刷	杭州日报报业集团盛元印务有限公司
开　　本	710mm×1000mm　1/16
印　　张	18.5
字　　数	351 千
版 印 次	2013 年 5 月第 1 版　2013 年 5 月第 1 次印刷
书　　号	ISBN 978-7-308-11425-7
定　　价	50.00 元

版权所有　翻印必究　　印装差错　　负责调换

浙江大学出版社发行部邮购电话　（0571）88925591